International
Studies on Daoism

國際老學

第 1 輯

主办 　中山大学哲学系（珠海）
　　　　国际道家研究中心
协办 　西安外事学院老子学院

主　编 　邓联合
副主编 　张丰乾 　张谷 　辛红娟

图书在版编目（CIP）数据

国际老学.第1辑/邓联合主编.—北京：商务印书馆，2022

ISBN 978-7-100-21375-2

I.①国… Ⅱ.①邓… Ⅲ.①道家 ②《道德经》—研究 Ⅳ.①B223.15

中国版本图书馆CIP数据核字（2022）第115607号

权利保留，侵权必究。

国际老学
第一辑
邓联合 主编

商 务 印 书 馆 出 版
（北京王府井大街36号 邮政编码100710）
商 务 印 书 馆 发 行
北京捷迅佳彩印刷有限公司印刷
ISBN 978-7-100-21375-2

2022年12月第1版 开本710×1000 1/16
2022年12月北京第1次印刷 印张24½
定价：120.00元

《国际老学》编辑委员会

顾　问　陈鼓应　李中华　刘笑敢　王中江

　　　　曹　峰　陈　静　陈　霞　黄　藤

主　编　邓联合

副主编　张丰乾　张　谷　辛红娟

编　委（按姓氏笔画排序）

　　　　王玉彬　山东大学　　　　王威威　中国政法大学

　　　　尹志华　中央民族大学　　叶树勋　南开大学

　　　　白欲晓　南京大学　　　　匡　钊　中国社会科学院

　　　　许家瑜　芝加哥大学　　　任蜜林　中国社会科学院

　　　　刘增光　中国人民大学　　贡华南　华东师范大学

　　　　李　巍　武汉大学　　　　李若晖　中国人民大学

　　　　邰谧侠　南开大学　　　　袁　青　中山大学

　　　　徐希定　中山大学　　　　郭美华　上海财经大学

　　　　蒋丽梅　北京师范大学　　谢清果　厦门大学

　　　　蔡祥元　中山大学

目　录

《国际老学》的缘起 …………………………………〔美〕邰谧侠（1）

亚洲老庄学

日本近代以前老庄学论考 ………………………………张　谷（5）
老庄思想在日本近现代的深远影响与研究概况 …………徐水生（32）
论韩儒李栗谷对《老子》的诠释与思想转换 ………〔韩〕金兑勇（57）
《道德经》泰译本的多元存在及译本特点 ………………陈　利（73）

欧美老庄学

《老子》在西方的早期传播与老子形象的变迁 …………谭　渊（90）
译玄：《道德经》最早英译本（1859）初探 ……………姚达兑（117）
英语世界《道德经》的译介与研究：回顾与展望 ………才清华（136）
论辩视角·语言哲学·读者反应
　　——英语世界的"卮言"译解与研究 …………………于雪棠（147）
近代以来英译本对《道德经》的哲理化解读 ……………章　媛（167）
英美汉学界的老子哲学研究概述 …………………………徐　强（186）
最早《道德经》汉西全译本初探 …………………………黄垚馨（205）
19世纪法国汉学家鲍狄埃与道家道教 ……………………张　粲（224）
跨异质文化语境下《道德经》德译本的"误读"研究
　　——以两个全译本为例 ………………………………唐　雪（239）

认知语言学视角下《道德经》核心概念"道"
　　在德译本中的意义构建模式 ················· 朱宇博（254）
《道德经》在俄罗斯的译介与研究 ················· 王　朔（266）
俄罗斯译介《道德经》的三个阶段及其特点 ········· 张鸿彦（281）
列夫·托尔斯泰解读《道德经》——兼谈《道德经》在俄罗斯的传播
　　··························〔俄〕А.Л.梅西斯基／朱玉富 译（291）
问道东西：艾约瑟世界宗教谱系下《道德经》研究 ········· 梁　栋（311）

国际视域中的道家哲学

电脑模拟、语言归类、中国思想的哲学价值与
　　道家思想的平反 ················〔美〕陈汉生／张丰乾 译（330）
论消极伦理学——以道家思想为参照
　　　　　　　　　　　　　　　〔德〕梅　勒／刘增光 译（345）
试论道家哲学对人本心理学的影响 ················· 吕锡琛（357）
《道德经》哲学思想的世界性意义剖析 ················· 辛红娟（370）

编后记 ·· （384）

《国际老学》的缘起

〔美〕邰谧侠*

《国际老学》的诞生,是多方力量孕育的结果。其中最重要的契机是笔者 2019 年到中山大学珠海校区举办"全球老学"的讲座,而该讲座则缘起于 2016 年笔者参加的中国社会科学院举办的"知止"中外经典读书会的《老子》研读活动。当时读书会的创始人之一、中国社会科学院语言研究所王伟副研究员和北京大学陈鼓应教授考虑到《老子》外译情况的特殊性,提出了他们的构想:由我参与筹备建立一所老子《道德经》图书馆。筹建工作的第一步是收集所有《道德经》译本的信息。为此,笔者开始通过网络以及走访世界各大图书馆,搜集《老子》译本相关信息,研究所得汇合成《〈老子〉译本总目》一文,2019 年发表于《国际汉学》。该总目包括 73 种语言,1576 种《老子》译本。不久,中山大学珠海校区的博士后黄垚馨看到该总目,遂向中大国际翻译学院杨承淑教授建议邀请我去做讲座。讲座之余,我顺便拜访中山大学哲学系(珠海)并与中国哲学教研室的诸位同仁进行了座谈。座谈会上,大家提出了合作开展《老子》译本研究这一意向。其后,邓联合教授进一步提出了创办《国际老学》集刊的设想,并一直为之奔走努力。2021 年,陈鼓应先生、刘笑敢先生以及王中江教授、曹峰

---

* 〔美〕邰谧侠(Misha Tadd),波士顿大学宗教系博士(2004—2013),南开大学哲学院副教授、博士生导师。

教授应邀担任《国际老学》集刊的学术顾问，首刊的组稿工作也同时开展起来。至此，《国际老学》算是雏形初具。

《老子》外译是最为成功地实现了中国文化经典"走出去"的范例，它的译本总数仅逊于《圣经》（目前本人已找到97种语言中的2052种译本）。近十年来，海外的《老子》翻译和传播研究飞速发展，其质和量都取得了长足的进步。但由于这方面的研究成果跨语言学、翻译学、哲学等多个领域，任何单一领域的研究均难以囊括这方面的所有成果，因此，创办一个专以《老子》翻译与国际传播研究为主要内容的学术刊物，使全球老学研究有一专业平台，就势在必行了。

那么，《国际老学》的使命是什么？这恐怕还要从何谓"全球老学"讲起。"全球老学"是传统老学或中华老学的延续和发展，是悠久的中国《老子》诠释传统的延续和发展。宋末元初著名的《老子》注解者杜道坚（1237—1318）曾把传统老学的特点概括为"随时代所尚"："道与世降，时有不同，注者多随时代所尚，各自其成心而师之。故汉人注者为汉《老子》，晋人注者为晋《老子》，唐人宋人注者为唐《老子》、宋《老子》。"（《玄经原旨发挥》卷下）这说明老学史即是"六经注我"的历史，老学是老子与不同时代人的对话。譬如，严遵《老子旨归》和河上公《老子道德经章句》都是汉时注，两个注本的特点就都与汉代思潮、汉帝国的王权政治密切相关。唐时佛教中论流行，李荣与成玄英即受此思想影响，以道教式的中论思路解老。各个时代的《老子》注本均有其独特之处，因此，老学中最主要、影响最大、最有价值的研究对象不是《老子》原文以及所谓的《老子》原意，而是历史上不同的《老子》诠释及其发展变化。

除了随时代而变外，《老子》诠释还随诠释主体的变化而变，三教九流对《老子》的各种解释有天壤之别。韩非子以法家思想解释《老子》，刘安以黄老思想解释《老子》，《想尔注》以天师道的道教思想解释《老子》，鸠摩罗什以佛教中论思想解释《老子》，王真从兵学角度解《老子》，苏辙以理学思想释《老子》，邓锜对《老子》以丹道解之，憨山德清则以禅宗解《老子》，如此不一而足。每个思想传统，包括外来的佛教，对《老子》的解释都蕴含了其自身的理论特性。虽然不同传统中的学者也受到老子思想的影响，但他们同时也将《老子》整合到他们的传统中。在这一思想发展过程中，《老子》作为诠释对象的角色非常灵活，富于启发意义，往往能引发诠释主体的不同思考。

由上可见，传统老学以汉语《老子》为诠释对象：时代不同，诠释主体不同，解老的方式非常多。与之相比，全球老学的诠释对象也在汉语《老子》外，还包括译本众多的外文《老子》，诠释主体来自全球各国，诠释方法和角度更是丰富多样。这样一来，全球老学就包括了古今中外所有的《老子》诠释。

汉语《老子》外的《老子》译本虽然都是全球老学的研究对象，但由于各译本无法客观呈现所谓原文原意，遂大多被当作"赝品"，而且，外译《老子》和中国传统《老子》诠释的研究也被认为是各成体系、互不相干的两个学术领域。依笔者愚见，从老学角度看，译本本身体现了老学以解释为主的立场，这与中国传统的老学立场是一样的，故《老子》译本应与传统注疏一并成为老学研究对象。譬如，安乐哲和郝大维把"道"翻译成 way-making，不管这一诠释是否背离《老子》原意，它都是以诠释为基础的，而这也体现了他们的"过程"哲学的立场。

正如传统老学包含不同时代、不同学派的《老子》诠释一样，"全球老学"也包括不同语境和不同文化、哲学、宗教中的《老子》，比如天主教《老子》、新教《老子》、犹太教《老子》、印度教《老子》、神智学《老子》、唯物主义《老子》、神秘主义《老子》、环境主义《老子》、女权主义《老子》、自然主义《老子》、无政府主义《老子》、法西斯主义《老子》以及自由主义《老子》，等等。这表明"全球老学"具有极强的开放性、包容性，国内外的《老子》诠释也因此构成一个既统一又多元的传统。

如上所言，"全球老学"包括传统中国老学和国际老学两个组成部分。传统中国老学研究方面，目前已经有《中华老学》辑刊。作为研究老学海外译介、传播和影响的学术平台，《国际老学》与《中华老学》相结合，更能全面呈现全球老学的完整面貌。这是因为《国际老学》刊发的学术成果，涉及从哲学、语言学、诠释学、翻译学、传播学等角度进行的域外《老子》研究，其核心是《老子》的哲学思想在不同语言的译介和传播中所受其他哲学思想的影响及其变化，同时还涉及《老子》对不同国家人们的生活、政治、经济、艺术、哲学等方面的影响。

值《老子》的国际传播与研究日益兴盛之际，《国际老学》集刊应运而生，它必将促进对老学的跨学科、跨文化、跨语言研究的广泛深入的开展，从而呈现国际老学领域不同理论观念的传播和相互影响，以及《老子》这部古老经典博大精深的哲学思想对人类的伟大贡献。

2021年10月于天津海河边

亚州老庄学

日本近代以前老庄学论考

张 谷[*]

摘要： 日本老庄学是域外老庄学的重要组成部分，是本土老庄学的重要补充和参照。日本老庄学历史悠久，大体可分为传统和近现代两个阶段和形态。日本传统老庄学或在8世纪已初步形成，一直延续到明治维新前，是日本近现代老庄学的渊源和基础。老庄文献之初传日本，时间可推测为5世纪末。至中古时期，老庄文献出现了一个输入和累积的高峰，老庄研究也逐步成熟。老庄注本分别以河上公注、郭象注等为主。进入中世，老庄文献得到广泛传播，禅林的老庄注释和研究颇为兴盛。林希逸老庄口义本的引进，体现了当时日本老庄学的动向和特点。近世以降，日本老庄学蔚为大观，老庄研究不再只依赖中国注本，而开始出现一批日本学者的撰述。这标志着日本老庄学开始独立发展。随着老庄学的繁荣，老庄思想对日本文化的影响也日益深广。

关键词： 老庄学 老子 庄子 日本近代以前

基金项目： 教育部人文社会科学重点研究基地重大项目"中国古代哲学在日本的传播与影响"（07JJD770109）

中国古代经典《老子》和《庄子》，其书博大精深，"其言大而博，其旨深而远"（成玄英语），自古读者、学者、解者甚众，代代相续，

---

[*] 张谷，哲学博士，西北政法大学哲学与社会发展学院副教授。

延绵不绝。老庄之学遂成一门源远流长而又久盛不衰的学问。老庄学不仅在本土慧命相承，在域外也遍地开花，渐成一门世界性显学。日本老庄学是域外老庄学的重要组成部分，是本土老庄学的重要补充和参照。日本老庄学历史悠久，大体可分为传统和近现代两个阶段和形态。日本传统老庄学或于8世纪已初步形成，一直延续到明治维新前，是日本近现代老庄学的渊源和基础。

一、老庄文献在日本古代的传播

关于老庄文献在日本的流传，历史上最早的明确记载出自藤原佐世编纂的《日本国见在书目录》（891—897年间成书）。这部目录学著作可证明老庄文献在平安时代（794—1185）以前已经传入日本。但是，传入时间具体可上溯至何时？对于这个问题，因文献记载寥寥且解释存在分歧，至今不能作出确切解答。不过，现有文献记载和考古发现两方面的资料可以帮助我们进行一些有根据的推测。

先看文献方面。早在《三国志·魏书·倭人传》中就有以下记述：

> 南至邪马台国，女王之所都。……其国本亦以男子为王。住七八十年，倭国乱，相攻伐历年，乃共立一女子为王，名曰卑弥呼。事鬼道，能惑众。年已长大，无夫婿，有男弟佐治国。自为王以来，少有见者。以婢千人自侍，唯有男子一人，给饮食传辞，出入居处。宫室楼观，城栅严设，常有人持兵守卫。[①]

之后成书的《后汉书·东夷列传》中有关于日本及中日交流的记载。《东夷列传》说日本"凡百余国"，"通于汉者三十许国"，[②] 并有汉

[①] 中华书局编：《四部备要》第一八册，第364—365页。
[②] 中华书局编：《四部备要》第一七册，中华书局1989年版，第1059页。

光武帝于建武中元二年（57年）赐予倭奴国的印绶，以及汉安帝永初元年（107年）倭国王帅升"请见"的记载。其中有关女王卑弥呼的文字值得注意：

> 其大倭王居邪马台国。……桓灵间，倭国大乱，更相攻伐，历年无主。有一女子，名曰卑弥呼。年长不嫁，事鬼神道，能以妖惑众。于是共立为王。侍婢千人，少有见者。唯有男子一人，给饮食，传辞语，居处官室。楼观城栅，皆持兵守卫。法俗严峻。①

《三国志》和《后汉书》的这两条史料皆记载了女王卑弥呼"事鬼道，能惑众"（"事鬼神道，能以妖惑众"）一事。福永光司认为，这里卑弥呼所奉之"鬼道"正是最早的道教。并指出，作为鬼道的道教，是通过山东齐国的"青巫"、江南吴国的"吴巫"和越国的"越巫"等巫师传给邪马台国的。卑弥呼可能与这些巫师系统有联系。可以推断，邪马台国是一个道教国家。② 王金林认为，日本列岛先民的原始信仰主要是自然崇拜，如对日神、月神、树神、山神、海河神、鸟神、蛇神、鹿神等的崇拜，而从自然崇拜中逐渐演化出巫术。日本古籍《古事记》中对某些女神（如天宇受卖命、神武大王、神功皇后、崇神大王等）的描述似乎是女巫的形象。日本上古地域国家邪马台国女王卑弥呼就与巫术密切相关。卑弥呼把政事交给臣下处理，自己隐入静室、专心修道，这种做法"与中国早期道教的强调自身修炼的精神相类似，中国道教的修炼，有形体修炼、食物修炼、精神修炼。卑弥呼的修炼应与精神修炼相近"。③ 卑弥呼的"鬼道"如果真的是早期道教（很可能

---

① 中华书局编：《四部备要》第一七册，第1059—1060页。
② 五木寛之、福永光司：『混沌からの出発——道教に学ぶ人間学』，致知出版社1998年，88頁。
③ 王金林：《日本神道研究》，上海辞书出版社2007年版，第12—14页。

是五斗米道），①那么其中应包含道家观念的因素，且可能随道教一起传入当时（大致在2—3世纪前后）的日本。这可以作为关于道家观念初传日本时间的一个假设。

据日本最早的古籍《古事记》（成书于8世纪早期）记载，应神天皇时期（5世纪前后），百济国贡上和迩吉师及《论语》十卷、《千字文》一卷。②在日本另一部古籍《日本书纪》中也有相关记载，说百济贤人王仁（或许就是《古事记》中的和迩吉师）来日，做了太子菟道稚郎子的老师。太子"习诸典籍于王仁，莫不通达"。③这是日本史上关于汉籍经朝鲜传入日本的最早记录，虽然仍存疑点，但一般认为其关于汉籍经朝鲜传入日本的记载是可靠的。《古事记》只提到《论语》和《千字文》两种汉籍，而《日本书纪》则提到"诸典籍"，既然是"诸"，似乎不止两种，是否可作还有其他汉籍的推测呢？黑板胜美在《关于我国上古时代的道家思想及道教》一文中，对《古事记》和《日本书纪》的相关记载提出疑问："即便把王仁看作是最初传播中国学问的人之一，也不能认为（他）只携来了《论语》,《日本书纪》中记述王仁教习诸多典籍，决不是只有《论语》，这才是稳妥的推测。"黑板胜美认为，王仁等既然是百济人，那么可以从当时的百济文化来推测他所携来的典籍的性质和种类，王仁等人本是从中国大陆移民百济乐浪地区的外来居民（渡来人），而乐浪地区在东汉魏晋时期与中国大陆有密切的交往，所以，这一时期，"在中国本土盛行的道教没有理由不被传入。即使道教本身没有流行，也无论如何不能认为道家的书籍没有传入，因而也无论如何不能认为道家思想没有存在于这一地区的文化中"。④

---

① 卑弥呼的"鬼道"很可能是作为早期道教的五斗米道。不过，关于"鬼道"就是道教的"鬼道"的观点，仍然没有直接的证据，有待进一步考证。
② 『古事記』"応神天皇の条"，『国史大系』第七卷，経済雑誌社1897—1901年。
③ 『日本書紀』"応神天皇十六年春の条"，『国史大系』第一卷，経済雑誌社1897—1901年。
④ 黑板勝美:『我が上代における道家思想及び道教について』，野口鉄郎責任編集：『道教の伝播と古代国家』（『選集・道教と日本』第一卷），雄山閣1996年,40頁。

应神天皇时代大致相当于中国的东晋时期,正值中国玄学大盛,老庄思想得到普遍重视。此时《老子》《庄子》等道家类文献与《论语》等一同输入日本,似乎更合理。① 但也有学者不赞同根据《古事记》和《日本书纪》的相关记载来判定中国典籍初传日本的时间。如大庭修认为,这些记载只是传说,不足为据。②

《宋书·倭国传》所载"倭国王武上表文"(478年)可作为5世纪老庄文献传入日本的一个旁证。这是一份倭国武王(被认为是日本雄略天皇)向中国南朝刘宋顺帝的上表文。原文内容如下:

> 顺帝升明二年,遣使上表曰:"封国偏远,作番于外。自昔祖祢,躬擐甲胄,跋涉山川,不遑宁处。东征毛人五十五国,西服众夷六十六国,渡平海北九十五国,王道融泰,廓土遐畿。累叶朝宗,不愆于岁。臣虽下愚,忝胤先绪。驱率所统,归崇天极。道遥百济,装治船舫。而句丽无道,图欲见吞。掠抄边隶,虔刘不已。每致稽滞,以失良风。虽曰进路,或通或不。臣亡考济,实忿寇仇。壅塞天路,控弦百万。义声感激,方欲大举。奄丧父兄,使垂成之功,不获一篑。居在谅暗,不动兵甲。是以偃息,未捷至今。欲练甲治兵,申父兄之志。义士虎贲,文武效功。白刃交前,亦所不顾。若以帝德覆载,摧此强敌。克靖方难,无替前功。窃自假开府仪同三司,其余咸假授,以劝忠节。"诏除武使持节,都督倭、新罗、任那、家罗、秦韩、慕韩六国诸军事,安东大将军,倭王。③

---

① 参见黄华珍《老子哲学在日本》,黄华珍、张仕英主编《文学、历史传统与人文精神:在日中国学者的思考》,中国社会科学出版社2003年版,第2页;王家骅《儒家思想与日本文化》,浙江人民出版社1990年版,第3—5页。设想《老子》《庄子》等道家文献于应神天皇时代输入日本,与下文所言江田船山古坟铁刀铭文的历史信息亦相吻合。
② 〔日〕大庭修:《中国典籍在日本的传播与影响》,石晓军译,王勇、〔日〕大庭修主编:《中日文化交流史大系》[9]典籍卷,浙江人民出版社1996年版。
③ 中华书局编:《宋书·倭国传》,《四部备要》第二〇册,中华书局1989年版,第741—742页。

此文的汉语较为成熟地道，且带有当时中国（南北朝）文体的风格。有学者推断，此文出自倭人之手。① 据此可以认为，当时日本中央政府里有一些十分博学能文且熟知中国文化的学士。加之当时中国研究易老庄"三玄"的玄学大盛，因此，如果设想老庄和当时中国其他思想文化一起传入日本，并为当时（5世纪末叶）的日本知识阶层所了解和接受，当在情理之中。另外，表文中"帝德覆载"一语，不见于《论语》《孟子》，而《庄子》中"覆载"和"帝王之德"两语则数见于《德充符》《大宗师》《天地》《天道》等篇，其在文中的用法，亦非儒家式的为政者礼节性用语。② 由此来看，此文作者有读过《庄子》的可能。

再看考古方面。日本从弥生时代到古坟时代（公元前3世纪—公元6世纪）还流行着追求长生不老和死后升仙的观念。这可以从当时的墓制和随葬物的状况得到证明。如弥生时代北九州岛地区盛行瓮棺葬，其葬殓方式是：把死者曲肢放入两个约一米大小的陶瓮组成的合口棺中，并呈三十度角倾斜埋入土中。这样，历经千余年，遗骨大多仍能完整保留，姿势也能保持不变。研究者认为，这种瓮棺葬显示出当时北九州岛地区人们流行一种追求身体不灭、死后成仙的观念。而这种葬殓方式和追求长生不老的观念，很可能是受中国战国至秦汉时期长生成仙思想的影响而形成的（北九州岛地区靠近中国，是日本最易受中国文化影响的地区）。弥生至古坟时代墓葬的随葬品中，发现带有宗教意味的器物，主要是朱砂和水银、铜剑和铁刀以及铜镜，这些器物都与道教思想有密切关系。③

还有一个证据，就是日本江田船山古坟铁刀铭文（1873年出土，位于今熊本县玉名郡菊水町江田，年代为5世纪末）。④ 铭文曰：

---

① 参见〔日〕大庭修《中国典籍在日本的传播与影响》。
② 王迪：『日本における老荘思想の受容』，国書刊行会2001年，48頁。
③ 相关论述见王金林《日本神道研究》，第20—29页。
④ 参见〔日〕大庭修《中国典籍在日本的传播与影响》。

治天下获（蝮）加多支卤大王世，奉事典曹人名无利弖，
　　八月中用大铁釜并四尺廷刀，八十练九十振三寸上好刊（利）
　　刀，服此刀者长寿，子孙洋々得□恩也，不失其所统。作刀者
　　名伊太和，书者张安也。①

铭文中"服此刀者长寿"一语，可以说颇具道家的意味。"长寿"一词，几乎不见于早期儒家文献。"长寿"的观念，儒家即使有也不甚重视，却一贯是道家探讨的重要问题和追求的理想。而作为原始道家的老庄则十分重视"长生"的思想。如《老子》云：

　　天长地久。天地所以能长且久者，以其不自生，故能长
　　生。（《老子》七章，以下引《老子》仅注章名，均出自王弼注，
　　楼宇烈校释《老子道德经注校释》）
　　深根固柢，长生久视之道。（五十九章）

重生、养生也是《庄子》的重要话题。其书直接讲到"长生"的，如：

　　必静必清，无劳汝形，无摇汝精，乃可以长生。（《庄子·在
　　宥》，以下引《庄子》仅注篇名，均出自郭庆藩撰，王孝鱼点
　　校《庄子集释》）
　　长生安体乐意之道。（《盗跖》）

"服此刀者长寿"一语中，"服"有佩带，适应、熟习，驾驭等意，铭文中的"服"，若作"佩带"讲，就成了"佩带此刀者长寿"。当时

---

① 铭文依据江田船山国宝展公布的铭文版本。原文为："治天下獲加多支鹵大王世奉事典曹人名无利弖八月中用大鉄釜并四尺廷刀八十練九十振三寸上好刊刀服此刀者長寿子孫洋々得□恩也不失其所統作刀者名伊太和書者張安也。"见江田船山国宝展实行委员会「江田船山国宝展」（2001年）。

有这样的想法并非完全不可能。但作适应、熟习或驾驭理解，即变成"能熟练运用、驾驭此刀者长寿"，似于意更优。这种意趣让人联想到《庄子·养生主》"庖丁解牛"的寓言。寓言中详细描述了用刀之道，并将其与养生之道联系起来：

> 庖丁释刀对曰："……良庖岁更刀，割也；族庖月更刀，折也；今臣之刀十九年矣，所解数千牛矣，而刀刃若新发于硎。彼节者有间，而刀刃者无厚；以无厚入有间，恢恢乎其于游刃必有余地矣，是以十九年而刀刃若新发于硎。虽然，每至于族，吾见其难为，怵然为戒，视为止，行为迟，动刀甚微。謋然已解，如土委地。提刀而立，为之四顾，为之踌躇满志，善刀而藏之。"文惠君曰："善哉！吾闻庖丁之言，得养生焉。"（《养生主》）

这种以"用刀之道"喻"养生之道"的思想，道家以外极少见，可以说是《庄子》独有的。因此，铁刀铭文把"服刀"和"长寿"联系起来的观念可能受到老庄思想的影响。委托制刀者应该是具有相当社会地位或知识的人。由此可推测，老庄的某些词句和观念已为日本古坟时代的社会上层或知识阶层所了解和接受（当然可能是极肤浅和有限的）。

另外，铭文中"治天下"一语作为"政治治理"意义上的一个固定词，不见于《老子》和《论语》，《孟子》凡四见，《庄子》则频繁使用，共出现三十次。[①] 由此来看，其来自《庄子》似乎并非全无可能。至于《庄子》式的"治天下"观念（即"无为而治"）是否已经为当时

[①] 王迪：『日本における老荘思想の受容』，36—44頁。当然，"天下""治天下""平治天下"等用语儒家也经常使用，其观念也是儒家经常谈论和宣扬的。所以，要断定铭文中的"治天下"与《庄子》相关，还需要更充足的证据。

日本人（主要是社会上层或知识阶层）所理解和接受，从老庄思想的日本传播史上看，此后日本知识阶层对老庄的理解亦尚且肤浅，故此时（古坟时代）就已达到理解并自觉接受的可能性不大。①

铁刀铭文落款"书者"是"张安"，这大概是中国移民的名字。4—7世纪，中国大陆和朝鲜半岛曾经有大量移民定居日本，带来了先进的农业技术和文化，在当时日本的经济、政治和文化建设中发挥了重要作用。时值中国东晋南北朝至唐代，玄学已得到充分发展且影响深广，道教亦日趋成熟而广为流传。可以合理地推测，这一时期"张安"一类中国外来居民的文化修养中包含道家、道教思想的成分，而其道家文化素养当然与老庄文献相关。综上所述，把老庄文献传入日本的时间推定为5世纪末以前还是有一定依据的。

奈良时代（710—794）和平安时代，老庄文献进一步输入和流传。据《册府元龟》记载：

> （唐玄宗开元）二十三年（735年）闰十一月，日本遣其臣名代来朝，献表。恳求《老子经》本及天尊像，以归于国，发扬圣教，许之。②

这是8世纪《老子》传日的证据。不过，这只是一个间接证据。而上面提到的《日本国见在书目录》是平安时代老庄文献在日本传播情况的直接证据。《日本国见在书目录》收录了四十家汉籍，其中"道家"条记有中国各类《老子》《庄子》注本四十多种，比较重要的如《老子河上公注》二卷、《老子王弼注》一卷、严遵撰《老子指归》十三卷、《老子化胡经》十卷（仅存第一、五卷）、《庄子司马彪注》二十卷、《庄子郭

---

① 但也不完全排除这种可能性，因为文化传承发生中断，也会出现后代文化水平反落后于前代的情况。
② 王钦若等编：《册府元龟》卷九九九，中华书局1960年版，第11720页。

象注》三十三卷等等。①《老》《庄》之外，还有《列子》(另有《冲虚真经》)、《文子》、《鹖冠子》等，以及"杂家"条著录的《淮南子》，"纵横家"条著录的《鬼谷子》等道家典籍。另外，道教典籍如《抱朴子》《太上老君玄元皇帝圣化（记）经》《本际经》《太上灵宝经》等亦大量录入。②可见，道家类汉籍的输入已达到相当规模。《日本国见在书目录》编纂之前，正值日本派遣遣唐使、大量引进汉籍并积极吸收中国文化的高潮，因而当时传入日本的汉籍种类和数量是空前的，道家类书籍也不例外。此书的记载反映了这一中日文化交流史上的盛况。书中所录老庄注本，《老子》的河上公注和王弼注，《庄子》的司马彪注和郭象注列前两位，进一步反映出对注本的选择和侧重，这可能是受到当时中国唐代老庄注本流行趋势的影响。③老庄类文献既然已有如此规模的著录，不难想象，相关的阅读和研究活动也在一定程度上开展起来了。

平安时代，"老庄似乎未脱神仙家清谈家者流的范围，仍不能进入大学的课程"，室町时代（14世纪30年代—16世纪70年代）以后，朝廷改变了以前禁授老庄课程的做法，开始允许大学寮的博士讲读老庄，高等教育机构足利学校也准许开设老庄课程，可以说这一时期老庄思想的影响比平安时代扩大了。著名文人吉田兼好向世人推荐好书时说："书籍当中，《文选》的各卷都是富于情趣的作品，除此之外，如《白氏文集》、老子《道德经》及庄子《南华真经》等，都是佳作。"④当时老庄文献及其思想的流布由此可见一斑。吉田兼好自著的《徒然草》一书也有许多对老庄文献的引述，体现出对老庄思想的深刻理解，并受到老庄思想的影响。老庄文献及其思想之所以会在日本中世得到较为广泛的传播，如武内义雄所说，是因为"从平安末期到镰仓时代，在连年动乱中感到人生无望的人们嗜读老庄也是必然的"，而长期以来

---

① 参见王迪『日本における老荘思想の受容』，105—108頁。
② 参见福永光司『道教と日本文化』，人文書院1982年，86—87頁。
③ 参见王迪『日本における老荘思想の受容』，102—116頁。
④〔日〕吉田兼好：《徒然草》，文东译，中国长安出版社2009年版，第18页。

老庄思想在日本文化中的渗透和积淀达到了相当的程度，也为其观念的逐渐发酵提供了条件。与此同时，还有一个因素也助长了爱好老庄的风气，这就是禅宗的兴盛。①

二、中世禅林的老庄学

镰仓至室町时代（12世纪末—16世纪70年代）为日本史上的"中世"，这是一个佛教勃兴的时代。中国佛教大约在6世纪中期（546年，钦明天皇十三年）经朝鲜半岛传入日本。奈良时代，中国佛教各宗相继传入日本，如三论宗、法相宗、华严宗、律宗、成实宗、俱舍宗等，史称"奈良六宗"。平安时代又出现天台宗和真言宗，史称"平安二宗"。至镰仓-室町时代，佛教宗派除原来的"奈良六宗"和"平安二宗"外，又产生了净土宗、真宗和日莲宗等，宋元时期又由中国传入禅宗（主要是临济宗和曹洞宗），达到极盛。②佛教成为日本中世思想文化的主流。镰仓时代（12世纪末—1430年代），禅宗由于适应武士阶级和幕府政权政策上的需要，受到大力扶持，作为新佛教的主流而风靡日本。幕府统治集团的中心人物北条时赖（1227—1263）也皈依禅法，可见禅宗在当时社会的地位。禅僧在修习过程中涉猎极为广泛，除禅宗所属的佛教文化（其典籍称为"内典"）外，还包含儒家、道家文化及汉文学等内容（其典籍称为"外典"）。就数量而言，后者并不亚于前者。③换言之，此时的禅僧具有开放的文化态度，注重对异己文化的学习、研究和吸收，因而涌现了一批博学的学僧。日本禅宗这一特点使其不仅承载着佛教文化，且在日本连年战乱、文化事业几乎毁坏殆尽的"南北

---

① 参见武内義雄『日本における老荘学』，『武内義雄全集』第6卷·諸子篇，角川書店1978年，230页。
② 关于中国佛教传入日本的相关问题，参见杨曾文、〔日〕源了圆主编《中日文化交流史大系》[4]宗教卷，浙江人民出版社1996年版，第12—23页。
③ 见严绍璗、〔日〕源了圆主编《中日文化交流史大系》[3]思想卷，浙江人民出版社1996年版，第136页。

朝"时代（1336—1392）保存和维系着当时日本学术文化的命脉，创造了日本文化史上著名的"五山文化"。①

日本中世禅僧以开放的文化心态研究各类汉籍，道家典籍当然也不例外。上已述及，平安时代已有相当数量的老庄文献在日本流传。13世纪以后，禅僧俊芿（1168—1227）和圆尔辨圆（1202—1280）先后入宋，携回一些老庄类书籍。俊芿所携老庄文献不详，圆尔辨圆携回的老庄类典籍主要有《直解道德经》《庄子疏》《老子经》《庄子》等。②其中《直解道德经》或为南宋邵若愚撰《道德真经直解》，《庄子疏》当为成玄英所撰《庄子疏》。16世纪中期，禅僧策彦周良（1501—1579）两次入明，再次带回了《老子》注本等老庄类文献。从书籍输入的情况看，室町时代在日本流传的老庄文献当已达到相当数量。从老庄注本的类别上看，除原来流行的《老子》的河上公注、《庄子》的郭象注和成玄英疏外，由禅僧引入的宋代林希逸的老庄"口义"本（即《老子鬳斋口义》《庄子鬳斋口义》）也开始流行。室町中期以后，《庄子鬳斋口义》甚至成为主流。③这些都为当时老庄研究的进展和兴旺创造了条件，而这一时期老庄学的主力和代表人物正是禅僧。

在上述老庄文献的基础上，禅林展开了对老庄的注释和研究，出现了一批关注、爱好和研究老庄的禅僧。据王迪研究统计，当时有文献可查的从事老庄研究的著名禅僧就有四十七人。在此，姑将其书中所制统计表翻译整理为下表：

---

① 13世纪以后，日本依据中国禅宗"五山""十刹"的名法，先后在镰仓、京都等地定"五山"，成为日本中世禅宗的基地，因而用"五山文化"一词来称呼镰仓-室町时期以禅僧为主体的文化。
② 据记载，俊芿携回"儒道书籍二百五十六卷"，道家书籍为何不详。圆尔辨圆携回《直解道德经》三册、《庄子疏》十卷、《老子经》一部（两册）、《庄子》一部（缺卷一至卷五）等。参见〔日〕大庭修《中国典籍在日本的传播与影响》，石晓军译，王勇、〔日〕大庭修主编《中日文化交流史大系》[9]典籍卷，第46—52页。
③ 参见王迪『日本における老荘思想の受容』，161, 169頁。

中世禅林的老庄研究状况表（13世纪初—17世纪初）①

禅僧法号	研究对象	文献依据及相关事项
俊芿	老庄	《不可弃法师传》
圆尔辨圆	老庄	（普门院经论章疏语录儒书等目录）
明范	老庄	《净因寺伟仙裔禅师传》
大休正念	老	《元宵上堂文》（语录）
一山一宁	老庄	《瑞严主人公》（一山国师语录卷下）
规庵祖圆	老	《元宵上堂法语》（南院国师语录卷下）
梦窗疏石	老庄	《年谱》
虎关师炼	老庄	雪村友梅《雪村大和尚行道记》、《济北集》卷二十、《通衡》之五
宗峰妙超	老	《冬至小参法语》（大灯国师语录卷上）
干峰士云	老	《一元颂》（干峰士云和尚语录卷上）
雪村友梅	庄	雪村友梅《雪村大和尚行道记》
中岩圆月	老庄	《中正子》外篇之一、《道物论》、《鲲鹏论》（东海一沤集卷三）
春屋妙葩	老	《知觉普明国师语录》
绝海中津	老	《知觉普明国师语录》
愚中周及	老	《草余集》
义堂周信	老庄	《空华日工集》
伟仙方裔	老庄	《净因寺伟仙裔禅师传》
惟忠通恕	庄	《读庄子》（外集《云壑猿吟》）、《梅花无尽藏》、《梅屋和尚文集》等

---

① 此表是以王迪《中世禅林的老庄研究等》表（原文为日文）及相关观点为基础综合而成。原表中僧人生卒年从略。参见王迪『日本における老荘思想の受容』，154—159頁。

续表

禅僧法号	研究对象	文献依据及相关事项
惟肖得岩	庄	林罗山《老子口义跋》"惟肖尝闻庄子于耕云老人明魏"（讲口义）
胜刚长柔	老	（法号可能出自《老子》七十八章"柔之胜刚"）
南江宗沅	老	《翰林五凤集》五十八卷
瑞溪周凤	老	《翰林五凤集》五十八卷
大拙文巧	老	（法号可能出自《老子》四十五章"大巧若拙"）
以清嵩一	老	（法号可能出自《老子》三十九章"天得一以清"）
月翁周镜	庄	《阴凉轩日录》（文明十八年六月，庄子讲读会）
天隐龙泽	庄	《梅花无尽藏》第六（根据口义研究庄子）
龟泉集证	庄	《阴凉轩日录》（文明十八年六月，聆听月翁庄子讲读会）
江西龙派	老庄	《老子出关图》、《焚香读南华经》《翰林五凤集》五十八卷
万里集九	老庄	《梅花无尽藏》第一（聆听曹洞宗僧侣长康的老子道德经讲释）、《梅花无尽藏》第三"三教吸酢之图"、第六（根据口义研究庄子）
横川景三	庄	《阴凉轩日录》（文明十八年六月，聆听月翁庄子讲读会）
桃园瑞仙	老庄	《史记抄》伯夷列传"论道德经"、酷吏列传、鹿苑日录（明应八年五月）、《阴凉轩日录》（文明十八年六月，聆听月翁庄子讲读会）
春阳景昊	庄	《阴凉轩日录》（文明十八年六月，聆听月翁庄子讲读会）
景徐周麟	老庄	《翰林葫芦集》第七、鹿苑日录（明应八年五月）、《阴凉轩日录》（文明十八年六月，聆听月翁庄子讲读会）、《希逸字偈序》（《翰林葫芦集》第八）
九鼎器重	庄	《读庄子齐物论篇》（《翰林五凤集》五十八卷）
琴叔景趣	庄	《读逍遥游篇》（《松荫吟稿》）
月舟寿桂	庄	《游云说》（《幻云文集》）（与口义有关）

续表

禅僧法号	研究对象	文献依据及相关事项
雪岭永瑾	老	《翰林五凤集》五十八卷
仁如集尧	老	《翰林五凤集》五十八卷
策彦周良	老	《翰林五凤集》五十八卷
春泽永恩	老	《翰林五凤集》五十八卷
梅杨	老	《读道经》(《翰林五凤集》五十八卷)
一华建铨	庄	《梅花无尽藏》第一、第六、《卧云日见录》(编辑希逸注抄)①
伯容见雍	庄	《梅花无尽藏》第一、第六(根据口义研究庄子)
英甫永雄	庄	《罗山年谱》庆长元年条(讲口义)
长康	老	《梅花无尽藏》第一
常庵龙崇	庄	静嘉堂文库南宋刊本《庄子鬳斋口义》卷六
熙春龙喜	庄	静嘉堂文库南宋刊本《庄子鬳斋口义》卷六

通过这个表可以得到三方面的信息。一是当时禅林的老庄研究总体上盛况空前。在这些研究老庄的学僧中，有一些如虎关师炼、雪村友梅、中岩圆月、绝海中津、义堂周信、惟忠通恕、惟肖得岩、江西龙派、万里集九、景徐周麟和春泽永恩等，是五山汉文学各时期的代表人物，对日本当时的文化影响较大。

二是关于研究对象和类别的情况。从表中可知，这47位老庄研究者中，专门治老者18人，专门治庄者16人，兼治老庄者13人，分别占约38%、34%和28%，显示研究老子者稍多。不过从总体上看，对《老子》和《庄子》的关注和研究大致持平。②

三是研究中依据的老庄版本的变化。上文提及，室町时代除原来

---

① 〔日〕池田知久:《在日本的林希逸〈庄子鬳斋口义〉》,《道家思想的新研究——以〈庄子〉为中心》(下),王启发、曹峰译,中州古籍出版社2009年版,第691页。
② 见王迪『日本における老荘思想の受容』,159页。

流行的《老子》河上公注、《庄子》郭象注、成玄英疏外，还出现了宋代林希逸的老庄"口义"本。将这个老庄口义本引入日本的是禅僧。关于禅僧引进《老子鬳斋口义》事，武内义雄已有论证。他发现镰仓时代流传的河上公《老子注》抄写本旁注中有引用口义本的情况，并据此指出，这些旁注"是在河上公注本之上加入的，这一点昭示着《老子》解释处于正要转变之际。这样，林希逸注之传入我国，恐怕只能是经由禅僧携入的，因而，这正是我国的老庄研究因禅僧而实现改革的一个证据吧"。① 至于《庄子鬳斋口义》的引进，从表中可知，惟肖得岩、天隐龙泽、万里集九、月舟寿桂、伯容见雍、英甫永雄、一华建佸七人曾使用过此注本，他们或研究，或讲读，或据此研读《庄子》，而其中惟肖得岩是日本最早真正开展《庄子鬳斋口义》研究的人。

关于此点，有多个文献证据。② 其中最常被引用的是江户时代初期的学者林罗山（1583—1657）在《老子鬳斋口义》训点本跋语中的话：

> 本朝古来，读《老》《庄》《列》者，《老》则用河上公，《庄》则用郭象，《列》则用张湛，而未尝有及希逸口义者。近代南禅寺沙门岩惟肖尝闻《庄子》于耕云老人明魏，而后惟肖始读《庄子》希逸口义。而来，比比皆然。③

惟肖得岩是室町时代"五山"临济宗禅僧，是"五山文学"的重要代表人物之一。据《本朝高僧传》卷第四十《京兆南禅寺沙门得岩传》记载，惟肖得岩十六岁时上京，从草堂得芳禅师出家。他"性气睿敏，经史子集，无不搜抉"，而且"以文驰名"，其文章在当时被誉为"四绝"之一。历任摄津之栖贤、京都之真如、万寿、天龙等寺住

---

① 参见武内义雄『日本における老荘学』,『武内義雄全集』第 6 卷・諸子篇, 231 頁。
② 参见王迪『日本における老荘思想の受容』, 212—219 頁。
③ 京都史跡会編纂:『羅山林先生文集』卷五十五, 转引自王迪『日本における老荘思想の受容』, 212 頁。

持，后升任南禅寺住持，晚年隐居龙山，从其学者众多。关于惟肖得岩研讲《庄子口义》事，《得岩传》记曰："岩又玩《庄子》，始讲《鬳斋口义》，作抄十卷。盖以其中多用禅语，而世人难晓也。"① 这里的"抄"，即《庄子鬳斋口义抄》，是一部庄子研究著作，但下落不明。惟肖得岩还著有《东海琼华集》，收入其语录、诗文等，从中亦可见其老庄研究之状况。惟肖得岩研究《庄子》，是师从耕耘先生明魏，明魏为一博学之士，对经史子集涉猎极广。惟肖得岩是在跟随他学习《庄子》后，讲解《庄子鬳斋口义》并撰成《庄子鬳斋口义抄》的。明魏研习《庄子》，用的还是郭象注本，惟肖得岩则废郭注而专用口义，开日本依口义本研究《庄子》之先河。禅僧重视口义本的研究方法一度成为日本老庄研究的主流，一直延续到了江户初期（17世纪前期），影响甚巨。

禅僧们何以废郭注而用口义？其原因首先是林希逸老庄口义的解说风格简明畅达、通俗易晓。这是历来研读口义本者比较一致的看法。如林经德在《庄子鬳斋口义》序中说"以口义名者，谓其不为文，杂俚俗而直述之"。②《四库全书总目提要》言《庄子口义》"以其循文衍义，不务为艰深之语，剖析尚为明畅"（卷一百四十六·子部五十六）。今人陈鼓应也说，《老子鬳斋口义》"用通俗浅近的文字作解，明白可读"。③

其次是林希逸以佛（禅）解庄的方法有利于禅僧从佛教立场解读和吸收庄子思想。口义中引用了大量的儒家和佛教特别是禅宗的用语来对比、注释老庄，表现出明显的贯通儒道佛的学术旨趣。不过，在林希逸看来，似乎老、庄又有分别。他在《老子鬳斋口义》的"发题"中说：

---

① 转引自〔日〕池田知久《在日本的林希逸〈庄子鬳斋口义〉》，《道家思想的新研究——以〈庄子〉为中心》（下），第689页。
② 见周启成《庄子鬳斋口义校注》附录，中华书局1997年版，第514页。
③ 陈鼓应：《历代老子注书评介》，《老子注译及评介》，中华书局1984年版，第398页。

> 独颍滨起而明之，可谓得其近似，而文义语脉未能尽通，其间窒碍亦不少，且谓其多与佛书合。此却不然。庄子，宗老子者也，其言实异于老子。故其自序以生与死与为主，俱见《天下》篇，所以多合于佛书。①

林希逸指出，庄子虽宗老子，但老、庄有别。他批评和否定了苏辙（颍滨）老与佛合的观点，认为与佛教相合的不是老子，而是庄子。他在《庄子鬳斋口义》"发题"中谓"《大藏经》五百四十函皆自此中紬绎出"，②几乎视《庄子》与《大藏经》为同一物。而对老子，同在《老子鬳斋口义》"发题"中，则有如下看法：

> 若老子所谓无为而自化不争而善胜，皆不畔于吾书。其所异者，特矫世愤俗之词，时有太过耳。③

这里的"吾书"，无疑是指儒书。显然，林希逸表达了老子与儒家一致的观点。应该说，林希逸是有老近于儒、庄近于佛的观点的。这种拉近庄佛（禅）的庄子观正符合禅僧从佛教信仰出发研究《庄子》的立场。

最后是林希逸儒道佛三教一致的思想旨趣和立场。林希逸（1193—？）字肃翁，一字渊翁，号竹溪，又号鬳斋、献机，南宋福建人。除《老子鬳斋口义》和《庄子鬳斋口义》外，还撰有《列子鬳斋口义》（合称《三子鬳斋口义》）。林氏之师陈藻（乐轩）为艾轩（林光朝）学派末代名儒。在艾轩学派中，林氏的学术特点是公开兼收佛学和老庄，可以说是一位以儒为主、兼纳佛道的理学家。④他的这种思想旨趣也体现在

---

① 林希逸撰，黄曙辉点校：《老子鬳斋口义》，华东师范大学出版社2010年版，第2页。
② 林希逸著，周启成校注：《庄子鬳斋口义校注》，第1页。
③ 同上。
④ 林希逸著，周启成校注：《庄子鬳斋口义校注》前言，第1—4页。

其所著《三子鬳斋口义》中。在室町时代的五山禅林中，佛道儒三教一致论是主流思想。如惟肖得岩在《东海琼华集》"耕云老人寿像赞"中说："予比者同往山中间，得飘闻绪言姬孔之籍、庄列之言及乎汉唐二史上下数千载事，质其疑征其异闻。"① 在这种三教一致论的气氛中，老庄口义被接受就是自然的了。五山禅林三教一致的思想倾向又与中国宋代思想界的特点密切相关。北宋以后，儒释道三教进入相互调和、适应从而高度融合的阶段。这一趋势在佛教中表现得尤为明显。佛教界的三教合一主张并非停留在对三教的简单比附、对照，而是全面深入并有重点地把儒道思想与佛教思想调和、融合从而将二者纳入佛教思想系统。② 中国宋代佛教的这一思潮也传递和影响到了日本。当时，宋朝的留日僧和日本的入宋僧，在将禅宗（临济宗）移植到日本的同时，也把三教一致论传播到了日本。③ 林氏的老庄口义以儒禅解老庄，行文又通俗易晓，迎合了五山禅僧的三教一致论，于是遍受禅僧欢迎，并逐渐在日本流行起来。而在这种三教一致论的观念背景下，本就与道家有缘的禅宗，显示出更加与道家亲近的特征。

三、江户时代的老庄学

老庄研究在日本古代和中世文化中的长期积淀至近世即江户时代（1603—1867）开始结出果实，得到空前的发展。中古时期，日本人研读老庄主要依据传来的中国注本。《老子》的河上公注和王弼注作为唐代以后最具权威性的注本传到了日本，④ 成为日本人研读《老子》的主要依据。《庄子》方面的权威注本则是郭象注，为日本人自古以来研

---

① 转引自〔日〕池田知久《在日本的林希逸〈庄子鬳斋口义〉》，《道家思想的新研究——以〈庄子〉为中心》（下），第689页。
② 天台宗僧侣智圆、禅宗僧侣契嵩等是佛教界三教合一观的著名代表。参见孙以楷主编《道家与中国哲学》（宋代卷），人民出版社2004年版，第86—118页。
③ 〔日〕池田知久：《在日本的林希逸〈庄子鬳斋口义〉》，《道家思想的新研究——以〈庄子〉为中心》（下），第689—690页。
④ 参见王迪『日本における老荘思想の受容』，102—108頁。

读《庄子》所采用。① 镰仓-室町时代，五山禅僧展开了对《老子》和《庄子》的专门研究，并重视林希逸《庄子鬳斋口义》，僧人惟肖得岩著《庄子鬳斋口义抄》。但是，此时日本人学习和研究老庄仍主要借助从中国传入的老庄注本。而到了江户时代，则开始出现大量的日本人注解的《老子》和《庄子》。在此意义上，可以说日本对老庄的专门研究是在江户时代才真正开始的。江户时代出现了一大批老庄研究者和老庄注本，此乃前代所未有。依王迪的统计，有据可查的江户时代从事老庄研究的各类学者和老庄注本共计169家（另有撰者不详的老庄注本14种）。这些研究者都曾有老庄注释类撰述传世。② 这里统计的只是有记载者，实际的研究者和著述可能更多，由此可见当时老庄研究的盛况。这些老庄研究者多数具有一定的学派背景，主要来自程朱学派（即朱子学派）、复古学派（即古文辞学派）、古义学派、敬义学派、折衷学派、古注学派、国学派及僧侣等方面。可以断定，他们主要属知识阶层，其中不乏当时的文化名人。现将一些比较有名的研究者和著作列表如下：

江户时代老庄研究状况表（17世纪初—19世纪中期）③

学派	研究者	研究对象	著作
朱子学派	林罗山	老庄	《老子抄解》《鳌头庄子口义》
	那波活所	老庄	《老庄丛话》
	松永尺五	庄	《庄子抄》
	人见卜幽轩	老庄	《老子鬳斋口义抄》《庄子鬳斋口义栈航》
	陈元赟	老	《老子道德经通考》

---

① 参见〔日〕池田知久《在日本的林希逸〈庄子鬳斋口义〉》，《道家思想的新研究——以〈庄子〉为中心》（下），第686页。
② 参见王迪『日本における老莊思想の受容』，国書刊行会2001年，325—338頁。
③ 此表是利用王迪《江户时代的老庄学相关研究者》表的材料制作，按各主要学派或无学派归属者列举了一些老庄研究者，大多是比较著名的学者。参见王迪『日本における老莊思想の受容』，325—338頁。

续表

学派	研究者	研究对象	著作
朱子学派	葛西因是	老庄	《老子道德经辐注》《庄子神解》
	帆足万里	老庄	《老子》(米子仓增注)、《庄子解》
徂徕学派	荻生徂徕	庄	《庄子国字解》
	服部南郭	老庄	《老子道德经校注》《庄子南华真经》
	渡边蒙庵	老庄	《老子愚读》《庄子口义愚解》
徂徕学派	宇佐美灊水	老	《老子道德真经》
	太宰春台	老	《老子特解》(三十二章以下宫田明续注)
	龟井昭阳	老庄	《老子考》《庄子毂音》
	海保青陵	老庄	《老子国字解》《庄子解》
	广濑淡窗	老	《老子摘解》
古注学派	片山兼山	老庄	《老庄类考》《老庄类说》
	皆川淇园	老庄	《老子绎解》《庄子绎解》
	中井履轩	老庄	《老子雕题》《庄子雕题》
古义学派	金兰斋	老	《老子经国字解》
折衷学派	龟田鹏斋	老庄	《老子愚说》《庄子独了》
	仁科白谷	老庄	《老子解》《庄子解》
	大田晴轩	老庄	《老子全解》《庄子考》
国学派	本居宣长	老庄	《老子》(只有校订注和标题)、《南华抄》
	平田笃胤	老	《老子集语稿》
僧人	泽庵宗彭	老	《老子讲话》(老子抄)
	山本洞云	老庄	《老子经谚解大成》《庄子谚解》
其他	松平定纲	老	《老子历案抄》
	小出立庭	庄	《庄子翼》(训点)
	熊谷活水	老庄	《老子口义头书》《庄子口义头书》

续表

学派	研究者	研究对象	著作
其他	大江匡弼	庄	《庄子绘抄》《庄子国字解》
	德川齐昭	庄	《老子注解》（据水户文籍）

在当时的各学派中，徂徕学一系中研究、注释老庄者最多，这与其重视研究先秦古典和诸子之学不无关系。武内义雄曾推断，江户时代日本人这种自注老庄而使老庄研究走向繁荣的状况之所以出现，可能是徂徕学派的代表人物荻生徂徕倡导学习中国古文辞、推进诸子研究的结果。①江户时代的日本学者虽然开始自己注解和发挥老庄之义，但一般还是依循或参考某一系统的中国注本。平安时代到镰仓时代被广泛阅读的是《老子》河上公注和《庄子》郭象注，而镰仓时代到室町时代，《庄子》成玄英疏亦受重视。室町期间，林希逸的老庄口义也开始用作研究老庄的依据，并在江户时代逐渐流行起来。江户前期为其流行的最盛期，这一时期口义系统的老庄书籍占全部老庄类书籍的一半。1729年（享保十四年）以后，口义的刊行和流布停顿下来，18世纪中期以后逐渐失势。而自平安时代开始流行而后却长期未受重视的《老子》王弼注及江户初期一度衰退的《老子》河上公注，《庄子》郭象注、成玄英疏等注本又再度流行。②这几种中国主要的老庄注本在江户时代的流行态势及其变化，特别是林希逸的老庄口义在江户时代的兴衰，反映了当时老庄观的演变。如上所述，《庄子鬳斋口义》在室町时代已受到位居当时日本文化学术中心的五山禅僧的推重，此学风不久即影响及整个日本。而《老子鬳斋口义》在江户前期的盛行，则与江户大儒林罗山有着密切的关系。

---

① 参见武内義雄『日本における老荘学』，『武内義雄全集』第6卷·諸子篇，232—233頁。
② 参见武内義雄『日本における老荘学』，『武内義雄全集』第6卷·諸子篇，230頁。王迪:『日本における老荘思想の受容』，169,290,312頁。

林罗山（1583—1657）名忠，又名信胜，字子信，号罗山，出家时僧号道春，京都人。终生为幕府儒官，历任四代将军的侍讲，参与幕府制定律令、起草文书的工作，受到幕府厚遇。林罗山从藤原惺窝学朱子学，与其同为日本朱子学的开创者。他们所建立的尊信程朱的学说被德川幕府奉为"官学"，成为江户时代的显学，对江户时代的学术、思想有极大的影响。林罗山是博学多识的学者，学通古今和汉，除经学外，还涉猎诸子、历史、小说等各领域。林罗山训点并出版过许多汉籍，称为"道春点"。他对老庄也作过专门研究。早年时，他曾于1595—1597年（文禄四年—庆长二年）间入五山之一的建仁寺学习过《庄子》，所依照的庄子注本就是五山禅僧读庄所据之传统注本《庄子鬳斋口义》。① 他关于《庄子》的著述仅有《题庄子通后》一文和未完成的《鳌头庄子口义》。林罗山研究《老子》也是依据口义本。1618年（元和四年），他校点出《老子鬳斋口义》，此后出版了《老子标注》（1647）、《道春点首书老子经》（1648）、《道春首书老子经》（1657）等，都是《老子鬳斋口义》的校点本。1645年（正保二年），他奉将军德川家光之命撰《老子》和文注释书《老子经抄解》（又名《老子谚解》），此书也是依据《老子鬳斋口义》。② 他在1618年《老子鬳斋口义》训点本的跋语中说：

> 本朝古来，读《老》《庄》《列》者，《老》则用河上公，《庄》则用郭象，《列》则用张湛，而未尝有及希逸口义者。近代南禅寺沙门岩惟肖尝闻《庄子》于耕云老人明魏，而后惟肖始读《庄子》希逸口义，而来比比皆然。虽然，未及《老子》

---

① 其子林恕（字鹅峰）在"人见壹『荘子鬳斎口義桟航』序"中说："我先人林罗山翁讲经之暇，翻南华口义，粗记其出处于鳌头，百数十件，未毕而罢矣。"他对口义本予以很高的评价："余思注疏虽古而未若口义之为明快也。况古人论郭象之雾露乎！"池田知久：『日本における林希逸「荘子鬳斎口義」の受容』，『二松学舎論集』第31号，1988年，114頁。
② 见王迪『日本における老荘思想の受容』，279—281，275—277頁。

> 希逸口义，至于今人皆依河上。余尝见道书全书，载《老子》
> 数家注……希逸视诸家最为优。①

江户初期，口义本尚未盛行，《老子》《庄子》及《列子》的研读仍然沿袭河上公注、郭象注和张湛注等传统注本，而林罗山认为，诸家注本中，以口义本特别是老子口义为最优，因而加以推介。

关于林罗山推崇口义本的原因，池田知久曾作过论述。按照他的观点，镰仓时代末期以来，五山禅僧所主张的三教一致论十分兴盛，其影响波及江户初期的学术思潮，口义本的上述儒佛道一致的学术旨趣和观点，正迎合了包括林罗山在内的江户初期知识分子的这种学术口味，且"三子口义"为当时早出的三教一致论的力作，所以受到江户初期知识分子的欢迎。另外，林希逸为宋儒，学承程颐一系，"以宋儒之意注老庄"（江户朱子学者贝原益轩语），而五山禅僧三教中的"儒"也主要是宋儒即程朱学者，因而林希逸及其"三子口义"就更容易为林罗山等江户朱子学者所接受。② 在这一学术背景和条件下，林罗山开始推崇口义本，而对口义本的推崇正体现了他对老庄乃至道家的看法。林罗山的老庄观，从他在老庄诸注中对口义本给予最高评价来看，总体上是与林希逸一致的。在《老子》《庄子》两者中，他显然更重《老子》，这一点当亦与林希逸老近于儒的观点有关。林罗山作为朱子学派的学者，开始是将老子与佛教一起作为儒学的对立面激烈批判的，但单独论及老子时也有肯定，后来对老子的评价则渐趋肯定。林罗山老子观的这种转变，与他对《老子鬳斋口义》的研究和吸收有密切关系。通过对《老子鬳斋口义》的研究，他逐渐接受了林希逸儒老一致的解释，改变了原来仅把老子当作儒学异端来把握的观点，开始

---

① 林羅山：『老子口義跋』，『林羅山文集』卷五十四，转引自池田知久"日本における林希逸『庄子鬳斎口義』の受容"，『二松学舎論集』第31号，113頁。
② 见池田知久『日本における林希逸「庄子鬳斎口義」の受容』，『二松学舎論集』第31号，115—116頁。

寻求儒、老的共通性。《老子鬳斋口义》是作为朱子学者的林罗山借以接近老子的媒介。另外，后期的林罗山，作为朱子学者的地位已经确立，无需再通过异端批判来表明自己的立场，于是对《老子》更能按其原貌看待之，这也是其老子观转变的原因。① 总之，在上述江户初期的思想学术背景下，一方面，林罗山需要并选择了口义本这样的老子注本，据此确立自己朱子学框架内的老子观；另一方面，口义本又反过来引导和强化了林罗山这种儒老一致的老子观。

江户时代老庄研究的繁盛，不但推动了老庄研究的深化，也使老庄文献及其思想价值进一步为人所认识，从而对思想文化产生了影响。实际上，老庄思想渗透到哲学、宗教、文学、艺术等文化领域，且"一些思想家将道家哲学溶于自己理论体系之中"。② 当时不仅产生了一批著名的老庄研究者，还涌现了许多对老庄思想有所受取因而具有道家风范的学者文人。如江户前期的金兰斋（1653—1731），出自古义学创始人伊藤仁斋门下，一般认为是最早专门研究老庄的学者，所著《老子国字解》曾流行一时。他在京都开塾，门生极多，都是老庄一流。又曾在长崎建庐舍著书，大倡老庄之学，故获近时日本"老庄学之祖"的称呼。③ 此类学者还有折衷学派的东条一堂和大田晴轩等。徂徕学派的学者中老庄造诣高深者不少，其中荻生徂徕、服部南郭、太宰春台和海保青陵等人，不但深研老庄，是当时著名的老庄学者，而且不同程度地接受了老庄思想的影响。江户中期石田梅岩（1685—1744）创立的石门心学，也曾多方面吸收老庄思想。④ 安藤昌益（1703—1762）作为江户反封建思想的突出代表，也与老庄思想有着密切的联系。中后期的三浦梅园（1723—1789）是江户自然哲学和自然科学的代表，

---

① 见大野出『日本の近世と老荘思想』，ぺりかん社1997年，278—281頁。
② 徐水生：《略论道家思想在日本的传播》，陈鼓应主编：《道家文化研究》第十辑，上海古籍出版社1996年版，第449页。
③ 见李威周《老庄思想与日本》，《中日哲学思想论集》，齐鲁书社1992年版，第89—90页。
④ 参见大野出『日本の近世と老荘思想』，第二節。

其哲学体系吸收和借助于道家道教者甚多。乳井贡（1727—1784）是有道家倾向的政治家和思想家，他从实用的角度来理解和运用老庄思想，视其为精神抚慰的哲学。① 广濑淡窗（1782—1856）是江户后期著名的老庄学者。他本是儒学者，但其晚年思想受到《老子》的深刻影响，认为儒家思想和《老子》思想在根本上是一致的。文学领域，江户前期的著名俳人松尾芭蕉（1644—1694）倾倒于《庄子》并奉行其思想，江户后期的禅僧和和歌诗人良宽（1758—1831）也仰慕老庄式的人生境界，其所作诗歌有很多是依据老庄的文句和思想。他的诗吟咏《庄子》式的"同化于自然"的"一人之游"境界。② 和歌诗人上田秋成（1734—1809）以《庄子》式的畸人（《大宗师》篇有"畸人者，畸于人而侔于天"之句）自比，自称"剪枝畸人"，并依《庄子》的语言表达自己的人生智慧："我非彼是，彼是我非，互为我他、彼此也"，"人谓之美，我见之为丑。美丑不相分，则又无善恶邪正"。③ 江户时代还出现了不少以老庄为题材的通俗文学作品。如佚斋樗山的《田园庄子》（1727）、安居斋的《造化问答》（1734）、田中友水的《面影庄子》（1743）、信更生的《都庄子》（1753）、自堕落先生的《劳四狂》（1747）、燕志堂的《梦中老子》（1747）、名张湖镜的《都老子》（1752）、新井白蛾的《老子形气》（1754）等等。这些作品，有的从《庄子》的寓言中引出处世的智慧和教训，有的则是以老庄为蓝本的幽默滑稽作品，旨趣不尽相同，但都是将老庄思想漫画化。④ 美术领域，与谢芜村与池大雅（1722—1776）同为江户中期以后（18世纪以后）兴起的南画或文人画的代表人物，以《庄子》的"梦蝶""逍遥游"等思想为主题进行创作，与老庄思想有密切关系。南画素有放荡不羁的

---

① 小島康敬:『江戸思想史の中の老荘思想』，源了円、厳紹璗編:『日中文化交流史叢書 (3) 思想』，大修館書店 1995 年，307—309 頁。
② 小島康敬:『江戸思想史の中の老荘思想』，源了円、厳紹璗編:『日中文化交流史叢書 (3) 思想』，296 頁。
③ 福永光司:『江戸期の老荘思想』，『道教と日本文化』，人文書院 1982 年，119 頁。
④ 見小島康敬『江戸思想史の中の老荘思想』，源了円、厳紹璗編:『日中文化交流史叢書 (3) 思想』，297 頁。

反体制的传统，它与本具有反对既有社会秩序特点的老庄思想的关联是意味深长的。①

如果按本文所提出的公元 5 世纪末的传入时间计算，老庄文献在日本的流传已有约一千五百年的历史。老庄研究的开展当然要晚于此时间。从历料记载看，公元 8 世纪时日本老庄研究应当已颇具规模了。也就是说，日本老庄学约有一千二百年历史，本文对其近代之前的状况作了论考。近代以后，日本传统老庄学向近现代老庄学转变。

---

① 福永光司：『江戸期の老荘思想』，『道教と日本文化』，121 頁。

老庄思想在日本近现代的深远影响与研究概况

徐水生[*]

摘要：老庄思想经过在日本的长期传播和历史积淀，在日本近现代成了一批学人创建新文化的重要思想资源之一。著名文学家夏目漱石将老庄思想与文学作品融为一体。著名哲学家西周、中江兆民、西田几多郎将老庄思想融入新时代的哲学创造之中。日本首位诺贝尔奖获得者、现代物理学家汤川秀树则直言："长年累月吸引我，给我最深影响的是老庄等人的思想。"日本的汉学大家也对原始道家思想的研究非常重视。总之，日本近现代学者对老庄思想的研究成果丰硕，值得借鉴。

关键词：老庄思想　日本近代哲学　汤川秀树

作为东方传统文化的瑰宝，老庄思想除了对日本古代的文化发展具有重要作用外，还在近现代日本有着深远的影响，并成为日本学者的重要研究对象。

一、老庄思想在近代日本的影响

1868 年的明治维新拉开了日本近代化的序幕，但是作为东方传统

---

[*] 徐水生，哲学博士，武汉大学哲学院教授、博士生导师，曾任中华日本哲学学会副会长。

文化的重要组成部分并为日本文人所熟悉的道家思想并未被彻底抛弃，而是与涌入的西方思想相融合，为日本新文化的产生和发展提供了重要的思想资源。

（一）老庄思想与夏目漱石

夏目漱石（1867—1916）是日本近代文学的巨匠，他一生写过十五部中长篇小说，两部文学理论著作，此外还创作了大量诗歌。鲁迅对他的文学成就给予过高度评价："夏目的著作以想象丰富、文词精美见称。……是明治文坛上的新江户艺术的主流，当世无与匹者。"[①] 夏目漱石1893年毕业于东京大学英文专业，1900年赴英国留学三年。他长期保持了对道家思想的喜爱，在上大学时就专门写有《老子的哲学》[②] 一文，该文用三幅图解（修身、政治、道）展示了老子的整个哲学体系，表现了他对这一问题的整体把握和深刻理解。

在夏目漱石的文学作品中，多次出现"无为而化"（《我是猫》第十一节）、"天网恢恢，疏而不漏"（《少爷》第十一节）、"言而不知"（《虞美人草》第五节）、"老子曾说过"之类的语句，可见他已将老子哲学与文学作品融为一体。夏目漱石的汉文诗则更多说明了他与庄子哲学的密切关系。例如他在《七草集评》之诗中写到："洗尽尘怀忘我物，只看窗外古松郁，乾坤深夜闻无声，默坐空房如古佛。"[③] 在《失题》之诗中写到："往来暂逍遥，出处唯随缘。"[④]《春兴》之诗中写到："寸心何窈窕，缥缈忘是非，三十我欲老，韶光犹依依，逍遥随物化，悠然对芬菲。"[⑤] 这里的"忘我物""忘是非""逍遥""物化"均是庄子《齐物论》和《逍遥游》等篇中的重要思想观念。

尤其值得注意的是，漱石提出的"则天去私"文学思想与老庄哲

[①] 参见鲁迅《现代日本小说集》附录，《鲁迅全集》第10卷，人民文学出版社1981年版，第216—217页。
[②] 夏目漱石：『夏目漱石全集』第12卷，筑摩書房1979年，78-90頁。
[③] 夏目漱石：『漱石全集』第12卷，岩波書店1975年，458頁。
[④] 夏目漱石：『漱石全集』第12卷，404頁。
[⑤] 夏目漱石：『漱石全集』第12卷，401頁。

学有着密切的联系。19世纪初年至20年代，迅速发展的近代工商业给日本带来了繁荣的物质文明，但人的精神生活上却出现了"畸形"。漱石在《三四郎》《其后》《门》《过了秋分为止》《行人》《道草》《心》等作品中，尖锐地揭露、讽刺了隐藏在近代人们内心深处的利己主义。经过多年的思索，漱石在去世前的多次谈话和书写中提出了"则天去私"的思想。① 这一思想综合了法国启蒙思想家卢梭的"回复自然"论和中国老庄的"道法自然"思想。漱石试图告诫人们，在较为丰富的物质生活中，一定要抛弃虚伪之心、功名之念，保持原有的纯朴和善心。漱石的晚期作品《明与暗》就是对"则天去私"思想的具体而形象的阐发。这一思想在日本近代乃至现代的文学史上产生了重大影响。

（二）老庄思想与西周

西周（1829—1897）是第一位较系统地将西方近代哲学介绍到日本的哲学家，故被称为"日本近代哲学之父"（船山信一语）。② 1862年，西周作为日本幕府派遣的首批留学生去荷兰留学，学习时间达三年。在此期间，他系统地学习了西方哲学和社会科学。回国后，西周在介绍西方哲学和创建日本近代哲学的过程中，除了大量运用儒学思想外，还常常借用道家的概念和观点来论述新的思想。

例如，西周在五十岁所作的《兵赋论》中认为，世界万物存在着"静力"与"动力"的矛盾斗争，从矿物、植物、动物到人类，都有这类矛盾的相消相克。"矛盾斗争进行时，人们快乐地享受着人生。矛盾斗争结束时，人们在墓石下分解，归于原来的静力。天地万物常在矛盾斗争中形成，不论在智慧、社会里，还是在贸易、战争中，一切生气、活气、壮盛，均因这种动力而形成。这种静力和动力在中国书中称为阴阳，即阴阳相合乃生万物。"③ 静力、动力本是西方近代物理学家提出的术语，"阴阳"显然是老子哲学的概念。道家创始人老子是中

---

① 夏目漱石：『夏目漱石全集』别卷，筑摩书房1979年，391页。
② 船山信一：『日本の観念論者』，英寶社1956年，36页。
③ 植手通有编：『西周・加藤弘之』（日本名著第34卷），中央公论社1984年，168页。

国古代辩证法的大师,其最有代表性的论述见《道德经》第四十二章:"道生一,一生二,二生三,三生万物。万物负阴而抱阳,冲气以为和。"(本文所引《老子》均出自王弼注,楼宇烈校释《老子道德经注校释》)这是说万物都存在阴阳对立的矛盾,阴阳的和谐和统一又推动着万物的发展。西周在创建日本近代文化的过程中将二者结合,用人们所熟悉的知识和道理介绍了新的自然观。

西周在《知说》篇中主张知识的系统性和全面性("大知"),反对知识的零碎性和片面性("小知")。他所讲的知识的系统性和全面性,以"语文、数学、历史、地理"为基本内容,以演绎和归纳为主要方法,以求得真理为最终目的,具有明显的近代性。但西周所用的"大知""小知"却是庄子哲学常用的概念。庄子曾说:"大知闲闲,小知间间。"(《庄子·齐物论》(本文所引《庄子》均出自郭庆藩撰,王孝鱼点校《庄子集释》))意谓"大知"广博,"小知"零碎,故"小知不及大知"(《庄子·逍遥游》)。又曰:"大知观于远近,故小而不寡,大而不多,知量无穷。证向今故,故遥而不闷,掇而不跂,知时无止。察乎盈虚,故得而不喜,失而不忧,知分之无常也。明乎坦涂,故生而不说,死而不祸,知终始之不可故也。"(《庄子·秋水》)庄子提出"大知"与"小知"的思想,以说明视野开阔、头脑清醒的大智者能全面、发展、辩证地看问题。西周将这两个概念与近代思想有机结合,提出了新的知识论思想,他说:"小知即平常的知识,在有限程度上高于凡庸者,如同某人立于稠众密群之中,看之视野受前后左右所限。行之又必推前者、挤后者、冲左者、碰右者。""大知与此相反,如立于一高台之上观台下稠众,对于数万人可以一目了然,视野不受前后左右所限,行动亦得当。"[1] 西周进而对二者展开了详细比较,认为小知是一种知,似丝,大知是一系统的知,如一匹布;小知似穴居木楼,只能栖住一人,大知如高楼大厦,可容多人安身;小知似一猛夫格斗,

---

[1] 植手通有编:『西周·加藤弘之』(日本名著第34卷),203页。

大知如摆开了强大阵势之军；小知似一工人简单制作，大知如集众工之巧生产精品。西周由于在论述中运用了庄子哲学的范畴和思想，故他的知识论既保持了近代理论的思辨性，又具有浓厚的东方文化色彩。

（三）老庄思想与中江兆民

近代日本唯物论的创始人中江兆民（1847—1901）的特有气质和坎坷人生以及思想倾向，使他与鄙视世俗观念和向往自由的道家思想有着不解之缘。1871年至1874年，他被政府派往法国留学，期间他如饥似渴地学习欧洲近代文化。法国启蒙思想家卢梭的自由平等学说，18世纪法国唯物主义的自然观、认识论和无神论思想以及达尔文的"确定了物种的变异性和承续性"的生物进化论等，都对他产生了重大影响。1882年他用汉文译出卢梭的《社会契约论》即《民约译解》，该书在日本社会产生极大反响，他因而获得"东洋卢梭"之美称。1886年2月至4月，他翻译的富耶（A. Fouille）所著《理学沿革史》上下册出版，中江兆民将"哲学"译为"理学"，这实际上是一部西方哲学史。同年6月，他翻译的《理学钩玄》（即《哲学概论》）出版，此书系统介绍了西方近代哲学。在大力介绍西洋哲学的同时，他还拜当时的著名汉学家冈松瓮谷为师，努力学习道家著作。冈松著有《庄子注释》，中江兆民对此书爱不释手，反复捧读，并通过注释进一步掌握了连中国人都颇感费解的庄子哲学思想。他后来开设法学塾时，仍把《庄子》等作为座右之书。对中江兆民读书生活颇为了解的小岛佑马曾说，《庄子》是兆民最爱读的书之一，对他以后的文章和思想都产生了颇大影响。《秋水》是《庄子》的代表篇章，它由七组寓言组成，通过对大与小、天与人、生与死、贵与贱、官与民等问题的论述，表现了庄子超脱世俗、藐视权贵、向往自由的思想。中江兆民非常喜欢此篇，并先以该题作为自己的雅号，后将此雅号转赠于得意门生、后成为著名日本早期社会主义思想家的幸德传次郎，使其改名为幸德秋水。可以说，这也是中江兆民酷爱道家思想的例证之一。

先秦道家思想的集大成者庄子在天人、是非、相对与绝对、生死等问题上提出了不少令人惊叹和富于启迪的思想。中江兆民通过自己的社会实践并吸收西方近代文化,积极改造庄子哲学,使其成为"中江精神"重要来源之一。1901年,中江兆民身患重病,4月份被医生诊断为喉癌,并说只能再活一年半左右。然而,中江兆民并不是消极地等待死亡,而是同病魔进行了顽强搏斗,凭着坚强意志在极其困难的条件下先后写出《一年有半》《续一年有半》两书,销售量竟分别达二十多万册和十多万册,轰动了当时的日本思想界。中江兆民的哲学被称为日本"唯物主义的源泉"。① 在这一年半中,庄子哲学对中江兆民思想产生了重要影响,并得到了近代性的新诠释。

例如关于"生死本是无"的新诠释。《庄子·大宗师》:"孰能以无为首,以生为脊,以死为尻,孰知死生存亡之一体者,吾与之友矣!"意思是说人的生命是自然所赋予的,最后也要回到大自然,因而人的生命实际上是以无为始、以无为终的。这表明了庄子"视死如归"的达观态度,但它也与"知其不可奈何而安之若命"的观点紧密相联。中江兆民站在新时代的高度,继承和诠释了庄子以上思想,他说:"生时是有限,死后是无限的。拿有限和无限相比,这不是短,而是根本无。假使有事情可做,并且过得愉快,那末,这一年半岂不是足以充分利用的?啊!所谓一年半也是无,五十年、一百年也是无。就是说,我是虚无海上一虚舟。"② 中江兆民关于生命是"根本无"的观点,不排除与禅宗的"无"(兆民也读过《碧岩录》之类的书)有一定关系,但我认为,它更多是吸取了庄子关于生死之"无"的思想。这既是对庄子思想的吸取,更是对它的积极改造和发挥。当然,在生死问题上,中江兆民的思想和庄子观点既有联系又有区别:第一,庄子的观点是对生命现象朴素直观的观察,中江兆民的观点则是以达尔文进化论、物种和人类起源说、细胞学和解剖学等自然科学为依据,富有近代感的

---

① 古田光、铃木正编:『近代日本の哲学』,北樹出版社1983年,100頁。
② 〔日〕中江兆民:《一年有半、续一年有半》,吴藻溪译,商务印书馆1979年版,第8页。

阐发。第二，庄子只是主张消极地顺应生死，中江兆民则主张在顺应、尊重自然规律的前提下积极工作，在极有限的时间内做出超常成绩，使生命发出更耀眼的火花。

关于"寿"与"夭"新诠释。《庄子·逍遥游》："小年不及大年。……上古有大椿者，以八千岁为春，八千岁为秋，（此大年也）而彭祖乃今以久特闻，众人匹之，不亦悲乎！"庄子认为，人们谈起长寿，往往以八百岁的彭祖为例，但彭祖如果与"以八千岁为春"的大椿相比，只能算夭折，因而寿与夭不是绝对的。中江兆民吸取了其中的辩证因素，指出"一年半，各位也许要说是短促的，然而我却说是漫长的。如果说短，那么，十年也短，五十年也短，一百年也短"，"一个人假使七八十岁后才死，可以说是长寿。然而死亡以后，却是永远无限的劫数。假使以七八十年去和无限作比较，那是多么短促啊！于是乎不能不把彭祖看作夭折，把武内宿弥看作短命。"①所以，寿夭的标准在于是否活得有意义，能否为人们做出积极贡献。可以说，中江兆民站在日本近代历史的高度，以西方自然科学知识和近代哲学为基础，克服了庄子思想中的消极性，扬弃了庄子的生死观，试图为人们留下更多的精神遗产，恰如其所云："我认为至多只能活五六个月，如果能活一年，那么对我来说，已经是寿命上的丰年。这本书所以题为《一年有半》，就是由于这个缘故。"②

关于"方生方死、方死方生"命题的新诠释。《庄子·齐物论》："彼是方生之说也，虽然，方生方死、方死方生。"在庄子看来，生与死是相互包含、相互联系的，但他在强调二者的相对性时，却忽略了生死的绝对性。中江兆民认为，生死的某些道理"庄周也还未能说出"，故他对"方生方死"进行了新诠释："孩子出生，从他刚生下的那一瞬间，就是慢慢的死去。为什么呢？因为如果是朝着最长的七八十岁的寿命前进，而没有片刻停止，这就可以说是慢慢地死去。这样说

---

① 〔日〕中江兆民：《一年有半、续一年有半》，第22页。
② 同上书，第6页。

有什么不可以呢？"① 很明显，这个观点是中江对庄子生死观中的相对主义因素的克服和辩证因素的继承发挥，也完全符合现代生命科学的原理，至今看来它仍不失其正确性。

关于"有始"（有限）与"无始"（无限）的新诠释。《庄子·齐物论》："有有也者，有无也者，有未始有无也者，有未始有夫未始有无也者。""毛嫱丽姬，人之所美也；鱼见之深入，鸟见之高飞，麋鹿见之决骤，四者孰知天下之正哉？"庄子这类论述有相对主义的消极成分，同时也蕴藏着深邃的思想：世界是宏大的，宇宙是无限的，而人们思考问题往往"以自己为中心"，带有极大的局限性。中江兆民从后者得到了启示，并运用新的自然科学知识，提出了富有时代感的唯物主义宇宙观。他说："所谓空间、所谓时间、所谓世界，本来都是独一无二的存在。不论用短促和狭隘的想像力如何加以想像，也没有道理认为空间、时间、世界这些东西可以是有始的。同时没有道理认为上下呀，东西呀，是有极限的。然而由于局限在五尺身躯呀、人类呀、十八里的大气层呀以内，而且受到自己的利害或希望的制约，疏远并蔑视其他动物，如禽兽虫鱼，仅仅从人这种动物来推断并加以思考，所以罗列一些有利于人这种动物的论点。"②这种鲜明的唯物主义观点毫无疑问是以近代物理学、天文学知识为基础，以18世纪法国唯物主义自然观为契机，但从中江兆民的文化素养来说，它与庄子思想又有着密切联系。从这个意义上讲，这是中江对庄子的宇宙无限性、认识相对性思想的近代唯物论诠释。

中江兆民除了酷爱庄子哲学，也很喜欢《老子》一书。他说："我曾爱读的《老子》说，治大国若烹小鲜。"③中江兆民所引这句话出自《老子》第六十章，意思是说治理大国好像煎小鱼，以道治天下，小心谨慎而为，便能成全大事。其实《老子》中关于大与小辩证关系的论

---

① 〔日〕中江兆民：《一年有半、续一年有半》，第22页。
② 同上书，第73页。
③ 河野健二编：『中江兆民』，中央公論社1984年，81頁。

述是很多的，如第六十三章："图难于其易，为大于其细。天下难事，必作于易；天下大事，必作于细。是以圣人终不为大，故能成其大。"这种关于大与小的论述使兆民极感兴趣，其兴趣重点是将老子的辩证思想改造后，作为方法论运用于社会观上。他说："世人常说，'身材小，其才能不大，因我国不大，无奈人材也少'。这是知其一，不知其二。才能之类需学才大，气概靠平日培养。身体小是天命，生在小国又是天命。但人之命只有不安，才能求知，才能创造。如果日常培养，努力不息，小能变大，薄能变厚。"① 中江兆民坚信"大""小"的差异不是绝对的，只要经过努力和创造，身体之"小"必能转化为才能之"大"。兆民试图以此提高日本人民的民族自信心，使日本迅速走向现代化，赶上发达的西方工业国家。

（四）老庄思想与西田几多郎

西田几多郎（1870—1945）结合东方传统哲学与西方近现代哲学，创造了日本近代最庞大、最严密的哲学体系，故有日本学者赞曰："这不仅具有东方传统思想现代化的意义，而且还具有世界化的意义。"② 西田几多郎将日本近代哲学发展到顶峰，很大程度上得益于西方哲学的思想和方法，但道家思想对他有何积极影响呢？这是当前特别值得探讨的重要问题。

西田几多郎在金泽第四高中学习期间已表现出对道家的浓厚兴趣和深刻理解。他在一首汉诗中写到："除去功名荣利心，得寻闲处解尘襟，窗前好读道家册，明月清风拂俗尘。"③ 可见他对道家藐视功名、洁身自好的思想颇感兴趣。在高中生病期间，西田几多郎有很多时间进行读书和思考，对道家思想体会得更深，乃至从庄子哲学中得到了极大的精神慰藉。他在《病中叙怀》中说："仰望云霓，油然而起，忽然而没，俯见黄鸟，其声宛转，其律六吕。……吾闻之庄子，古之真人

---

① 河野健二编：『中江兆民』，82页。
② 下村寅太郎：『下村寅太郎著作集』第12卷，みすず書房1990年，100页。
③ 西田幾多郎：『西田幾多郎全集』第16卷，岩波書店1996年，604页。

与天为徒，故入水不濡，入火不热，夫从天者安其生也，故无求。夫唯无求，故其乐也悠悠。逆天者不安其生也，故求而不饱，夫唯求而不饱，故其忧也戚戚耳。夫云霓与黄鸟皆槁形灰心，以臂为弹而不怒，以尻为轮而不怨，超然而游乎方外，任自然而不疑，参天地之外，深入寥天一，是庄子之所谓真人也者。"① 以上所述内容大多出自《庄子·大宗师》，该篇描述了最高理想人物"真人"安然顺命、以生死为一体的达观态度，提出了解脱精神之苦的"悬解"方法，表现了庄子追求"逍遥无为"的自由境界。西田几多郎正因为有着对庄子"超然而游乎方外，任自然而不疑"精神的理解，所以迅速消除了当时病中的烦恼，也承受住了日后被迫与妻子离婚和辞掉中学教职的精神打击。

《善的研究》是西田几多郎的成名作，也是其哲学思想的代表作。下面主要以《善的研究》为例，来说明道家对西田哲学的影响。"纯粹经验"是《善的研究》一书的中心范畴，用西田几多郎的话说："所谓经验，就是照事实原样而感知的意思。也就是完全去掉自己的加工，按照事实来感知……当人们直接地经验到自己的意识形态时，还没有主客之分，知识和它的对象是完全合一的，这是最纯的经验。"② 虽然"纯粹经验"理论从概念、方法到内容都浸透着西方近代文化的因素，但作为一位立志创建近代"东方哲学"和"新世界文化"的哲学家来说，西田绝不会甘心自己的哲学体系是西方哲学的翻版，而是决心以东方文化为背景来吸收西方文化，从而使二者得到新的升华。因而，西田"纯粹经验"理论的深层仍闪耀着道家思想的火花。

《庄子·齐物论》有一著名思想："天地与我并生，而万物与我为一。"西田几多郎吸取并改造了这一思想，他说："本来物和我就是没有区别的，我们既可以说客观世界是自我反映，同样地也可以说自我是客观世界的反映。离开我所看到的世界便没有我。这是天地同根，万

---

① 西田幾多郎:『西田幾多郎全集』第16卷，609页。
② 〔日〕西田几多郎:《善的研究》，何倩译，商务印书馆1965年版，第7页。

物一体。"又说:"在上述状态下,天地仅有一指之隔,万物与我成为一体。"① 庄子所谓"物我一体"原是反对思维方法的绝对主义,强调自然的整体性、主体与客体的联系性以及认识的相对性。西田扬弃了庄子这一思想,同时借鉴西方的经验论哲学、心理学理论,揭示了"纯粹经验"内部的主客整体性、不可分性,从观念论的角度阐发庄子"物我一体"思想的近代意义。他说:"对婴儿来说,一切最初的感觉必然就是宇宙本身。在这种境界里面,主客观没有分离,而是物我一体,只有一个事实。由于我和物成为一体,就再没有必须寻求的真理和非满足不可的欲望。然而随着意识的分化发展,主客观相互对立,物我也相背驰,于是人生就发生欲求和苦恼,人离开了神,乐园的门便永远对亚当的子孙们封锁起来。但是不管意识如何分化发展,终究不能离开主客观合一的统一,而我们是一直在知识上和意志上寻求着这种统一的。"② 这里用庄子"物我为一"的思想来说明"纯粹经验"的主客统一性:它既是宇宙本体的特点,也是意识分化发展的方向、知识论的目的。西田的唯心主义体系透出了一些值得注意的思想,如重视宇宙与人、认识主体与客体的同一性等。由于"物我一体"思想的运用,西田的"纯粹经验"既达到了西方近代哲学的理论水平,又具有东方文化的特色。

西田为阐发"纯粹经验"理论,又用"知的直观"等概念加以说明。所谓"知的直观",是"通常所说的经验以上的那种直觉,也就是对可以辩证地加以认识的东西的直觉",它"使我们的纯粹经验状态进一步加深和扩大"。③"知的直观"也吸收了庄子哲学的营养。《庄子·大宗师》有"坐忘"的思想:"堕肢体、黜聪明,离形去知,同于大通,此谓坐忘。"郭象注云:"夫坐忘者,奚所不忘哉?既忘其迹(指仁义礼乐),又忘其所以迹者(指形体与圣智),内不觉其一身,外不

---

① 〔日〕西田几多郎:《善的研究》,第 117、145 页。
② 同上书,第 129 页。
③ 同上书,第 30、32 页。

识有天地，然后旷然与变化为体而无不通也。"郭注甚当。庄子认为只要端正修养，摒弃一切知识和感觉，通过直觉便能遗忘一切，消除是非的对立、彼此的分别、主客的界限，进入与天地万物混然一体的境界。西田的"知的直观"论吸收了庄子的"坐忘"等思想，他说："真正的知的直观是纯粹经验上的统一作用本身……，从纯粹经验论的立场来看，这实在是主客观合一、知意融合的状态。这时物我相忘，既不是物推动我，也不是我推动物。只有一个世界、一个光景。一谈起知的直观，听起来似乎是一种主观作用，但其实是超越了主客观的状态。"[①]"知的直观（或直觉）论"的产生也曾受到西方哲学中直觉思想的启发。如叔本华认为，依靠理性或逻辑思维不能认识世界本质，直觉才是认识世界的唯一途径，但他的直觉是以意志为动力，也以意志（世界本质）为目的。而庄子那种依靠静心修养，达到主客合一、万物合一的东方直觉思想使具有深厚老庄思想功底，多年坚持坐禅的西田更加重视，成了他直觉思想的主要来源。不过，西田几多郎用西方近代哲学理论和方法对庄子"坐忘"的直觉思想又加以改造，使其成为"重知"的"知的直观"。

西田还将庄子的"坐忘"运用到"实在"问题的论述上。他说："在直觉经验上只有一个独立自在的事实，既没有进行观察的主观，也没有被观察的客观。正如我们的心灵被美妙的音乐所吸引，进入物我相忘的境地，觉得天地之间只有一片嘹亮的乐声那样，这一刹那便是所谓真正的实在出现了。"[②]西田认为，对于"真正的实在"的把握既不能靠理性的逻辑思维，也不能靠叔本华式的意志直觉，只能依赖于庄子"坐忘"类的东方直觉。可见他把庄子"坐忘"的方法放在很重要的地位。

---

① 〔日〕西田几多郎：《善的研究》，第32页。
② 同上书，第45页。

二、老庄思想在现代日本的影响

汤川秀树（1907—1981）是日本首位诺贝尔奖获得者、国际著名物理学家。他 1935 年提出一种核力理论，正确预言了介子的存在，1949 年因介子理论而获诺贝尔物理学奖。他在回顾自己漫长的现代物理学研究生涯时指出："和其他物理学家不同，对我来说，长年累月吸引我，给我影响最深的是老庄等人的思想。它虽是一种东方思想，但在我思考有关物理学问题时，它仍不知不觉地进入其中。"[①]研究老庄哲学对汤川科学思想的重要影响，对于我们认识道家思想的合理内核，探讨中国古老智慧与现代自然科学的某些联系，均有积极意义。

那么，老庄思想对汤川秀树从事物理学研究产生了哪些具体影响呢？他举出三个事例：

第一是"基元域"概念的形成。他说："1950 年，我发表了关于非局域场的理论，想将它作为和实体论、本质论的一种综合统一的第一步。这时，在宇宙线中发现了未被预计到的几种新粒子。……然而，再前进一步，希望更大，困难也越大，感到要达到应满足的理论需一个较长的时间，实际从这以后到今天的二十多年，我仍进行着恶战苦斗。其中，我想起了种种东西，成此契机的一个是在基本粒子研究上用新形式恢复的一般相对论精神，还有一个是想起了长期被遗忘的庄子。尽管时代相隔甚远，然而在将哪一方都可相容时、空（天地）和作为内在东西的物质、能量（万物）的相互关系问题上，二者有共同点。在这里有其他种种思想中所看不到的独特。如我在《基本粒子》中所述，想起了吸取庄子思想营养的诗人——李白在某文开头中的'天地者万物之逆旅，光阴者百代之过客'等句，于是在 1966 年某日，终于

---

① 湯川秀樹:『湯川秀樹著作集』第 7 卷，岩波書店 1985 年，20-21 頁。

将我的苦心思索结晶为基元域①的概念。"②

第二个是汤川粒子物理学上的"混沌"说的产生。汤川秀树说："我研究基本粒子已有多年，而且，至今已发现了三十多种不同的基本粒子，每种基本粒子都带来某种谜一样的问题。当发生这种事情的时候，我们不得不深入一步考虑在这些粒子的背后到底有什么东西。我们想达到最基本的物理形式，但是，如果证明物质竟有三十多种的不同形式，那就是很尴尬的。更加可能的是万物中最基本的东西并没有固定的形式，而且和我们今天所知的任何基本粒子都不对应，它可能是有着分化为一切种类基本粒子的可能性，但事实上还未分化的某种东西。用所习用的话来说，这种东西也许就是一种'混沌'。正是当我按这样的思路考虑问题时，我想起了庄子的寓言。"③这就是《庄子·应帝王》的"混沌"寓言。

汤川秀树指出："在他的著作中，'混沌'是和基本粒子世界很相通的。庄子说，如果企图笨拙地把某种相貌强加给混沌，就意味消灭混沌。虽然这样的一种说法在不同的人看来将有不同的意义。但是在我看来它揭示了我们在基本粒子方面遇到那种形势。"④"看来现代物理学似乎在许多方面带来了古代哲学的回声。事实上，我们有时确实发现，古代世界的某一个学者思想中的一次灵感闪光，会在很晚以后的一个发现上渲染上一种惊人明亮的光辉。"⑤事实的确如此，玻尔、海森伯等西方现代物理学家在推动量子力学的形成和发展中，从古希腊哲学

---

① 基元域：汤川解释道，"如果任何形式的能量开始和真空发生联系了，那么，按照这种联系方式的不同，我们就可以把它看成一种物质或粒子式的表现，甚至看成一个基本粒子，如果我们想象这个区域变得无限地小，那么在极限情况下它就将和一个点粒子相当，从而我们的理论表述就会和从前一样地遇到困难。因此，我们就给这个区域的尺寸规定一个下限，即一个对应于最小时空量子的极限，这就是一个不能再进一步有意义地细分的区域。我们可以把它叫做基元域"。（汤川秀树著：《创造力与直觉》，周东林译，复旦大学出版社1987年版，第143页）
② 汤川秀樹：『湯川秀樹著作集』第7卷，65页。
③ 汤川秀树著：《创造力与直觉》，第49—50页。
④ 同上书，第145页。
⑤ 同上。

家德谟克利特的"原子论"里得到不少启示。故海森伯说，一个人如果没有希腊自然哲学的知识，就很难在现代原子物理学中取得进展。而与他们不同的是，汤川秀树从老庄哲学、古代东方文化中得到了灵感并将之与现代科学知识相结合，从而为现代物理学的发展作出了重要贡献，同时也纠正了海森伯上述观点的片面性。这也说明，在一定条件下中国古代哲学的某些合理思想有利于现代自然科学的发展。

第三个例子是"看不见的铸型"物理法则的确信。汤川说，数年前他有时将物理法则比喻为"看不见的铸型"。今天，我们知道自然界由若干种类基本粒子组成，例如电子和同一类型的其他粒子毫无区别，不论何处何时形成，各个电子具有完全相同的质量和电荷，这是自然界的法则性之最基本形态的体现。产生这类同一东西的人眼看不见的结构当然内在于自然界之中，汤川把它比喻为"人眼看不见的铸型"。在反复读《庄子》时，汤川发现了与此完全相似的比喻，这个比喻就是《庄子·大宗师》的一节，其中有一种自然规律决定一切的天地造化思想。

汤川秀树又说："庄子认为人在巨大的天地之中，是由肉眼看不见的铸型铸出的，到时又重铸成别的东西，将此比喻成生死没有什么大的差别，以超越死亡。与其作人类来看，倒不如说将此看成是基本粒子的生死问题。尽管这是古代庄子的思考，但与我的思考极其相似。在我看来，庄子是一位真正了不起的思想家。"① 汤川在这里站在现代物理学的高度诠释了庄子关于天地造化的思想，其哲学价值和科学方法论的意义绝不亚于海森伯等现代物理学家对古希腊原子论自然观的阐发。所不同的是，它更具有东方文化的浪漫主义色彩。

汤川秀树还利用自己丰富的中国古代哲学知识和深厚的西方科学文化素养，深刻阐述了老庄哲学对现代科学的重要启示。

第一，关于概念的相对性思想。《老子》第一章："道可道，非常

---

① 湯川秀樹:『湯川秀樹自選集』第3卷『現代人の知恵』，朝日新聞社1971, 369、370頁。

道；名可名，非常名。"汤川解释说："真正的道，即自然法则，不是惯例之道，常识之理。真正的名或概念，不是常见之名、常识性概念。""变成如此的解释，也许我是物理学家。到17世纪伽利略、牛顿发现新物理学的道之前，亚里士多德的物理学是'常道'。牛顿力学确立，并被称为正确的道之时，它便成了物理学上唯一的道。'质心'这种'新名'，不久成了'常名'。20世纪的物理学是从超越'常道'，发现新道开始的。在今天，狭义相对论、量子力学等形式的新道已成了常道，'四维时空世界''几率幅'这类奇妙之名，几乎成了'常名'。因而必须再寻找不是常道之道，不是常名之名。如那样思考的话，二千多年前的老子的话使人能获得非凡的新意。"① 关于老子的"道可道，非常道；名可名，非常名"，哲学界通常的解释是："可以言说的道，不是恒常的道；可以称呼的名，不是恒常的名。"汤川的解释与此不同，但从思想实质来说仍与老子哲学相通。老子说"反者道之动""道常无名"。意谓名称或概念不是绝对而是具有相对性的，自然科学就是在不断淘汰旧概念、旧理论，创造新概念、新理论中发展的，因而二者确有一致性。

第二，关于直觉思维。汤川秀树说："直觉能力在古代的希腊天才和中国天才那里都是天赋极高的。"② 直觉是指在经验知识积累的基础上突发地把握事物本质的能力，以及基于这种能力而产生的思想。关于直觉思维方法，有人认为有三个基本特征：非逻辑性、"智力图像"性、思维过程中断性。③ 但哲学史上出现的各种直觉和思维方法不一定全包括三种特征，而是或第一特征突出，或第二、第三特征突出。庄子的直觉思维方法是第一特征突出，《庄子·秋水》中的"濠梁之辩"表现了这一点："庄子与惠子游于濠梁之上。庄子曰：'鱼出游从容，是鱼之乐也。'惠子曰：'子非鱼，安知鱼之乐？'庄子曰：'子非我，安知

---

① 汤川秀樹：『汤川秀樹自選集』第3卷『現代人の知惠』，375页。
② 汤川秀树著：《创造力与直觉》，第5页。
③ 周义澄：《科学创造与直觉》，人民出版社1986年版，第138页。

我不知鱼之乐？'惠子曰：'我非子，固不知子矣，子固非鱼也，子之不知鱼之乐，全矣！'庄子曰：'请循其本。子曰"汝安知鱼乐"云者，既已知吾知之而问我，我知之濠上也。"汤川秀树对此寓言表现出浓厚兴趣，他说："此话表面类似禅的问答，实际上很不一样。禅总是把论证进行到科学无能为力之处，但庄子和惠子的问答表现了与科学的合理性和实证性有关的看法。惠子的论证方法看起来似乎比庄子更有逻辑性。一般认为，像鱼之乐这类很难下明确的定义，不承认实证是不可能的看法，接近科学的传统观点。尽管我自己是位科学家，但与庄子所说具有很强的同感。"[1]因此，20世纪60年代有人请汤川秀树题字时，他常写"知鱼乐"三字，名古屋大学理学院的物理学会议室墙上就曾长期挂着汤川所写的"知鱼乐"条幅。汤川秀树甚至在1965年9月在京都召开的纪念介子理论提出三十周年的基本粒子国际会议上，将"知鱼乐"的典故英译给外国物理学家，引起了他们极大的兴趣，使他们各自思考自己的思维方法是近于庄子还是近于惠子。

为什么汤川对"知鱼乐"的典故如此钟爱并与庄子颇有同感呢？他解释说："我坚信用某些方法可以合理地把握住基本粒子的结构，而且当然我正在为寻找可能的答案而费脑筋。我相信这样的一天将会到来。那时我们将知道基本粒子的内核，即使这一切不会像庄子知道鱼的内心那样简单，但为了做到这一点，我们也许必须采取冲破现有知识框框的奇妙思维方法。"[2]所谓"奇妙思维方法"就是庄子"知鱼乐"一类的直觉思维方法，这种方法经过科学的改造，可以弥补逻辑和实验方法的不足（或与之形成互补），有助于基本粒子研究。汤川的亲密科研助手——著名物理学家坂田昌一也进一步揭示了庄子直觉思维方法的现实意义，他说："'知鱼乐'的精神正是贯穿着现代物理学的精神，它把隐藏在现象背后的本质作为问题提出来了。"[3]汤川秀树还指

---

[1] 湯川秀樹：『湯川秀樹自選集』第3卷，372頁。
[2] 湯川秀樹：『湯川秀樹自選集』第3卷，374頁。
[3] 坂田昌一：《坂田昌一科学哲学论文集》，知识出版社1987年版，第192页。

出:"直至今日,有人认为东方的思维方式是非逻辑的,有碍科学的发展。这类意见不少,但我未必同意。"① 例如量子力学中的不确定原理、概率概念,西方人很难掌握,东方人却极易接受,这不能不说与思维方式有关。这就从一个方面肯定了以庄子思想为代表的中国古代直觉思维的合理性。

第三,关于类比思维。类比是从两个对象属性的某些相似方面,推出它们在其他方面可能相似的推理方法。用汤川秀树的话说:"类比是这样一些方式(想象力发展等方式——引者注)中最具体的一种,它们把那些在一个领域中形成的关系应用到另一个不同领域中去。这是中国人自古以来就很擅长的一个领域。表现类比的最古形式就是比喻。"② 汤川在其著作中多次谈到类比特别是中国古代的类比(比喻),这是有重要原因的。其一,类比思维在近现代自然科学发展中起到了重要作用。例如,1803年英国化学家道尔顿比较了古希腊原子论,细致研究了当时建立起来的当量定律和定组分定律,发现只要引入原子概念并确定各种原子都有独立的原子量,就能圆满解释这些定律。之后,他又建立了近代原子论,在科学上作出了重大贡献。其二,西方科学家类比论的文化基础几乎都源于古希腊哲学。作为重视科学方法论,又具有东方文化素养的汤川当然非常重视类比法,尤其是老庄思想中的类比方法。他说:"如果回顾历史,我们就会发现在二千多年前的中国等地区有许多伟大的思想家或哲学家,他们教人们大量利用类比或隐喻。在我看来,他们似乎不但用它来劝说别人,而且也用它来找出他们前所未知的真理","……我特别喜欢庄子,他的作品充满了比喻和佯谬,而且其中最吸引人的是这些比喻和佯谬揭示在我面前的那个充满幻想的广阔世界"。③

庄子是最具浪漫色彩的中国古代哲学家,他主要依靠比喻和类比

---

① 汤川秀樹:『湯川秀樹著作集』第6卷『読书と思索』,岩波書店1989年,10頁。
② 汤川秀树著:《创造力与直觉》,第44页。
③ 同上书,第88、44页。

来讨论问题。如《齐物论》篇通过狙公赋芧、罔两问影等比喻，论证对任何事物的认识本无确定不变的是非标准，一切是非之争都是对道的歪曲和割裂；《秋水》篇借河伯与海若的对话说明万物的大小、贵贱、生死、是非都是相对的。从一定意义上说，本文前述的基元域概念、物理学的"混沌"概念、"看不见的铸型"思想，都是汤川运用庄子类比思维的成功尝试。

第四，关于整体思维。汤川秀树说："在老子和庄子那儿，自然界却一直占据着他们思维的中心。他们论证说，脱离了自然的人不可能是幸福的。"由此他认为："对于东方人来说，自身和世界是同一事物。东方人几乎是不自觉的相信，在人和自然界之间存在着一种天然的和谐。"[①] 这实际是以老庄为例，肯定了中国哲学的整体思维方式。老子提出"人法地，地法天，天法道，道法自然"，认为人在自然之中；庄子说"天地与我并生，万物与我为一"，也强调人与世界是一个整体。"天人合一"是对中国古代哲学整体思维的概括，这种思维方式对于观察宏观宇宙、研究微观世界都有一定适用性。所以汤川秀树指出，庄子的"混沌"寓言，就其本身来看几乎可以肯定不是为微观世界，而是为整个大宇宙写的。这个寓言处理的既不是构成自然界基础的那些无限小的粒子，也不是这些粒子运动于其中的相应小的时间和空间。"实际上我还是觉得在这个寓言中能够隐隐约约地看到我们通过物理学研究而最后获致的那个微观世界；我们不能认为这种相似是一种偶合而不予考虑。当人们按这样的方式看待事物时，我觉得人们就不能说希腊思想是唯一能够充当科学发展基础的思想体系了。"[②] 汤川并没有因此任意抬高以老庄哲学为代表的整体思维，而贬低西方注重形式逻辑的思维方法。作为态度严谨的科学家，他认为只有融合东西的思维方式才有助于现代科学的发展，"对科学家来说，非常明确的肯定或否定的思维方式和将各种事物联系在一起的整体思维方式自古就有，二者

---

① 汤川秀树著：《创造力与直觉》，第47、37页。
② 同上书，第51页。

都需要，……二者只有互补，才能成为科学的思维方式。"①

应当看到，汤川秀树对老庄哲学的把握和运用，是以接受、消化现代物理学理论和西方合理的逻辑方法为基础的，是在粒子物理学的艰辛研究和放眼现代世界的认真思考中的积极改造，绝不是简单的套用。

在今天的日本，《老子》《庄子》的各种日译本仍是长销不衰的经典，并且它们还与亚里士多德、康德、黑格尔等西方著名思想家的著作一起被编入大型丛书《世界名著》（第四册）之中。日本著名的道家研究专家福永光司曾意味深长地指出："在现代文明社会原样地实现老庄所说的'至德之世'已是不可能的了。但是，它包含了对现代文明的辛辣讽刺和严厉警告，至少在提示真正的文明将人的生命看成具有至上价值，在作为人类真正的幸福是什么的深刻反思诸方面，老庄哲学在今天仍具有现代意义。"②

三、日本的道家思想研究管窥

日本对道家思想③的研究从公元17世纪就已开始，限于本文主题，下面主要介绍1945年以来的有关情况和主要特点。

（一）概况

据日本出版的《哲学思想书籍出版信息汇编》④统计，1945—2000年的55年间，日本出版有关先秦道家的学术著作共计206种，由此再结合日本2001年至今的有关著作来看，日本的道家研究主要有以下特点：

第一，日本著名学者对道家研究非常重视，多有投入。汉语

---

① 湯川秀樹：『湯川秀樹著作集』第6卷，11頁。
② 福永光司：『中国的哲学・宗教・艺术』，人文书院1988年，56頁。
③ 此处的"道家"主要以老庄为代表的原始道家为主。
④ 日外アソシエーツ株式会社2001年。

言学家诸桥辙次博士（1883—1982）、中国哲学专家武内义雄博士（1886—1966）、阿部吉雄博士（1905—1978）、木村英一博士（1906—1981）、中国思想史家森三树三郎博士（1909—1986）、中国哲学史家福永光司（1918—2001）先生、金谷治博士（1920—2006）、本田济博士（生于1920）、蜂屋邦夫博士（生于1938）、池田知久博士（生于1942）等重量级的专家均有关于道家思想研究的著作，形成了颇具规模的高水平学术成果。

第二，注重对《老子》《庄子》原典的日文翻译。1945—2000年的55年间，日本不仅有《老子》日译本31种、《庄子》日译本12种，甚至还出现了一部道家原典有几位学术大家争相翻译的现象。例如《老子》既有中国文学研究专家小川环树的译本（中央公论社1997年版），又有中国哲学研究专家福永光司的译本（朝日新闻社1978年版）、阿部吉雄的译本（明治书院1996年版），《庄子》的日译情况也是如此。这无疑广泛且高质量地推进了道家思想在现代日本的传播和研究。

第三，注重道家思想与日本文化关系的研究。与东西方各国的相关研究相比，这是日本学界的最大特色。例如，福永光司有关道家（含道教）思想与日本的文学、艺术、科学、思想、宗教、民俗、政治等方面的系统研究成果，已引起了国际学术界的高度重视。

（二）代表性的人物

以下列举三位不同年龄段、代表日本三代学术的人物来简略说明日本道家思想研究的进展。

（1）武内义雄

武内义雄是东北大学中国哲学学科的创建人，1910年毕业于京都大学的支那哲学科。1919年由怀德堂派遣到中国研习，曾随我国著名学者马叙伦研习诸子学，1920年回国。1923年4月，任东北大学法学文学部教授，讲授"中国哲学"课程。1924年任东北大学图书馆长，1928年被授予文学博士学位，1933年任法学文学部部长。其关于道家研究的主要著作有《老子原始》（弘文堂1926年版）、《老子研究》（改造社1927年版）、《老子和庄子》（岩波书店1930年版）、《诸子概说》（弘文堂1935年版）等。有日本学者指出："武内义雄的《老子原始》和《老子研究》，在文献学的研究上是非常严谨的，被公认为具有划时代的贡献。"[1]武内义雄以上二书成了日本现代学人研究道家的奠基之作，其对道家研究的重视成了东北大学中国哲学思想研究的传统。其弟子金谷治（1920—2006），1944年毕业于东北大学中国哲学科，是该学科第二代主任教授，1961年获文学博士学位。自1962年起，他历任东北大学教授、中国哲学科主任、文学部长、日本中国学会理事长等职。金谷治博士著有《淮南子的思想》（平乐寺书店1959年版）、《管子研究》（岩波书店1987年版）等，此外还有《老子》《庄子》等译著。武内义雄的再传弟子中岛隆藏（1942—），曾任东北大学中国哲学学科主任教授，其研究重点是儒佛道三教交流史，其主要著作有《六朝思想的研究》（博士论文，1985年），此外他还翻译过《庄子》（1984年出版）。

（2）福永光司

福永光司是日本著名的道家与道教思想研究专家，被日本学界称为"老庄思想·道教研究第一人"。他1942年毕业于京都帝国大学文学部哲学科，1974年4月至1979年3月，任东京大学文学部中国哲学教授，1980年至1982年3月任京都大学人文科学研究所长，1982年4月至1986年3月任关西大学教授，后又任北九州大学教授、京都大学名誉教授。其丰富多彩的研究成果大体可分为三方面：老庄思想研究、魏晋思想史研究、[2]道教思想史研究。其主要著作有《庄子：古代中国的存在主义》（中公新书1963年版）、《道教与日本文化》（人文书院

---

[1] 岛田虔次编著：『亞洲歷史研究入門』第3卷，株式会社同朋舍1983年，193頁。
[2] 在中国学术界不少人认为，道家思想发展史主要有四大阶段，即原始道家、黄老之学、魏晋玄学、道教哲学。

1982年版)、《道教与日本思想》(德间书店1985年版)、《道教思想史研究》(岩波书店1987年版)、《道教与古代日本》(人文书院1987年版)、遗著《魏晋思想史研究》(岩波书店2005年版)。此外他还日译了《老子》《庄子》《列子》等道家经典,这些译著多次再版,颇受日本学者和青年学生欢迎。福永光司的研究特点,一是如前所述,特别重视道家思想与日本文化的关系,二是注意用新的方法研究古老的道家思想。例如,其著作《庄子:古代中国的存在主义》用存在主义哲学的方法诠释了庄子哲学。他说:"庄子比起分析的抽象的思考更重视整体性的具体的思考,比起理论更重生活,比起认识更重体验,比起无生命的秩序更热爱有生命的无秩序,他是哲人同时更是艺术家、诗人。"[①]"我之所以特地把庄子的哲学称为中国古代的存在主义,是试图强调庄子哲学不仅有虚无主义、厌世主义、逃避主义等倾向,而且还有像欧洲现代存在主义哲学所追求的那种人类的个人主体性的自由。"[②]这种观点使人耳目一新。

(3)池田知久

池田知久1991年始任东京大学文学部教授,1998年获东京大学文学博士,2003年始任东京大学名誉教授、大东文化大学文学部教授,并兼任多种重要社会职务。他在老庄研究、马王堆帛书研究、楚简研究方面成果很多,影响颇大。其主要著作有《淮南子——知识的百科》(讲谈社1989年版)、《马王堆汉墓帛书五行研究》(日本汲古书院1993年版,中国社会科学出版社2005年版)、《郭店楚简老子研究》(东京大学文学部中国思想文化学研究室1999年版)、《老庄思想》(放送大学教育振兴会2000年版)、《老子》(日本东方书店2006年版)、《池田知久简帛研究论集》(中华书局2006年版)、《道家思想的新研究——以庄子为中心》(日本汲古书院2009年版,中州古籍出版社2009年版)。

他的研究最大特点是重视20世纪后期中国出土简帛文献中的道家

---

① 福永光司:『莊子:古代中國の実存主義』,中央公論社1985年,20頁。
② 福永光司:『莊子:古代中國の実存主義』,28頁。

思想。他认为:"对中国思想史研究而言,简帛等新出土资料所具有的意义是决定性的,过去那种仅仅利用传世文献从事研究的方法,已经无法期待取得什么进步。……因此,我认为,为了促进研究的进步,把新出土资料和传世文献有效结合起来,是当今最为重要的课题。这项工作,一方面,是在传统文献和用传统文献构筑的中国思想史中为新出土资料的意义做出正确定位;另一方面,是站在基于新出土资料的最新的立场和观点上,对传统文献和用传统文献构筑的中国思想史研究做全面的反思。——最终结果就是,将上述相反相存的两者辩证地统一起来,从而促进研究的深入,这就是当今最为重要的工作。"①

关于郭店楚简《老子》的版本性质,池田知久指出:"郭店楚简《老子》的甲本、乙本、丙本,这些都不是已经完成了的《老子》五千言的节略本,而是正在形成过程中的《老子》的最早时期的文本,大概可以认为是上溯到比《韩非子·解老》《喻老》稍前成书的。"②池田知久关于道家思想的研究成果,已经引起了中国学术界的重视。

众所周知,日本自近代以来实行"文明开化"的政策,西方文化迅速而全面的传入,对日本的文化各层面产生了巨大冲击。但为什么以老庄为代表的道家思想在近现代日本仍能产生深远影响并引起学界的重视呢?

首先,老庄思想中蕴藏着丰富的思想资源。尽管原始道家思想产生于二千多年前,有其不可讳言的历史局限性,但是,道家思想中的"道法自然"的致思趋向,"负阴而抱阳"的辩证思想,"万物与我为一"的主客整体观,"生死一体"的超然达观态度,"逍遥游"的自由精神,"坐忘""心斋"的直觉思维方式,"庄周梦蝶"的类比方法等等,均具有重要的启迪意义和超越时空的生命力。这大概是道家思想

---

① 〔日〕池田知久:《池田知久简帛研究论集》,曹峰译,中华书局2006年版,第3—5页。
② 〔日〕池田知久:《道家思想的新研究》(上),王启发、曹峰译,中州古籍出版社2009年版,第60页。

能产生积极影响的基本前提。

其次,老庄思想经过在日本的长期传播和历史积淀,在日本近现代成了一批学人创建新文化的重要思想资源之一。著名的文学家夏目漱石,著名的哲学家西周、中江兆民、西田几多郎,日本首位诺贝尔奖获得者、现代物理学家汤川秀树等人在青少年学习期间均阅读并喜欢老庄的著作,成为了他们知识积累中的重要内容。

再次,日本近现代化需要的是与之相适应的融合东西方文化的新文化,而不仅仅是全盘照搬西方文化。虽然日本的近代化以赶超欧美经济发达国家为目标,但它又是在与西方各国不同的自然条件、社会习俗、文化背景下进行的,故西方的文化并不完全适合日本国情。西田几多郎曾清醒地认识到,"哲学的学问形式,我以为不可不学于西洋,而其内容则必须为我们自身的东西","必须为几千年来孕育我们祖先而来的东方文化的发扬光大"。[①] 这说明融合东西方文化,是日本近现代新文化发展的内在要求和客观需要。

---

① 西田幾多郎:『西田幾多郎全集』第 1 卷,467 頁。

论韩儒李栗谷对《老子》的诠释与思想转换

〔韩〕金兑勇*

摘要：虽然栗谷是一位性理学者，但他却关注《老子》。栗谷的《醇言》是韩国最早的《老子》注释著作。该书节录、组合、重排《老子》原文，且引用儒家经典，以太极、理气、心性、推己及人等儒家观念释老。根据栗谷的诠释，道是太极，德是性，人以心体现本然之性。心由理气之合而成，所以人先要虚心，虚心才能使气不动心、以理胜气。栗谷又将老子的"啬"诠释为收敛，以"啬"为修己治人之要。收敛的核心是求放心。为了治人，先要"建中建极"，最终实践无为之治。无为之治是无私而顺理、无私心而因人心。栗谷最终把《老子》转化成为修己治人的儒家圣学典籍，并于《醇言》中阐述了其修身治人之说。

关键词：李珥　栗谷　《醇言》　修己　治人

引言

李珥（1536—1584），字叔献，号栗谷，是朝鲜时期韩国儒学的代表人物，世称栗谷先生。16世纪，栗谷和退溪（李滉，1501—1570）

---

* 〔韩〕金兑勇，北京大学哲学博士（2005年），韩国汉阳大学哲学系教授。

成就了韩国性理学的中兴。栗谷为学服膺朱子，毕生究研性理，在吸收、反省退溪学和花潭学之后，继而建构完备且有特色的性理学体系，提出"理通气局""气发理乘""七情包四端""矫气质"等。栗谷虽传承并诠释朱子学，但也注解《老子》而有《醇言》一书。《老子》早在中国唐朝就已流传于韩国，到了韩国朝鲜时代，学者开始研究、诠释《老子》，并为《老子》作注。栗谷的《醇言》就是韩国第一部《老子》注本，也是韩国《老子》注本的先驱。

《醇言》与普通《老子》注本不相同，具有独特体系。该书打破了《老子》原有的章目及五千余字，重新编排为四十章及2098字。察《醇言》各章的构成，多是节录《老子》某章的部分内容而独立成章，有的只截取一二句而加以注释。其中若干章目，是分别节录《老子》中两章的部分内容加以编排组合而成。洪启禧对于栗谷重排、节录《老子》有所解释："昔韩愈以荀氏为大醇而少疵，欲削其不合者，附于圣人之籍，曰：'亦孔子之志欤。'……盖去其反经悖理者五之三尔，其取者，诚不害乎谓之醇也。"（跋）[1]换言之，栗谷节录《老子》并找出《老子》中与圣人之道相合的部分（"醇"）而加以重排，这也是栗谷诠释《老子》的根本理由。其实，儒道之间原有不相合，因而栗谷要做的事并不容易，其结果在当时性理学者看来，也不一定有学术的贡献。当时，其亲友宋翼弼曾阻止栗谷编此书，所谓："非老子之本旨，有苟同之嫌。"（跋）不过，栗谷认为："虽于异端外道，尚惜其可用者，混归于不可用，必欲去其驳，而俾归乎醇。"（跋）换言之，栗谷希望从《老子》中，找出可用的部分去其驳杂而使其归于醇言。

16世纪，中国朱子学之传承逐渐弱化，阳明学已兴盛于明代。然而，韩国儒者仍在朱子学中探索、寻找新的出路，形成了朱子学的中兴期。众所周知，朱熹不肯定老子，批判"大凡老子之言与圣人之言，

---

[1] 이이：《순언》，《한국도교사상연구총서》제6권，서울아세아문화사 1992년，제501-562쪽。本文引用的《醇言》皆来自亚世亚文化社本，每引用时在引用句尾只标题章号。

全相入不得也。虽有相似处，亦须有毫厘之差。"① 并指出：圣人"以性命为真实"，老子"以性命为虚空。"② 栗谷也引《史记》所言"学老子者则绌儒学，儒学亦绌老子。道不同，不相为谋"来确认老子和儒学的相互对立。然而，栗谷同时也引陈德修的解《老》，分老子之言为四类，如"近理之言""养生之言""阴谋之言""空虚之言"等。栗谷认为，老子之言虽是偏曲之学、其弊不可胜言，但其近理者是君子所可取的。（卷二十）③ 栗谷所说的"其近理者"，就是《老子》的"无为无欲"。栗谷把异端定为"世之非先王之道，循一己之欲者，莫非异端也"（卷十三）。换言之，老子虽不肯定先王之道，但亦不肯定一己之欲，因而《老子》中有君子所可取之处。这就是栗谷阅读、编辑、诠释《老子》之动机。

栗谷在《醇言》之末尾，说《老子》"以无为为宗，而其用无不为，则亦非溺于虚无也"。简言之，《老子》的宗旨是"无为"，"无为"的作用是无所不为，因而老子的"无为"并非虚无之道。进而，栗谷说，老子之言"克己窒慾，静重自守，谦虚自牧，慈简临民之义，皆亲切有味，有益于学者，不可以为非圣人之书，而莫之省也。"（四十章）如此，栗谷强调，在修己和治人上，《老子》有其亲切有益之处，故主张《老子》虽不是圣人之书，但仍是学者要阅读的好书。栗谷以董思靖《道德真经集解》二卷元刊本为基本资料，选取其中几位思想家，如司马光、苏辙、朱熹、董思靖等的注释，加上栗谷自身的注释，撰著《醇言》。据栗谷的说明，《醇言》全书的架构和各章的要旨如下：

　　首三章言道体，四章言心体，第五章总论治己治人之始

---

① 刘永翔、朱幼文校点：《朱子全书》第21册，上海古籍出版社、安徽教育出版社2002年版，第1407页。
② 刘永翔、朱幼文校点：《朱子全书》第20册，上海古籍出版社、安徽教育出版社2002年版，第611页。
③ 이이：《율곡전서》，《한국문집총간》제44-45집，민족문화추진위원회，1994년。该书被上载于 https://www.krpia.co.kr/knowledge/itkc/main。本文引用的《栗谷全书》皆来自民族文化推进委员会本，每引用时在引用句尾只标题卷号。

终。第六章、七章，以损与啬为治己治人之要旨，自第八章至十二章，皆推广其义。第十三章因啬字，而演出三宝之说，自十四章止十九章，申言其义。二十章言轻躁之失，二十一章言清静之正。二十二章推言用功之要。二十三章、四章申言其全天之效，二十五章言体道之效，二十六章至三十五章言治人之道及其功效。三十六章言慎始虑终，防于未然之义。三十七章、八章言天道福善祸淫亏盈益谦之理。三十九章、四十章叹人之莫能行道以终之。（四十章）

总言之，前三章是"天道论"，第四章是"心性论"，第五章是"实践论"即"修己治人论"。第一章至第五章为本论，以下三十五章为衍论，是对于前五章的推衍与阐释。[1] 其实，自"天道论"开始，经过"心性论"，至"实践论"为终，是性理学的义理系统。栗谷依据此系统来诠释《老子》，进而找出《老子》中儒者可取、可用之处。[2]

一、"道"与"德"

《醇言》从讨论"道体"说起。栗谷将《醇言》第一章的要旨总结为："言天道造化发生人物之义。"（一章）为了说明天道造化发生的过程，首先，栗谷引朱熹的诠释来解释"道生一，一生二，二生三，三生万物"："道即是易之太极，一乃阳之奇，二乃阴之，三乃奇耦之积。……三生万物，即奇耦合而万物生也。"（一章）简言之，栗谷将《老子》的宇宙生成过程理解为"太极（道，天道）"→"阳"—"阴"—"阴阳"→"万物（人物）"。因此，栗谷认为："道即天道，所以生物者。""人物非道，则无以资生。"（二章）众所周知，在性理学中，"太极"是"理"，"阴阳"是"气"。然而，栗谷的理气论，理只存有而不

---

[1] 林安梧：《〈醇言〉〈道德经〉与"儒道同原互补"》，《栗谷思想研究》2006年第13期。
[2] 需要说明的是，本文所引《老子》原文均来自王弼《老子注》。

活动，活动者只是气。栗谷反对退溪理气互发之说，认为其"理发气随"和"气发理乘"二语中，只"气发理乘"一义为合理。栗谷认为，理不能创生阴阳等气，只在气的活动时乘之而表现。如此看来，栗谷的理气论，似是气先理后，先气生而后理乘。然而，他说："理气亦非有先后之可言也。第以气之动静也，须是理为根柢。故曰太极动而生阳，静而生阴。若执此言，以为太极独立于阴阳之前，阴阳自无而有，则非所谓阴阳无始也。最宜活看而深玩也。"（卷二十）并且，栗谷的理气论，理气不相杂，"理"是形而上者而"气"是形而下者，"理"是无形无为而"气"是有形有为，"理"是至善的而"气"是可善可恶的。不过，理气不可离，无形无为的理为有形有为的气之主，有形有为的气为无为无形的理之器。如此，"理"和"气"本无先后，是"二而一""一而二"，但理是气之活动的所以然，因而不说阴阳生太极，只说太极生阴阳。

"道"是无形无为，却是有形有为的物生之所以然，栗谷称之为"道之本体无为而妙用无不为"。对于"道体"，栗谷于《醇言》又说：

> 上天之载，无声无臭，而万物之生，实本于斯，在人则无思无为，寂然不动，感而遂通天下之故也。右第三章，而道之本体无为而妙用无不为，是一篇之大旨也。（三章）
>
> 道本无声无臭，而体物不遗，强名之曰道，其实无名也。体用一原，显微无间之妙，岂中下士之所能听莹哉？（十九章）
>
> 万物之资始生成，莫非此道之流行，体物不遗，而不自有其能也。（二十五章）

《易·系辞上》说："易无思也，无为也，寂然不动，感而遂通天下故。"《中庸》说："视之而弗见，听之而弗闻，体物而不可遗。"栗谷引儒家典籍诠释"道"是无声无臭，"道"看来什么事也不做，但实际上体物而不遗，万物都资道始生育成，道的本体无为而道的妙用无不为。如此，栗谷主张老子所言的"道"含着"体"和"用"，为"体用一原""显微无间"。程颐曾说："至微者，理也。至著者，象也。体用一原，显微无间。"[1] 据朱熹的诠释，"体用一原"是指"自理而观，则理为体，象为用，而理中有象，是一原"，"显微无间"是指"自象而观，则象为显，理为微，而象中有理，是无间"。如此，"体用一原"和"显微无间"皆指"理"和"象"的"不离""本一"。两者之差只在于："体用一原者，以至微之理言之，则冲漠无朕而万象昭然已具也。其曰显微无间者，以至著之象言之，则即事即物，而此理无乎不在也。""体用一原"是理上看的，"显微无间"是象上看的，而且"言理则先体而后用，盖举体而用之理已具"[2]。象（用）流行之所以然是理（体），体先立在用存之前，在天地生成之前万物之理皆已具。然而，朱熹主张，老子将"体用"不视为"一原"，其原因在于儒教的"理"是"冲漠无朕，万象森然已具"，反而老子"只是说无，却不知道莫实于理"[3]，因而老子"有体而无用"[4]。栗谷不同意朱熹的老子"有体无用"，认为老子"有体有用"，"道"为"体用一原"。熊十力曾说："体用二名，相对而立。假如说，有体而无用，则体便空洞，无所有。若尔，体之名可从立。假如说，有用而无体，则用乃无原，而凭空突显，如木无根而生，如水无原而流。"[5] 简言之，某物有体则有用，无用则无体。朱熹亦认定老子有体。老子既然有体，那就有用。栗谷认为，老子的"道"，其体是无为，其用是无不为，道体和道用为一原，因而"道"能为天地万物的根原。

栗谷《醇言》认为"道"为人类和事物的生成根原，"德"为人类和万物的"性"，他说："德则道之形体，乃所谓性也。…… 非德，则

---

[1] 程颐:《易程传》，文津出版社1988年版，第2页。
[2] 王光照、王燕均校点:《朱子全书》第13册，上海古籍出版社、安徽教育出版社2002年版，第78页。
[3] 郑明等校点:《朱子全书》第17册，上海古籍出版社、安徽教育出版社2002年版，第3204页。
[4] 郑明等校点:《朱子全书》第18册，上海古籍出版社、安徽教育出版社2002年版，第3805页。
[5] 熊十力:《体用论》，学生书局1776年版，第217—218页。

无以顺理而自养。"（二章）"德"即"性"，含有"道"，亦即是"理"，因而非德则人无所自养之地。栗谷的心性论，天理之赋于人者谓之性，未发时性本无不善，性之目有五行仁义礼智信，性之本体只有一个正理。由此看来，性即理，理无不善，五行之外无他性。然而，栗谷所言的"性即理"不指"性"只由"理"而成，而是指人性本善者是"理"。"性"就"理"在"气"中而成的，事实上"性"是"理"和"气"之合。栗谷说："性者，理气之合也。盖理在气中，然后为性。若不在形质之中，则当谓之理，不当谓之性也。"（卷十），"大抵性即理也，理无不善，但理不能独立，必寓于气，然后为性。"（卷十二）因此，"性"与气质不可无关。栗谷将"性"分为"本然之性"和"气质之性"。他所言的"本然之性"是《尚书》所言"惟皇上帝，降衷于下民，若有恒性"的"恒性"，《孟子》的"不忍人之心""四端"，《诗经》"天生烝民，有物有则。民之秉彝，好是懿德"的"秉彝"。本然之性专指性中"理"而言，气质之性是以理杂气而言。然而，本然之性在气质之中，随气质而自为气质之性。本然之性只指形质中其理而言，不可与气相杂。如此，栗谷说人并不拥有着两个"性"："气质之性，本然之性，决非二性。特就气质上，单指其理曰本然之性，合理气而命之曰，气质之性耳。"（卷十）事实上，人性是指理气之合即"气质之性"，但其中有纯善不杂的"本然之性"，人只要损气质之累就能复"本然之性"。因此，栗谷说："盖人性之中，万善自足，善无加益之理，只当损去其气禀物欲之累耳。损之又损之，以至于无可损，则复其本然之性矣。"（六章）"而复其本然之性，即含怀至德之人是诚一无伪，如赤子之心。"（二十三章）

二、"虚心"与"啬"

栗谷《醇言》把"德"视为"性"，认为"性"中有"道"，人顺着"性"中之"道"则容易行道，他说："性本固有，道不远人，指此示人，宜若易知易行。"（三十九章）"道若大路，岂难知而难行哉。"（四十章）然而，在人类中，贤者智者过之，愚者不肖者不及，所以人不能知不能行。其原因在于，人不知率性之道，只是牵于私意，不尊大路而妄求捷径。如此，人虽固有"德"即"本然之性"，但行道并不容易。因此，栗谷《醇言》强调，行道以虚心为先务，他说："行道之功，而以虚心为先务，盖必虚心，然后可以舍己之私，受人之善，而学进行成矣。"（四章）为了舍私、受善、学进、行成，人先必要"虚心"，"虚心"是栗谷《醇言》的修养论之核心。栗谷的心性论，天地人物皆禀赋统体一太极，因乘气而有着分殊之理，人和物各有一其性即"气质之性"。栗谷肯定人类和禽兽之别，重视人类自己能变化、实现其自身禀赋："凡人之气如浊水，可以澄治之也。禽兽之气如泥土中水，不可以澄治之也。"（卷十）"惟人也，得气之正且通者，……故修为之功，独在于人。"（卷十）万物中惟人自己能变化气质、实现本性，因为人与物不同而有"心"。

栗谷《醇言》以"有之利"和"无之用"诠释"身"和"心"，他说："外有而成形，中无而受物。外有，譬则身也，中无，譬则心也。利者，顺适之意，利，为用之器，用，为利之机也。非身则心无所寓，而心不虚则理无所容。"（四章）身是心的器，心是身的机，无心则身无所具理。"气论上看，心由理和气之合而构成。"[①] 栗谷说："心之知觉气耶理耶，曰能知能觉者气也，所以知所以觉者理也。"（卷三十一）心的能知能觉者是气，心的所以知所以觉者是理，即心由气之合而成，心为一身之主宰者。栗谷又说："天理之赋于人者，谓之性，合性与气而为主宰于一身者，谓之心。"（卷十四）如此，栗谷强调"心"的主宰性。人因心的主宰性而能变不善为善，换言之，人之所以能实现真正的人在于心。并且，心有着体用两面，心之体是性，心之用是情，情是心应事物而向外发出的。人之一心具有万理，仁义等皆性分之所

---

① 장숙필：《율곡 이이의 이통기국설과 인물성론》，《율곡학보》2000년 제 14 호。

固有。心之本体是湛然虚明的，如鉴之空、衡之平。然而，心由（性）气之合而成，虽具有着纯善的本性，但因气质的拘束而可为昏乱。因此，栗谷强调，人不要"使气动心"，要"以理胜气"。

栗谷《醇言》又说：

五色五音五味，本以养人，非所以害人，而人多徇欲，而不知节。故悦色者，失其正见，悦音者，失其正听，悦味者，失其正味也。董氏曰："是气也，而反动其心。"愚按好猎者，本是志也，而及乎驰骋发狂，则反使气动心。（五章）

冲气在身，则体无坚强之病，以理胜气，则事无坚强之失矣。（十四章）

根据以上引文，栗谷认为，气的作用本是养人，然而人之多欲，则"使气动心"害人，因而人要"以理胜气"。并且，若人不以外邪把心填实（五章）而无求于外，则内德无欠，因而应物之心的作用无穷，人常足（十二章）。为此，他强调"虚心"："君子之心，必虚明无物，然后可以应物。如毂中不虚，则为不运之车；器中不虚，则为无用之器；室中不虚，则为不居之室矣。"（四章）毂中虚则车才可运，器中虚则器才可用，室中虚则室才可居，与此相同，心虚才可应物。"虚心"是指气不动心、外邪不入心、心不求外。

栗谷也将老子所言的"涤除玄览"视为"虚心"的方法：

涤除者，净洗物欲也。玄览者，照察妙理也。盖既去声色臭味之欲，则心虚境清，而学识益进，至于知行并至，则无一点之疵矣。（五章）

玄览是指心的知觉作用。为心照察妙理，人要净洗心中物欲即"虚心"。心中无欲则心体至虚、心境至清，进而学识更进步，最终知行皆至于至极则为人无缺。栗谷《醇言》强调,学人以"虚心"即"遏人欲之功"至于知行并至,"修己既至,则推以治人",再进"上下与天地同流化育"即"参赞天地之盛"。(五章)

栗谷引《大学》主张治人之本在于"修己":"《大学》曰:'自天子以至于庶人,一是皆以修身为本。其本乱而末治者否矣。'是故,帝王之学,莫先于修己。"继而,"修己工夫,有知有行。知以明善,行以诚身""修己之功,不出于居敬穷理力行三者"。(卷二十)修己是知行并修,其功是居敬、穷理、力行等三者。栗谷《醇言》将老子所言的"啬"诠释为"收敛"之意,非常重视"居敬"功夫。他对于"治人事天,莫若啬"的诠释如下:

> 愚按:事天是自治也。孟子曰:"存其心养其性,所以事天也。"言自治治人,皆当以啬为道。啬是爱惜收敛之意。以自治言,则防嗜欲养精神,慎言语节饮食,居敬行简之类,是啬也。以治人言,则谨法度简号令,省繁科去浮费,敬事爱人之类,是啬也。(七章)

如此一来,栗谷把"啬"看作"敬""收敛",认为"啬"是修己治人之道。在《圣学辑要》之《修己第二上》和《收敛章第三》中,栗谷说:"敬者,圣学之始终也。……今取敬之为学之始者,置于穷理之前,目之以收敛,以当小学之功。"(卷二十九)在此,他提出三个方面的"收敛":其一是收敛其容止,其二是收敛其言语,其三是收敛其心。其中,他非常重视收敛其心。收敛其心是指收放心,他说:"收放心为学问之基址。"(卷二十)栗谷的心性论,性是心之体、心中之理,万善备于性而不可外求,心中万理全具,因而收敛放心则知理、知道。

栗谷于《醇言》又说:

> 万物皆备于我,待他求哉?求其放心,则可以见道矣。程子所谓自能寻向上去下学而上达者,是也。……心放而愈远,

则知道愈难矣。……圣人清明在躬,而义理昭彻,乃自诚而明之事也。学者不可遽跂于此,但当收敛放心,以养其知,而勉其所行也。(十一章)

栗谷认为,养其良心、尊其德性者,时时事事皆与之相关,不问动静,未忘此心、持守不懈,"虽在千万人中,常知有己,则无事而虚寂,可养其体,有事而照察,可正其用。圣学根本,于斯立矣"(卷二十)。朱熹把老子所言的"早复"诠释为"能啬,则不远而复"。继之,栗谷说,人性本善,因而人能以啬使本性不远而复则己私无不克,克己复礼则天下归仁,德无限量至于博厚高明则此境界悠久无疆之道。(七章)

在"收敛其心"的修身中,栗谷强调说:"克己复礼,则不屈于人欲,而强莫加焉。"(九章)他所言的"克己"就是"矫气质",即矫治气质之偏,以复本然之性。栗谷的工夫论,修"气"比顺"理"更重要,因为"理"不活动,活动者是"气"。杨祖汉曾说:"由于气是否为本然之气,决定了理是否能完全体现,亦即决定了人的为善或为恶,故在气上用工夫,使气保持或恢复其为本然之气的状态,是最重要的工夫。"[①]栗谷认为,圣贤之千言巧语只使人检束其气,使复其气之本然而已,气之本然是浩然之气,浩然之气充塞天地则本善之理无少掩蔽。(卷十)对比而言,性是理,心是气。如此看来,栗谷所言的"收敛其心"是指养气恢复气之本然,由此涤除心中人欲、物欲即"虚心"。栗谷《醇言》将"虚心"视为老子所言的"清静心",他说:"清静者,泊然无外诱之,而动静皆定者也。"(二十一章)如此,清静者不偏于静,是动静一致,君子"虽在繁华富贵之中,而无所系,常超然自得于物欲之外也"(二十章),"出处合义,动静随时,岂世人之私情,所能亲疏害贵贱者哉? 其所以然者,以通乎道,而无欲故也。为天下贵者,

---

① 杨祖汉:《李栗谷对朱子哲学的诠释(2)》,《延边大学学报》1995年第2期。

是天爵之良贵也"（二十二章）。

三、"无为"与"民心"

栗谷《醇言》强调，治人以修己为前提，治人之本在于修己，故言："以真实之理，修身，推其余，以治人，家国天下，不外乎是而已。"（二十六章）栗谷也说："帝王之学，莫切于变化气质。"（卷十九）然而，栗谷的修己不只为修己而论，也为奠定治人之本而论："人君修德，是为政之根本。而先知军职在父母斯民。然后建中建极，以为表准，则其效若众星拱之矣。"（卷二十四）栗谷《醇言》将老子所言的"善建"诠释为"建中建极"。（二十六章）栗谷说，"建中建极"不仅是为政之根本，且就通本末而言，修养即建中建极之谓。（卷二十四）"建中"是《尚书·仲虺之诰》的"王懋昭大德，建中于民"，"建中"的"中"是指"中道"。"建极"是《尚书·洪范》的"皇建其有极"，"建极"的"极"是指"标准""义理之当然"。因此，"建中""建极"是指人君建立"中正之道""至极之标准"，使四方人民取之而顺其道、尽其义理。

君主先修身即建中、建极，而后推其余以其中、其极治人。继之，栗谷《醇言》具体提出几个治人之道。首先，栗谷《醇言》提出"推己及人"的治人之道，他说："圣人以己及人，己立而立人，己达而达人，博施济众，而于己未尝有费，其仁愈盛，而其德愈不孤矣。"（二十七章）在此，栗谷所提出的几个观念来自《论语》，《论语·雍也》说："夫仁者，己欲立而立人，己欲达而达人。"又云："如有博施于民而能济众，如何，可谓仁乎。"《论语·里仁》亦言："德不孤，必有邻。"故栗谷《醇言》以儒家"推己及人"的治人之道诠释《老子》八十一章"圣人不积，既以为人己愈有，既以与人己愈多"所言的"为而不争"之说。

其次，栗谷《醇言》提出"有教无类"的治人之道，他说："有教无类，而人无不容，物无不化，以先知觉后知，以先觉觉后觉，……

因其不善，而教之使善，则我之仁愈大，而施愈博矣，此之谓善人之资也。夫善者，吾与之，不善者，吾教之，则天下归吾仁矣。民吾同胞，物吾与也之义，于此可见矣。"（二十八章）在此，栗谷所提出的几个观念来自于儒书。《论语·卫灵公》云"有教无类"，朱熹注曰："人性皆善，而其类有善恶之殊者，气习之染也。故君子有教，则人皆可以复于善，而不当复论其类之恶矣。"①《朱子语类》："伊川说：以先知觉后知，以先觉觉后觉，知是知此事，觉是觉此理。"②《西铭》："民吾同胞，物吾与也。"朱熹解："人物并生于天地之间，其所资以为体者，皆天地之塞，其所得以为性者，皆天地之帅也。然体有偏正之殊，故其于性也，不无明暗之异。惟人也，得其形气之正，是以其心最灵，而有以通乎性命之全，体于并生之中，又为同类而最贵焉，故曰同胞。……物则得夫形气之偏，而不能通乎性命之全，故与我不同类，而不若人之贵。然原其体性之所自，是亦本之天地而未尝不同也，故曰吾与。"③栗谷《醇言》以人皆本善、人之心最灵，即性理学的心性论为根，说圣人善民、信民、教不善不信之民的理由在于民皆具有"天理"，"人之有生，同具此理，圣人之于民，莫不欲其善信。故善信者，吾既许之，不善不信者，亦必教之，以善信为期。若弃而不教，则非所谓德善德信也"（二十九章）。并且，栗谷《醇言》指出，人类都有"心"，自能体显本然之性，所以"有教无类"的"教"是指"不言之教"，他说："圣人不言，而体道无隐，与天象昭然，常以示人，此谓不言之教也。无所作为，物各付物，而万物各得其所，此谓无为之益也。"（三十二章）故栗谷《醇言》以儒家"有教无类"的治人之道诠释《老子》二十七章"是以圣人常善救人，故无弃人，……善人之资"所言的"人物各有才用"之说。

---

① 徐德明校点：《朱子全书》第6册，上海古籍出版社、安徽教育出版社2002年版，第210页。
② 郑明等校点：《朱子全书》第14册，上海古籍出版社、安徽教育出版社2002年版，第813页。
③ 王光照、王燕均校点：《朱子全书》第13册，第141—142页。

然而，栗谷《醇言》借由《老子》而真正要提出的就是"无为"的治人之道。栗谷说：

> 天下乃神明之器也。帝王之兴，自有历数，不可有心于取天下也。欲为天下者必败，欲执天下者必失矣。三代以上，圣帝明王，皆修身尽道，而天下归之，非有心于天下者也。后之帝王，或有有心于天下而得之者，此亦有天命存焉，非专以智力求也。……圣人之治天下，因其势而利导之，因其材而笃焉，只去其已甚者耳，所谓裁成天地之道，辅相天地之宜，以左右民者也。（三十章）

栗谷认为，天下是神明之器，圣人之治天下是无心、无为、无执而因其势、因其才、去其已甚者而已。并且，栗谷《醇言》将《老子》二十九章"或行或随，或煦或吹，或强或羸，或载或隳"视为《易经·泰卦·象传》所言的"裁成天地之道，辅相天地之宜，以左右民"之义。朱熹说："天佑下民，作之君，作之师，只是为此道理。所以作个君师以辅相裁成，左右民，使各全其秉彝之良，而不失其本然之善而已。"① 国中君主、帝王的角色只是先其自身修己尽道，而后使民尽其本然之性、显其本然之善。因此，栗谷《醇言》提出，应使君主无私而顺理、因民心，他说："圣人顺理而无私。"（二十七章）"圣人于天下，无一毫私心，只因民心而已。"（二十九章）

其实，栗谷《醇言》所言"无为"的治人之道与栗谷政治论的"公论""国是"观念是相通的。栗谷说：

> 人心之所同然者，谓之公论。公论之所在，谓之国是。国是者，一国之人，不谋而同是者也。非诱以利，非慑以威，而

---

① 郑明等校点：《朱子全书》第14册，第396页。

三尺童子，亦知其是者，此乃国是也。（卷七）

栗谷的"公论""国是"来自于朱熹。朱熹所言的"国是"是指"顺天理""合人心""天下之所同是者"，是指"天下万口一辞之公论"。"国是""公论"是不可"悬赏以诱之，严刑以督之，然后仅足以怯制士夫不齐之口"，是"终不可诬者"。①栗谷继之而更简化"公论"的定义，公论是"人心之所同然者"。《孟子·告子上》说："心之所同然者，何也？谓理也，义也。"因此栗谷所言的"公论"含有着朱熹所言的"公论"意义，根于"理""义"，所以"公论"是国人不谋而同是、不可诱不可憪、小孩知其是。进而，栗谷说："公论者，有国之元气也。公论在于朝廷，则其国治。公论在于闾巷，则其国乱，若上下俱无公论，则其国亡。"（卷七）公论是元气，人无"元气"则人死，国无"公论"则国亡。栗谷《醇言》中的"无为之治"是指无私而顺理、无私心而因民心。换言之，"无为之治"就是君无私（心），顺天理、因"民心之所同然者"而治人。

结语

栗谷《圣学辑要》曾说："圣贤之学，不过修己治人而已。今辑《中庸》《大学》首章之说，实相表里，而修己治人之道，无不该尽。盖天命之性，明德之所具也，率性之道，明德之所行也，修道之教，新民之法度也。戒惧者，静存而正心之属也。慎独者，动察而诚意之属也。致中和而位育者，明德新民，止于至善，而明明德于天下之谓也。"（卷十九）栗谷以自身的圣学观为基，将《老子》中有关圣学的修己治人的原文建构、节录、重排、诠释之而编撰《醇言》。栗谷《醇言》中，"道"是"太极"，"德"是"道"命于人、"性"，本然之性

---

① 刘永翔、朱幼文校点：《朱子全书》第21册，第1086—1087页。

的体现与否系于"心",心由气之合而成,所以人先要"虚心",人虚心则人能使气不动心、以理胜气。栗谷《醇言》把"啬"诠释为"收敛",以"啬"为修己治人之要。"收敛"的核心之道是"求放心"。人推修身之余以治人,为了治人而先要"建中建极",最终要实践"无为"之治。"无为"之治是无私而顺理、无私心而因人心。总之,栗谷《醇言》将《老子》这部道家经典转化为儒家"修己治人"的圣学典籍,并进行了系统的阐述,借此我们也可以看到栗谷是如何开展其自身"修己治人"之思想的。

《道德经》泰译本的多元存在及译本特点

陈 利*

摘要：道家经典《道德经》以诗性的语言和博大精深的思想成为中国典籍外译数量最多的作品。20世纪60年代，道家思想被引入泰国后，《道德经》陆续出现了三十个泰译本，成为泰译最多的中国典籍，反映出泰国学术界和读者对道家文化的高度关注。通过考察六个代表性译本，可发现它们皆从不同侧面折射出了道家思想的深奥，体现了原作者与译者、原作品与译本以及译本读者之间的对话，而不同年代、不同身份的译者对《道德经》不同的解读，也给文本提供了再创造的可能性。

关键词：《道德经》 泰译本 多元存在

《道德经》成书于两千多年前，为春秋时期老子所作。全书五千余言，内容涵盖天地、宇宙、人生、政治、道德等多个方面，文字淡雅如行云流水，却蕴含深奥的道理。《道德经》共八十一章，前三十七章为"道经"，后四十四章为"德经"。[①] 全书围绕"道"这一概念，阐述了世界万物的起源、存在、发展、矛盾与解决方法等，涵盖了人生论、政治论、认识论乃至宇宙论等方面的内容，是中国最古老的哲学典籍

---

* 陈利，泰汉翻译专业博士，北京外国语大学亚洲学院副教授。
① 1973年长沙马王堆出土的帛书《老子》甲乙本都是"德经"在前，"道经"在后。

之一，①也是道家思想的开创性著作。

《道德经》对中国的哲学、政治、宗教等都产生了深刻的影响，在儒家学说占据正统地位的传统社会，《道德经》的政治、军事等理论依然受到统治阶层的关注，两千多年来，无论是对中华民族性格的形成，还是对社会政权的运作，都起到了不可忽视的作用。与儒家经典相比，道家经典《道德经》和《庄子》较少说教成分，其思想灵动，文辞优美。《道德经》全书虽只有五千多字，却留给后人无限丰富的想象和诠释空间，既是哲学经典也是文学经典，因此成为中国古籍"注家最多"的典籍。至元代汉语体系的老学典籍就已达到三千余种："《道德》八十一章，注者三千余家。"②这"三千余家"虽然是个虚数，但也说明了各朝各代对《道德经》的高度关注以及注释本之多。

一、《道德经》在世界范围内的译介与研究

作为中国传统哲学著作的典范，《道德经》已成为全人类共有的文化财富，对世界的影响也日渐凸显，从古到今吸引了国内外学者不遗余力地进行翻译和研究，探究其魅力。早在唐代，唐高祖李渊便派遣道家学者前往高丽国讲授《道德经》，高僧玄奘也曾受命将其翻译为梵文。美国著名汉学家维克多·梅尔（梅维恒）在其《道德经》译本的前言中指出："《道德经》是世界上仅次于《圣经》和《薄伽梵歌》被翻译成外语种类和版本最多的经典。"③初大告《道德经》英译本序言中也说，《道德经》好比是哲学文献中的"白矮星"，形体虽小，却有极高的密度，散发着极为耀眼的智慧之光。④据丁巍《老学典籍考》，目

---

① 张岱年：《帛书老子校注》序，中华书局2007年版，第1页。
② 杜道坚：《道德玄经原旨》，《道藏》第12册，文物出版社、上海书店、天津古籍出版社1988年版，第725页。
③ Victor H. Mair (trans.), *Tao Te Ching: The Classic Book of Integrity and the Way*, New York: Bantam Books, 1990, P. xi.
④ Ch'u Ta-kao, *Tao Te Ching*, London: Unwin Paperbacks, 1982, p.10.

前《道德经》的国外译介已达四十多种语言文字、一千多部译本,居外译汉籍之首。

在亚洲,道家思想对外传播最广的国家应属日本。隋唐时期《道德经》就传到了日本,德川时代,日本已经形成了自己的老子道家学派,[①]如今日语《道德经》译本多达四百多种。《韩国哲学史》[②]一书也提到,早在中国明朝时期,朝鲜就已经出现了研究道家思想的哲学家。而在东南亚地区,除越南以外,对道家思想的认识和传播基本始于20世纪50年代左右。

欧洲最早的《道德经》译本来自于拉丁文,分别是17世纪比利时传教士卫方济的译本《老子》、1729年法国传教士傅圣泽的拉丁文法文译本《道德经评注》,以及18世纪末德国神父格拉蒙特的译本。[③]1868年,湛约翰(John Chalmers)牧师的译本《老子玄学、政治与道德律之思辨》由伦敦图博纳出版社出版,揭开了英译《道德经》的序幕。[④]

根据笔者搜集的资料,《道德经》在泰国的译本大约有三十种,是泰译本最多的中国文化典籍,这反映出泰国学术界和读者对道家文化的高度关注。在泰国学界,关于老子和《道德经》的学术性论文数量众多,但重点基本侧重于对道家思想的阐述和在各领域运用的研究,对《道德经》泰译本的研究力度较小。笔者所能见到的对泰文译本的描述散见于译者的序或者附录里,比如巴贡·林巴努颂(Pakorn Limpanusorn)在他的译本《老子经典》(*KumPhi Khong Laozi*)最后的附录里,对他所掌握的《道德经》泰译本进行了简单评述。笔者在对泰译本的研读中发现,这些译本风格迥异,译文上也有不少差异。这些差异有的源自译者对原文理解的不同,有些是由于所依据的源语文本的

---

① 冯晓黎:《帛书本〈老子〉四英译本的三维审视》,西南师范大学出版社2011年版,第29页。
② 〔韩〕韩国哲学会编:《韩国哲学史》,白锐等译,社会科学文献出版社1996年版。
③ 辛红娟:《〈道德经〉在英语世界:文本行旅与世界想象》,上海译文出版社2008年版,第18页。
④ 同上书,第15页。

不同，也有的是因为译者的不同身份和教育背景导致翻译风格迥异。

二、《道德经》泰译本多元存在的合理性

据笔者统计，在泰国正式出版的《道德经》泰语译介共有三十个版本，也许还有遗漏，因为在泰国社会还有众多宗教团体也会进行各种书籍的翻译，但由于是小范围传播而不正式出版，所以无法搜集到相关的全部信息。《道德经》之所以成为泰语译介最多的中国典籍，原因主要有以下几个方面：

一是《道德经》本身的魅力。《道德经》成书于春秋末期，跨越了两千多年的时空，内容简短却蕴含丰富的哲学思想。随着时代的发展，道家思想越来越得到各国学者的重视。《道德经》句型结构的灵动性，修辞的空灵性，散韵结合的文风，所蕴含哲学理念的多样性等，都吸引人们对其进行解读和阐释。翟理斯博士在为初大告《道德经》英译本写的序言中也提到，"原作的用词十分深刻简洁。可以肯定，从来没有一本书的内容如此丰富而篇幅又如此短小"。[1] 自 20 世纪 50 年代"道"的概念传入泰国以来，《道德经》以其自身魅力吸引着泰国众多致力于中国传统文化研究的学者不断进行解读和阐释，从 60 年代沙田·菩提南塔（Satien Photinunta）和章侬·佟布拉瑟（Chamnong ThongPraSerd）的《道德经》节选译本开始，到后来不断出版的全译本，都向读者展示了不同时期、不同身份的译者从不同角度作出的解读，不同译本之间可以说是一种互为补充的关系。

二是翻译角度的多样。不同时代会面临不同的翻译问题，同时也会产生解决这些问题的方法，翻译的评判标准也会因时代的不同而变化。可以说，世界上没有最终的翻译，没有所谓的最好译本。戈达尔

---

[1] 转引自冯晓黎《帛书本〈老子〉四英译本的三维审视》，第 35 页。

德认为:"文本的终极译本根本就无法实现,……翻译是接近的艺术。"①任何一部文学作品都是开放的,"都是可能以千百种不同的方式来看待和解释的,不可能是只有一种解读,不可能没有替代变化,这样一来,对作品的每一次欣赏都是一种解释,都是一种演绎,因为每次欣赏它时,它都以一种特殊的前景再生了"。②因此,任何一部译作都只是提供给读者某一种解释原著的视角,出色的译本只是无限接近原著,复译文本的不断出现就是一种原文本与不同译者之间资源不断整合的过程。泰国众多学者在解读《道德经》时,无论是从翻译策略上还是内容的侧重上,都会从各自不同的角度去理解和欣赏,因此出现了众多的译本。

三是接受美学角度的多样。姚斯的接受美学理论确立了读者的中心地位,这不仅指一般意义上的译本读者,还指元文本的译者。同时,"当翻译被看作是个多方面因素相互作用的动态过程而不是以往简单追寻作者思想和探索原作意义的时候,文本就成了具有开放性和阐释多重性的客体;作为读者的译者在翻译过程中的主体性得以确立,译文读者的参照地位同时得以彰显;一个文本的众多复译本的存在有了合理依据"。③伊塞尔的接受美学理论主要强调了"文本空白与不确定性",认为文学作品是一个多层次的"图式化结构",存在着许多"空白和不确定领域",正是这些文本空白召唤读者去填补、否定和更新。《道德经》原文意义丰富,对于泰国读者来说,无论在内容还是修辞手法上都存在高度的不确定性和大量的文化空白,泰国的汉学研究者便从各自的角度进行阐释,因而出现了众多的《道德经》泰语译介。

---

① 许宝强、袁伟:《语言与翻译的政治》,中央编译出版社2000年版,第337页。
② 〔意〕安伯托·艾柯:《开放的作品》,刘儒庭译,新星出版社2010年版,第4页。
③ 吴春梅、魏家海、张万防:《翻译研究理论》,外语教学与研究出版社2012年版,第26页。

三、具有代表性的《道德经》泰译本

《道德经》在泰国的三十个泰译本,由于某些版本出版次数很少且发行量不大,只在小范围内传播,加之版本搜集工作比较匆忙,因此笔者仅搜集到其中十四个版本。在此,笔者又从这十四个版本里选出具有代表性的六个译本进行具体介绍。这六个译本都是全译本,译者均具有一定知名度,其身份包括华裔作家、知名汉学家、作家、泰国佛教专家等,因此其传播较广,译文质量较高。

(一)陈壮译本——《道》(Tao)

《道》是泰国第一个《道德经》全译本,1973年5月首次出版,译者为陈壮(Zhang Sae tang),是泰国著名的泰籍华裔作家、画家和诗人,他用了七年时间(1966—1972)对《道德经》进行翻译和注释。陈壮于1990年去世,享年五十六岁。他的后代为了纪念他,在2010年5月对他的旧书进行重新整理并再版,其中就包括《道》,再版后改名为《道德经》(Tao Te Ching),并加入了译者自己创作的十七幅极具中国特色的山水花鸟画,显示了作者对中国文化的深深热爱。笔者所参考的是2010年版的《道德经》(Tao Te Ching),出版社为"陈壮后代出版社"。

译者在该书前言提到,《道德经》中文原文语句精炼、意深难懂,加之中国每个时代的学者对《道德经》的理解都各有不同,出现了很多不同的《道德经》注释,所以译者在翻译时也结合了自己的理解,给原文添加了注释,但译者没有说明是参照中文哪个版本的《道德经》进行翻译的。全书共分为三部分。第一部分为"小短文",包括二十九篇小文章,分别介绍《道德经》的含义、道家学说的主要内容、老子和孔子其人、道家的哲学影响等。第二部分是对《道德经》八十一章的翻译,每篇译文后都有"文本分析",是对这一章的补充阐释及译者自己的体会。从译文可以看出，作者想竭力保留原文句式，尽量采用精简的泰语翻译原文。第三部分为"演讲稿"，共有七篇文章，其中四篇主要叙述译者在翻译过程中遇到的问题，另外三篇是老子生平介绍、关于老子道家学说的演讲和全书的跋。

在本书最后的自我介绍中，译者陈壮谦虚地表示，无论泰语还是中文，他都未接受过真正系统性的教育，这两种语言能力基本是自学的结果。但巴贡·林巴努颂评价说："从译文的字里行间我们还是能看出，陈壮的中文水平是不错的，对中国古文的理解有一定的水平。"[1]而且，通过阅读译文可以看到，译者是全身心投入到这个翻译工作中的，在每一章译文的补充解释段落中，他常常能将原文所包含的哲理与现实生活相结合。

这个译本的不足在于，译者为使译文更接近原文，使用词汇精简，句式简短，几乎是逐字逐句对应翻译，这就使一些原文中意义深刻的词也被用简单的泰语加以解释，从而无法表达中文原文的意境。例如原文中的"玄""神""天"，都翻译成同一个意思，给读者理解译文的含义造成一定困难。同时，有些词语的翻译过于直白。例如"牝"，字面的含义是女性或者雌性动物的生殖器，在原文中是指"道"，即万物本源。陈壮将其翻译成"Tua Mear"，泰语含义是"雌性"，显得过于简单直白。

陈壮的《道德经》译本，虽然在语言上没有此后一些译本优美，但是作为泰国第一个《道德经》全译本，仍有力推动了道家思想在泰国的传播，也为后来的众多译本提供了诸多借鉴和参考，其重要意义是不言而喻的。

（二）劳·萨田拉素译本——《老子经典》（*Kumphi Laozi*）

这个泰译本的译者为劳·萨田拉素（Lor'satiensud），1974年由暹罗出版社出版，至今再版六次。劳·萨田拉素是泰国资深的中国历史

---

[1] ปกรณ์ ลิมปนุสรณ์. 2553. *คัมภีร์เต๋าของเหลาจื๊อ* สร้างสรรค์บุ๊คส์ หน้า 253.

学家、汉学家，对中国历史和文化经典有着深入的研究，著有中国历史相关著作四部，并翻译了《论语》①。译者主要参照陈鼓应《老子注译与评介》（中华书局1999年版）进行翻译。译者认为，陈鼓应这个版本综合了各种关于《道德经》的注释，并进行了新的诠释，较以往注释更为准确且易于理解。

劳·萨田拉素的译本共分为七个部分：第一部分是前言，主要介绍老子生平、《道德经》的来历和发展，以及该译本的基本情况；第二部分是词汇释义，对《道德经》中一些文化负载词以及对泰国来说属于"文化空白"的词汇加以解释，包括"道""德""无""有""无为""为""圣人""阴阳""自然"和"常"等；第三至第七部分是《老子》全文译文。这个译本在内容编排上的特点是没有按照原文顺序翻译，而是参照张迟清（Chang Chi Qing）②的划分法，将八十一章根据内容分为五个篇章，即领导篇、治国篇、社会篇、形而上学篇和生活篇。译者认为这样更有利于读者的理解。对于译者将八十一章分为五个部分，巴贡·林巴努颂认为，《道德经》的内容既独立又相互贯通，无法将其明确归类划分，译者这么处理难免削弱了译本的权威性。笔者认为，在国内也有类似的划分法，但对如何划分归类众说纷纭，至今尚未有权威的版本，劳·萨田拉素的这种处理也是为了让泰国读者更好地理解《道德经》，也可以说是该译本的一大特色。

在文本编排和译文语言上，这个译本与其他译本也有所不同。译文采用叙事性语言，朴实清晰，用简单易懂的泰语将原文深奥的含义表达出来，读起来让人感觉像是一位长者用缓缓的语调在阐述老子的学说。文本编排也并非像其他译本那样以诗歌体例排版，而是将每一章像叙事文章那样分成几小段。对于原文中一些中国文化负载词，译者基本采用泰国读者熟知的词语翻译，但尽量避免使用高深的佛教词汇。总体来说，译文简洁流畅，通俗易懂，适合初步接触道家经典的读者。

---

① ล.เสถียรสุต. 2517. คัมภีร์ยงจื้อ. กรุงเทพฯ สพนักพิมพ์พระนคร.
② 译者给出的这个人名，由于音译偏差，笔者未能查到准确信息。

（三）珀扎纳·占塔腊汕迪译本——《道家之法》（*Withi Haeng Tao*）

该译本由泰国知名的作家、学者及翻译家珀扎纳·占塔腊汕迪（Podjana Jantarasanti）翻译，首次出版于 1978 年，出版社为克利可泰出版社。该书先后共出版十五次，从目前收集到的资料来看，第十五次再版印刷于 2001 年。这是到目前为止所有《道德经》泰译本中出版次数最多的译本，由此可见，该译本在泰国广为流传，得到了泰国读者的一致喜爱，对《道德经》及道家思想在泰国的传播起到了非常大的促进作用。

在第一版序言中，译者珀扎纳·占塔腊汕迪提到，自己早在 1975 年 2 月中旬就已经完成了翻译工作，当时他还是泰国法政大学在校一年级的学生。译者主要参考了《道德经》的英译本，主要有以下三个译本：1. 林语堂译《老子的智慧》（*The Wisdom of Laotse*）；2. 亚瑟·韦利（Arthur Waley）译《道与力量》（*The Way and Its' Power*）；3. 初大告（Chu'u Ta-Kao）译《道德经》（*Tao Te Ching*）。翻译完成后，译者将泰文译稿送给自己的老师审阅，最后还将译稿与理雅各（James Legge）翻译的《道德经文本》（*The Text of Taosim*）进行对比，修改了译文中的一些不妥之处，此过程前后共进行四次。

根据译者回忆，20 世纪 70 年代初期，道家学说只在泰国很小范围内流传，已经翻译成泰语的道家作品只有陈壮和劳·萨田拉素的《道德经》全译本及索·希瓦拉（So Siwarak）翻译的《庄子》节选本。译者在翻译完后并未及时出版，译本被搁置了将近两年。在此期间，这本译作在拉拉纳（*Lalana*）杂志上连载。之后德乌东（Det Udom）家族的后代请求节选译本中的部分内容收录在《查琳·德乌东悼念词》一文中，以表示子女对父母的孝顺之情。

1978 年该译本第一次正式出版，采用油印机蜡纸印刷，只印了三百本，在小范围内流传。书中内容包括五个部分：第一部分是介绍老子其人；第二部分是对《道德经》的简介；第三部分是前言；第四部分是《道德经》正文，其中又分为"道"和"德"上下两卷，上卷"道"是原著第一至三十七章，下卷"德"是原著第三十八至八十一章；第五部分是附录，收录了译者自己创作的五篇文章，分别是《道家与孔子》《道与禅》《道与创造》《道与绘画艺术》《道与诗》。前两篇文章主要作为译本铺垫，讲述道家、孔子、禅宗三者之间的关系及其对中国文化的影响，后三篇文章讲述作者在实际生活中对道家的亲身感悟，作者认为生活中真切的"道"不是随风飘荡的华丽辞藻，也不是我们无法进入的高深境界。其说可谓"此中有真意，欲辨已忘言"，更多含义留给读者自己品味。

译者在第二版序言中说，由于首次出版的《道德经》译本在短短两个月内就销售一空，所以出版社请求再版，并将采用胶版印刷系统进行印刷。译者亲自参加了此次再版工作，并在附录里加入了《道与美学》一文。出版社还挑选了中国各时期与道家文化有关的精美水墨画作为书中插图，旨在进一步提高本书的内涵和品味。该译本第十版的序言由当时克利可泰出版社的总编妮兰·素佤（Niran Sutwat）撰写，她在序言中对该译本做了积极评价，赞誉该书是"20世纪80年代泰国文学和哲学界中的一颗璀璨的宝石"。

总之，这个译本排版精致美观，从第二版开始书中增加了中国水墨画，契合道家的理念。此外，译文整体上语句流畅，易于理解，符合译入语习惯，句型是自由体诗歌排列。虽然是从英文转译成泰文，但译者参照多个英译本，最后又经过反复的校对，大大减少了译文中误译错译的现象。译文中虽还存在增译和漏译的现象，但总体上有利于读者理解，且译文有独特风格，能吸引读者阅读下去。附录中的短文也是使该译本广为流传的因素之一，它对第一次接触道家的泰国读者具有辅助作用，能帮助读者理解"道"。因此，自1978年问世至2001年，此译本再版十五次，充分说明了它旺盛的生命力及在读者心目中的价值。

（四）查素曼·伽毕行译本——《道德经全译本及注释》（*Kumphi Tao Chabapsombun Phrom Atthakatha*）

此译本译者查素曼·伽毕行（Chadsuman Gabinsing）是泰国著名作家、佛学专家、学者，曾任法政大学副教授，后在斯里兰卡出家，法号法喜。他曾出版二十本有关佛教和宗教类的著作，有译著十四部，多与佛教有关。译者表示自己于1971年开始着手翻译《道德经》，直到1976年才完成，正式出版时间是1986年，至今共再版四次。

该译本是参照陈荣捷（Chan Wing-tsit）的《道德经》英译本[①]转译成泰语的。当时，陈荣捷的英译本可以说是注释最详细、最系统化的版本，书中对每个章节的翻译还附有译者的学术性讨论。译者查素曼·伽毕行并没有将原著中所有的注释都翻译出来，只是做了选择性翻译，也没有将陈荣捷原著每章的分析全文翻译，而是结合自己的观点加以总结阐述。由于译者是一位佛教学者，故在某些章节中将道家学说与佛教理念进行对比，有时也用佛教观点来解释《道德经》，这是该译本的一大特点，也是译者"前见"的集中体现。对于南传佛教文化传统中的泰国读者来说，由于佛教教义深入人心，这样的译文一方面可以帮助泰国读者理解《道德经》，但另一方面也可能压缩《道德经》思想的广度和深度，使读者无法真正了解道家思想这个异域文化的精髓。

《道德经全译本及注释》在《道德经》八十一章正文译文之前，还收录了三篇文章，分别是《老子所说之"道"》《老子是否是历史人物》《谁创作了〈道德经〉》。此外，附录还收录了译者此前在《法政学刊》上发表的论文《道家思想中女性象征的重要性》。这些文章为读者更好地了解道家思想作了铺垫，一定程度上提升了译著的重要性。

[①] Wing-tsit Chan, *The Way of Lao Tzu*, NY: Bobbs-Merrill Company, 1963.

（五）卓创·纳东译本——《道德经》(*Kumphi Tao Te Ching*)

这个译本的作者是佟田·纳章侬（Thongthaem Natchamnog），但在出版时使用了笔名卓创·纳东（Chodchuang Nadon）。首次出版是1994年，先后共再版四次，主要参照版本为张松如的《老子说解》（齐鲁书社1987年版）。

卓创·纳东和《道家之法》的作者珀扎纳·占塔腊汕迪属于同一时期的知名学者，华裔后代，自小喜爱诗歌和中国文学，受到过高等教育，毕业于清迈大学，早年学医，后弃医从文。他曾在中国上海学习中医三年，精通中文，在此期间接触并喜爱上了中国的古诗词。他的译作及著作都与中国文化、中国诗词有关，比如1986年出版的《毛泽东诗词选》、1988年的《画中有诗 诗中有画》和2002年的《陶渊明诗歌的道家理念》等，特别是他出版了多本介绍道家思想的著作。除《道德经》外，他还翻译了《庄子》。卓创·纳东将道家思想渗透到了他的各种著作中，极大推动了道家思想在泰国的传播。

早在1987年，卓创·纳东便出版了一本《道德经》的泰译本，书名为《老子说》，①当时用的是真名佟田·纳章侬。1994年，卓创·纳东将《老子说》里的《道德经》译文重新修改后出版。这次修改不仅将原文语言提炼得更加流畅，而且还根据自己的理解，结合中国学术界关于《道德经》的一些新发现，对译文部分内容作了新的阐释。最重要的是，译者依据帛书本《道德经》，没有按以往先"道篇"后"德篇"的次序，而是将第三十八至八十一章的"德篇"放在前面，将第一至三十七章的"道篇"放在后面，并给每一章标明了对应原文的序号，以便读者对比阅读。该译本是《道德经》泰译本中唯一以"德篇"为先的译本。译者指出，根据其认识和体会，对于初接触《道德经》的读者，先读"德篇"再读"道篇"，能更好地理解什么是"道"。巴贡·林巴努颂评价说，此书无论语言还是篇章安排上都是《道德经》

---

① 《老子说》的具体介绍见下文。

泰译本中的一个经典版本，可与其他译本进行对比研究。

在进入《道德经》译文正文前，译者还附上了三篇小短文。第一篇是《〈道德经〉翻译中的问题与研究》，该文主要介绍自己当时学习《道德经》的经验、翻译过程中的难点及对其中蕴含的哲学思想的理解。第二篇是《翻译艺术》，译者表示，自己在翻译过程中尽量做到忠实于原文，但《道德经》写于两千多年前，即使是在中国，也有不同的注释和理解。因此，译作中或多或少会渗入译者对《道德经》的理解而通过阐释性的语言来进行翻译，这体现了译者在翻译过程的主体性。第三篇是《词语释义》，文中列出了《道德经》的部分核心词汇及富有中国文化内涵的文化负载词，并对此进行专门的翻译和解释，以便读者更好地理解译文。该书除译文之外，也配有少量的水墨画，而且译文排列整齐、美观，在一定程度上增加了读者的阅读兴趣。

（六）巴贡·林巴努颂译本——《老子经典》(*KumPhi Khong Laozi*)

《老子经典》的译者为巴贡·林巴努颂。巴贡2010年获朱拉隆功大学比较文学博士，现为泰国法政大学人文系副教授。他是一位勤于译述的学者，曾有专书译介孔子、孟子、韩非子的思想，道家更是他关注和研究的对象。他以一人之力完成了《老子》、《庄子》（内篇）和《列子》等道家经典的翻译。巴贡翻译的《庄子》内篇于1997年出版。由中文翻译的全本《列子》于2002年出版，该书虽然只有230页，但附有出版社前言、译者前言和朱拉隆功大学哲学系教授的序言，显示了出版方的重视，这是泰国第一个《列子》全译本。2004年，巴贡又翻译了《道德经》并出版。他还与佟田·纳章侬合作于2008年出版了一本《做人的哲学》，二人共同为中国传统经典在泰国的传播做出了贡献。

巴贡对道家思想的研究是深入和客观的。在《庄子》泰译本前言中，巴贡评价《庄子》在中国文化中的地位说："如果没有《庄子》，中国人的思想、信仰、灵感乃至生活方式都会不同于今。《庄子》也许算不上是中国最重要的思想著作，但还没有读过《庄子》的人显然不能宣称自己已经领略到了中国人的精神。"① 他指出，中国文化不仅限于儒家思想维护社会秩序、社会利益，严守伦理道德的一面，也有追求自我、向往心灵安适、要求摆脱俗务的一面，道家经典正是引导出世的著作。译者还指出了老庄的区别，认为《老子》多是治国谋略，《庄子》则强调对人世与社会的摆脱。②

巴贡是在北京大学任教期间着手翻译《道德经》的，之所以在北京进行翻译，首先是为了尽可能摆脱泰国已经出版的《道德经》泰译本的影响，其次是因为在北京便于查找更多关于《道德经》的中文注释，资料更丰富。译者从众多《道德经》注释中挑选出两个注释本作为主要参考，即张松如《老子说解》（齐鲁书社1998年版）和陈鼓应《老子注译及评介》（中华书局1999年版）。

巴贡在翻译时非常重视语言的运用。应该说，巴贡的语言是几个泰文译本中较为典雅的。译者指出，泰人的性情一定程度上与道家思想是相契合的，泰国人可能很自然地喜欢或接受道家思想。对文中一些与其他译本不同的重要词组和语句，译者还做了详细解释。从译文编排上，也可以看出作者的用心：译文和中文原文并没有统一左对齐，而是前后有序参差排列，增添了译文的诗感。

《老子经典》这本译著的语言平实而不失典雅，阅读起来十分流畅，一定程度上体现了文辞的经典性。在译序中，巴贡也指出，翻译的目的是为了客观介绍《道德经》的内容，让泰国读者领略中国道家思想的内涵及《道德经》优美的语言，并非为了传播道家教义，因此在翻译过程中尽量忠实原文风格，避免加入自己的感情。因此，译者对南传佛教用语或源于梵语、巴利语的词汇的运用非常审慎，避免轻率采用佛教用语来解释中国道家思想。常用的某些梵巴词汇也是因为其早已成为泰人日常交流的一部分，而不会轻易引发对佛教等泰国本

---

① ปกรณ์ ลิมปนุสรณ์. 2540. คัมภีร์ของจวงจื่อ เคล็ดไทย หน้า 8.
② ปกรณ์ ลิมปนุสรณ์. 2540. คัมภีร์ของจวงจื่อ เคล็ดไทย หน้า 10.

土文化概念的联想。涉及"阴""阳"等在文化上属于空白的概念，译者也遵从传统采用了音译的方式。在翻译较为复杂的思想或概念时，译者不得不在众多注解中选取一种作为自己的解读，这种选择有时虽然不无可商榷之处，但译者仍然竭力保持译文的逻辑，从而让译文自圆其说。

此外，译者不仅用心研究、翻译《道德经》，而且在最后的附录里还汇集编写了有关《道德经》泰译本的资料，这些资料内容详实，并附有译者对各版本的点评，相信对今后学者继续研究《道德经》泰译本的概况也有借鉴作用。

四、译本主要特点

自 20 世纪 60 年代起，作为中国经典文化代表的道家思想开始真正引起泰国学者的注意。在 1963—1967 年的五年里，出版了两本介绍《道德经》和老子思想的学术书籍，虽然这两本书的重点都是介绍中国传统文化，《道德经》译文在其中所占分量很轻，而且都只是节选一部分进行了翻译，但却具有开拓性的意义。此后 20 世纪七八十年代至今，众多学者开始关注中国传统经典文化，《道德经》全译本也开始不断出现。特别是 1980 年以后，几乎每隔一两年就会有新的译本出现。总体来说，《道德经》泰译本有以下四个主要特点：

首先，从源语文本的选择来看，直接从中文翻译的译本有十四个，从英文转译的版本有十五个，可以说是平分秋色。这说明在泰国除了精通汉语的学者，有许多非汉语学者也关注道家思想，他们为宣传中国传统文化，努力从英文译本转译成泰语，也说明《道德经》在英语世界不乏优秀的译本且影响巨大。源语文本为中文的译本大多依据陈鼓应《老子今注今译》和张松如《老子说解》。根据英文版翻译的译本大多数是依据冯家福和简·英格里希合译的 *Tao Te Ching*（《老子〈道德经〉新译》）（Vintage Books，1972）、陈荣捷 *The Way of Lao Tzu*

(《老子之道》)(Bobbs Merrill, 1963)及林语堂 *The Wisdom of Laotse*(《老子的智慧》)(Modern Library, 1948)。之所以出现那么多从英文转译的《道德经》版本，笔者认为这与20世纪30—80年代泰国政府压制华文教育的政策是分不开的。"二战"以后，泰国政府竭力抑制华文教育，取消了华文中学、小学，华校不被政府所承认，直至1975年中泰两国建立外交关系后，恢复汉语教学才逐渐被提上日程。1989年，泰国政府宣布，除英语之外，允许小学开设汉语课程。泰国高校直到1981年朱拉隆功大学才开始正式招收汉语本科生。20世纪七八十年代，精通中泰双语的泰国学者数量并不多。因此，关注中国传统文化并致力于翻译《道德经》的泰国学者通过英译本进行转译也就不足为奇了。

其次，从身份看，泰译本译者身份也可谓多样化。其中有知名学者，如劳·萨田拉素、珀扎纳·占塔腊汕迪、卓创·纳东、巴贡·林巴努颂等，这类译者占大多数；有知名佛教专家和佛教徒，如沙田·菩提南塔和查素曼·伽毕行；有华裔艺术家陈壮和冯灼裕；有诗人纳瓦拉·蓬派布恩；还有有军旅经历的布拉永·素万布帕。译者身份的差异及其知识背景的差别造成译本质量参差不齐。

第三，从译本整体内容上看，1990年前出版的译本，内容还是以翻译《道德经》以及介绍老子思想、中国文化为主。其后，随着众多学者对老子思想的关注，译本内容的关注点也逐渐丰富起来：有的将《道德经》译文与佛教作对比，借此宣传佛教教义和生活、做人之道，如布拉永·素万布帕的《道德经》(*Kumphi Tao Te Ching*)、阿占杉班诺的《三大宗教教义》(*Sam latthi sadsana tee nasonjai*)、冯灼裕的《道家学说：自然、为人和心灵之法则》(*Prajya Tao withee hang tammachad withee hang kon withee hang jai*)；有的译本宣传养生保健，如格林素昆·阿利亚查昆的《道德经》(*Tao Te Ching*)；有的译本宣传现代管理理念，如布恩玛·颇龙佩与宋颇·洛扎纳番合作翻译的《适应现代管理者的道家思想》(*Tao sumrub phujadkan yook mai*)以及布拉查·乎达努瓦的《真正的引领者：老子之道》(*Phunam tee tae makwitee kong Lao Tzu*)。

第四，虽然《道德经》泰译有三十个版本，但我们应该看到，这些都是由泰国学者翻译出版的，至今未有中国学者进行过《道德经》的泰语翻译。虽然泰语在中国是非通用语，但国内仍然有众多精通中泰双语的专家学者，具备对《道德经》进行泰译的条件。泰国在东南亚无论是政治、经济和文化方面都有着举足轻重的作用，为了"把中国介绍给世界"，国内泰语学者从中国的角度着手翻译《道德经》将是一项十分有意义的工作。

结语

以上从描述性翻译理论、哲学诠释学、接受美学等角度对《道德经》在泰国的译介史进行了梳理和分析，探讨了《道德经》泰译本多元存在的合理性。虽然道家思想在泰国的传播和翻译时间并不长（20世纪60年代开始），但其译介成果还是相当丰硕的。这些译本如同一面面镜子，从不同侧面折射出了道家思想的深奥。各个不同年代的译者对《道德经》不同的解读，给文本提供了再创造的可能性。这些译介体现了原作者、译者、原作品、译本和译本读者之间的对话，这也正是哲学诠释学和接受美学所揭示的译者"前见"与原作文化的碰撞与妥协：在不断地"视域融合"中找到平衡点，尽可能在保持原作风味的基础上让泰国读者接受和了解。我们也要看到，在把中国文化介绍给泰国的过程中，国内学者还有很多工作要做，中国典籍在泰国的传播需要国内学者的优秀译本给予补充。

欧美老庄学

《老子》在西方的早期传播与老子形象的变迁

谭 渊*

摘要：13—16世纪，早期西方来华传教士长期将道教视为邪教，对老子及其著作都缺乏兴趣。进入17世纪后，耶稣会士逐渐开始关注"老子的宗教"——道教，并在相关著述中将老子描绘为异教创始人。而在18世纪，随着耶稣会中的"旧约象征派"（索隐派）的介入，欧洲人对《老子》的解读被一步步纳入西方神学话语体系，老子甚至被塑造成为了解"三位一体"思想的东方哲学家形象。总体来看，西方传教士虽屡屡误读老子思想，但同时也使《老子》在异国之旅中获得了新的传播动力，客观上传播了道家思想文化。

关键词：老子 耶稣会士 旧约象征派 传播史

基金项目：教育部社科基金后期资助项目"《道德经》在德语世界的影响与研究"（22JHQ044）

在欧洲对东方宗教哲学的接受史中，与同样源出亚洲的印度教、佛教相比，道教及道家思想可谓姗姗来迟，但其光芒却一举照亮了整个20世纪。造成道家思想姗姗来迟的原因有多方面。在中学西传早期，欧洲启蒙时代的传教士更感兴趣的是在中国占统治地位的孔子及

---

* 谭渊，哥廷根大学德语文学博士、博士后，华中科技大学外国语学院教授、博士生导师。

儒家的社会伦理思想，对道家则只有零星认识，相关报道不仅充满对"偶像教派"的排斥，而且被所谓"旧约象征派"（索隐派）的阐释所左右。直至1823年法国汉学家、文化历史学家和翻译家雷慕沙（Jean-Pierre Abel-Rémusat）的首部《老子》节译本问世之后，道家思想才逐渐展现出魅力并产生深远影响。

在回顾这段传播史的时候，我们不由得要注意到一个有趣的现象：尽管道教一直被欧洲传教士视为"异教"，但在早期传播中，众多《老子》译本的产生却都与基督教神学特别是《圣经》阐释学颇有渊源。尤其是通过所谓"索隐派"或"旧约象征派"的阐释和基于基督教神学框架的二次重构，《老子》被卷入了西方神学、史学论争，但也因此在异国之旅中获得新的传播动力，扮演了双重的文化传播者角色。

一、早期来华传教士眼中的老子与"异教"

《老子》并非从一开始就以其深奥的哲学内涵征服欧洲读者，相反，其翻译与传播经历了一个漫长的历程。不仅误读与争论始终伴随其中，参与讨论的学者也远远超出了汉学家和翻译家的范围。

基督教与道家思想的初次对话至少可以追溯到唐朝。大约在唐太宗贞观十年（636年），基督教在中东地区的一个重要支派——聂斯托利教派传播到了中国。由于当时的中国将罗马帝国称为"大秦"，因此这一教派在中国被称为"景教"或"大秦景教"。直至元朝，景教在中国北方仍颇有影响。我们今天依然可以通过1625年在西安发掘出土的"大秦景教流行中国碑"看到景教与中国本土宗教相互交融的痕迹：景教教士在碑文中大量借用儒教、道教和佛教的概念，如教士们自称为"僧"，与中国人对佛教僧侣的称谓一致，而碑文中的"真常之道，妙而难名""道无不可，所可可名"等措辞则几乎就是《老子》首句"道可道，非常道；名可名，非常名"的翻版。

13世纪，中国北方的蒙古帝国迅速崛起，蒙古人经过数次西征，建立起从东亚到东欧、横跨欧亚大陆的庞大帝国,一些蒙古贵族在武力征服过程中也逐渐接受了伊斯兰教、景教(元朝称之为也里可温教)等当地宗教。同时,罗马教廷出于政治、宗教等多方面的考虑,也开始有计划地向蒙古帝国派遣传教士。正是在这些传教士笔下诞生了第一批关于欧洲与中国之间文化往来的翔实记载,其中也留下了少量关于道教的介绍。

1245—1247年,为使蒙古帝国皈依基督教,罗马教皇英诺森四世(Innocent Ⅳ)派出特使柏朗嘉宾(Giovanni de Piano Carpini,1182—1252)拜见蒙古大汗贵由(元定宗),虽然使团未能说服蒙古人皈依,但在争取宗教宽容、传教自由等方面仍取得了一定进展,并在回到欧洲后留下了一部内容丰富的《蒙古行纪》。1253—1255年,法兰西国王路易九世又派遣圣方济会修士鲁布鲁克的威廉(Wilhelm of Rubruk)出使蒙古,并在1254年受到蒙古大汗蒙哥(元宪宗)的接见,搜集了许多重要情报。回国后,鲁布鲁克以书信形式向国王递交了关于出使经历的详细报告。鲁布鲁克在这部被后世称为《鲁布鲁克东行纪》的报告中尤其提到了蒙古大汗统治下各宗教之间的关系,例如他注意到佛教和景教教徒在蒙古地区和谐相处,能同处一室向神祷告,但各种宗教之间也不乏论战,甚至鲁布鲁克本人也应景教教徒之请,卷入了其与"道人"(Tuin)之间的论战。① 鲁布鲁克在报告中将"道人"描绘为佛教僧侣之外的另一种"偶像教徒",认为"他们都信奉下面的摩尼教邪说:事物一半是恶,一半是善,而至少有两个(基本的)原理;至于

---

① Tuin被近代西方学者视为是对佛教僧侣的称呼。西方学者的看法参见Friedrich Risch (Hg.), *Wilhelm von Rubruk. Reise zu den Mongolen 1253–1255*, Leipzig: Deichert, 1934, p.270。但在古代中国,对佛教、道教信徒的称呼其实经常可以互换。同时,Tuin与"道人"的发音接近,鲁布鲁克介绍的Tuin一派教义又迥异于佛教而近于道教的神仙体系,据此,笔者认为这段话应是欧洲最早关于道教的报道。何高济在汉译本中也将Tuin译为"道人",与笔者意见不谋而合。参见〔意〕柏朗嘉宾、〔法〕鲁布鲁克《柏朗嘉宾蒙古行纪;鲁布鲁克东行纪》,耿昇、何高济译,中华书局2002年版,第256页。

灵魂，他们认为它从一个肉体转移到另一个"。①鲁布鲁克在回顾教派之间的论战时，这样记述了那位来自"契丹"（即中国）的道士心目中的神仙体系："在最高一层天上有一个我们仍不知道其来源的（神），在它下面却有十个其他的神，他们之下还有更低的。在地上他们则有无数多。"②根据鲁布鲁克的报告，这场宗教论战发生在1254年5月底，伊斯兰教也卷入其中。其实，鲁布鲁克所看到的还只是蒙古帝国统治下更大规模宗教碰撞的序曲。此后，在1255、1258、1281年间，受到蒙古贵族支持的喇嘛教（佛教）势力与中国本土宗教——全真教（道教）进行了三次大辩论，其中尤以元宪宗八年（1258年）忽必烈主持的宗教辩论对道教打击最大。宪宗皇帝最后判定喇嘛教获胜，下诏让全真教归还"侵占"的寺院二百余处，并禁毁《老子化胡经》。由于道士们输得并不服气，于是在元世祖至元十八年再次进行公开辩论，结果全真教再次大败。这一次，元世祖忽必烈下诏将《老子》之外的其他道经全部焚毁，使道教受到沉重打击。当威尼斯人马可波罗来到中国游历时，道教势力在中国北方已大为衰落，甚至没有引起这位商人兼旅行家的注意。

走出中世纪后，欧洲航海家开辟的新航路大大推动了东西方文化交流。16世纪初，葡萄牙航海家通过开辟绕过非洲最南端好望角的新航路，闯入印度洋和东南亚，并控制了马六甲海峡这一海上交通要道。随后，葡萄牙人于1513年闯入南海并"发现"了从欧洲通向中国的海上交通线路。1557年，葡萄牙人通过贿赂中国明朝官员获得了在澳门建立据点的特权。伴随着西方势力逐步在澳门站稳脚跟，天主教势力也把触角伸向中国。而随着天主教传入，西方宗教与中国传统宗教的接触与碰撞愈加频繁，西方传教士发回欧洲的报道也成为了同时代欧

---

① 〔意〕柏朗嘉宾、〔法〕鲁布鲁克：《柏朗嘉宾蒙古行纪；鲁布鲁克东行纪》，第300页。鲁布鲁克显然在此处犯了张冠李戴的错误，因为摩尼教崇尚光明王国，其最高神已高度抽象化，并不拜偶像神。
② 〔意〕柏朗嘉宾、〔法〕鲁布鲁克：《柏朗嘉宾蒙古行纪；鲁布鲁克东行纪》，第301页。此处指的似乎是所谓"元始天尊"和"十方神仙"。

洲人了解中国宗教的主要信息来源。

在早期来华的欧洲航海家、商人和传教士中，最早对道教及其教义产生兴趣的是16世纪后半叶来华的一批传教士。由于他们对中国宗教一无所知，对西方宗教的信仰却坚定不移，视野又只局限于东南沿海一块，故其对道家及道教的早期认识多属雾里看花，存在着诸多曲解、偏见与道听途说。如1556年冬到访过广东的多明我会修士加斯帕·达·克路士（Gaspar da Cruz，？—1570）在其《中国志》（Tractado）中对中国宗教进行过一番描述，我们从这段语焉不详的记述中只能依稀看到和尚和道士的影子："这个国家有两类教士。一类把头发剃光，……还有另一种，百姓一般在丧葬和献祭时使用他们，这些人留长头发，穿黑丝袍或哔叽和亚麻袍，长若俗人之衣，头发打一个顶髻作标志，用一根像紧握的手并涂成黑色的棍穿过顶髻。这些教士都没有老婆，但他们生活放荡淫猥。"[①]

1564年从墨西哥出发前往亚洲传教的西班牙奥古斯丁会修士马丁·德·拉达（Martin de Rada，1533—1578）是最早鼓吹"征服中国"的西方传教士之一。[②] 1575年，中国福建水师的一艘战舰因追击海盗林凤而来到菲律宾，与西班牙殖民当局就围剿海盗进行了合作。借此机会，西班牙驻菲律宾总督委派拉达为使团团长，前往福建拜会当地官员，同时搜集关于中国的情报。此后，拉达一行顺利获得福建官员的接见，在福建沿海逗留两个多月，获得了大量关于中国的情报。回到菲律宾后，他将有关资料汇编成为一部《中国札记》（Relacion），其中不仅记载了出使福建的详细过程，而且分十二个方面对大明王朝统治下的中国进行了介绍。在谈到中国的"偶像教"时，书中写道：

  他们把天当作是真正的神灵。因为他们认为其他的不过是

---

① 〔英〕C.R.博克舍编注：《十六世纪中国南部行纪》，何高济译，中华书局2019年版，第188页。
② 同上书，第36页。

一种中介,他们正是通过这些中介向天(他们叫做 Thien)祈求赐给他们健康、财富、地位或旅途平安。他们认为天创造一切事物。天上最大的人物叫做玉皇(Yohon)或玉皇上帝(Yohon Santey)……他们说他掌管天底下的一切事物,包括生死,他有三个仆人,奉他之命管治这世界,天官(Tianquan)管雨,水官(Cuiquan)管海和航海者,地官(Teyquan)管地上的人和果实。①

1585 年,西班牙奥古斯丁会修士胡安·冈萨雷斯·德·门多萨(Juan González de Mendoza)综合拉达等多位来华游历的西方传教士的相关报道,在罗马发表了轰动一时的《中华大帝国史》(*Historia de las cosas mas notables, ritos y costumbres, del Gran Reyno de la China*),首次用较为翔实而全面的资料向西方世界揭开了中国的面纱。由于此时西方传教士的足迹还仅限于中国东南沿海的福建、广东等地区,接触较多的也主要是文化程度较低的普通百姓,信息来源有限,所以该书第二卷在描写中国的"偶像崇拜"时,对儒、佛、道三教几乎未加区分,认识相当混乱。在对道教的认识方面,门多萨对道教的特点未加关注,仅仅依据拉达的《中国札记》简单提到了在闽粤地区较为流行的三官大帝崇拜。他写道:

> "天"是可见和不可见的万物创造者,……同时"天"有一个统治者治理天上所有的万物,他们把它叫做 Laocon Izautey,用他们的语言理解是:伟大和有力的神的统治者,他们把这当作主神崇拜,仅次于太阳。他们说这个统治者不是生出来的,而是永生的,没有身子,只有神灵。同样他们说跟他一起还有另一个本质相同的神,叫做 Causay,也是神灵,被授予

---

① 〔英〕C.R.博克舍编注:《十六世纪中国南部行纪》,第 246 页。

管辖低一层天的权力,人的生死都他决定。这个 Causay 有三名归他指挥的下属,而他们也被说成是同样的神灵,协助他治理事物。他们叫做天官(Tauquam)、地官(Teyquam)、水官(Tzuiquam),各自有权一个管一个;他们说天官管雨,把水施降给大地,地官管产生人类的人性,管战争、土地耕种,及果木。水官管海和一切航海的人。人们向他们献祭,祈求在他们管辖和治理范围内的事,因此向他们献奉粮食、甜品和祭坛上的帷幕和地毯。人们还同样许很多愿,在他们的偶像前演戏和喜剧,做得很自然。①

这里的 Laocon Izautey 可能是"老君上帝"的音译,但更可能是源自达拉所说的道教神祇"玉皇上帝"(Yohon Santey),即中国老百姓所说的玉皇大帝。②对比拉达的记录可以知道,门多萨可能是在抄写时漫不经心而发生了错误,也可能是在汇编各方资料时发生了混乱。③

16世纪末,随着意大利耶稣会士利玛窦(Matteo Ricci,1552—1610)逐步深入中国内陆进行传教,欧洲人对中国宗教仅有肤浅了解的状况有了很大改观。利玛窦于1582年来到澳门,面对中国强大的本土宗教势力,他采取了耶稣会备受争议的"适应性"传教策略,从一开始就做好了让西方天主教与中国本土实际情况相适应的准备。例如在1583年的时候,他穿上佛教的袈裟,以西方僧侣的身份拜见广东的地方官员,从而得到广东肇庆知府王泮的允许,得以在肇庆居住并建立教堂。此后,利玛窦不仅通过结交中国儒家学者徐光启等人扩大了影响,而且逐步从广东北上,在南昌、南京等地站稳了脚跟,并最终进入北京,获得了在北京建立教堂和传教的许可。在此期间,他从与

---

① 〔西〕门多萨:《中华大帝国史》,何高济译,中华书局1998年版,第39—40页。
② 中国民间对道教神祇体系中的"玉皇"的崇拜有着悠久历史。北宋大中祥符八年(1015年),笃信道教的宋真宗尊玉皇为"太上开天执符御历含真体道玉皇大天帝",北宋政和六年(1116年),宋徽宗又尊玉皇为"太上开天执符御历含真体道昊天玉皇上帝",因此有"玉皇上帝"之说。
③ 参见《中华大帝国史》中文译者批注。〔西〕门多萨:《中华大帝国史》,第43页。

之交往的中国学者那里得知佛教僧侣在中国的地位相对较为低微，于是又换上了儒家的长袍，打扮成儒士的模样出现在中国学者们面前。

面对中国本土的儒佛道三教，利玛窦所采取的策略主要是"融儒"即适应儒教思想、折冲矛盾的路线。例如在对中国儒家知识分子进行宗教宣传时，利玛窦没有直接排斥天主教之外的其他信仰，而是强调天主教能够与中国古老的信仰体系相调和，并表现出了对诸如祖先崇拜、拜祭孔子、拜祭上天之类中国本土信仰的宽容。而利玛窦最出色的一项适应性工作就是援引儒家经典，将天主教对至高神的拉丁语称谓"Deus"翻译为"天主"和"上帝"，这是因为他在研习儒家经典时认定，中国人对上天致以最高的敬意。在"适应性"传教策略的指引下，他引经据典告诉当时与他交往的儒士：天主教崇拜的"天主"与中国古人所信仰的"天"和"上帝"是一致的。一些儒家学者听了之后深以为然，甚至认为天主教的"天学"可以作为儒学的补充，这大大加速了天主教在中国的传播。而与"融儒"路线相反的是，利玛窦将佛教及道教视为偶像教派，也就是天主教的死敌。为表明自己的观点，利玛窦撰写了中文著作《天主实义》，采用中西方二人辩论的形式，对天主教的立场进行了阐述。其中第二章《解释世人错认天主》写道：

> 中士曰：玄论饫耳醉心，终夜思之忘寝，今再承教，以竟心惑。吾中国有三教，各立门户：<u>老氏谓物生于无，以无为道</u>；佛氏谓色由空出，以空为务；儒谓易有太极，故惟以有为宗，以诚为学。不知尊旨谁是？
>
> 西士曰：二氏之谓，曰无曰空，于天主理大相剌谬，其不可崇尚明矣。夫儒之谓，曰有曰诚，虽未尽闻其释，固庶几乎？[①]

---

① 〔意〕利玛窦著，朱维铮主编：《利玛窦中文著译集》，复旦大学出版社2007年版，第15页。下划线为笔者所加。

接下来，利玛窦借西士之口对佛教、道教关于空无的思想、儒教关于太极的思想进行了驳斥，宣扬天主才是宇宙万物的本源，即中国古籍中所称的"上帝"，并且批评后世百姓把泥塑的道教神仙玉皇大帝当成了至高神灵，以至造成了中国信仰体系的混乱：

> 西士曰：虽然，天地为尊之说，未易解也。夫至尊无两，惟一焉耳；曰天曰地，是二之也。<u>吾国天主，即华言上帝。与道家所塑玄帝、玉皇之像不同，彼不过一人，修居于武当山，俱亦人类耳，人恶得为天帝皇耶？</u>
> <u>吾天主，乃古经书所称上帝也。</u>《中庸》引孔子曰："郊社之礼，以事上帝也。"……历观古书，而知上帝与天主特异以名也。①

当利玛窦于1610年在北京去世时，作为外来宗教的天主教已经在北京、南京以及其他城市兴建起多座教堂，并成功地使许多儒家学者皈依，其中甚至包括明末著名学者、官至礼部尚书兼文渊阁大学士、内阁次辅的徐光启（1562—1633）。后来，利玛窦的意大利语日记和笔记由传教士金尼阁（Nicolas Trigault）带回欧洲并翻译成拉丁语，于1615年以《基督教远征中国史》（*De Christiana Expeditione apud Sinas Suscepta ab Societate Jesus*）之名在罗马出版。这本被中国人称为《利玛窦中国札记》的著作中首次粗略介绍了"中国的老子宗教"（Sinarum secta Lauzu），并提到老子被信徒们尊为道教创始人和仅次于最高神的三个神明之一：

> 第三种教派叫做老子（Lauzu），源出一位与孔子同时代的哲学家。据说他出生之前的怀胎期曾长达八十年，因此叫他作老子，即老人哲学家。他没有留下阐述他的学说的著作，而

---

① 〔意〕利玛窦著，朱维铮主编：《利玛窦中文著译集》，第21页。下划线为笔者所加。

且好像他也没有想要建立独立的新教派。然而在他死后，某些叫做道士（Tausu）的教士把他称作他们那个教派的首领，并且从其他宗教汇编了各种书籍和注疏，都是用很华美的文体写成的。这些信士也有自己的修道院，过独身生活。他们也买人作徒弟，这类人也和前面所述的那种是一样地位低下而且不老实。他们不剃头，像普通人一样蓄发，但他们把头发结扎起来盘在头顶，戴一个木制小冠，这种习惯使他们很容易被认出来。这种信仰的信徒有些结了婚，在自己家中行更带宗教性的仪式，给自己以及别人诵经祷告。除了有很多神以外，这种信仰的信徒还宣称崇拜一位肉身的天师，这位天师似乎一直不断地碰到很多不愉快的事。

　　他们的书籍叙说着各种胡言乱语……

　　除了最高的神以外，这一教派还塑造出三位别的神，其中之一就是这一教派的创始人老子本人。……这一派鼓励他们的成员肉体和灵魂一起飞升天堂，在他们的庙里有很多肉身升天者的图像……

　　这类道士们的特殊职责是用符咒从家里驱妖……

　　……这种道士……耗费很多时间仿效他们的圣人去实验炼丹术……①

从"他没有留下阐述其学说的著作"这段文字可知，即便是最早向欧洲人介绍老子的利玛窦也还不知道《老子》的存在。但在后面关于道教的介绍中，利玛窦又提到道士"从其他宗教汇编了各种书籍和注疏，都是用很华美的文体写成的"，似乎他对道教典籍又有一些朦朦胧胧的了解，但其印象无疑极其负面，因为他给这些道教典籍的评语

---

① 〔意〕利玛窦、〔比〕金尼阁：《利玛窦中国札记》，何高济等译，中华书局1983年版，第109—112页。参见 Matteo Ricci, *Storia dell'introduzione del cristianesimo in Cina*, Roma: Libreria dello Stato, 1942–1949, p.110f.

是"叙说着各种胡言乱语"。从利玛窦的记述中，同时代的欧洲人只能得到一个印象：道教是一个装神弄鬼、用符咒和炼丹术招摇撞骗的异教（sect）。由此可见，相较于对儒学的看重，利玛窦等早期来华的传教士还完全没有重视老子及其哲学思想。

利玛窦不仅开创了耶稣会在中国传教的历史，他的著作对后世来华耶稣会士关于中国的报道也影响深远，尤其是对先秦典籍中"上帝"形象的阐释和对儒家传统的积极解读在17—18世纪都备受重视。那种包容祭祖尊孔传统、美化儒家思想、隐瞒根本分歧的做法也作为所谓"利玛窦规矩"，成为耶稣会士在中国传教时所执行的文化适应政策和"融儒"路线的重要组成部分。在《利玛窦中国札记》问世后的百余年间，从荷兰使节纽霍夫（Joan Nieuhof，又译尼霍夫、纽荷夫，1618—1672）留下的《荷使初访中国记》（*Het gezantschap der Neêrlandtsche Oost-Indische Compagnie, aan den grooten Tartarischen Cham, den tegenwoordigen keizer van China*，1665）① 到阿塔纳斯·基歇尔（Athanasius Kircher，1602—1680）的《中国图说》（*China Illustrata*，1667），② 再到杜赫德（Jean Baptiste du Halde）编撰的划时代巨著《中华帝国全志》（*Description géographique, historique, chronologique, politique et physique de l'empire de la Chine et de la Tartarie chinoise*，1735），所有这些著作关于中国"教派"的解读都不断受到利玛窦观点的影响：儒家思想被解读为道德准则、哲学思想以及开明的国家政治理念，对"天"的崇拜被解读为对基督教上帝的尊敬，而儒家思想中的无神论观点，尤其是南宋理学家朱熹的理学思想（理是先于自然现象和社会现

---

① 该书由其兄于1665年编辑出版，配有精美铜版画插图。插图虽与纽霍夫亲笔绘制的水彩画有出入，但其精美程度在17世纪介绍中国的著作中无出其右。书名又译为《荷兰东印度公司大使访华记》。

② 基歇尔称："第三种是被称为道教的教派，……它起源于和孔子同时代的一位哲学家。他们说这位哲学家在母亲的子宫中过了八年才出生到人世，因此他被称作老哲学家。"〔德〕基歇尔：《中国图说》，张西平等译，大象出版社2010年版，第251页。

象的形而上者）则被刻意摒弃。①

同样，利玛窦关于所谓"偶像教派"——佛教、道教的负面论述也对此后百余年间欧洲传教士关于中国宗教的报道产生了决定性的影响，如1613年来华的葡萄牙耶稣会士曾德昭（Álvaro de Semedo）在其著作《大中国志》（*Relacao da Grande Monarquia da China*，1642）中便将道教称为"道士教派"。和前任利玛窦相比，曾德昭在道教研究方面并没有取得什么新的进展，《老子》也同样没有被提起，他甚至还将老子与几百年后才出现的道士混为一谈。在曾德昭看来，道士充其量也就算是术士，道教就像《旧约》中崇拜太阳的邪教，而老子则是这个"教派的领袖"。② 值得一提的是，这也是老子在西方被视为异教领袖乃至邪教创始人的开始。

二、耶稣会士笔下作为教派创始人的老子

17世纪下半叶，随着欧洲启蒙运动的兴起和中西方礼仪之争的升级，欧洲文化界对中国的兴趣激增，耶稣会士中随之出现了一波发表中国报道的高潮。③ 这些报道被迅速译为欧洲各主要语言，成为欧洲早期汉学研究的奠基之作。如因礼仪之争而被派回罗马向教皇陈述"融儒"路线的意大利来华耶稣会士卫匡国（Martino Martini，1614—1661）于1654年在阿姆斯特丹出版了轰动一时的《鞑靼战纪》（*De Bello Tartarico Historia*），详细记述了其亲身经历的明朝衰亡、清兵入关以及天主教在华传播的历史。此书刚一出版便风靡欧洲，被称为"17世纪的中国现代史"，④ 当年便被译成德语出版，先后共以七种

---

① Walter Demel, *Als Fremde in China. Das Reich der Mitte im Spiegel frühzeitlicher europäischer Reiseberichte*, München: Oldenbourg, 1992, p.287ff.
② 〔葡〕曾德昭：《大中国志》，何高济译，商务印书馆2012年版，第127—129页。
③ 参见谭渊、张小燕《礼仪之争与〈中华帝国全志〉对中国文学与典籍的译介》，《中国翻译》2021年第4期。
④ 何寅：《国外汉学史》，上海外语教育出版社2002年版，第54页。

文字再版二十一次。随后，卫匡国又出版了《中国新图》（*Novus Atlas Sinensis*，1655）和《中国上古史》（*Sinicae Historiae Decas Prima*，1658），同样在欧洲引起巨大反响。

出人意料的是，卫匡国在介绍中国宗教时并未将道家渲染为异教崇拜，他甚至有意把道教与"偶像崇拜者"的佛教区分开来，其原因也许在于卫匡国研究了《老子》一书，并发现了某些与基督教相通的思想元素。他在《中国上古史》中写道："第一个是哲学家（智者）即文士的儒教（Jukiao），第二个是偶像崇拜者的佛教（Foekiao），第三个是探讨长生不老的道教（Taokiao）。但老聃（Laotanus）只是建立起良好的愿景，有这样那样的想法；在我看来，这些文字是真实的，因为这是神的话。"[①] 随后卫匡国引用了下面这段话：

> Tao, sive magna ratio non habet nomen. Calum ereavit ac terram; expers figura; sidera movens, ipsa immota. Hujus quianomen ignore; Tao, sive summam sine figura rationem dixerim.
>
> 回译：道，伟大的理（ratio），没有名字。它创造了天和地，没有形状。它移动天体，自己一动不动。因为我不知道它的名字，所以我称它为道，或无形态的至高之理。[②]

卫匡国将老子的学说与宗教意义上的道教区分开来，用西方哲学中的 ratio 翻译"道"，并且认为其中有"神的话"，这种对道家思想的积极描述在那个时代实属罕见，且对后世欧洲学者的《老子》阐释产生了深远影响。首次被翻译成西方语言的这段文字实为《老子》第二十五章："有物混成，先天地生。寂兮寥兮，独立而不改，周行而不殆，可以为天地母。吾不知其名，强字之曰道。"尽管卫匡国并未提及

[①] Martino Martini, *Sinicae Historiae Decas Prima*, Monachii: Typis Lucae Straubii, Impensis Joannis Wagneri Civis & Bibliopolæ Monacensis, 1658, p.117.
[②] 同上。

《道德经》或《老子》之名，但这仍然是《老子》在西方传播的真正开始。

在卫匡国首开先河后，陷入礼仪之争的耶稣会越来越重视从中国典籍中寻找证据，以便用来自中国人自己的声音为其"融儒"路线辩护。在这种情况下，树立一个积极的中国形象不仅有利于耶稣会争取同盟者，而且可以利用当时欧洲社会中的"中国热"为耶稣会争取舆论上的支持。因此，耶稣会士很快将注意力投向儒家的四书五经，他们也因此成为欧洲历史上中国思想财富的真正发现者。1687年，法国耶稣会士柏应理（Philippe Couplet，1623—1692）将殷铎泽（Prospero Intorcetta，1626—1696）、恩理格（Chrétien Herdtrich，1625—1684）、鲁日满（François de Rougemont，1624—1676）等人翻译的《大学》《中庸》《论语》等儒家经典汇编为《中国哲学家孔夫子》（*Confucius Sinarum Philosophus*）在巴黎出版。① 该书《导言》部分介绍了中国典籍，并对道教、佛教进行了批判。顺带也对老子及其思想进行了前所未有的详细介绍：

> 为了能提供更丰富的介绍，我们要告诉读者这个教派的创始人是俗称"李老君"的哲学家，他又被称为"伯阳"或"老聃"。他与孔子处在同一时代，甚至可能比他更早。有这样一个传说：在自己母亲的腹中待了八十一年之后，他自己终于找到一个方法，从母亲的左腋下来到这个世界。然而，由于这一奇特的出生，他的母亲很快去世了。
>
> 他的书保存了下来，但是，据说他的追随者修改了很多内

---

① 1688年，法国人萨沃雷（Pierre Savouret）还出版了一个法文改编本《中国哲学家孔夫子的道德箴言》（*La Morale de Confucius, Philosophe de la Chine*），在该书基础上，1691年，英国人兰德尔·泰勒（Randel Taylor）又出版了《中国哲学家孔子的道德》（*The Morals of Confucius, A Chinese Philosopher*）。参见张西平《跟随利玛窦来中国：1500—1800年中西文化交流史》，中国社会科学出版社2020年版，第207—208页。

容。在李老君所写的书中，有一些是对哲学家有价值的观念美德、对荣誉的拒绝、对财富和人世的轻蔑，以及在幸福的独居生活中灵魂在人类事务之上能够获得的喜悦。当谈到万物的产生时，在诸多构想之中他特别提出一个构想——他的追随者不断重复这个构想，也是他哲学的最高原理：道生一，一生二，二生三，三生万物。（Tao sem ye, ye sem ulb, ulb sem san, san sem van ve.）也就是说，"法则或原则产生了一，一产生了二，二产生了三，三产生了一切"（Lex, sive ratio produxit unum, unum produxit duo, duo produxerunt tria, tria produxerunt omnia）。这作为一个宣言，就像古人的格言一样，通常是不明确的、含糊的。但有一点可以确定：他认识到有某个第一和至高的神。然而，他的理解有缺陷：尽管他承认最高的神凌驾于其他的神之上——就像国王凌驾于他的封臣一样，不过他还是认为神是有形的。人们普遍认为，李老君也是炼丹术的创始人。

最终他成为许多人的老师。有一点毋庸置疑：许多世纪之后，那些声称是其弟子的人成为炼丹术的发明者，或者最起码是传播者。实际上，在第四个朝代秦朝的始皇帝统治下，有不少人开始使用道法，因为这个皇帝是出名的文士的敌人，曾下令烧毁几乎所有的书籍。结果，他自己被道教和李老君的弟子说服，接受他们提供的一种被称为"长生药"的不死药水——据说饮用后可以使生命永恒。因此，他命人到那些岛屿去寻找这种药。

在下一个朝代汉朝，道教尽管并不从这里开始，却得到了极大发展。汉朝第六个统治者称武帝，他的老师李少君完全致力于研究道教的内在力量。或许因为皇后藐视祖先和孔子的哲学，所以汉武帝命令把李老君的哲学放在最高的位置——虽然当时它很可能已经被污染了。因此，是由于一个女人的好奇和欲望，这种哲学才被接受。①

从这段介绍中可以看出，柏应理等传教士已经知晓老子姓李，并被道教尊为"太上老君"，因此将这位古代哲人称为"李老君"，而老子的名和别号"伯阳""老聃"对他们而言也再不陌生。同时，他们对道教在秦汉时期的发展已经有了初步了解。此处将"道"译为拉丁文的ratio则延续了卫匡国的做法。值得注意的是，当同时代的欧洲人听都还没有听说过《老子》或《道德经》时，《中国哲学家孔夫子》一书就已经将《老子》第四十二章中的"道生一，一生二，二生三，三生万物"推崇为老子哲学思想中的最高原理，其原因无外乎是这段话让耶稣会士联想到了基督教中的"三位一体"思想，同样，后来的欧洲研究者也多引用此章来证明中国道家思想与基督教的三位一体思想暗合。但在柏应理等人看来，这段话只能证明老子已有"某个第一和至高的神"的概念，但他们认为这还并非对基督教"上帝"的准确认识，因为老子还将"道"当成一个掌管其他神祇的众神之神，如国王统治他的臣子一样，而在基督教神学中，上帝是"独一的神"，除此之外"别无他神"。从这里可以看出，作为道家经典的《老子》此时终于开始引起西方传教士的注意，并开始成为耶稣会士论证中国古人曾正确认识"至高神明"的证据。但无论如何，在当时的西方学者看来，老子的哲学思想还是与道教密不可分的，老子也成为了柏应理等人眼中的"道教创始人"。

《中国上古史》和《中国哲学家孔夫子》还只是在介绍中国宗教时顺带提及《老子》的只言片语，真正在《老子》的早期研究中扮演关键角色的是受法国国王路易十四资助、1687年以"国王数学家"身份抵达中国的耶稣会传教士白晋（Joachim Bouvet，1656—1730）。不

---

① Philippe Couplet et la, *Confucius Sinarum Philosophus*, Paris: Danielem Horthemels, 1687, p. XXIV. 译文转引自〔比〕柏应理等著《中国哲学家孔夫子》，汪聂才、齐飞智等译，大象出版社2021年版，第29—30页。

过，在此起决定性作用的并非耶稣会士对道教本身的兴趣，而是在欧洲历史悠久的"旧约象征论"（figurism）。在旧约象征论者看来，原本作为犹太教经典的《圣经·旧约》是在上帝的启示下写成，其中充满了对《圣经·新约》特别是对耶稣基督也就是救世主降生的种种预言。同样，在其他文化中，例如中国的古代典籍和象形文字中也隐藏了包含上帝启示的象征性符号和表述，找到并阐释这些象征性符号和表述，对于证明基督教上帝的启示与拯救的普世性，进而打开中国这个古老国度的大门都有重要意义。因此，许多耶稣会传教士把基督教神学中的考据方法移植来研究中国古代典籍，试图找到《旧约》与中国古老文化的联系，所以后世也有学者将其称为"索隐派"。

面对历史悠久的中国文字和典籍，耶稣会士们早在利玛窦时代就已经开始采用这种阐释模式。我们今天已难以界定：他们究竟是出于坚信上帝启示的普遍存在性而误读了中国经典，还是为传教而有意曲解中国典籍。但有一点确定无疑：这一研究方向上的"累累硕果"在当时的确维护了耶稣会士在"礼仪之争"中的立场，提高了传教士的声望，客观上也激发了欧洲人对中国文化的兴趣，其中最著名的例子大概要数白晋对《易经》的阐释以及他向德国哲学家莱布尼茨（Gottfried Wilhelm Leibniz, 1646—1716）介绍六十四卦后，莱布尼茨对二进制数学和伏羲六十四卦的比较研究。白晋对道家思想的研究同样充满"索隐派"色彩，他不仅联系中国哲学的"太极""无极""道"等概念在其论文《天主三一论》中对中国式的"三位一体"进行阐述，而且还认为《老子》第四十二章"道生一"一段与基督教神学中的"三位一体"理论完全相通："这完全符合喀巴拉的传统，毕达哥拉斯（原始神学家之一）正是吸取了其中的精华。'一'代表的是永恒的法则，即上主，由上主赐下的儿子，以及父亲和儿子共同创造出的圣灵，即第三个位格。"[①] 他据此认为，老子这段文字证明中国古人对三位一体的造

---

① 转引自〔德〕柯兰霓《耶稣会士白晋的生平与著作》，李岩译，大象出版社2009年版，第153页。

物主早有认识，老子思想"包含着可以与赫梅斯的关于独一和三位一体的上主以及圣灵学说相比较的学说"，即"万物的创造是这三位共同的杰作，神圣法则最基本的教义就出自'道'本身，即出自永恒的智慧和主的圣言"。① 因此，白晋对《老子》评价颇高，认为该书阐述的是"永恒智慧"和通向"智慧之源"的途径。② 总体而言，白晋对《老子》的阐释显然已经脱离道家思想的中国文化语境，完全纳入了基督教神学领域。这一步在《老子》西传史上的意义重大，在此后两百年间，基督教神学几乎成为西方世界阐释《老子》的唯一框架，《老子》也因此在基督教世界引发了更为广泛的关注。

白晋引领的"旧约象征派"研究很快引起了同时代人的关注。1687年与白晋一起到中国传教的李明（Louis le Comte，1655—1729）返回法国任耶稣会长老后，于1696—1701年间出版了《中国近事报道》（Nouveaux Mémoires sur l'État présent de la Chine）。该书在第十封信《论古今宗教》一节对儒教大加赞赏，甚至宣称："许多世纪以来，中国的民间都留有这些名副其实的宗教遗痕。……两千多年以来，中国一直保持着真正的上帝信仰，谨守着最纯洁的道德准则；相对而言，欧洲和其他地方却谬误百出，思想堕落。"③ 但随后李明笔锋一转，开始抨击后世中国人陷入了迷信，其中也包括对道教的痴迷。他写道：

> 康王之后的好几个世纪，人们对上天的认知依旧存在，甚至孔子之后的很长时间里还继续存在，但已不再纯洁如初了。偶像崇拜占据了人们的心灵，道德开始沦丧，上帝信仰也遭受了很大的苦难……目前，帝国境内主要有两类迷信思想。
>
> 李老君（Li-Laokun）是第一类的创始人，他是孔子之前

---

① 〔德〕柯兰霓：《耶稣会士白晋的生平与著作》，第153—154页。
② 白晋原稿收藏于法国国家图书馆。本书转引自〔德〕柯兰霓《耶稣会士白晋的生平与著作》，第131—132页。
③ 〔法〕李明：《中国近事报道》，郭强等译，大象出版社2004年版，第260页。

的哲学家。如果相信其传人的说法，那么他的出生也是一个奇迹，其母怀胎达八十年之久，直至母亲临死前老子才从她的左肋降生出来。这个怪物生存了下来，却是国家的不幸，不久他就以歪理邪说而名扬天下。但是他也写了几本有益的书，谈论道德、道德沦丧、鄙视财富以及退隐遁世。他经常反复说这句话，说这是真正的智慧之源："道生一，一生二，二生三，三生万物。"看来他似乎对三位一体有所认识。

他教导说，上帝是有形的，统治着其他神灵，就像国王统治着子民一样。他沉迷于化学，有人还声称他是化学的奠基人。他酷好炼丹术，相信服丹后可以长生不老。传人弟子们为了达到长生不老的目的，纷纷陶醉于这种魔法。不久之后，这样的歪门邪术倒成了上层人士绝无仅有的科学。人人都怕死，于是都来炼丹，妇女们也好奇地希望延年益寿，开始参与这种怪异之举，做出了各种大不敬的事情。①

这里承袭了白晋的观点，明确将《老子》第四十二章"道生一"一段与基督教神学的"三位一体"理论联系起来。相比柏应理援引这一段时只是用来说明老子具有对"至高神"的模糊认识，李明的说法无疑前进了一大步。但李明又将老子与"迷信"联系起来，认为他是"迷信思想"的"创始人"，因其"歪理邪说而名扬天下"，还言之凿凿地说他"沉迷于化学""酷好炼丹术"，这显然将很多后世的附会之词当成了史实，与《中国哲学家孔夫子》的谨慎表述相比显得过于武断。其实，正如《中国近事报道》对儒教的过度美化一样，言辞上的偏激正是李明著作的一贯风格，并且很快给他惹来了麻烦。被其对中国宗教的溢美之词所激怒的欧洲神学家此后在索邦神学院多次开会讨论书

---

① 〔法〕李明：《中国近事报道》，第261页。法文参见 Louis le Comte, *Nouveaux Mémoires sur l'État présent de la Chine*. Tome Second, Paris: Chez JEAN ANISSON Directeur de l'Imprimerie Royale, 1696, pp.148-150。

中立场，最后于1701年10月18日判决李明著作"有悖于神学原则"，并将其查禁。[①]

三、旧约象征派笔下的哲学家老子形象

18世纪初，在耶稣会来华传教士的推动下，一股"中国热"在启蒙时代的欧洲勃然兴起。1735年，奥尔良公爵的忏悔神父、法国耶稣会士杜赫德汇集二十七位来华传教士的报告和译著，在巴黎出版了名载史册的四卷本著作《中华帝国全志》，使耶稣会对中国历史文化的研究达到了一个历史性的高峰。与以往耶稣会士发表的中国报道及哲学译著不同，该书向欧洲读者系统展示了中国的历史、地理、文化、宗教、哲学和社会的方方面面，甚至还首次向欧洲人呈现了中国小说和戏剧的风貌，引起了伏尔泰（Voltaire，1694—1778）等启蒙思想家的关注。尽管书中不乏对中国社会的过誉之词，但其系统性和严谨性仍使这部洋洋四大本的著作很快成为当时最受欢迎的中国百科全书。此后短短几年，该书被两次译成英文，并随后被翻译成德文和俄文，极大推动了"中国风"在欧洲的流行。

《中华帝国全志》第一卷在介绍中国历史时便已六次提到"老子的教派"，但仅有简单的诠释。在介绍中国宗教的第三卷里，《中华帝国全志》在"道士的教派"（De la secte des Tao sseë）一节中对道教发展史进行了专门介绍，并对"教派创始人"老子及其哲学思想进行了以下阐述：

> 老君（Lao kiun）是创立这个新教派的哲学家的名字。如果我们相信其门徒所述，那么他的出生是极不寻常的：根据他们神话般的报告，他在母亲的肚子里待了八十年，最终通过左

---

① 罗光:《教廷与中国使节史》，光启出版社1961年版，第97页。

肋下一个口子来到世上，如此罕见的分娩导致给他生命的母亲在不久后就死去了。

他的书保存至今，但据说已经被他的弟子们大肆篡改。尽管我们在其中不难发现一些哲学家提出的至理名言，例如追求善，不贪恋荣誉，蔑视财富，还涉及到灵魂的幸福，灵魂要超脱一切人间事物，由此得到自我满足。①

从这段简介可以看出，《中华帝国全志》继承了耶稣会前辈们在《中国哲学家孔子》中的观点，把老子视为"道士的教派"的创始人，同时也沿袭了关于老子著作遭到后人篡改的说法。当然，耶稣会的这部划时代著作中展示了更多对《老子》本身的认知。尽管这些认知有时已经远远偏离了《老子》本身，但该书对道家哲学的介绍依然是《老子》传播史上具有重要意义的一页。书中写道：

在这些句子中，有一句是他经常重复的，特别是当他谈到这个宇宙的生产时。他说，"道"或理性产生了一，一产生了二，二产生了三，三产生了万物。似乎他对神性有一些了解；但那是一种非常粗略的了解。

这位哲学家和他的弟子的道德观与我们的伊壁鸠鲁派的道德观相当相似。它包括搁置强烈的欲望和能够扰乱灵魂和平与安宁的激情。按照他们的说法，每个智者的关注点是无忧无虑地度过他的一生，并为此驱逐所有对过去的依恋，所有对未来的无用研究。

他们声称，被焦虑所困扰，痴迷于伟大的计划，把自己交给野心、贪婪和其他激情，就是为自己的后代工作多于为自己

---

① Jean Baptiste du Halde (ed.), *Description géographique, historique, chronologique, politique, et physique de l'empire de la Chine et de la Tartarie chinoise*. Tome Ⅲ, Paris: P. G. LeMercier, 1735, p.16.

工作；以牺牲自己的休息和幸福为代价来换得他人的幸福是愚蠢的。……如果一件被认为是幸福的东西伴随着烦恼、厌恶和焦虑，如果灵魂的平静以任何方式被改变，那么它就不再是幸福。①

尽管《中华帝国全志》同样也没有提及书名《老子》或《道德经》，但却对《老子》中包含"三生万物""清静无为"思想的箴言警句进行了更多引用。显然，新一代的耶稣会传教士对《老子》进行了更为深入、全面的研究，并且开始将老子视为"哲学家"，将其与古希腊哲学家伊壁鸠鲁联系起来。此举在道家接受史中的重要意义在于它开启了比较研究的先河，后世的法国汉学家雷慕沙将老子视为与毕达哥拉斯一样的哲学家，正是对这一思路的延续。

此外，与李明的《中国近事报道》不同，《中华帝国全志》还将老子与后世道教中的迷信成分截然区分开来。例如前文所引的"他的书保存至今，但据说已经被他的弟子们大肆篡改"一段便是直接指责后世的道教门徒，抨击他们歪曲了创立宗教的哲学家的作品，或者说"歪曲"了原本反映着对上帝纯正信仰的哲学经典。至于老子之后的道教更是被描述得与邪教无异：

> 这个教派成员……自欺欺人地说，他们可以找到一种饮料，通过它可以使人成为不朽。……避免死亡的希望导致大批官员研究这种邪恶的艺术，特别是妇女，她们天生好奇，对生命更加重视，疯狂地投入到这些奢侈的行动中。最后，一些轻信和迷信的皇帝将这一不虔诚的学说推向流行，并大大增加了其追随者的数量。……这些冒牌博士到处分发并以高价出售

---

① Jean Baptiste du Halde (ed.), *Description géographique, historique, chronologique, politique, et physique de l'empire de la Chine et de la Tartarie chinoise*. Tome Ⅲ, p.22.

小画像，作为这种思想和人的代表，他们把这些人置于神的地位，并称他们为"神人"，也就是不朽者。

迷信的程度越来越高，以至于在唐朝皇帝的统治下，该教派的领袖们被授予天师的荣誉称号。还在这个教派的创始人老君生活的山上建立了一座极好的寺庙；唐朝的第六位皇帝玄宗在他的宫殿里隆重地供奉着他的雕像。①

上文最后一段明确无误地声称老子本身也成为道教迷信活动的牺牲品，被后世信徒和帝王当成神仙供奉起来。这种说法将老子这位"教派创始人"与后世道教的所谓"邪恶艺术"截然区分开来，从而撇清了老子的道家思想与道教之间的关系。该观点深刻影响了后世欧洲人对老子思想的接受。可以说，基督教世界后来之所以能够热情接纳《老子》而并不因他与"异教"的关系而心怀芥蒂，《中华帝国全志》所开辟的这种一分为二的解释扮演了举足轻重的角色。

关于18世纪早期耶稣会士曾对道家思想有过深入研究的另一个重要证据来自于1698年被白晋招揽来华传教的传教士马若瑟（Joseph H. de Prémare，1666—1736）。作为白晋弟子，他不仅与老师一样对《易经》有着深入研究，而且还将旧约象征派的研究对象扩大到《老子》等著作，并用中文撰写了论文《三一三》，声称在《老子》第十四章找到了上帝的名字。②但该论文一直没有发表，尘封两百余年后，深藏在巴黎耶稣会档案馆中的论文手稿才被法国汉学家荣振华（Joseph Dehergne）重新发现。根据荣振华的研究，在这篇用中文命名为《三一三》的文章中，马若瑟将《易经》《老子》中的思想与基督教的三位一体进

---

① Jean Baptiste du Halde (ed.), *Description géographique, historique, chronologique, politique, et physique de l'empire de la Chine et de la Tartarie chinoise*. Tome Ⅲ, p.22.
② 〔法〕荣振华：《入华耶稣会士中的道教史学家》，载〔法〕安田朴、谢和耐等《明清间入华耶稣会士和中西文化交流》，耿昇译，巴蜀书社1993年版，第152—153页。

行了比较。其最大特点是先入为主，在基督教神学框架下有选择地审视《老子》，而不是将老子思想视为一个独立的宗教或哲学体系。而最令18世纪旧约象征派激动不已的还是对所谓上帝之名的发现。《老子》第十四章："视之不见名曰夷，听之不闻名曰希，搏之不得名曰微。"在旧约象征派（索隐派）看来，隐藏在结尾的"夷—希—微"这三个音节合在一起就成为"I H W"，这不正是《旧约》中提到的上帝之名"耶和华"吗？不可见、不可闻、不可得的"道"不也正符合基督教对上帝描述吗？在这一"发现"的激励下，不仅马若瑟写下了中文论文《三一三》，论证《老子》中隐藏有对上帝的信仰，而且另一位同样被白晋招揽来华的传教士傅圣泽（Jean F. Foucquet，1665—1741）也对《易经》《老子》等典籍中的"太极""道"等术语进行了研究，并撰文论述"道"字系指基督教最高的神——造物主上帝，甚至建议用"道"代替"天主"作为指称基督教至高神的术语。① 至此，在耶稣会的旧约象征派研究者眼中，《老子》的地位已远远超越了一般中华经典，成为隐藏着对上帝信仰的"圣典"。于是，来华耶稣会士中的傅圣泽和卫方济（Jean F. Noēlas，1669—1740）开始了对《老子》的翻译和注解工作，虽然二人中谁更早翻译了《老子》依然成谜，② 但通过傅圣泽的通信和收藏在大英图书馆的手稿可以确定，在1729年前后已经有耶稣会士用拉丁文节译了《老子》的部分内容，并将其随同论文寄回了欧洲。但这部代表着当时欧洲人在道家思想研究方面最高水准的手稿1788年后便被搁置在伦敦的印度事务部，一直没有公开发表。

这份1788年由马修·拉珀（Matthew Raper）呈交伦敦皇家协会的手稿采用双语对照的方式，首先用中文抄录，然后在汉字下方用拉丁

---

① 〔美〕魏若望：《耶稣会士傅圣泽神甫传：索隐派思想在中国及欧洲》，吴莉苇译，大象出版社2006年版，第305页。
② 参见〔美〕魏若望《耶稣会士傅圣泽神甫传：索隐派思想在中国及欧洲》，第198页。此外，卫方济带回欧洲并发表有拉丁文译著《中国典籍六种》（Sinensis Imperii Libri Classici Sex，1711），其中包括《大学》《中庸》《论语》《孟子》《孝经》和《小学》等儒家经典。

语标出汉字发音，再在其下用拉丁语译出每个字的意思。手稿主要有两部分，第一部分为论文《节译古籍〈道德经〉，证明古代中国人已有"三位一体说"》，包含《老子》中四个章节（第一、四、十四、四十二章）的译文，并对《老子》中的三位一体思想进行了论述，第二部分为《节译古籍〈道德经〉，证明古代中国人已有"化体说"》，包括八个章节的译文，分别为第十、二十八、二十七、十五、二十、二十一、二十五、三十五章。德国学者柯兰霓在对其进行深入研究后认为，它很可能是卫方济在1721—1729年间完成的节译本，其主要依据是耶稣会士宋君荣（Antoine Gaubil，1689—1759）在1729年10月10日的信件中提到卫方济已经揭开了《老子》之谜。①但美国汉学家魏若望（John Witek）在《耶稣会士傅圣泽神甫传：索隐派思想在中国及欧洲》一书中对宋君荣的说法表示质疑，认为译文可能是傅圣泽所作。②可以确定的是，傅圣泽在1721年返回欧洲前曾在广州与卫方济相聚并探讨过道家思想，也完全有实力完成《老子》的译注工作。夹有他用法文和拉丁文批注的中文书籍《道德经评注》曾被带到欧洲，旅居巴黎的德国汉学家克拉普罗特（Julius Klaproth，1783—1835）所编写的汉学书籍目录证明该稿本确实曾存放于巴黎。但后世学者并未在巴黎国家图书馆找到这一带有批注的稿本，因此怀疑它已经被带往英国，而且也并非严格意义上的译本。

此外，德国汉学家弥维礼（W. L. Müller）还对现存于罗马传信部的傅圣泽手稿《神学问题》进行了研究，发现傅圣泽在这份鲜为人知的著作中曾对"道"有过详细的论述：

此书分为两部分：该命题的第一部分，即（我们认为）中

---

① Claudia von Collani, Harald Holz, Konrad Wegmann: *Uroffenbarung und Daoismus. Jesuitische Missionshermeneutik des Daoismus.* Bochum et al.: Europäische Universitätsverlag, 2008, pp.29–35.
② 〔美〕魏若望：《耶稣会士傅圣泽神甫传：索隐派思想在中国及欧洲》，第198—202页。

国古代经典中的"道"字，意即基督宗教信徒所膜拜之最高存在。我们甚至还提出，上述古籍中所百谈不厌、无出其右的圣贤之士，即"圣人"，即是我们《圣经》中所描绘之弥赛亚；命题的第二部分，我们认为《圣经》中所描绘之弥赛亚亦即圣贤之士，就是中国古代经典中所不厌其详地为之歌功颂德之"圣人"。我们甚至还认为，中国古代经典中的"道"，即为基督宗教信众所崇拜之最高存在。

……我们将讨论中国古代典籍中关于"道"至善至美的种种描述。"道"之神性绝不亚于主之神性，这一点即是这篇文论的中心议题。

……通过对于上述六点的全面研究，将"道"这一神秘的名词、奇异的象形文字总结为基督宗教信徒所膜拜之上帝也就并非难事了……。①

在傅圣泽眼中，"道"即基督教的上帝，"圣人"即《圣经》中的弥赛亚。这一观点在当时看来显然过于激进了。而旧约象征派的《老子》研究成果屡屡湮没无闻，其原因也可能就在于此类观点过于"超前"，以至于同时代研究者中不乏对此持怀疑态度者，如法国耶稣会传教士宋君荣写于1753年的一篇评论就反映了罗马教廷内部对旧约象征派的不信任。②因此，直至19世纪初，有关《老子》与基督教神学关系的讨论都还只局限在教会内部的小范围内，很多具有学术价值的手稿迄今都没有出版。

随着耶稣会在18世纪的逐渐衰落，旧约象征派所开启的《老子》

---

① 〔德〕弥维礼：《傅圣泽对〈道德经〉及其他中国古代经典的解读》，韦凌译，《国际汉学》第十二辑，大象出版社2006年版，第183—191页。
② P. Joseph Dehergne: *Les historiens jésuites du taoisme*, pp.59–67. 参见 Claudia von Collani: *P. Joachim Bouvet S. J. - Sein Leben und sein Werk*, Nettetal: Steyler, 1985, p.209.

研究热潮成为过去，传教士们的手稿也渐渐尘封，但旧约象征派对《老子》的阐释却并没有被欧洲学界遗忘。不仅如此，那位了解"三位一体"思想和上帝之名的东方哲学家老子的形象在19世纪还引起了更多学者的兴趣，我们看到，在法国大革命的喧嚣过去之后，《老子》很快就再次成为法国汉学家追捧的耀眼明星，不仅1823年雷慕沙译本中闪耀的光芒有一部分正来自于耶稣会前辈们的智慧结晶，而且对"夷-希-微"的讨论甚至一直持续到了20世纪。总体来看，西方传教士虽屡屡误读老子思想，但这些误读也使《老子》在异国之旅中获得了新的传播动力，客观上推动了道家思想文化的传播。

译玄:《道德经》最早英译本(1859)初探

姚达兑[*]

摘要：1868年湛约翰英译的《道德经》被认为是最早英译本，然而，笔者新发现的耶鲁稿本完成于1859年，较之要早得多。该稿是一位传教士学校的学生为裨治文所誊抄，准备出版，而后辗转至卫三畏手中，被带至耶鲁大学珍藏至今。本文对比几种早期译本，讨论耶鲁稿本如何翻译形而上的"道"。耶鲁稿本继承了儒莲法语译本的"科学性"，没有如湛约翰译本那样处处暗含与基督教教义对比的意图。湛译本和耶鲁稿本都较为简洁，但后者某些章节要较前者更为客观。这些都可从翻译形而上范畴的词汇看出。

关键词：《道德经》最早英译 耶鲁《道德经》手稿 湛约翰 儒莲

一、前言

2012年，笔者于耶鲁大学图书馆调查传教士档案时，发现了一部《道德经》英语翻译稿（下简称"耶鲁稿本"）。现今学界认为的最早英译本《道德经》是由来华的苏格兰传教士湛约翰牧师（John Chalmers，1825—1899）译成于1868年，在伦敦出版，题名为 *"Lau-tsze", The*

---

[*] 姚达兑，文学博士、历史学博士后，海南大学人文学院教授。

Speculations of Metaphysics, Polity, and Morality, of the "The Old Philosopher"（中译为《老子，关于玄学、政体和道德律的思考的老家学说》，下简称为"湛译本"）。① 但耶鲁稿本完成于 1859 年 3 月，可谓最早的英译《道德经》。

笔者仔细地研究了这部译稿后发现：（1）耶鲁稿本是由一位美国来华的传教士译成。然而，我们未能确知这位译者是谁。（2）该稿中英文对照，誊抄非常工整。誊抄者是第一位来华的美国传教士裨治文（Elijah C. Bridgman, 1801—1861）的学生。该学生就读于美国公圣会在华的教会学校。该稿是这位学生为裨治文誊抄的，译者有可能是裨治文。②（3）耶鲁稿本是根据法国汉学家儒莲（Stanislas A. Julien, 1797—1873）译成于 1842 年的法语译本《道德经》③ 转译而成。（4）裨治文 1861 年逝世后，该稿辗转至其原先的助手、搭档卫三畏（Samuel W. Williams, 1812—1884）处，而后被卫氏带至美国。卫三畏回美之后，出任耶鲁大学第一任汉学教授，故而此后该稿一直收藏于耶鲁大学图书馆中。鉴于耶鲁稿本自诞生至今一百五十多年，未曾有人研究，笔者便将其整理出来、作了笺释，并进行了研究。本文便是一系列研究论文中的一篇。

下文将耶鲁稿本与儒莲的法译本、湛约翰的英译本等译本作了对读，希望在几个版本的比较之中，去理解这个稿本的翻译情况。《道德经》是道家玄学名篇，有其形而上范畴的内容，如"道""德"等关键词汇，皆较为艰深难懂。这些方面的翻译，尤其能看出译者如何理解（或误读）《道德经》的哲学体系。19 世纪的汉学家与更早的明清在华传教士以及欧洲的汉学家对于《道德经》中的超越性内涵非

---

① John Chalmers, *The Speculations on Metaphysics, Polity, and Morality of "the Old Philosopher"*, Lau-tsze, London: Trubner & Co., 1868.
② 该译稿的译者情况较为复杂，详细考证参阅姚达兑《耶鲁藏〈道德经〉英译稿（1859）整理与研究》，中国社会科学出版社 2016 年版。
③ Stanislas Julien, *Le Livre de la Voie et de la Vertu*, Paris: A L'imprimerie Royale, 1842.

常关注，往往将形而上的"道"与基督教的"上帝"作某种类比，甚至在某些章句中拼凑地找到"耶和华"的名字。所以，本文下文的分析，将聚焦在这个稿本如何译"玄"，即《道德经》中形而上学内容的翻译。

二、几个版本的情况

儒莲法译本自出版始在欧洲备受推崇，被看作是最为权威的译本之一。儒莲本成就颇高，当然耶鲁稿本也颇不俗。耶鲁稿本转译自儒莲法译本，原文大部分内容与之相同，自当是毫无疑义。儒莲译本是在其友洪堡（Wilhelm von Humboldt，1769—1859）的鼓励下译出的。儒莲不像其师雷缪沙（Jean Pierre Abel Rémusat，1788—1832）等索隐派译者一样将《道德经》牵强附会于基督教《圣经》或相关文化。索隐派译者往往只取某些章句而译，未曾译出全篇，也未曾全面地阐释过《道德经》中所寓含的哲学思想以及各章节内容上的关联。儒莲既参照了其师辈索隐派诸大师的译作，也参照了十几个中文版本，又受洪堡的科学主义影响，儒莲本有不过度阐释的"科学性"追求，前后译文也保持了连贯性。这些优点在耶鲁稿本那里，也得到了很好的继承。巧合的是，我们可以在湛约翰译本的译者注释中看到，原来该译本也参考了儒莲本。

在这里，我们可以理清《道德经》翻译的一条脉络：明清耶稣会索隐派诸大师所翻译的《道德经》残本、稿本，被雷缪沙在法国国家图书馆看到，导致了雷氏从研究中国语言和医学转行至研究中国经典，并译出一个节译的法语本《道德经》。雷缪沙教出了两位杰出的学生，一位是接承其衣钵的儒莲，另一位是鲍狄埃（Jean Pierre Guillaume Pauthier，1801—1873）。鲍狄埃的译本完成于1838年，早于儒莲本三年，题名为《道德经，或至高的理性与道德之书》（*Tao-Te-King, ou Le*

Livre de la Raison Suprême et de la Vertu）。[1] 这是一个中文、拉丁语和法语三语对照本。此书当年在欧洲也有较大的影响，但现今被人忽视。鲍狄埃与儒莲是同门师兄弟，但后来因学术观念不同而反目成仇。辜鸿铭（1857—1928）在其《东方智慧》一书中曾提及，著名德国诗人海涅（Heinrich Heine，1797—1856）也讲到了两者的不和，曾相互嘲讽对方的学术素养不够。[2] 最终，儒莲接任其师的法兰西公学院汉学讲席职位。

湛约翰英译本虽然参照了儒莲本，但不以儒莲本的翻译和解释为最高准则而自具特色。湛译本与耶鲁稿本有一个共同点，即都几乎没有注释。儒莲本引证中外诸家注疏再加上自己的解释，几乎达到连篇累牍的地步，其学术性非常之强，但是有些地方也难以有一致的理解。湛译本与耶鲁稿本，正因为两者没有过分的注疏，且用语非常简单，所以都能做到通俗易懂，不难被读者接受。

耶鲁稿本排版是左右页中英双语对照，汉语原文用毛笔以正楷抄写，非常工整。每章章首加入题目，这种题目是一种"科判"。耶鲁稿本和湛约翰译本皆参考自儒莲法译本，但儒莲本仅有章节序列，没有科判。鲍狄埃译本有科判但列不出章节序列，而耶鲁稿本中抄有中文科判，湛译本没有中文科判而是直接译成英文。耶鲁稿本和湛译本的科判皆采自"河上公本"，两者可以对照来看。比如第一章科判标题，耶鲁稿本为"体道章第一"，湛译本则译成"The Embodiment of Tau"（道的化身）。鲍狄埃译本则将这个标题翻译为拉丁语"Substantialis Ratio"（理性的实质），其相应的法语翻译则是"Du Tao Ou Principe Suprême, Considéré Dans Son Essence."（道，或至高的原则，关于其本质）。

关于"道"与"德"的关系，简要言之，形而上者为"道"，而

---

[1] G. Pauthier, *Tao-Te-King*, Paris: F. Didot, 1838.
[2] 辜鸿铭：《中国学》，载辜鸿铭《东方智慧——辜鸿铭随笔》，北京大学出版社2010年版，第5页。

"德"则是"道"践行在形而下的一面。正如陈鼓应先生指出的:"形而上的'道',落实到物界,作用于人生,便可称它为'德'。'道'和'德'的关系是二而一的,老子以体和用的发展说明'道'和'德'的关系;'德'是'道'的作用,也是'道'的显现。"① 在陈鼓应先生看来,"道"与"德"是一体两面,二而一的,其具体含义要看两者在不同的章句、语境和"物界"(或现实人生)中的具体运用。

如果从传教士所处身的知识传统去理解的话,他们这些非汉语文化圈生长的外人,如何理解《道德经》呢?毫无疑问,现成的一种办法是可采用的,即传统中国人的方法:通过经典注疏本去理解原文。但许多传教士或汉学家并不这样做,他们是以自己知识系统中的某些理念为标准,以理念先行而任意裁编章句,以符合自己的设想。有的则是直接误读,取其所有,而抛弃整体框架和内容,如索隐派等汉学家。有的则是以文化传统形成的解释体系来理解《道德经》。湛约翰的阐释和翻译便是如此,隐含了自己的一套解读方式。

湛约翰将其翻译的《道德经》,取名为"老子,关于玄学、政体和道德律的思考的老家学说"(*The Speculations of Metaphysics, Polity, and Morality, of the "The Old Philosopher", "Lau-tsze"*)。他将《道德经》看作是一个整体,对《老子》从"形而上学""政体"和"道德律"三方面进行思考。这三个方面,可以说是湛约翰乃至于同时期的传教士们,研究中国经典时最为关心的问题。近人陈鼓应曾总论老子哲学思想时说,"老子的整个哲学系统的发展,可以说是由宇宙论伸展到人生论,再由人生论延伸到政治论。……他的形上学只是为了应合人生与政治的要求而建立的。"② 湛约翰的解释思路是从超验性的形而上学,到政治论,再到人生道德论,是从虚到实的路径。陈鼓应的解释虽然也有西方哲学的理论背景,即以西方哲学的思考范畴来解释《道德经》,然而其解释方法与湛约翰是相反的。陈鼓应认为,老子的形而上学是从人

---

① 陈鼓应:《老子注释及评介》,中华书局1984年版,第12页。
② 同上书,第1页。

生和政治而抽离出来的，是由经验世界而概括出来的思想，即是由实至虚的路子。然而，如此解释，老子思想是否是一种形而上学，则变成了一个问题。两种解释套路，彰显出了两个主体各自所关心的问题和理解的方式。与陈鼓应关心的老子思想可以"用以作为实际人生的指引"不同，湛约翰虽然抛弃了索隐派等人的比附的解经方法，但是在相当尊重中西文明系统的不同的基础上，进行的是比较宗教学式的研究。

鉴于我们讨论的耶鲁稿本与湛译本有密切的关系，即皆是参照了儒莲本，以及耶鲁稿本与在华传教士有关系，而湛约翰也曾是同一时段的在华传教士，故而我们将使用比较的方法，来看待上面提及的三个译本的关系。而且，我们将从湛约翰理解和阐释《道德经》的角度，在对比湛译本、儒莲本和耶鲁稿本的基础上，进一步去讨论这个耶鲁稿本的成就、特色和意义。

三、译玄：玄、形而上学、"Metaphysics"的翻译

"形而上学"（metaphysics）一词，源于古希腊大哲学家亚里士多德晚年的著作，原义是"自然学之后/上"，用以指称在经验世界之外或之上的一些基本原则，即关于世界的超验的统一性原理的研究，故而亚氏也称其为"第一哲学"。在西方形而上学里，有三个传统的分支，即本体论、自然神学和普通科学（哲学逻辑）。湛约翰在其英译《道德经》中讨论到了"本体论"和"自然神学"，而在1877年《中国评论》杂志上，还撰有长文论述中国传统经典中的"自然神学"。[1] 在这篇文章里，湛约翰坦言：像他这样的传教士都喜爱以基督教的立场去中国经典中搜寻材料，如果中国经典中真没有相关因素，他们则觉得在中国人中传播基督教信仰，将会是让人绝望的不能成功。[2] 正是在

---

[1] John Chalmers, "Chinese Natural theology", *China Review*, Vol.5, No.5, 1877, pp.271-281.
[2] Ibid., p.271.

这种比较经学/比较宗教的视野之下，湛约翰将基督教神学、西方形而上学和中国玄学中的某些方面内容，作了互参和互融的尝试。

（一）《道德经》第十四章的争论

湛约翰所说的是《道德经》中与"形而上学"相近的内容，而并不是像索隐派那些妄加比附，在中国经典中找印证基督教教义的材料。从这方面说，他可能是受到儒莲和洪堡科学主义的影响。湛氏延续了儒莲的做法，对耶稣会学者翻译《道德经》时所犯的错误有所反思。在这一方面，可谓前进了一大步。

耶稣会索隐派学者有一个荒谬的结论，即认为"夷－希－微"三字合而等同于基督教上帝的圣名。这三个字来自于《道德经》的第十四章。《赞玄章第十四》有曰："视之不见，名曰夷；听之不闻，名曰希；搏之不得，名曰微。此三者，不可致诘，故混而为一。……执古之道，以御今之有。能知古始，是谓道纪。"

以上一段，湛译本翻译为：

XIV – The Praise of the Abyss.

What you cannot see by looking at it, is called *Plainness*. What you cannot hear by listening to it, is called *Rareness*. What you cannot get by grasping it, is called *Minuteness*. These three cannot be examined, and therefore they blend into *Unity*... But to have such an apprehension of the Tau which was from of old as to regulate present things, and to know their beginning in the past; this I call having the clue of Tau.[①]

湛约翰将"赞玄"两字译为"The Praise of the Abyss"。耶鲁稿本汉文科判照抄，但是不将其译为英文，仅有英文序列。湛译本将"玄"译为"Abyss"，其涵义为"深渊""深邃""无底洞"，而在古英语中，此词又有"地狱""阴间"或"浑沌"等意思。

---

① John Chalmers, *The Speculations on Metaphysics, Polity, and Morality of "the Old Philosopher", Lau-tsze*, pp.9–10.

"玄"之一字，在汉语中又可以代表魏晋时期的"玄学"，其源在《周易》。此词，也有"神秘""黑暗""抽象""深邃"等意思。《道德经》所蕴含的思想，称之为"玄学"，其实也并无不可。开章明义，在《道德经》第一章的最后一句便有句，"此两者，同出而异名。同谓之玄。玄之又玄，众妙之门"。湛约翰将其译为，"The sameness (of existence and non-existence) I call the abyss – the abyss of abysses – the gate of all mystery."（存在与不存在的同一性，我称之为"深渊"/"无底洞"，深渊之深渊，便是所有神秘事物之门）可知，湛氏将"玄"字一向译为"Abyss"（深渊）。在其序言中，他甚至用了"abyss-mother"（玄母［耶鲁稿本译为"Mysterious Female"］）一词，以解释老子的"玄"学。"在我们（即基督教徒或西人）置放人类灵魂的地方，他置放了'无'。天与地之间的空间，称为'无'。'无'是非常有用的。它是'玄母'的子宫。万物从这里流出，变成实际的存在。"[1] 故而，这个"玄"字，与"无"和"存在"的概念，极为密切相关，即如"玄之又玄，众妙之门"一样，是万物之本源。在"本源论"方面，传教士免不得要与基督教的"创世论"作一番对比。湛约翰的结论与索隐派的看法不同，认为两者是异质的、不同的，可能并没有多少相关性。在这方面，耶鲁稿本与湛译本持相同的观点。

湛约翰对《道德经》中形而上学方面内容的解释，尤其是破除索隐派的偏见的做法，其实来自儒莲。这一点，耶鲁稿本译文的翻译策略，也与两者相同。在《道德经》的第十四章这里，湛氏指出了前辈以往对"夷-希-微"三字解读的错误。湛约翰认为，"这三个词的原文 I, Hi, Wei, 有些学者猜想是'上帝'希腊语圣名'Jehovah'，由老子转写成了中文。但是其实这些词是可以翻译的，我认为没理由觉得他们不是纯粹的汉语"[2]。在这里，湛约翰并没有提及儒莲。但是，笔

---

[1] John Chalmers, *The Speculations on Metaphysics, Polity, and Morality of "the Old Philosopher", Lau-tsze*, p. xiv.
[2] Ibid., p.9.

者查阅儒莲译本时，发现儒莲正好讨论到这个问题，而湛约翰的论述实际上正是应和了儒莲，去回应当时欧洲汉学家的争论。儒莲在其法译本《道德经》的前言中讨论这三个词时说，"迄今为止，欧洲的语文学家——如同每次他们遇到从未有人解释的或无法解释的汉语词汇一样，皆认为这三个词是'毫无意义的'或'非汉语的'。"① 所以，只能将其组合成一词来理解。儒莲力排众议，甚至反驳他老师的观点，在当时可是引起诸多评议。这个事件是湛约翰论述的背景。这也再次证明，湛约翰在翻译《道德经》前，必定仔细研读过儒莲的法语翻译本。

儒莲并不相信老子将希腊语上帝之名译为中文的做法，因为这三个字，在中文里是有其独特意义，也是可以翻译的，而不是如耶稣会士说的三个字是不可以解释的，不可翻译的。不可翻译的东西，往往被西方翻译者归类于"纯语言"（Pure language，上帝之言）或者"绝对"（The absolute）。这也意味着，异质文化之间的相互理解和沟通，是不可能完成的任务。这一种观念是前人易犯的错误。窃以为，比较宗教和比较文学领域的学者，应当避免误犯这种理解的错误。

这一片段，耶鲁稿本如下：

Chapter Fourteenth

If one looks (at the Taou or way), and he can not see him, he is named "colorless". If you listen to him, and you cannot hear him, he is named "aphone", "without a sound". You wish to touch him and you touch him not, he is named "incorporeal". These three qualities can not be explained by the aid of words. This is why they are confounded in one. …… It is by observing the "Taou" or "Way" from ancient times that one can learn to govern the existence of today. If a man know the origin of the ancient things, he may be said to hold the clue or thread of Taou.

此章中的首句原文"之"并没有被明确指出是"道"，湛氏用"it"

---

① Stanislas Julien, *Le Livre de la Voie et de la Vertu*, Paris: A L'imprimerie Royale, 1842, p. viii.

代替，似较适宜。耶鲁稿本以概括标出，句中的宾语"之"（him）即为"道"（the Taou or way）。这一句，耶鲁稿本直接从法语本译出。儒莲本有"Vous le regardez (le Tao) et vous ne le voyez pas: on le dit incolore."（你看它然而又看不到它，所以它们说"无色"）正是此意。在这一点上，耶鲁稿本比湛译本，更接近于儒莲本。

湛译本将三个字，翻译为"plainness"（朴实）、"rareness"（稀少）和"minuteness"（微不足道），而三者"混而为一"，则变成了"unity"（统一）。耶鲁稿本的译法，则与其完全不同。耶鲁稿本这三个字，翻译为"colorless"（无色）、"aphone"（无声）和"incorporeal"（无形），是来自儒莲本所译的"incolore""aphone"和"incorporel"，其中"aphone"是法语词汇，但耶鲁稿本直接抄写过来，并附有注释"without a sound"（无声）。从这里，我们可以看到：耶鲁稿本的翻译策略较为谨慎，对儒莲本是亦步亦趋，很少加入新的内容。

儒莲本的翻译，征用了许多种《道德经》的经典笺释。在这一段，儒莲采用了河上公版本的解释："无色曰夷。言一无采色，不可得视而见之。……无声曰希。言一无音声，不可得听而闻之。……无形曰微。言一无形体，不可抟持而得之。"① 然而，儒莲的"夷－希－微"翻译，是能自成系统的。他的解释，与其后文第四十一章所翻译的内容，可以相互参看。第四十一章有句，"大音希声，大象无形，道隐无名"。前文讨论的"无声曰希"，即为"希声"，故而"大音希声"与"听之不闻"可以一并对看，即最大的声音，是听闻（感觉）不到的。耶鲁稿本第十四章，此处译为"If you listen to him, and you cannot hear him, he is named 'aphone', 'without a sound.'"（倘若你听它但又听不到它，便可称其为"无声"），第四十一章对应则译为"a great voice of which the sound is imperceptible"（声音的音量大到难以被感知）。

---

① 王卡点校：《老子道德经河上公章句》，中华书局1993年版，第52页。

（二）第一章英译、最高造物主和神秘的源头

《道德经》第一章关于"道"的论述，触及了万物的最高造物主（或最神秘的源头）这一主题，可谓是最接近于形而上学的"第一原理"或神学的"上帝"命题。这一方面的翻译和评论，有诸多争议。鲍狄埃在其拉丁语译序中说道：这第一章是为整部书的序言，讨论了最为重要的命题。鲍氏甚至用夸张的语调说，"这是人类智慧能够想象和表达的最高的形而上学"。[①] 这种对《道德经》的极高赞誉，被当时法国汉学学者普遍接受。

体道章第一
道可道，非常道；名可名，非常名。无名，天地之始；有名，万物之母。常无欲，以观其妙；常有欲，以观其徼。此两者，同出而异名。同谓之玄。玄之又玄，众妙之门。

耶鲁稿本英译为：

Chapter First

The way that can be expressed by the Word is not the eternal way. The name that can be named is not the eternal name. The being without a name is the origin of Heaven and Earth, with a name the origin of the all things. For this name, they who are constantly exempt from passions see his spiritual essences; they who indulge in passions see the Taou under a limited form and imperfectly. These two principals have the same original and receive different names. They are called the two mysteries, double mysteries. This is the door

---

[①] Par G. Pauthier, *Tao-Te-King*, Paris: F. Didot, Leipzig. 1838, p.5. "C'est de la métaphysique la plus haute qui ait jamais été conçue et exprimée par une intelligence humaine."

of all spiritual things, of all mysterious doctrine.

首句"道可道,非常道",值得我们深入分析。在耶鲁本里,第一、三个"道"字是名词,被译为"way",即"道路"之意,而第二个"道"字是动词,被译为"express",即"表达"之意,故而整句是,"可以被言辞表达的'道',便不是永恒之道"。在这里,我们知道,"道"的译法有三种,或作名词的"道路"/"方法"(way),或作动词的"表达"/"道出"(express),或直接音译为"Tau"/"Tao"。

在这里,耶鲁稿本的译法与儒莲本保持了一致,而湛约翰本则将名词"道"保留不译,或者是将其译为"reason"(理性/理智)。湛氏认为:"way"较为接近原义,但是最好还是不译,或最好译为"Tau"。与此相似,耶鲁稿本将"道"译为"Taou"或"way"。在该词词义接近于"道路"或"方法"的意思时,他往往直接使用"way"字,而在无法译出的地方,则用专有名词"Taou",以此表明该词有名实两分。湛约翰翻译首句为"The Tau (reason) which can be Tau-ed (reasoned) is not the Eternal Tau (Reason)",他的理由是,"道"之一字,与道家和道教密切相关,一旦翻译了则与这两者及其教义相互脱节,可能会给外国人理解它们还来许多困难,这是它的不可翻译性。

然而,它也还有可翻译的一面,即"道"字可以有三种译法:"Way"(方法/道路)、"Reason"(理智/理性)和"the Word"(言辞/上帝之言)。儒莲选择了第一种,将名词和动词的"道"都一致地译为法语词"Voie",耶鲁本因循之,转译为英语词"Way"。儒莲的竞争者鲍狄埃则选择了第二种,多数时候是将"道"译为拉丁语"Ratio"(reason)。这种译法,其来有自。早在1678年,柏应理(Philippe Couplet,1623—1693)在巴黎出版的《中国哲学家孔子》一书中,便用拉丁语向欧洲人介绍了《道德经》,并译了第四十二章"道生一,一生二,二生三,三生万物"的一段。"柏应理将'道'译为拉丁文的ratio。在他看来,这段话证明老子已有'原始的至高之神'的概念,但这还并非对基督教'上帝'的认识……"① 这应该是首次将"道"译为"ratio"（理性），首次将其与基督教的"上帝"作了对比。此后，清初来华的耶稣会士傅圣泽，在1729年拉丁文和法文合译本《道德经》中，也将"道"译为"ratio"。傅圣泽还曾撰文论述这样的观点："道"系指基督教最高的神——造物主上帝。② 另一位清初来华的耶稣会士卫方济也将"理学"的"理"字，同样译为拉丁语"ratio"。这"并非纯粹直译，Ratio是希腊文逻各斯的翻译，在柏拉图及斯多噶派哲学中具有'神性'的涵义，为人神所共有，并以此区别人禽。"③ 傅圣泽和卫方济的《道德经》翻译，皆属于索隐派传统。可见，《道德经》拉丁语、法语翻译的情况，自柏应理，至傅圣泽、卫方济，再到雷缪沙，是一个完整的体系。

鲍狄埃将第一章标题"体道"译为拉丁语"Substantialis ratio"，又另给出了一个法语标题"Du Tao ou Principe Suprême"，即"道与最高的原则"。鲍氏所用的"最高原则"，则第一章首句里，则变成了"Le principle éternel, immuable, de la Raison supreme"，中译即"永恒的原则，不变的、最高的理性"。④ 在这里，理性/理智，是永恒不变的，是"最高的原则"。这种译法，与18世纪以降的康德式哲学家的理性主义精神较为相符。在康德哲学那里，理性而非宗教才是道德的基础。与鲍氏一样，湛约翰将其译为"理性"。巧合的是，宋明儒学将"道学"也称之为"理学"，其原因便是"道"一词指向某种含混不清

---

① 谭渊：《"道"与"上帝"——〈道德经〉翻译与传播中基督教神学的介入》，载黄勇民主编《翻译教学与研究》第1辑，复旦大学出版社2010年版，第51—59页。
② 同上书，第53页。
③ 黄正谦：《论耶稣会士卫方济的拉丁文〈孟子〉翻译》，《中国文化研究所学报》2013年第57期。
④ 鲍狄埃将首句译为 "La voie droite qui peut être suivie dans les actions de la vie n'est pas le Principle éternel, immuable, de la Raison Supreme"，在这里，他将名词"道"，还是译为"Voie"，对应是的他的拉丁语译名"Via"。然而，如上文提及的，最重要的还是第三个"道"字，名词"道"，鲍氏译为拉丁语"immutabilis rationalis-Via"（immutable rational-Way）和法语 "immuable, de la Raison Supreme"。Par G. Pauthier, *Tao-Te-King*, pp.6–7.

的"最高原则"、万物之本源和唯一而永恒的存在。清初来华的比利时耶稣会士卫方济便将"理学"的"理"字,同样译为拉丁语"Ratio"。这"并非纯粹直译,'Ratio'是希腊文逻各斯的翻译,在柏拉图及斯多噶派哲学中,具有'神性'的涵义,为人神所共有,并以此区别人禽"。① "道"的第三种译法"言",在基督教的《圣经》里可以找到对应的用法。《新约·约翰福音》首两句便是,"太初有道,道与神同在,道就是神。这道太初与神同在"。(中文和合本,詹姆士王钦定版此处则是,"In the beginning was the Word, and the Word was with God, and the Word was God. The same was in the beginning with God.")②

湛约翰认为,道的第三种译法"the Word"(言)最接近于西方哲学中的"逻各斯"(logos)。这种对应现象在中文语境也有相似案例。"叔本华曾引用西塞罗的话说:'逻各斯'这个希腊词既有理性(ratio)的意思,又有言说(oratio)的意思"。③ 据张隆溪考察,"逻各斯"一词具有二重性,既是"内在的思想"(ratio),也是"内在的思想借以表达的东西"(oratio)。"在这个了不起的词(logos)中,思想与言说从字面上融成了一体。意味深长的是,'道'这个汉字也同样再现了最重要的哲学思想,它也同样在一个词里包含了思想与言说的二重性。"④ 正因此,张隆溪认为:"在《老子》这本哲学著作里,'道'有两个不同思想:'思'与'言'。"⑤ 由此,便突显出了"道"与"逻各斯"的某种相似性和可比较性。这也就难怪19世纪的汉学家为何要将"道"译为"logos"和"Ration"。

在耶鲁稿本第一章译文里,首句被译成"The way that can be expressed by the Word is not the eternal way"。在这一句里,第一、三个

---

① 黄正谦《论耶稣会士卫方济的拉丁文〈孟子〉翻译》,《中国文化研究所学报》2013年第57期。
② *The Holy Bible, King James Version*, New York, N. Y.: Barnes & Noble, Inc., 2012, p.1134.
③ 张隆溪:《道与逻各斯》,冯川译,四川人民出版社1998年版,第72页。
④ 同上。
⑤ 同上书,第73页。

"道"（名词），被译成"way"（道路），第二个"道"（动词）被译成了"expressed by Word"（用言辞表达）。第三个"道"是永恒之道，是最高的原则、是不能被命名和定性的真理，是"ratio"（言辞）；相对而言第一个"道"则是被言辞表达出来的"道"，是会变化的，流于第二等级。而"the Word"的用法，显然是征用了《圣经》词汇的"太初有道，道与神同在，道就是神"中的"言"字。用"Way"字既有"方法"和"道路"两义，是与原初意义上的"道"所具的两义最为符合。比起音译"Tau"一词而言，一般读者可能较易阅读（误读）和接受"Way"这个词。

因为"道"是内在而超越的，无法被语言命名，无法被言语道出的一个奇特的存在，所以这个万物的源头（"众妙之门"），只能称之为"玄之又玄"。这个意义上，它如同是一个最高理念，与自然神学里的"上帝"非常接近。正如湛约翰指出："老子的最高理念——这个相当于'神'或者'绝对'的位置——在其第一章中借'永恒之道'（eternal Tau）而得到阐释。他试图描出这样的理念：存在与不存在有某种同一性（sameness）——玄之又玄（the abyss of abysses）或'the gate of all mystery'（所有神秘的事物之门）。"[①] 即所有的差异有一本源，来自玄妙之门。

"玄之又玄，众妙之门"，耶鲁稿本的英译文是"This is the door of all spiritual things, of all mysterious doctrine"，即这是所有精神性事物、所有神秘教义的门径。至于经此进入"玄之又玄"之门能看到什么，老子并没有告诉我们。因为那是言辞不能解释的存在。值得注意的是，这里的"spiritual things"，让有基督教教育背景的人，自然而然地会联系到"圣灵"或与之相关的种种事迹。湛约翰说："当老子提到我们理念中的'造物主'时，多数时候仍是称其为'道'，然而也再现为其最

---

① John Chalmers, *The Speculations on Metaphysics, Polity, and Morality of "the Old Philosopher", Lau-tsze*, p.xii.

喜爱的形象'一个母亲'。这种关于存在的理念，最为明显。"①

这个所谓"（万物的）母亲"在《道德经》第六、二十五等章中都有非常清楚的描述。第一章"众妙之门"到了第六章则变为"玄牝之门"，而湛约翰所说的老子用到的"母亲"之喻指向的正是这个"玄牝"（阴穴），在湛氏那里被译为"Abyss-Mother"，而在耶鲁稿本则是直译为"Mysterious Female"。耶鲁稿本整句译文为"The spirit of the valley dies not. It is called the mysterious female"，在这里，"谷"的精神，永恒不死。在陈鼓应先生的解释里，"谷神不死"一句的解释是"虚空的变化是永不停竭的，这就是微妙的母性"。② 这里的"谷"是"虚空"，而"神"则是"不测的变化"，而非如湛约翰所译的"玄母"或耶鲁稿本的"神秘的雌性"，后两者都是将"不测的变化"当成了人格化的"神明"。《道德经》中的类似概念，也正如前面论述到的"永恒之道"一样，深不可测、妙不可解。

然而，这两个英译本的类似误读在其他地方也可看到。第二十五章："有物混成，先天地生。寂兮寥兮，独立而不改，周行而不殆。可以为天下母。"耶鲁稿本译为"The Taou is indescribable, he existed before the Heaven and the Earth. O, he is calm! O, he is immaterial! He subsists alone, he changes not. He is in all places; he is never exposed to danger. He may be regarded as the mother of the universe"，这个不可命名、无法描绘的"道"被呈现了出来，当成了"宇宙的母亲"（由"玄母"至"神秘的雌性"，到这里变成"宇宙的母亲"，即"天地万物的根源"）。这一句，笔者再译回现代汉语则是："'道'是无法被描述的，在有天地之前他便已存在。啊，他是宁静的！啊，他是无形质的！他独立长存，他永不更改。他无处不在。他从不会暴露于危险。他可能会被认作是宇宙之母。"这种无处不在的存在物，正如基督教意义上的

---

① John Chalmers, *The Speculations on Metaphysics, Polity, and Morality of "the Old Philosopher", Lau-tsze*, p.xii.
② 陈鼓应：《老子注释及评介》，中华书局1984年版，第181页。

无处不在的、无所不能的"上帝"。这个概念，特别符合欧洲斯宾诺莎以降理性主义哲学家们所论述的"理性神学"。在斯宾诺莎那里，上帝无处不在，上帝与宇宙几乎是同一回事。在耶鲁稿本译者那里，这无处不在的上帝却有一个源头，即是"玄母""道"，天地宇宙间的大母亲。第二十五章结尾："人法地，地法天，天法道，道法自然。"这一句极为著名，也被道教学者一再称引。耶鲁稿本英译则是："Man imitates the Earth; the Earth imitates Heaven; the Heaven imitates the Taou; the Taou imitates his own nature."可中译为："人效法于地，地效法于天，天效法于道，（而）道效法于其自身的本性。"这是一种递进的结构，从"地"到"天"，从"天"到"道"到"本性"，而最本源的本源则是内在超越而自足的。这方面，唯有"道"能达到。这种内在越超性，使"道"具备了一种超乎寻常的宗教性。在这种递进结构之中，是以后者为效仿的参照物。

（三）湛译本和耶鲁稿本对比

湛约翰曾不无遗憾地说："多数读者可能会想，如果老子在这种'真理'之上，再放置一个人格化的'上帝'作为最高的存在，而不是将一个无限的、非个人的、无意识的'道'放置在'上帝'之前或之上，这样可能会更好。"[1]湛约翰的观察完全正确，但结论却完全错误。老子的"天法道"一句是将"道"置于"天"（上帝）之上，破除了鬼神和基督教式的天/上帝崇拜，"道法自然"则强调个人的"内在自然"具备某种内在超越性。这是中国传统人文思想里重要的一个面向。从这方面讲，"道"高于"上帝"的判断是正确的，而湛约翰的建议，则多少显得有点一厢情愿。

《道德经》中这种泛神化的理性主义，无疑是将精神和特质合而为一，不作区分。这种观念，在湛约翰那里，有如下的评论："在老子的

---

[1] John Chalmers, *The Speculations on Metaphysics, Polity, and Morality of "the Old Philosopher", Lau-tsze*, p.xv.

思想里，他并没有那种区别于物质（matter）的'精神'（圣灵）概念。那些熟悉形而上学历史的人可能会感到惊讶，连约翰·弥尔顿——我们伟大的基督教诗人，也不懂得'精神'的确切的实质。然而这也正可说明问题。天使和我们的灵魂，都是由上帝用同样的东西制造，也用同样的东西滋育。"① 湛约翰引用了弥尔顿的诗作为解释，"And from these corporal nutriments perhaps, Your bodies may at least turn all to spirit." (*Paradise Lost,* V. 496)"②（可译为：或许正是得自于肉体的滋养，你们的躯体才可能全转化为精神）。即，"道"具备有某种连老子都不曾觉察的"自然的神性"。湛约翰用它来证明万事万物，甚至是老子和弥尔顿，都是上帝的制造一样，由此归因于上帝的伟大。在这里，湛约翰带有某种"圣经东方主义"的解读，即将其他异教的学术和思想成就，都当成上帝的启示或圣灵的显现。他说："我不敢确定我是否偶然悟到了正确的解释。但是对我而言，这里已包含了一种解读，即老子的'道'、'无'和'玄母'——天和地的源头，即是一种'灵'（Spirit）"。然而这种"灵性"，可能并非基督教的"圣灵"。这一点，我们在耶鲁稿本上，没有看到任何或明或暗的解释指向。即是说，综观耶鲁稿本全文，我们并没有看到译文的基督教色彩、译者的基督教倾向。作为一位传教士译者，他是如何做到的呢？应该是受到儒莲的影响，尤其是儒莲在翻译时采用的客观性的科学性的态度。

湛译本则有其宗教性倾向。就此来说，湛译本不及耶鲁稿本。湛约翰说："事实是老子的形而上学往往远远地偏离了真理或常识。……老子是一个诗化的、非科学的自然的观察者。"③ 我们在耶鲁稿本看到的情况是，译者并没有做过多的解释——既非将其收编进基督教的学术体系当中，也非将其解释为外在的"诗化的、非科学的"理论者。比

---

① John Chalmers, *The Speculations on Metaphysics, Polity, and Morality of "the Old Philosopher", Lau-tsze,* p.xiii.
② Ibid., p.xv.
③ Ibid.

如在第一章里，我们虽然可以看到了，译者用了"spirit"的概念，但是是将其神秘化看待的。即老子所说，不大可解，只有勉强地尽量地呈现出其原来的面貌。即使是他使用了"mysterious female"（玄秘的雌性）、"mysterious doctrine"（玄秘的教义）、"all spiritual things"（所有精神性的事物）等词汇，但是这些材料并没有指向宗教的内容。

结语

现今学界认为最早的英译《道德经》，是1868年由湛约翰翻译完成，而新发现的完成于1859年的耶鲁稿本，则远比湛译本要早。然而，两者有一点联系，即湛译本参考了法国汉学家儒莲的法语译本，耶鲁稿本则是再译自儒莲本，故而三个版本有了比较的可能。儒莲的同门鲍狄埃也有一个拉丁语和法语双语译本，他们共同地参照了他们的老师雷缪沙的法语译本。雷缪沙译本的影响源头，则是耶稣会传教士的翻译手稿。

总之，上文的讨论立足于耶鲁稿本的翻译情况，所采用的方法是对比儒莲本和湛约翰译本，主要围绕着"道"（玄学）的翻译展开讨论。耶鲁稿本从儒莲本那边得到了其"科学性"，即并没有如湛译本那样处处暗含了与基督教教义对比的意图。这两个英译本——湛译本和耶鲁稿本，都较为简洁，但耶鲁稿本的某些章节可能要较湛译本远为客观。这些都可以在我们讨论"译玄"——翻译形而上学的"道"时得到了充分的印证。

（本文原刊于《中国文化研究》2016年冬之卷）

英语世界《道德经》的译介与研究：回顾与展望

才清华*

摘要：通过回顾《道德经》在英语世界的译介历史及诠释状况，可发现近年来英语世界的《道德经》研究领域所发生的主要转变是越来越多地将其作为具有哲学意涵的思想性文本来看待，这与那些把《道德经》作为宗教性文本或修身及生活指南性文本来翻译和解读的做法有很大不同，这意味着《道德经》作为中国古代经典逐渐以"哲学文本"的身份进入西方学术界。我们应重视英语世界译介、诠释《道德经》的成果，借鉴其学术方法和理论观念。

关键词：英语世界 《道德经》 文本面貌

基金项目：教育部社科规划基金项目"英语世界的《老子》哲学研究：基于中西思想视域融合的视角"（20YJA720002）

英语世界[①]中国哲学经典的译介与诠释对于英语世界本身意味着什么？这些译介与诠释对我们在现代语境下阐释中国哲学经典具有什么样的意义？思索这些问题所最终关照的，是思考中国哲学的未来发展，以及在全球化背景下中国哲学作为一种哲学，与其他哲学展开对话的

---

* 才清华，哲学博士，复旦大学哲学院副教授。
① 本文讨论的"英语世界"特指以英语为语言思考媒介展开对文本的翻译和诠释的思想文化世界。

可能性。带着这些问题，本文将回顾《道德经》在英语世界的译介及诠释概况，指出近年来英语世界《道德经》研究领域所发生的主要转变——《道德经》被越来越多地作为具有哲学意涵的思想性文本看待，这与最初将《道德经》作为宗教性的、修身及生活指南性文本来翻译和解读不同，意味着《道德经》这部中国古代经典逐渐以"哲学文本"的面貌进入西方学界视野。本文继而从研究方法切入，尝试总结当前英语世界《道德经》研究的几种典型路径，指出关注英语世界的《道德经》研究对于思考在现代诠释中国古代经典的意义与价值。

一、从早期《道德经》英译本情况看译介立场的转变

作为一个据统计在世界上被翻译的语种数量仅次于《圣经》的中国古代文本，《道德经》在西方世界的翻译和传播已经有近三百年历史。与许多其他中国古代经典的翻译与传播经历类似，最初《道德经》的翻译工作与来华传教士活动密切相关，主要是出于传教及《圣经》本土化的需要。因此，毫无悬念地，《道德经》的第一个译本为拉丁文译本，其后又被翻译为法语、德语等欧洲语言。相比其他语种译本的出现，《道德经》英译本较为晚出。姚达兑《耶鲁藏〈道德经〉英译稿（1859）整理与研究》中提及的译本很可能是目前所见最早的英译本。由于英语语言在世界范围内的广泛使用，《道德经》英译本数量后来居上，随之而来的是更为丰富的英语世界《道德经》研究。

有关《道德经》在域外的流播情况，已经有不少中外学者作了较为详细的梳理，在中文学界，辛红娟、李艳、吴冰的著作已经为我们了解《道德经》的翻译史提供了相当丰富的资料，我们据此可以了解《道德经》在西语世界传播、流布及被接受的概况，这无疑为我们展开细部讨论奠定了基础。结合这些前期研究，本文将从观察茱莉亚·哈蒂（Julia Hardy）提供的一个《道德经》主要英译本目录入手，据此目录我们已经能够大体了解《道德经》英译的主要特点，以及相比其他

语种译本,英译本的主要发展变化。

茱莉亚·哈蒂在《有影响力的〈道德经〉的西方诠释》一文[①]中提供了由 1868 年至 1993 年的《道德经》主要英语译本目录,见下图(灰色边框为本文作者加)。

Appendix: Chronological List of Major English *Tao-Te-Ching* Translations

1868	John Chalmers, *The Speculation on Metaphysics, Polity and Morality of "The Old Philosopher," Lao-tsze* (London: Trubner).
1884	F. Henry Balfour, *Taoist Texts, Ethical, Political, and Speculative* (Shanghai: Kelly and Walsh).
1886	Herbert A. Giles, *The Remains of Lao Tzu* (London: John Murray).
1891	James Legge, *The Texts of Taoism* (London: Trubner & Co.).
1895	G. G. Alexander, *Lao-tsze: The Great Thinker with A Translation of His Thoughts on the Nature and Manifestation of God* (London: K. Paul, Trench, Trubner & Co.).
1898	Paul Carus, *Lao-tze's Tao-teh-king: Chinese and English with Introduction* (Chicago: Open Court Publications).
1904	Walter Gorn Old, *The Simple Way: Laotzu (The 'Old Boy')* (Madras: Theosophical Society).
1904	Lionel Giles, *The Sayings of Lao Tzu* (London: John Murray).
1905	C. Spurgeon Medhurst, *Tao Teh King: Sayings of Lao Tzu* (Wheaton, Ill.: Theosophical Press).
1913	Paul Carus and D. T. Suzuki, *The Canon of Reason and Virtue: Lao Tzu's Tao Teh King* (Chicago: Open Court Publications).
1919	Dwight Goddard, *Lao Tsu's Tao and Wu Wei* (New York: Brentano's.
1922	Isabella Mears, *Tao Teh King: By Lao Tzu* (New York: Theosophical Publication House).
1934	Arthur Waley, *The Way and Its Power: A Study of the Tao Te Ching and Its Place in Chinese Thought* (London: Allen and Unwin).
1937	Ch'u Ta-kao, *Tao Te Ching* (New York: Routledge Chapman & Hall)
1942	Lin Yutang, *The Wisdom of Laotse* (New York: Random House).
1944	Witter Bynner, *The Way of Life According to Laotzu* (New York: Perigree).
1946	Hermon Ould, *The Way of Acceptance: A New Version of Lao Tse's Tao Te Ching* (London: Andrew Dakers).
1954	J. J. L. Duyvendak, *Tao Te Ching: The Book of the Way and Its Virtue* (London: John Murray).

[①] Julia Hardy, "Influential Western interpretations of the Tao-te-ching," In *Lao-tzu and the Tao-te-ching*, ed. Kohn Livia and M. LaFargue, 165–187, Albany: SUNY Press, 1998.

1955	R. B. Blakney, *The Way of Life: Lao Tsu* (New York: New American Library).
1958	Archie J. Bahm, *Tao Teh King: By Lao Tzu, Interpreted as Nature and Intelligence* (New York: F. Ungar).
1958	Eduard Erkes, *Ho-Shang-Kung's Commentary of Lao Tse* (Ascona: Artibus Asiae).
1961	John C. H. Wu, *Lao Tzu: Tao Teh Ching* (New York: St. John's University Press).
1961	Leon Hurvitz, "A Recent Japanese Study of Lao-tzu: Kimura Eiichi's *Roshi no shin kenkyu*" (*Monumenta Serica* 20: 311–67).
1963	Wing-tsit Chan, *The Way of Lao Tzu: Tao-te ching* (Indianapolis: Bobbs-Merrill).
1963	D. C. Lau, *Lao-tzu: Tao Te Ching* (New York: Penguin Books).
1975	Chang Chung-yuan, *Tao: A New Way of Thinking* (New York: Harper & Row).
1975	Bernard Karlgren, "Notes on Lao Tze." *Bulletin of the Museum of Far Eastern Antiquities* 47: 1–18.
1976	Stephen Skinner, *Alister Crowley's Tao Te King* (London: Askin Publishers).
1977	Ch'en Ku-ying, Rhett Y. W. Young, and Roger T. Ames, *Lao-tzu: Text, Notes and Comments* (San Francisco: Chinese Materials Center).
1977	Paul J. Lin, *A Translation of Lao-tzu's Tao-te-ching and Wang Pi's Commentary* (Ann Arbor: University of Michigan, Center for Chinese Studies Publications).
1977	Gia-fu Feng and Jane English, *Lao Tsu* (New York: Random House).
1979	Ariane Rump and Wing-tsit Chan, *Commentary on the Lao-tzu by Wang Pi* (Honolulu: University of Hawaii Press).
1982	D. C. Lau, *Chinese Classics: Tao Te Ching* (Hong Kong: Hong Kong University Press).
1985	Herrymon Maurer, *Tao, the Way of the Ways: Tao Te Ching* (New York: Schocken Books).
1988	Stephen Mitchell, *Tao Te Ching: A New English Version* (New York: Harper & Row).
1989	Robert Henricks, *Lao-Tzu: Te-Tao ching* (New York: Ballantine).
1989	Ellen Marie Chen, *Tao-te-ching: A New Translation* (New York: Paragon Books).
1989	Tsai-Chih Chung, Koh-Kok Kiang, and Wong-Lit Khiong, *The Sayings of Lao Zi* (Singapore: Asiapak Comic Series).
1990	Victor H. Mair, *Tao Te Ching: The Classic Book of Integrity and the Way* (New York: Bantam).
1990	Waldo Japussy, *The Tao of Meow* (Columbus, Ohio: Enthea Press).
1991	Thomas Cleary, *The Essential Tao: An Initiation into the Heart of Taoism through the Authentic Tao Te ching and the Inner Teachings of Chuang Tzu* (San Francisco: Harper SanFrancisco).
1991	Shi F. Huang, *Tao Teh Ching: The Taoists' New Library* (Taoism Publications).
1992	Michael LaFargue, *The Tao of the Tao-te-ching* (Albany: State University of New York Press).
1993	Ren Jiyu, *The Book of Laozi* (Beijing: Foreign Languages Press).
1993	Stephen Addiss and Stanley Lombardo, *Lao Tzu: Tao Te Ching* (Indianapolis: Hackett Publishing Company).

上述目录表明《道德经》英译本作者具有多元背景，由此可了解这些译本的不同面貌与定位。①

首先，早期英译本延续了传教士翻译传统，宗教色彩浓厚。这类译本如湛约翰（John Chalmers）译本（1868）、理雅各（James Legg）译本（1891），两位译者都是著名的来华传教士。又如亚历山大（G. G. Alexander）译本（1895），书名是"伟大的思想家以及他的关于自然和上帝之显现的思想的翻译"（*The Great Thinker with A Translation of His Thoughts on the Nature and Manifestation of God*），这本身已经表达了译者对《道德经》的理解和诠释，其中"上帝的显现"（manifestation of god）更是直观地反映了译者对《道德经》具有某种宗教意涵的理解。

其次，作为个人修身指南性文本的翻译也是《道德经》英译中一个值得关注的现象。译者因发现某种人生体验的共鸣，真正出于个人的喜爱和信服去翻译《道德经》，《道德经》由此变为一种生活指南性经典而成为译者生活的一部分。上述目录中威特·宾纳（Witter Bynner）（1944）和布莱克尼（R. B. Blakney）的译本（1955）都径以"生活之道"（"the Way of Life"）为书名。事实上，这种现象在英译本中并不少见，直至现在，每年仍不断有译者出于对《道德经》的喜爱或语言文字的欣赏而产生新译本。② 虽然译者中不乏具有学者身份背景之人，但这些译本的用途不以学术研讨、交流为首要目的，因此，有别于下文所述学术性定位的译本。值得探讨的是，《道德经》缘何能够吸引异文化人士，甚至某种程度上取代了他们本来的文化信仰，成为其精神皈依，这或许是一个需要在人类学层面深入理解的问题。

第三，茱莉亚·哈蒂译本目录中大部分的英译本是具有学术性定位的译本。这与汉学（或中国研究）在英美学界的繁荣发展密切相关。

目录的大多数译本集中体现了晚近一百多年来《道德经》英译的一

---

① 为便于对照，下文提及各译本时多以"译者名字＋出版年代"指示。
② 例如，罗慕士（Moss Roberts）译本在讲究译本文采、注重英文译本的押韵方面极具代表性。

个突出现象,即由在文化学术机构任职的汉学家(如翟理思[Herbert A. Giles]翟林奈[Lionel Giles]父子、亚瑟·韦利[Arthur Waley])和现代学术意义上的专业领域学者(如梅维恒[Victor H. Maire]、迈克尔·拉法格[Michael LaFargue]等)贡献的各类译本。① 从1937年开始,华裔学者也陆续加入了翻译队伍,其中以陈荣捷(Wing-tsit Chan)和刘殿爵(D. C. Lau)的译本最为经典。

总体而言,这些译本涵盖的内容更为广泛全面,除了对传世本《道德经》的翻译外,出土帛书本《道德经》也有了相应译本(如韩禄伯[Robert Henricks]译本,刘殿爵译本)。此外,亦有学者翻译出了带有河上公注、王弼注的译本(何可思[Eduard Erkes]译本,林振述[Paul J. Lin]译本)。众所周知,河上公注、王弼注是解读《道德经》几乎无法绕开的注释。这些译本的出现,意味着《道德经》逐渐进入了专业学术视野,这为在英语学界开展《道德经》研究做了充分的资料准备。

由于上述这些译本的译者或为汉学家,或为道家/道教学者,因此译本表现出更忠实于原语言文字的翻译立场,相比于附会基督教立场的翻译和阐释,这些译本更肯定《道德经》作为一本中国古代经典的独立价值和意义。诗人身份的巴尔福(F. Henry Balfour)译本(1884年)的书名是"道家伦理性、政治性、思想性的文本"(*Taoist Text, Ethical, Political, and Speculative*),书名中"伦理性""政治性""思想性"这三个名词即便在现在看来仍然非常切合对《道德经》的诠释。1934年

---

① 笔者认为,如果要对译本产生的背景、过程和译本本身的翻译取向有更深入的了解,有必要在表述上对这两类译者作适度区分,在文化学术机构任职的汉学家出现在早期,这些汉学家与传教士有着千丝万缕的联系,他们或者本人即为来华传教士,回国后成为汉学家,或者在求学过程中直接或间接地受到了传教士的影响。例如,翟林奈的父亲翟理斯为传教士,翟林奈出生在中国。亚瑟·韦利曾受传教士指导。这些早期汉学家涉猎广泛,语言能力突出,很难按照现代学术分科系统将他们定位归属为某一特定学科。翻译工作往往是他们开展学术研究的重要组成部分,很多时候,他们首先是翻译家,其次才是某领域的研究专家。这有别于此处所提及的现代学术意义上的专业领域学者,他们通常是隶属于某个专业院系的大学教授,其研究更为专门,主要研究成果是学术论文和专著,翻译某种程度上只是学术研究的副产品,是他们开展学术研究的起点。

亚瑟·韦利在《道及其力量：〈道德经〉及其在中国思想中的地位的研究》（*The Way and Its Power: A Study of the Tao Te Ching and Its Place in Chinese Though*）一书中，提供了一篇几乎与译文篇幅相当的解说性文字，详细地阐发了他对这部经典的认识和理解。这与之前传教士的译介行为存在着本质差异，标志着开启了《道德经》译介的新阶段。

《道德经》的翻译从未停下脚步。茱莉亚·哈蒂收录的译本大致截止到20世纪90年代末，但实际上新译本不断产生，值得关注的译本有安乐哲（Roger Ames）和郝大为（David Hall）的合译本（《道不远人：比较哲学视域中的〈道德经〉》，*Daodejing "Making This Life Significant": A Philosophical Translation*），艾文贺（Philip Ivanhoe）译本，以及汉斯·梅勒（Hans-G. Moller）译本。译者均是现代西方学界研究中国哲学的代表性学者，这些译本强调忠实于中文文本本身，持尊重、对等的态度展开翻译。译本注重凸显《道德经》的哲学性、思想性。

大体而言，《道德经》的英译经历了由宗教性的、修身及生活指南性的文本向思想性、哲学性文本的转变。这种译者对译本的认知与定位提示了英语世界《道德经》的译介与诠释逐渐由外部因素①的促动走向更为忠实于文本自身思想的阐发路向，这一路向是本文的关切所在。当然，任何翻译本身即蕴含着对文本的理解立场，因此译介也是某种意义上的诠释，本文要讨论的诠释，非但与翻译无法截然二分，且会密切地交织在一起，但是这种意义上对翻译的研究，有别于那些由翻译学背景的学者运用翻译理论所展开的研究分析。

二、基于英语世界《道德经》研究现状的思考

随着英语世界诠释《道德经》的学术成果不断涌现，英语世界的《道德经》研究已不容忽视。但是，就目前情况而言还存在较大发展空

---

① 此处的"外部因素"指社会的、宗教的、翻译者的个人人生体会等因素。

间。以下即结合笔者对海外中国哲学整体研究现状的了解，提出关于进一步研究英语世界《道德经》诠释的初步设想。

首先，海外中国哲学很大程度上仍然被包含在汉学范畴。汉学（Sinology）所涉及的范围极广，几乎所有在海外进行的有关中国思想文化的研究都可以纳入其范畴。但这样的结果是，"汉学"只是作为一大体描摹研究范围的名称存在，由于它不是一个具体的学科，因此它的研究对象、面向的问题、研究的方法范式都不确定，边界也极为模糊。这造成的结果是，在汉学研究范畴内，海外中国哲学研究的价值和意义很难在哲学研究的意义上得到重视和确认。

其次，对海外中国哲学研究现状的系统性总结尚不多见。到目前为止对海外中国哲学研究状况的总结性研究以姜新艳主编的《英语世界的中国哲学》（2009）一书导言部分较为深入。姜新艳在这本书中根据诠释进路和方法辨析了过往英语世界中国哲学研究的各种进路。然而，这本书的主体是英语世界中国哲学研究代表性论文选译，姜新艳的梳理固然能够为我们提供指引性的理解框架，但是如果囿于这个框架，又很可能会导致忽视一些新视角和新方法。更重要的是，姜新艳的分析还停留在对各种诠释进路的描摹，未能触及具体概念或思想在中西互释过程中发生的迁移与转变，以及透过这些现象去思考中西思想视域融合的可能。丁四新主编的《英语世界的早期中国哲学研究》（2017）是另一本着力于关注英语世界中国哲学思想研究的专著，这本书专辟一节梳理《道德经》的英译与思想研究，但是篇幅所限，作者只是选择性地介绍新近《道德经》英译本，对英语世界的《道德经》哲学研究也仅讨论到"本体伦理学""谦卑之德"，且仍停留于介绍性层面，同时"本体伦理学""谦卑之德"在英语世界《道德经》哲学研究中不具有充分代表性，因此稍显遗憾。刘笑敢主编的《道家哲学研究指南》[①]（*Dao Companion to Daoist Philosophy*）（2016）中专辟两个章

---

① 书名中译为本文作者依据对该书的理解所加。

节梳理《道德经》哲学研究议题，对"道""自然""无为"等概念在英语学界的解读均有涉及，梳理得非常全面，大体上当代有代表性的英语学界研究均有涵盖，对于学界了解英语学界《道德经》哲学研究是一本相当不错的指南类书籍，沿着这本书提供的资料和线索当可把握当前英语学界《道德经》哲学研究的主线。但是，由于这本书是英文写作，暂未有中译本面世，因此在中文学界流传和影响还比较有限。另外，由于此书立足于提供框架和线索，因此一些重要议题的讨论则有待后来者通过专门研究来阐扬。

近年来已有专门梳理某一中国哲学经典在海外被翻译、介绍、传播、研究的著作，这类研究也可以为《道德经》文本在英语世界的传播与阐释提供借镜。韩振华的《他乡有夫子：西方〈孟子〉研究与儒家伦理建构》（2018）是这方面的最新研究成果，该书系统梳理了《孟子》文本在西方被传播、理解、认识的经过，资料详实，分析细腻，可贵的是这本书已经有意识地关注到中西方伦理学思想在《孟子》解读中的互鉴与融合，从而关照"欧美西学"与"西方孟子研究"之间的双向互动，以及"西方孟子研究"与"汉语学界孟子研究"之间的理论互鉴与视域融合。这一理解框架和目标对我们考察英语世界的《道德经》哲学研究极具借鉴意义。

第三，过往研究很大程度上仍停留在《道德经》的译介研究，尤其是《道德经》译本的资料性收集和整理。丁巍的《老子典籍考：二千五百年来世界老学文献总目》（2004年10月国家社科基金项目成果），梳理了《道德经》的外译和研究情况，但此项成果未出版，目前只能借由其他学者的引述来了解这一研究成果概况。

目前英语世界的《道德经》研究共有三部专著：辛红娟《〈道德经〉在英语世界：文本行旅与世界想像》（2008），李艳《20世纪〈老子〉的英语译介及其在美国文学中的接受变异研究》（2009），吴冰的《〈老子〉英译研究》。这三部著作多侧重于从翻译理论角度讨论《道德经》文本译介的变异，它们将《道德经》视为翻译作品而非哲学文本，其中即便有关于如何翻译《道德经》的"道""自然""无为"等概念的讨论，也是在文学语境下进行的，因此难以深层次地触及《道德经》文本义理及其中一些重要概念的哲学意涵。邰谧侠（Misha Tadd）《〈道德经〉的全球化和新老学的成立》（2018）在更全面地收集整理《道德经》译本，深入描述《道德经》外译情况的基础上提出了"新老学"概念，"新老学"强调"《道德经》目前的全球化、跨文化、跨语言研究趋势"，指出"《道德经》全球化"的意义，文中提及"《道德经》与外译思想谱系"可视为作者已在相当程度上开始关注跨文化语境中语义的理解与生成，文章也对"传统老学与注疏对国外老子诠释的影响""《道德经》转译的思想谱系、外译本回译现象"等问题提出了展望，为进一步展开研究提出不少思路。

  基于对英语学界研究现况的上述分析，笔者认为，英语学界对《道德经》哲学的发现过程亟待梳理。未来研究需超出将《道德经》仅视为宗教性文本或修身指南性文本来加以阐释的格局。由于译介类研究设定的研究对象是《道德经》的各种英文译本，因此从哲学视角讨论《道德经》的著述本来就不在其考虑范围。然而，近三四十年来英语世界在《道德经》思想的哲学诠释方面不断出现重要成果，史华慈（Benjamin I. Schwartz）、葛瑞汉（A. C. Graham）、陈汉生（Chad Hansen）、安乐哲、郝大维、森舸澜、汉斯·梅勒等学者的研究早已突破将《道德经》仅视为宗教文本或修身指南性文本来加以阐释的格局。这些较新的研究成果展现了一个对《道德经》的哲学发现过程。这个过程由先前较强的西方中心论色彩逐渐走向思考如何准确地呈现《道德经》哲学，既包容了比较视角，又有意识地避免西方话语系统的影响，致力于追求"原汁原味"的《道德经》哲学，由此逐渐累积出独特的研讨范式。事实上，这些研究成果也反映了目前英语学界的一些普遍特征。首先，不论道家思想研究抑或其他中国思想领域的研究，英语学界学者们在文献考证和思想阐释方面都采取了严谨的研究态度和方法，这与英语学界向来重视学术规范有很大的关系。其次，不先行假定某些中西哲学都必须面对的固定的、跨文化的问题，即不先行假定在西方哲学中出现的一些问题也必定会出现在中国哲学，不用西方哲学的问题意识去强行理解中国哲学，这某种程度上克服了"削足适履"的做法。第三，尝试从中国哲学内部出发，具有观照思想整体的自觉。第四，尝试阐释思想与时代的关联，在现代语境中去思考文本与其他哲学或文化开展对话与交流的可能性。

结语

总括而言，我们可从如下几方面逐步推进对英语世界《道德经》译介与诠释成果的研究：1.译介与诠释成果的文献梳理工作。2.英语学界《道德经》研究成果的译介工作。3.英语世界《道德经》研究的学术史梳理工作。4.基于对英语世界《道德经》研究的把握和反思，总结英语世界中国哲学研究的代表性方法与理论，并将这些方法与理论重新置入汉语语境中加以反思和运用。

（本文内容曾于2018年春季浙江大学人文高等研究院驻访期间的讲座上报告，后修改成文，特此向浙大高研院和讲座中提出宝贵建议的师友们致谢）

论辩视角·语言哲学·读者反应
——英语世界的"卮言"译解与研究

于雪棠[*]

摘要：英语世界对"卮言"的翻译和阐释，19世纪的汉学家以继承我国古代注疏为主，这一思路延续不绝，巴尔福、理雅各、华兹生和梅维恒的译解因所参考的古注不同而各有特点，接受度最高的译法亦是将"卮"直译为一种酒器。20世纪以来的论述表现出更多的理论色彩。西方学术有注重论辩的传统，随着现代学术理论的推进，从语言哲学及读者反应角度研究"卮言"也并不鲜见，葛瑞汉、李耶理、林顺夫、吴光明及王友如的研究颇具代表性。研究者自身的学术问题关切也影响了对"卮言"的理解和阐释，瞿理斯和李耶理的译解及研究就具有鲜明的宗教因素。

关键词：庄子　卮言　英语　论辩　语言哲学　读者反应

基金项目：国家社科基金项目"20世纪《庄子》在英语世界的传播"（13BZW042）

　　《庄子》"三言"的含义，历来歧解纷出，本土学者已经有很多精彩的论断，大多从"卮"到底是什么器物，然后再由此器物的特点考

---

[*] 于雪棠，文学博士，北京师范大学文学院教授、博士生导师。

察卮言的特点。英语世界也有类似做法，加拿大阿尔伯达大学傅云博的论文《永不稳定的言辞：庄子的卮言及用于灌溉的尖底瓶》认为卮是一种农业灌溉用的尖底瓶，而非玉制礼器。① 除此之外，大体相较而言，国内学者偏重静态的语言形式方面的研究，英美学者偏重动态的言说方式的研究。当重视逻辑的英美学者面对非连续性的《庄子》文本时，会碰撞出怎样的思想火花？

一、遵从中国古注的"卮言"译解

通观19世纪至今英美学者对"卮言"的译解，中国经典注释的影响一直都没有消歇。《庄子》的首个英文全译本的译者是英国汉学家巴尔福（1846—1909），曾任职于北京同文馆和京师大学堂，他把"寓言"译为 metaphors,② "重言"译为 quotations,③ 但并没有将"卮言"译为一个对应的语词，而是将其含义译出。《寓言》中"卮言日出，和以天倪"④ 一句，他译为："Words that take their form from surrounding conditions are spoken every day, but are in accord with the limitations imposed by Heaven upon the Speaker."⑤ 意即根据周围环境而形成的言辞，每天都被说出，但都与上天对演说者施以的限制一致。巴尔福自己加注云："这只是一位评注者对卮言的一种解释，另一种意见是，言辞无休止地漏泄出来，就像水从一个有孔的容器中流出一样。"⑥ 他将"非卮言日出，和以天倪，孰得其久！"一句中的"卮言"译为："How

---

① Daniel Fried, "A Never-stable Word: Zhuagzi's Zhiyan 卮言 and 'Tipping-vessel' Irrigation", *Early china*, 2007, Vol.31, pp.145-170.
② Frederic Henry Balfour, *The Divine Classic Of Nan-Hua: Being The Works Of Chuang Tsze, Taoist Philosopher*, Shanghai& Hongkong: Kelly&Walsh, Yokohama: Kelly&Co, London: Trubner & Co, 1881. p.339.
③ Ibid.
④ 本文所引《庄子》均出自郭庆藩《庄子集释》，中华书局2012年版，不一一注出。
⑤ Frederic Henry Balfour, *The Divine Classic Of Nan-Hua: Being The Works Of Chuang Tsze, Taoist Philosopher*, p.339.
⑥ Ibid.

many of the words which shape themselves according to external conditions——etc.,——will abide long?"① 对"卮言日出，和以天倪，因以曼衍，所以穷年"几句，巴尔福也采用了近似的译法："Words which shape themselves according to surrounding circumstances——which are uttered every day, but coincide with the limitations of Heaven."② 并自注曰："一位本土学者如此解释，它之所以值得引用，并不是因为正确，而是因为其独创性。他说，卮：是圆形的；言：被说出，（可能像）；日出：太阳升起；和以天倪：符合天的形状。真正的含义似乎是，尽管言辞可能被不经意地、自发地说出，它们其实是被预先注定的，演说者远非自由之身，他们仅仅是命运手中被动的乐器。卮言，是这样一种言辞，顺应其周围环境而成形，就像液体是根据盛纳它们的容器而成形一样。"③ 巴尔福对《天下》"以天下为沉浊不可与庄语，以卮言为曼衍"译为："He employed words suited to the prevailing circumstances, to express infinite ideas."④

巴尔福提到的本土学者是哪位？"卮言曼衍，和以天倪"，郭象注曰："夫卮，满则倾，空则仰，非持故者也。况之于言，因物随变，唯彼之从，故曰日出。日出，谓日新也，日新则尽其自然之分，自然之分尽则和也。"⑤ 唐陆德明《经典释文》："《字略》云：卮，圆酒器也。""王云：'夫卮器，满即倾，空则仰，随物而变，非执一守故者也；施之于言，而随人从变，已无常主者也。'"⑥ 巴尔福的说法强调卮言"因物随变"的特点，明显源于郭象注及陆德明的《经典释文》，并稍加引申。巴尔福自注说到的另一种对卮言的解释，说其像水从容器中流出，无休止地漏泄而出，这种说法可能源自宋代吕惠卿。南宋褚伯秀《庄

---

① Frederic Henry Balfour, *The Divine Classic Of Nan-Hua: Being The Works Of Chuang Tsze, Taoist Philosopher*, p.341.
② Ibid., p.340.
③ Ibid.
④ Ibid., pp.370-371.
⑤ 郭庆藩：《庄子集释》，第939页。
⑥ 同上书，第940页。

子义海纂微》引北宋吕惠卿说云："卮之为物，酌于罇罍而时出之，中虚而无积也。"①吕氏认为卮是从更大的盛酒器罇或罍中舀出酒后再倒出，卮中不积存酒。

英国汉学家翟理斯（1845—1935）将"卮言"译作 goblet words,②明显也是采用了中国古代注疏。理雅各（1815—1897）将"卮言"译作"Cup, or Goblet, Words"，释曰："that is, words, common as the water constantly supplied in the cup, but all moulded by the Taoist principle, the element of and from Heaven blended in man's constitution and that should direct and guide his conduct."③卮言，像经常注入杯中的水一样普通，但是它是由道家法则所铸造的，天自身以及来自天的元素与人的质素相混合，并指引人的行为。理雅各将"卮言曼衍，和以天倪"一句译作："The rest of my words are like the water that daily fills the cup, tempered and harmonized by the Heavenly element in our nature."④（寓言、重言）以外的言辞就像每天都注满杯子的水一样，被我们本性中天的元素所调和。他将"卮言日出，和以天倪，因以曼衍，所以穷年"译为"Words like the water that daily issues from the cup, and are harmonized by the Heavely Element (of our nature), may be carried on into the region of the unlimited, and employed to the end of our years."⑤言辞像水一样，每天从杯中流出，被我们本性中的天的元素所调和，而且可能被带入不受限制的领域，持续被运用，直到我们年寿的尽头。理雅各的译解，一是源于成疏，成玄英疏"卮言曼衍，所以穷年"曰："所以穷造化之天年，极生涯之遐寿也。"⑥二是可能源于陆树芝的《庄子雪》。陆氏注

---

① 褚伯秀：《庄子义海纂微》，华东师范大学出版社 2014 年版，第 888 页。
② Herber Allen Giles, *ChuangTzu, Mystic, Moralist, and Social Reformer*, London:Bernard Quaritch, 1889, p.449.
③ James Legge, *The Texts of Taoism: The Writings of Chuang Tzu*, Part Ⅰ, New York: Dover Publications, Inc., 1962, p.156.
④ Ibid., Part Ⅱ, p.142.
⑤ Ibid., p.143.
⑥ 郭庆藩：《庄子集释》，第 942 页。

释"卮言日出，和以天倪"曰："皆取之心而注之口，如卮之注水，随时而出，似有心而实非有意，未尝争是非而辨以求胜，故曰：'和以天倪'。"[1]理雅各强调言辞每天流出，可能至于无限制的领域，这一说法，当是受到宋代王雱的影响。明焦竑《庄子翼》附录载宋王雱《杂说》："卮言，不一之言也。言之不一，则动而愈出。故曰'日出'。天倪，自然之妙本也，言有体则应变而无极。故曰'因以曼衍'。言应变无极，则古今之年有时而穷尽，而吾之所言无时而极也。故曰'所以穷年'。"[2]理雅各所译"the region of the unlimited"大概就是对应王雱所说的"无极"一词。《庄子》原文只讲"曼衍"，并没有"无极"字样，王雱的注释才讲无极。那么，理雅各知晓陆树芝和王雱的说法吗？理雅各在其译本序言中，特别介绍了他在英译《庄子》时所采用的中国古代著述，包括郭象注、陆德明《经典释文》、焦竑《庄子翼》、陆树芝《庄子雪》、林云铭《庄子因》、宣颖《南华经解》及胡文英《庄子独见》。[3]理雅各的译解，既强调卮言像水不断注入杯中，又说卮言像水不断从杯中流出，看似自相矛盾，其实这不过是一枚硬币的两面。《庄子》文本即有此例。《齐物论》用"注焉而不满，酌焉而不竭"，描述"葆光"，就是从注与酌两个方面，强调大道无穷无尽的特点。理雅各译为"He may pour into it without its being filled; he may pour from it without its being exhausted."[4]

进入20世纪，几位美国学者的《庄子》研究在汉学界产生重要影响。其中，华兹生（1925—2017）的全译本最受学界推崇，被人们广为接受。梅维恒的全译本特别偏重《庄子》的文学性，也颇有影响。他们对卮言的译解也都是在中国古注的基础上加以申说的。

华兹生对卮言的翻译沿袭了翟理斯的译法，他在《寓言》首段的

---

[1] 陆树芝：《庄子雪》，华东师范大学出版社2011年版，第336页。
[2] 《四库全书》本。
[3] 理雅各译本（part I），《序言》的第XIX—XXI页。
[4] 同上书，第190页。

脚注中解释说："*chih-yen* or 'goblet words, words that are like a goblet that tips when full and rights itself when empty, i.e., that adapt to and follow along with the fluctuating nature of the world and thus achieve a state of harmony."① 卮言，是这样一种言辞，像高脚杯，满则倾，空则直，顺应世界的波动性质，达到和谐状态。很明显，其说来自郭象注。他将"卮言曼衍"译为"So he used 'goblet words' to pour out endless changes"②，同样也强调了卮言无穷变化的特点。

梅维恒将卮言译为Impromptu words③，酒席间即兴之言。这一译法也受中国古人注解的影响。其书的参考文献中列有几本中文《庄子》译注及研究类著述，包括郭庆藩《庄子集释》、陈鼓应《庄子今注今译》、钱穆《庄子纂笺》等。梅氏的翻译当是源于《庄子纂笺》所引的诸多古注，钱书引清人王闿运言曰："'卮''觯'同字。觯言，饮宴礼成，举觯后可以语之时之言也。"引马其昶曰："《诗》云：'献醻交错，礼仪卒度，笑语卒获。'古者旅酬之时，少长交错，皆无算爵。《乡射记》云：'于旅也语。'故曰：'卮言'，义主尽欢。"④ 王氏与马氏二人之说都强调了酒席上的言论。⑤ 其书《附录》解释卮言：卮言是无主观预设、无意识地不断倾泄而出的语言。（"I understand 'goblet words' to be language that pours forth unconsciously and unpremeditatedly."⑥）这一译解的依据

---

① Burton Watson, *The Complete Works of Chuang Tzu*, New York: Columbia University Press, 1968, p.303.
② Ibid., p.373.
③ Victor H. Mair, *Wangdering on the Way: Early Taoist Tales and Parables of Chuang Tzu*, Honolulu: University of Hawai'I Press, 1994. p.278.
④ 钱穆：《庄子纂笺》，九州出版 2011 年版，第 227 页。
⑤ 在解庄史上，宋代罗勉道和明代陆西星就将卮言与酒席之言联系起来。罗云："卮言，如卮酒相欢言之。"（罗勉道：《南华真经循本》，中华书局 2016 年版，第 305 页。原书是"言之"按意当作"之言"。）陆云："卮言者，卮酒之言，和理而出，却非世俗卮酒间谑浪笑傲争论是非之言，曼曼衍衍，尽可以消尽月。"（陆西星：《南华真经副墨》，中华书局 2010 年版，第 420 页。）
⑥ Victor H. Mair, *Wangdering on the Way: Early Taoist Tales and Parables of Chuang Tzu*, p.376.

是成玄英疏。成疏云："卮，酒器也。""无心之言，即卮言也。"① 有些学者采用了梅维恒的译法。

二、掺入宗教因素的译解

翟理斯具有深厚的宗教修养，其《庄子》译本宗教因素俯拾即是。比如，翟理斯用 God 译《庄子》中的"天"。天，在 19 世纪的三个英译本中，早于翟理斯的巴尔福有时译为 nature，有时译为 heaven，晚于翟理斯的理雅各译为 heaven，其后大多数译者通常将"天"译为 heaven，有时译为 heavenly 乃出于英文语法的需要。翟理斯不仅将天译为 God，有时还将本根、道这类的词语也译为 God。《寓言》中"受才于大本"一句，翟译"Man has received his talents from God"。② "卮言日出，和以天倪"，翟译："language which flows constantly over, as from a full goblet, is in accord in God."③ 语言，就像从一个盛满水的高脚杯中不停地流溢而出，与上帝一致。他直接把"天倪"译为 God。天倪绝对不是上帝。很明显，翟理斯曲解了文本的意思，赋予卮言以宗教意味。在《寓言》篇题下，翟理斯有一小段解题。文曰：辩论—演说，自然的与人为的—与神性和谐一致的自然言说—命—终极原因—灵魂的净化—解说。（Argument—Speech, natural and artificial—Natural speech in harmony with the divine—Destiny—The ultimate cause—Purification of the soul—Illustrations.④）在这个题解中，我们可以清晰地看到，翟理斯把宗教内容强加给《庄子》。《寓言》一文没有谈论灵魂的净化问题。此文所写颜成子谓东郭子綦一段话，讲的虽是进阶式的修炼过程，但并非灵魂净化，而是超越生死，进入道境。《寓言》篇中的

---

① 郭庆藩《庄子集释》，中华书局 2012 年版，第 939 页。
② Herber Allen Giles, *ChuangTzu, Mystic, Moralist, and Social Reformer*, p.363.
③ Ibid., p.365.
④ Ibid., p.363.

"天均"，翟译"the equilibrium of God"，上帝的平衡，"天均者，天倪也"，翟译"And he who holds the scales is God"，持有天平者是上帝。[①] 这句已经远远偏离了文本的意思。

曾任教于美国斯坦福大学宗教系，现任教于哈佛大学的学者李耶理，其《道家的表述与说服：逍遥于庄子的语言类型》一文从宗教伦理学角度对"卮言"进行了阐释，他给予卮言极高的评价。[②] 首先，如何用劝说的方式展现一个超越我们通常理解的世界，这是宗教伦理学面临的至关重要的问题。"关于宗教伦理如何用劝说的方式展现世界的问题，《庄子》对语言的三种处理方式包含特殊而深奥的论述和表达。""它之所以至关重要，是因为我们只有通过劝说的方式，才能把宗教影像中最重要的现实呈现在人们面前。这很困难，因为它要呈现一个不同于甚至挑战人们通常视角的现实。相应地，一定要用不同于逻辑辩论的语言，或并非普通语言运用的方式去劝说人们。"[③] "考察'三言'是富于启发的，而且，最重要的，会提供我们一个解决修辞策略的钥匙，这些策略是基础而且几乎未被论述过，它们不仅构造了《庄子》，而且使其成为宗教伦理文本中最伟大者之一。"[④]《庄子》特殊的语言运用方式，使其成为伟大的宗教伦理文本，这一定性对读者而言颇有冲击力。

其次，李耶理在阐释"卮言"时，将其与"天倪"和"天钧"两个概念相联系，提出一个新异的观点。[⑤] 他说："卮言参与天倪（whetstone of Heaven）塑造万物的过程，在结尾部分，'天倪'又被译成'天钧'（the potter's wheel of Heaven）。二者都归属于天，这意味着它们都尤

---

① Herber Allen Giles, *ChuangTzu, Mystic, Moralist, and Social Reformer*, p.365.
② Lee Yearley, "Daoist Presentation and Persuasion: Wandering among Zhuangzi's Kinds of language", *Journal of Religious Ethisc*. Vol33. No.3, pp.503-535.
③ Ibid., p.503.
④ Ibid., p.508.
⑤ 古希腊哲学家苏格拉底、柏拉图、亚里士多德等均重视言语的作用，轻视暴力，重视公民自由辩论。李耶理对技艺的强调，或源自柏拉图的《理想国》，亚里士多德也有关于实践和制作的思想。

其具有生产性。"李耶理认为磨刀石可以磨利刀剑及相关用具,由此出发,得出一个结论:"通过对暴力的控制来改变普通形状,凸显了庄子对精神提升的理解,也凸显了庄子用以表现这一思想的语言。事实上,这不是庄子偶然地使用屠夫、庖丁为例去证明一种精神完善。"① "'天钧'的形象暗示了一种更为克制的制暴形式。""磨刀石和陶钧都是通过控制暴力而生产出新的更好的形态。"②李耶理的这个思路非常特别,《庄子》中虽然有对刑罚的抨击,但并没有要通过控制暴力来改变事物的形状并以此表达对精神提升的理解。以何种态度对待暴力,这是西方宗教的重要话题,并非《庄子》讨论的问题,更不是卮言的意义。

再次,李耶理还将《庄子》"三言"与但丁《神曲》相对照,指出《神曲》之《炼狱篇》《天堂篇》的表现形式具有卮言性质,经常有一些在不同种类现实间的夸张转换。他认为《神曲》贯穿了卮言,《天堂篇》不依赖普通方式表达主题,甚至排除运用时间和空间的再现。但丁对这一挑战的回应,正如庄子对类似挑战的回应,就是连续运用卮言。有关心灵完善的话题,超越所有人类实践及理解的普通形式,似乎就要求卮言的视野。诗人不再依赖通常产生意义的语法、逻辑形式及叙述关系,相反,他进入一个并列领域,通过并置意象、视野、客体、人物及事件来传达意义。在这一领域,所有事情既是此又是彼,它是这样一个世界,超载的同时又展示多样关系之间暂时的平衡。只有卮言才能捕捉到那样一个世界。卮言不只是呈现神圣形式的最准确的方法,它成为唯一的方法。③

李耶理将卮言视为一种语言策略,侧重从卮言的功能角度,肯定了其在面对宗教根本问题时所起到的重要作用,认为只有卮言才能将超越人类实践及理解的宗教愿景令人信服地展现出来。他说:"卮言传

---

① Lee Yearley, "Daoist Presentation and Persuasion: Wandering among Zhuangzi's Kinds of language", p.525.
② Ibid., p.526.
③ Ibid., pp.531-532.

达出对不连续的宗教愿景（影像、幻景）而言至关重要的一些内容，这是其他任何一种语言都无法传达的。"①卮言在李耶理的眼中，具有非凡的宗教意义和价值。

三、论辩视角下的"卮言"阐释

除沿袭中国学者对卮言的阐释，20世纪以来，英美学者的卮言研究明显表现出与国内传统视点的差异，这突出表现为三方面：一是从论辩角度研究卮言的产生与特点，二是从现代语言哲学的角度研究卮言，三是从读者角度研究卮言的功能以及如何阅读卮言。三个方面也存在一定关联。

从论辩角度研究卮言，具体表现在从西方注重论辩的学术传统角度看卮言。西方从古希腊时代开始，就特别注重从论辩角度出发研究语言的有效表达。所谓有效表达，指的是说服听众或读者。公元前5世纪到前4世纪，希腊出现很多演说家，像提西阿斯、高尔期亚、伊索格拉底、狄摩西尼等人，他们研究的对象虽然有诉讼论辩及政治演说的差别，但都注重论辩及演说的实际效果，注重如何说服听众。柏拉图不赞成这种"论辩术"，②尽管他在《高尔期亚篇》和《斐德若篇》中，认为高尔期亚不顾真理与正义，巧用言辞以颠倒是非，但是他也提出演说或作文章要懂得听众或读者的性情和心理，要用与之相适应的言辞去说服他们。换言之，柏拉图一方面认为论辩的目的应当是揭示真理，而不只是争胜，但是，也要重视说服听众或读者。之后，亚里士多德的《修辞学》最有代表性。此书开篇第一句话就是"修辞术是论辩术的对应物"。何谓"修辞术"？智者派的定义是："说服的技巧"，③

---

① Lee Yearley, "Daoist Presentation and Persuasion: Wandering among Zhuangzi's Kinds of language", p.528.
② 〔古希腊〕亚里斯多德：《修辞学》，罗念生译，三联书店1991年版，第5页。
③ 同上书，第7页。

高尔吉亚给"修辞"下的定义是,"产生说服的能工巧匠",[①]亚里士多德的定义是:"一种能在任何一个问题上找出可能的说服方式的功能。"[②]我们看,尽管他们的具体主张大有分歧,亚里士多德将修辞术与论辩术加以区分,但是,无论是修辞术,还是论辩术,都是从言语的有效性角度进行定义,都以说服为中心和目的。亚里士多德的《修辞学》一书讨论了演说的类型、题材,听众的情感、心理、性格,说服的方法、风格与安排等内容。这些内容,最终都指向说服他人。尽管亚里士多德认为演说者当尊重事实与真理,这与诡辩派(或曰哲派,或曰智者)不同,但是亚里士多德也同样重视演说的功效——说服听众。亚里士多德的理论在西方影响极其深远。其后罗马最著名的修辞学家西塞罗继承了亚里士多德的理论,还有狄俄倪西俄斯、昆提利安等人,也都深受亚里士多德的影响。对论辩术的重视在西方的语言学史上从未中断。西方修辞传统上一直被等同于"言说的艺术"(the art of speaking)或者"说服的艺术"(the art of persuation)。[③]

在这样的学术背景中,现代英美学者在研究《庄子》卮言时,也从论辩角度进行考察。那么,他们发现了哪些问题呢?

1. 从发生学角度考察,强调卮言产生于论辩背景

本土学者的研究,大多是从静态的卮言所呈现的形态加以研究,研究卮言到底是什么样的一种言论形态,或者是应用于什么样的场合。但是英美学者的研究是从动态发生的角度进行研究,关注的问题是卮言是如何产生的,其适用范围是什么。最典型的论断是葛瑞汉(1919—1991)提出的。他的《庄子》译本把《庄子》分成五类,内七篇及相关文段为一部分,其余则按思想学派重新编排、翻译。葛瑞汉认为翟理斯、理雅各和华兹生的翻译是其所处时代最优秀者。但是他们都有共同的局限,那就是他们的翻译大部分遵循传统的注释,并

---

① 刘亚猛:《西方修辞学史》,外语教学与研究出版社2008年版,第32页。
② 〔古希腊〕亚里斯多德:《修辞学》,第7页。
③ 刘亚猛:《西方修辞学史》,第1页。

没有处理文本、语言及哲学方面的显著问题。①在对"卮言"的译解方面，确实可以看出葛瑞汉不同于其他学者的阐释。他将"卮言"译为spillover saying,②不断流溢的言论，并加以解说："传统上貌似可信地被认为是以一种容器命名的，它满则倾，空则立。""它可以自由地从一个观点转换到另一个观点，如果没有它，我们无法延长论辩或是生存。大概它是最普通的语言，词语的含义会波动，但是会在论辩的自发流动中修正自身，只要演说者掌握了运用语言的诀窍，就能'和以天钩'（Smooth it out on the whetstone of Heaven）。"③他特别指出："这三个术语属于特殊的词汇，是由庄子自己在批评辩论时发展出来的。它的存在并没有超出《庄子》的范围，但是很快就被误解了。"④三个术语指的是寓言、重言和卮言。这句话意谓"三言"只适用于《庄子》自己的言说方式，但是后来被泛化。有意思的是，尽管"寓言"在现当代被用于泛指先秦诸子散文中有寓意的故事，但是"卮言"的运用却仍然仅限于《庄子》，尽管后世有人将自己的著作命名为某某卮言，但它并没有成为一种如"寓言"一样相对独立的文体形态。

2. 从论辩的目的角度看卮言——说服对方

从论辩目的即说服对手的角度考察卮言。李耶理认为《寓言》开篇探究的是用不同于其他逻辑性辩论或普通语言产生方式的方法去说服人们的修辞形式。为说服人们，那些他们发现是古怪、令人困惑或完全错误的思想、行为和角度，却是值得思考甚至接受的。卮言直接处理这样一个问题：如何通过文学的方式，去表现一个超越普通范畴和参照点的世界？另外，如何运用一种如此奇特的语言，却仍然能够让它具有说服力？他把卮言视为一种技能，但这种技能具有重要的意义，在宗教伦理上，就是怎样呈现一个超越人们日常经验的世界，并

---

① A. C. Graham, *Chunag-Tzu. The Inner Chapters:and other writings from the book' Chuang-tzu'*, Heckett Publishing Company, Inc. 2001. p.30.
② Ibid., p.25.
③ Ibid., p.26.
④ Ibid., p.25.

说服人们去相信。①

3. 关注运用语词的技能及语词在论辩中的意思

葛瑞汉对卮言特点的阐释是:"卮言(spillover saying),传统上貌似可信地被设想为以一种容器命名,它满则倾,空则仰。""卮言可以从一个观点自由转换到另一个观点,如果没有它,我们无法延续辩论或我们的生命。很可能它是最普通的语言,它们的意义在辩论中能自然而然地自我修正,只要演说者掌握了运用语词的技能,能够'和以天倪'。"②很明显,葛瑞汉的阐释是以论辩为前提和基础的,是从论辩的角度切入进行思考和研究的。《庄子》原文为"非卮言日出,孰得其久?"关于这句,本土的学者,从古至今,并没有人将其解释为"无法延续辩论",而葛瑞汉的阐释将卮言视为辩论的必要条件,推进并强化了辩论的色彩。

他将寓言译为 saying from a lodging-place,③他认为对庄子而言,在辩论中唯一的一种胜利是可以有任何观点。你只是暂时性地寓居在他人的观点中,因为他给予言辞的含义是仅仅对他自己而言的含义,他无法以其他任何基础为据去进行论辩。④

李耶理论三言均有从技巧视角下进行观照。他认为语言活动包含技巧,从庄子其他故事对技能的重视中也可看出。轮扁制轮,庖丁解牛,庄子与惠施的辩论就是很好的例子。作为读者,我们也需要阅读卮言的技巧。从宗教伦理角度而言,掌握卮言这个技巧,不只是对理解文本,对完成生命的圆满也至关重要。⑤

---

① A. C. Graham, *Chunag-Tzu. The Inner Chapters: and other writings from the book' Chuang-tzu'*, p.519.
② Ibid., p.25.
③ Ibid.
④ Ibid.
⑤ Lee Yearley, *Daoist Presentation and Persuasion: Wandering among Zhuangzi's Kinds of language*, pp.527-528.

四、语言哲学观照下的"卮言"

英语世界的卮言研究还有语言哲学的观察视角。从语言哲学角度看卮言，可发现以下一些特征。

1. 语词意义的确定性——卮言是变化意义和立场的言说

葛瑞汉指出，"三言"中卮言被讨论的最多。庄子最常用的语言模式是卮言，它能够自发地修正自身。① 他说："卮言，传统上最重要的，貌似合理的，设想它是以一种容器命名的，这种容器被设计成当水流接近注满时便能自己直立。通常，学界把这种言说的特征归结为得道者行为的自发性，一种流动的语言，它通过变化意义和立场来保持平衡。"② 葛瑞汉是从古人对卮的形态特点，引申出的解释。然而，卮言，是否是不断变化意义和立场的言论？

葛瑞汉还认为："他（庄子）不是像一个哲学家，而是像一个诗人那样运用语词，对语词的丰富性极其敏感，他开发语词的模糊性，在明显矛盾的语境中让对立的意义互相激发。由此，庄子及其学派乐于在同一个句子中从不同的意义上运用'知'一词。例如，我们被建议依赖智者的所不知去知，我们看到知道什么是好的与知道什么是坏的形成对比。但是道家并不分析这样的意义，不像后期墨家，他们在其《墨经》中将知区分为四种类型：名、实、合、为。"

"对庄子而言，最重要的观点是除了人为的智辩情境外，语词没有固定的意义，在辩论中，一个人可能接受对手的定义，既然它们与其他词一样具有任意性。'夫言非吹也。言者有言，其所言者特未定也。果有言邪？其未尝有言邪？其以为异于鷇音，亦有辩乎？其无辩乎？'（《齐物论》）然而，语词在演说中有其自定的意义，并不根据辩论的

---

① A. C. Graham, *Chunag-Tzu. The Inner Chapters and other writings from the book' Chuang-tzu'*, p.26.
② Ibid., p.107.

任何规则。但是,通过非分析性的技能,这一技能庄子在所有成功行为的基础上识别,这一技能也是天作用于我们的征象。话语的意义自发地纠正其自身,只要'休乎天钧';即使哲学家们相互辩驳的声音是天籁,而天籁吹过它们,就像风吹过不同形状的孔窍而发出的声音一样。"①

2. 语言能否揭示真相或现实——厄言意不在此

葛瑞汉说:"道家试图传达一种技能,一种态度,一种生活方式,当木匠告诉齐桓公他不能传达出制木的精妙时,我们都理解并同意。……道家并不想用词语揭示真相或现实。他们只是提醒我们语言的局限性,并以此来引导我们理解世上变化的角度和生活的真谛。他们非但没有放弃运用语词,相反,他们调动了所有可能的文学资源,从而为道家哲学经典在中国文学史上赢得了重要的地位。"② "它们的意义可以借助《齐物论》中的相对主义得以澄清,根据《齐物论》,圣人不受固定观点的禁锢,相反,他可以自由地在临时性的'寓言'之间转移。"③ "道是不可言说的,那为什么老子还要写这本书?庄子的情形也一样的反讽。庄子是一位大师,他长于狂想式的散文,复杂的论辩,格言警句,轶事,格言式的韵文,他声称无限怀疑曾经说过什么的可能性。"④

西方的论辩学术传统对于论辩的目的有两种看法,一是论辩是揭示真相的,二是为了争胜。葛瑞汉认为,庄子并非揭示真理,而是提示我们语言的局限性。这是在真相与争胜二者之外的另一个指向。这一指向具有现代西方语言哲学的影子,与维特根斯坦的语言哲学似有相通之处。

---

① A. C. Graham, *Chunag-Tzu. The Inner Chapters and other writings from the book' Chuang-tzu'*, p.107.
② Ibid., p.25.
③ Ibid., p.26.
④ Ibid., p.25.

3. 卮言——由口头表达向文本书写的转化，哲学思想表达的手段

美国密歇根大学东亚系林顺夫教授在其论文《庄子内篇的语言》中提出，卮言是一种口头表达方式，而后转化为书面文字。[①] 林顺夫认为对道家而言，使心灵保持永恒的原始性质，空无而透明，摆脱价值观、辨识力及人为的区别以及预设是至关重要的。卮言指的是与心灵的作用方式一致的口述行为。卮言是道家唯一的理想言说方式。[②] 我们如何将这样一种神秘的理想的口语表达方式转化为内篇的实际书写？林顺夫认为寓言与重言看起来似乎更关注思想表达及在辩论中获胜，尽管它们也都具有某些宽广的哲学含义。卮言，则与庄子的语言理论及自我表达的哲学有关联。[③]

论文从探讨中国传统对"卮"的解释入手。讨论了许慎、郭象及成玄英的注释，并引述了刘殿爵的论述。刘殿爵认为道家对卮的解释是一种侑卮，助饮之器，而儒家则将其释为宥坐之器。道家版本中，此器空则直立，满则倾覆，以此来说明空的价值。吕惠卿、王夫之的解说把人的心灵比喻成卮，心灵容纳思想正如卮盛酒。心灵本空，并没有任何固定的规则或价值，正如卮本来并没有贮藏任何东西。卮言，是自然的，随机的，无预设价值观，总是在言论之流顺应情境的变化，一旦演说行为完成，就总是让心灵回归到它初始的空无状态。[④] 林顺夫特别肯定了司马彪的注释。他说，在辨识出"卮"与"支"双关时，司马彪将《庄子》散文的形式与支离一词所描述的不正常身体形状做了类比。这是对内篇书写风格的一个重要洞察，对《庄子》其他很多部分的风格来说也一样重要。林顺夫由此进一步探讨"卮言"一词所蕴含的结构意义。他认为，内篇中那些散漫的语段代表那个隐身的作

[①] Shuen-Fu Lin, *The Language of the Inner Chapters' of the Chuang Tzu*, *The Power of Culture: Studies in Chinese Cultural History*, Ed. Willard J. Peterson, Ying-shih Yü, and Andrew H. Plaks, Hong Kong: The Chinese University Press, 1994. pp.47–69.
[②] Ibid., p.57.
[③] Ibid., p.54.
[④] Ibid., pp.54–59.

者对故事所做的直接而自由的评论，这是卮言首要的、最清晰的例证。在故事之间的散漫语段也是卮言的例子。内篇文章的思想和故事确实像卮中流出之酒，像一位饮者用卮，他不遵循任何成规。两种对卮言的解说内在地具有联系。它们共同构建起一个有力的解释，关于可辨别的内篇中明显的书写结构及其背后的哲学。①

林顺夫进一步指出：文章形式不仅是庄子对人生观及世界观的反映，还是对中国古代哲学世界观的反映。但是庄子是唯一一位尝试将其观念以相应的散文形式表达出来的思想家。看起来每篇内部互不相干的因素以一种"神秘共鸣"的方式互相联结。②它们与中国思想家具有严整结构的论辩性文章不同，比如晚于庄子的荀子、韩非子。它们不是以因果关系或机械论来结构的，而是呈现为一种网状结构。每篇的结构都可以被描述为音乐性的，因为它是一种主题变奏曲，主要依赖形象、思想和故事并列机制而联结在一起。

寓言、重言和卮言是三种相互重叠而并非截然有别的语言模式，在庄子的人生观、语言观及对待论辩的态度中，它们具有深奥的含义，也是他使其论辩更严肃，更有说服力的主要方式。它们代表三种复杂修辞策略，庄子运用它们去表达其哲学思想。

林顺夫的研究敏锐地从古注中提炼出《庄子》一书哲学思想的表达与文章形式的关联，拓展并深化了《庄子》的语言哲学研究。

五、从读者反应看"卮言"

从读者反应角度看卮言，实质是不看重卮言本身的意思以及作者意图，而是要发掘对读者而言，阅读卮言所产生的意义。中国古代文

---

① Shuen-Fu Lin, *The Language of the Inner Chapters' of the Chuang Tzu, The Power of Culture: Studies in Chinese Cultural History*, Ed. Willard J. Peterson, Ying-shih Yǘ, and Andrew H. Plaks, p.58.
② 林顺夫文中自注云：神秘共鸣是李约瑟提出的。在林顺夫看来它可以很好地用来描述内篇形象、思想及故事的结构。Ibid., pp.67–68。

论以孟子"知人论世""以意逆志"说为代表,特别重视推原作者之意,重视对作者的研究,相对忽视从读者角度对文本进行探讨。20世纪70年代,西方兴起接受美学,突出了读者在建构作品意义过程中的作用。在对卮言的研究中,也能看到接受美学的影子。

曾任教于美国多所大学的吴光明教授,其《卮言·寓言·重言——庄子的哲学方法》[①]一文认为,卮言要求我们改变、被评价及变形,以便于我们面对事物时绝对地聪敏与灵活。换言之,我们可以成为任何事物,我们同时又不是任何事物。他指出,庄子的言辞首先是以夸大其辞来引人注意,并警示他人。我们评判它们,想当然地以为它们是简单的指示事物之词,可实际上它们却是相互矛盾的、不可靠的、非理智的、莫名其妙的。可是,同时,我们又被迷住了。庄子的句子是中国最美的文学。我们感到当我们阅读时,被奇怪地净化了。那些言辞的宣导功能使我们思考。它们的晦涩难懂不能归因于庄子的笨拙,而是因为我们的阅读方式是错误的。我们认为它们是描述性的,但它们是陈述性的。我们应当让它们引领我们随着事物而灵活变化。我们必须放弃创设方式(无方、无为),放松我们自身,并且让我们自在自为(悬解、天放)。然后,我们就能看到并且理解。它们使得读者一遍遍地重读,直到读者停止思考而只用直觉去感受。

吴光明的研究突出了作为一个读者在面对《庄子》特殊言说方式时的感受。他特别指出,面对卮言需采取的阅读策略是放置主观想法,跟随庄子所说,按照庄子的方式去思考。这种解读已经不是在讨论卮言是什么,更多的是在关注读者能从卮言中获得什么,发掘卮言对读者而言的意义。

此外,也有一些学者表达了类似的看法,认为卮言的力量在于打

---

① Kuang-Ming Wu, "Goblet Words, Dwelling Words, Opalescent Words—Philosophical Methodology of Chuang Tzu", *Journal of Chinese Philosophy*, 1998, Vol. 15, pp.1–8.

破文本阅读的标准交流模式，持续地要求读者的积极参与。①美国罗文大学哲学与宗教系王友如教授的《道家庄子和禅宗的语言策略》一文从语言的交流与分享功能及目的角度进行探讨。他说，亚里士多德的交流理论是：语言是可以表现客观真理的，是以演说者为最终方向的，这是直接交流。现代的西方理论，从海德格尔、维特根斯坦到克尔凯郭尔，以接受者为最终方向，并不认为语言的意义是固定的，语言的意义是受语境影响的，这称为间接交流（indirect communication）。②在王友如看来，卮言包含庄子关于交流的认识。庄子认为交流是分享及参与，而不是传播信息或知识。③庄子并没有什么特定的信息要传达，庄子要与其读者分享的是存在的-精神的唤醒或转化，一种新的生活。其作用就像是卮中之酒，任何人都可以饮用，去发现它的滋味。如林希逸所说："人皆可饮，饮之而有味。"庄子只是想让读者质疑他们自身的思考方式。④它是如何被交流的比交流的内容要重要。卮言的目的是激发对自身的认知。传播的内容依赖于读者的活动和创造。它们的力量在于其倾向断绝文本-读者互动的标准模式。⑤曾就职于美国深泉学院的学者珍妮·拉普（Jennifer R. Rapp）在《比较诗学：欧里庇德斯、庄子与人类想象建构的平衡》一文中也表达了类似观点。⑥

---

① Youru Wang, *Linguistic Strategies in Daoist Zhuangzi and Chan Buddhism: The Other Way of Speaking*, p.146. Jennifer R. Rapp, "A Poetics of Comparison: Euripides, Zhuangzi, and the Human Poise of Imaginative Construction", *Journal of the American Academy of Religion*, Vol.78, No.1, p.193.
② Youru Wang, *Linguistic Strategies in Daoist Zhuangzi and Chan Buddhism, The other way of speaking*, p.139.
③ Ibid., p.145.
④ Ibid., p.146.
⑤ Ibid., p.151.
⑥ Jennnifer R. Rapp, "A Poetics of Comparison: Euripides, Zhuangzi, and the Human Poise of Imaginative Construction", *Journal of the American Academy of Religion*, 2010, Vol.78, No.1, pp.163−201.

结语

翻译的本质是理解和阐释，大多数的"卮言"英译并非简单的文字翻译，而是解释性的翻译。像葛瑞汉的 spill-over saying，梅维恒的 impromptu words，彭马田的 flowing words[1]，任博克的 spillover-goblet words 等，[2] 无不如此。因而，了解英语世界的"卮言"译解便有其必要性，有助于我们更好地理解其多重意涵。

从对"卮言"的译解及研究中，可以看到西方学者对中国古代重要注疏的尊重和遵从，这也是了解异质文化的必由之路。同时，西方学者有其特定的学术传统和问题意识，其研究视角必然有别于本土学者。了解英语世界多样化的解释，一方面可以给我们一些启发，比如，像葛瑞汉从《庄子》一书产生的论辩思想场域去认识卮言，这一研究思路就可以举一反三，应用到对其他文本及文学现象的理解和解释中。当然，对于熟悉《庄子》的本土学者而言，哪些英文译述比较贴近《庄子》，哪些明显偏离甚至与庄生之旨背道而驰，都不难辨识。即使那些明显的过度阐释，有些却也可知中国古代经典对于解决西方学术问题的助益。总之，对英语世界的研究，同于我者，要知其源，本出于我；异于我者，要知其可取之处。既不必为其同而欢欣鼓舞，也不必为其异而金刚怒目。学术，天下之公器，经典的翻译与阐释，是中西古今思想的交流与碰撞，准确当然重要，误读也未必无用，这是新的意义和价值生成的过程。

---

[1] Martin Parlmer, Elizabeth Breuilly, Chang Wai Ming, Jay Ramsay, *The Book of Chuang Tzu*, London: Penguin Books, 1996, p.244.
[2] Brook Ziporyn, *Zhuangzi: The Essential Writings with Selections from Traditional Commentaries*, Indianapolis/Cambridge: Hackett Publishing Company, Inc., 2009.

近代以来英译本对《道德经》的哲理化解读

章 媛*

摘要：近代以来《道德经》在西方的广泛传播，是以被译者所作的多元化译解为代价的。西人的《道德经》解读有基督类、哲理类、语文类和演义类等四种。哲理类译本是指具有哲学知识储备的译者，通过对《道德经》中核心概念、重要思想、辩证思维的揭示，试图向读者展现一个《道德经》的哲学世界。例如对于老子之"道"，卡鲁斯作"原因"论解读，巴姆作"自然智慧"论解读，安乐哲和郝大维则作出"开路"论解读。这些具有代表性的哲理类译者，从不同角度尝试对《道德经》哲学思想的认知与翻译，既基于其文化背景，更体现出他们自己的哲学观点。他们的译解具有以西哲代中哲、以西方思维模式代替东方思维模式的特点，由此造成《道德经》的内涵被大量漏译甚至被误译曲解。

关键词：《道德经》西译　理性非理性　跨文化传播　中西思想交流

基金项目：国家社科基金项目《道德经》海外传播史及影响力演进研究（19BZS143），2021高校学科拔尖人才学术资助项目

历史上，不同语种和民族间文化的完美协调沟通，似乎仅在古代神话传说中存在过。《圣经》所述造"通天塔"的故事即其一证；我国

---

* 章媛，博士，合肥师范学院外语系教授。

古代史家亦有对经典的重重辗转翻译，才能让文明习俗传播开来的记载。① 这些都说明了自古以来跨语种文化传播之艰辛。可见，人类文化的关系是以语言隔阂的客观存在为基本特征的，而翻译家的辛勤耕耘则是人类跨越地理阻隔和语言障碍，探求异质文化相互理解传通之路的重要努力。

近代以来，由于西方占据社会经济发展的领先地位，掌握文化话语霸权，中国则因多难而被视为"病夫"，一些西方人亦连带性地将古代中华文化加以贬低。在《道德经》这部最吸引西方人注意力的中国思想文本的翻译中，仍明显可见这种心态的遗存。

与此同时，特别引人瞩目的是，《道德经》作为中国传统经典，出乎意料地广受西方人士的欢迎。在西方，《道德经》的翻译和发行一直是位列第二的经典（《圣经》虽处第一，但若统计非宗教类经典，则《道德经》位居第一）。根据荷兰尼梅根大学沃尔夫教授2010年2月出版的《西方道教研究目录》第六版提供的《道德经》译本统计数据，当时已有31种语言的643种译本。②

在《道德经》西传过程中，由于各自的理解不同，译者、研究者、读者往往从某个或多个角度进行解读，因而产生了《道德经》译本世界独特的五彩纷呈的"译界文化"，成为世界跨文化传播史上一个特别引人瞩目的图景。面对繁多的《道德经》译本，学术界评论不一，如何梳理出一条简单、清晰，而又具有准确性、概括性的《道德经》译本内在和外在的关联线索，使不同的译本有规律地展现在读者面前，是笔者试图解决的问题。本文拟以三种代表性的英文《道德经》哲理化译本为例，通过解剖其对老子思想的解读，反思近代西方思维惯性造成的中西之间思想文化传递的障碍。

---

① 《史记·大宛列传》："重九译，致殊俗。"张守节《正义》："言重九遍译语而致。"
② Knut Walf, *Westliche Taoismus-Bibliographie*, Verlag DIE BLAUE EULE, Essen, Germany, 2010, Sechste verbesserto und erweiterte Auflage.

一、关于《道德经》西译本的四种类型

通过对所有译本历史阶段性特征的综合归纳，结合中西文化特点，经过仔细研读和比较，笔者将《道德经》译本归为基督类、哲理类、语文类和演义类四种翻译解读类型。限于篇幅，本文重点只对其中哲理类的代表性译本作具体分析，探究其成功与失误所在。

所谓"基督类"，是指译者或研究者以基督文化为出发点、最终价值、目的和核心来翻译、传播、研究、解读《道德经》。这类译本中充斥着大量的宗教比附，使《道德经》成为《圣经》的附庸、老子成为耶稣的信徒。

宗教和哲学对人类本源问题有相似的论述。从某种意义上说，宗教和哲学可谓"一胎二体"，因为它们都试图回答世界的本源和人类的本源问题，这个"胎"则是人类"自我意识"还未觉醒时的状态，人类有了自我意识之后就把这个源头当成了人类的摇篮。正如恩斯特·卡西尔（Ernst Cassirer，1874—1945）所言："在对宇宙的最早的神话学解释中，我们总是可以发现一个原始的人类学与一个原始的宇宙学比肩而立：世界的起源问题与人的起源问题难分难解地交织在一起。"[①]《道德经》即是这样一部探讨世界原初和人类本源问题的中国古代哲学经典，而基督教的经典《圣经》则从宗教特有的角度直接回答了人和世界从哪里来的问题。这两部中西古代经典的共通之处在于都勾画了人在"自我意识"产生前后的相似图景[②]：《圣经》中，人在触犯"原罪"（自我意识产生）前无知、无分别、无羞耻，而老子之"道"则是无名、无知、混沌的状态。触犯原罪后的人生即是赎罪的人生，由此产生宗教；老子之"道"的动因则是"返"，由此产生哲学。

传教士从宗教角度来解读《道德经》，这一方面可以认为是时代

---

① 〔德〕恩斯特·卡西尔：《人论》，甘阳译，上海译文出版社1985年版，第5页。
② 参阅姜生《论宗教源于人类自我意识》，《世界宗教研究》2011年第2期。

所需,另一方面也可说是传教士们的一厢情愿。西方哲学家黑格尔将老子所说的"一生二,二生三,三生万物"说成是东方的哲学智慧,并以此判断东方乃是初升的太阳。尼采曾把老子《道德经》比喻成一个永不枯竭的井泉,说它满载宝藏,放下汲桶就唾手可得。海德格尔更把老子之"道"视为人们思维得以推进的源泉。由此可见,西方哲学家读出了老子的哲学智慧。因此可以说,尽管西方有宗教类的解读,但《道德经》哲学的熠熠光辉仍毫无减损地被哲学家们发现。

哲理类的《道德经》解读,是指具有哲学知识储备的译者,通过对《道德经》核心概念、原典哲理、辩证思维的揭示,向读者展现《道德经》丰富的哲学思想世界。这类译本的解读,在《道德经》西传的总体译本所占的比重较大,然而由于各个译者的哲学派别不同,特别是他们自成体系的哲学主张不同,在解读《道德经》时自然产生了不同的效果与影响。因此,鉴于这类哲理性解读的丰富性、复杂性,笔者在研究这类译本时,只是从具有代表性与典型性的译本、译者切入,采取定量定性与个案分析相结合的研究方法,展示不同的译者由于哲学见解的不同而形成不同译本的原因,以达到"窥一斑而见全豹"的目的。哲理类解读后于宗教类解读,最初也受宗教类解读的影响,兼有哲学家与神学家背景的卡鲁斯的解读充分体现了这一点。随着西方哲学家对东方哲学了解的不断深入,解读者逐渐不再受宗教类解读的影响,而完全从哲学角度解读《道德经》,巴姆是其代表。在当代,对东方哲学不仅从学术上解释,而且从感情上接受的代表译者安乐哲、郝大为,更不断探索揭开《道德经》哲理内涵的新方法,在准确解读的道路上迈出了一大步。

在《道德经》翻译传播的历史上,除传教士、神学家、哲学家外,也不乏治学严谨的汉学家、翻译家,这类学者怀着对中国古代经典的崇敬之情,仔细研究,以个人的理解向读者展示自己心目中《道德经》的"图景"。他们独辟蹊径,从语言文字角度,用咬文嚼字的功夫,字斟句酌地翻译《道德经》,阐释老子的哲学思想。

"《道德经》的开放性内涵+西方文化中功用性思维模式"造就了西传《道德经》中的"演义类"译本。这类译本与其他译本相比，一个显著特点就是译者自认为领会了老子思想或智慧的精髓，所以翻译时可以不顾原文，而假之以无限的想象和自由发挥的发散性思维方式。这些译作者大多不懂源语言——汉语，因而从严格的翻译角度来说，他们的作品与其说是翻译，不如说是"演义"——就像《三国演义》对于《三国志》一样，此可谓《道德经》西传中的另类解读。虽然如此，由于他们的作品借用老子哲学的部分内容尽情发挥，甚至不惜篡改以符合西方人的"胃口"，因而很受西方读者欢迎，从而大大促进了《道德经》与老子哲学在西方的传播。

二、"原因"论的《道德经》解读

最早基于哲学视野解读《道德经》的译本，可以说是保罗·卡鲁斯（Paul Carus，1852—1919），他也是持"原因"论解读的代表译者。他在1898年翻译出版的《老子〈道德经〉》（*Lao-Tsze's Tao-Teh-King*），[①]不像理雅各等人那样仅从研究者的角度翻译《道德经》，而是以哲学的眼光，用西方的观念和神学解读《道德经》。

卡鲁斯是美国哲学家，一生致力于推动宗教多元化和宗教基础的研究，在其主编的哲学杂志《一元论者》和《公开论坛》上，他称自己是"热爱上帝的无神论者"，力图以他的哲学"一元论"调和宗教与科学的关系。他一生著述达六十多部，涉及包括中国哲学和佛教在内的东方哲学、西方哲学。卡鲁斯认为老子就是中国古代哲学家（The Old Philosopher），《道德经》堪比《佛经》和《圣经》。在译本前言中，他依据司马迁的《史记》追溯老子的历史，其中提到"孔老相会"，叙

---

① 卡鲁斯1898年译本名称是《老子〈道德经〉》（*Lao tze's Tao-Teh-King*），1913年从前一个版本摘录部分内容，改名为《理性美德之宝典：老子〈道德经〉》（*The Canon of Reason and Virtue: Lao-tze's Tao-Teh-King*）。

述了老子出关，遇见尹喜，留下《道德经》五千言的故事。由于他对中国历史与文化了解不够深入，无论追溯历史、描述事实，还是解读经典时都不免加进自己的主观臆断，如他认为老子出生的"周"朝之"周"的意思是"无处不在的国家"，即周朝皇帝的权力可以延伸到任何世界文明之国。① 他在描述老子的出生时直接引用传说，说老子是在一棵李树下出生，生下来就指着李树说，我就姓"李"，且认为李树是"永恒不朽"的象征。② "耳"象征愿意聆听，所以老子"姓李名耳"是最佳组合。卡鲁斯还认为老子的生平如拿破仑的生平一样传奇，在其身上发生的事件以及后来进入西方，在落日中消失在大西洋的一个岛上，都富有传奇色彩和神秘感。在卡鲁斯看来，孔子哲学成为当时中国政府的执政指导，而老子紧紧抓住了人民的心，随着时间推移，遂演变成如基督教般的中国宗教。③

卡鲁斯对《道德经》的哲学解读深受自身文化背景、哲学思想和宗教信仰的影响。他认为老子的《道德经》与基督教的思想有许多类似之处，《道德经》是基督教的前身这一点毋庸置疑。因为在他看来，老子之"道"不仅是"言词，原因"的意思，还与希腊语的"逻各斯"相对应——逻各斯的意思就是"言语"，即"上帝之言"；而且老子的以德报怨、复归于婴儿、反朴归纯、不争等主张，也都与基督教义理有共同之处。④

在翻译解读《道德经》的一些关键词、核心概念时，卡鲁斯认为

---

① Paul Carus, "Lao-Tsze's Tao-Teh-King", *The Monist*, Vol. Ⅶ, pp.571-601; *Lao tze's Tao-Teh-King*, Chicago: Open Court Publishing Co, 1898, p.5.
② Ibid., p.6.
③ Paul Carus, "Lao tze's Tao-Teh-King", pp.5-8.
④ Paul Carus, "Lao-Tsze's Tao-Teh-King", *The Monist*, Vol. Ⅶ, pp.571-601; *Lao tze's Tao-Teh-King*, p.9 原文：Lao-tze's Tao Teh King contains so many surprising analogies with Christian thought and sentiment, that were its pre-Christian origin not established beyond the shadow of a doubt, one would be inclined to discover in it trace of Christian influence. Not only does the term Tao (word, reason) correspond quite closely to the Greek term Logos, but Lao-tze preaches the ethics of requiting hatred with goodness. He insists on the necessity of becoming like unto a little child, of returning to primitive simplicity and purity, of non-assertion and non-resistance, and promises that the crooked shall be straight.

"道"具有"渠道、途径、方法或者方式"(path, way, method, or mode of doing a thing)的意思,也是表达事物的方式"语言"(the mode of expressing a thing, or a "word")。他总结道:这些意思中的根本涵义即是"原因"(Reason)。这导致"道"包含的"原因"以外的其他蕴义,难以在其译本里体现,从而限制了老子哲学思想整体的解读与传播。

例如对《道德经》第二十五章的翻译,就突出表现了他的"原因"论。该章原文:"有物混成,先天地生。寂兮寥兮,独立而不改,周行而不殆,可以为天地母。吾不知其名,强字之曰道,强为之名曰大。大曰逝,逝曰远,远曰反。故道大,天大,地大,人亦大。域中有四大,而人居其一焉。人法地,地法天,天法道,道法自然。"卡鲁斯的译文可分为以下六句:

1. There is a Being wondrous and complete. Before heaven and earth, it was. How calm it is! How spiritual! 回译:"有一种'存在',多么奇妙、多么完美,存在于天地之前,多么安静!多么空灵!"①

2. Alone it standeth, and it changeth not; around it moveth, and it suffereth not; yet therefore can it be the world's mother. 回译:"独撑一面,不改变;在周围运行,从不会有痛苦,因此可以成为'天下之母'。"

3. Its name I know not, but its nature I call Reason. 回译:"我不知道它的名字,但它的本性我称之为'原因'。"

4. Constrained to give a name, I call it the great. The great I call the departing, and the departing I call the beyond. The beyond I call home. 回译:"一定要给个名字的话,那么我称它大,大我就称它逝去,逝去我称它在那一边,在那一边我就称它家。"

5. The saying goes, "Reason is great, heaven is great, earth is great, and royalty also is great. (There are four things in the world that are great, and royalty is one of them.)" 回译:"有谚语说:'原因大,天大,地大,

---

① 此处回译文字译者为笔者。下文中凡回译文字皆为笔者所作,不再作注。

王权也大'（天下有四大，王权是其中之一）。"

6. Man's standard is the earth. The earth's standard is heaven. Heaven's standard is Reason. Reason's standard is intrinsic. 回译："人的标准是地，地的标准是天，天的标准是原因，原因的标准是本质（固有的）。"

这一章中，老子对"道"有三个层面的描述和阐释，先是"形"，再是"名"，再次是与天地人之间的"关系"。卡鲁斯的译文把原文分作六个句子来翻译表达，也就是六个层次：

原文第一个层面"道的状态"，他用 1、2 两句的两个层次在译文中表达。译文第一层次借用西方哲学概念"存在"（Being）表达"有物"，"混成"意义则丢失，而"寂兮寥兮"的原意是"无声、无形"，则被译为"多么宁静！多么空灵（精神）"；译文第二层次说"道"可独撑一面，可是接着又说"道"在周围运行，从不会有痛苦，因此可成为"天下之母"。在这个层面，可以看到译文把两个层次的关系最终归结为一种因果——总之、所以（yet therefore）。甚至为了突出这种因果，不惜错译误译，如在后一层次中"痛苦"和"可是"之间的转折，译文显然对原文产生了误解：把"殆"——"停止"的意思，错译为"痛苦"，又把"可以为"理解为"可是"和"因为"，其目的都是在强化他对"道"的根本涵义即是"原因"（Reason）的理解。

原文第二层面的"道之名"，卡鲁斯在译文中也用分为两个层次的 3、4 句来表达。译文第一层次说"我不知道它的名字，但它的本性我称之为'原因'"。译文第二个层次，卡鲁斯把"返"译为 home，其暗含的意思仍然在突出因果关系，因为在他看来"道"的本性就是"原因"，所以最终要"归家"。这与老子之"道"螺旋式上升的"返"相比，以及与老子对螺旋式循环的"道"之轨迹的描述相比，显然大相径庭了。

原文第三个层面描述"（道）与天地人之间的关系"时，先说"道大"，接着说"天也大，地也大，人也大"。这样既是说明"道"不与天地人争大，又把"道"与天地人的关系通过"大"字联系起来，然后进一步阐述"人法地，地法天，天法道，道法自然"，把最后的落脚点放在"自然"上。"自然"就是自然而然，既是最普通的规律，也是最高层的境界。实际上指出人地天和"道"最终都是"法自然"，又进一步强化了天地人和"道"之间的和谐共通关系。译文对原文第三层面也用5、6两句两个层次来表达。第一层次"原因大，天大，地大，王权也大"。这里的问题是译者参照了王弼本或河上公本，把原文的"人"当成"王"。①如果是"王"，就不能与第二层次中的"人法地"相贯通呼应。何况译文第一层次也并没有译出单个的"王"字，而是把"王"字译作"王权"，故译文的两层意思无法贯通。译者甚至把第二层次译成："人的标准是地，地的标准是天，天的标准是原因，原因的标准是本质（固有的）。"这个译文既失去了老子原文的通透性、连续性、周延性，更失去了老子"道法自然"的哲学精髓。

卡鲁斯虽然从哲学角度翻译解读《道德经》，但他把"道"译成"原因"，并以之贯穿译本始终，导致其译本产生了严重的问题。因为当卡鲁斯定位老子之"道"就是"原因"时，也就失去了八十一章出现七十四次之多的老子之"道"的其他丰富内涵，甚至本质特征。即使在第二十五章仅出现四次的"道"，如果稍加分析，卡鲁斯也无法用"原因论"自圆其说。如他把二十五章第一次出现的"强字之曰道"的"道"，翻译成"道的本性"（the nature of Reason），而不是"原因"。因为他已经发现，连老子本人都无法给它一个名，所以才强字之曰"道"，他又如何能给他一个"原因"之名呢。对于"道法自然"这句话，卡鲁斯同样难以前后一致，于是在翻译中把"自然"略去，因为他心目中的"道"是作为"第一原因"的上帝。既是"第一原因"，怎能再去"法自然"？于是他又把译文变成"原因的标准是其内在性"。总之，从卡鲁斯对"道"的翻译解读来看，与其说他是在从哲学角度解读《道德经》，不如说他是在把自己理解的"道"或自己的"原因

---

① 参阅陈鼓应《老子今注今译》，商务印书馆2003年版，第171—172页。

论",借老子之口说出来而已。

三、"自然智慧"论的《道德经》解读

持此论的代表译者为巴姆。阿契·J.巴姆（Archie J. Bahm，1907—1996）是美国现代著名的比较哲学家，新墨西哥大学教授，主要致力于中国、印度和西方哲学的宏观比较研究，他著述颇丰，代表作有《〈道德经〉：自然与智慧》（1958）、《佛陀的哲学》（1958）、《瑜珈——终极的和谐》（1961）、《世界现存宗教》（1964）、《孔子精神》（1969）、《薄伽梵歌——黑天的智慧》（1970）、《比较哲学——西方、印度和中国的哲学比较》（1977）等。通过研究中西和印度哲学思辨的不同特征，他颇有见地地揭示了中国哲学中相反相成的思维特点。通过对老子之"道"的体验，他认为"道"就是"自然"，"德"就是"智慧"，因而他多从"自然智慧"的角度解读《道德经》。1958年他翻译出版的《〈道德经〉：自然与智慧》，堪称哲理性译本的代表。巴姆曾撰写《哲学概论》《佛陀的哲学》，他在《比较哲学与比较宗教》[①]中，曾形象地用被一条线从中间分开的一个圆、太极图和一个空圆来分别描述西方、中国和印度的哲学思维方式的主要差异：西方哲学是二分法逻辑，是A和非A，二者必居其一；中国哲学是互补的逻辑，两端互补，相反相成；印度哲学是双重否定逻辑，非A，非非A。他在解读《道德经》时，运用了比较哲学的方法，把《道德经》的核心概念与其他哲学概念（如西方哲学概念和佛陀哲学概念）相比较，指出《道德经》是智慧和语言的哲学。总体来看，他的译文义理贯通，富含哲理。

巴姆译本与其他非哲学译本的不同，从他对《道德经》第五十五章"物壮则老，谓之不道，不道早已"句的翻译即可看出来。巴姆译文是：For when things exhaust their vigour, they age quickly. Such impa-

---

[①]〔美〕A. J. 巴姆：《比较哲学与比较宗教》，巴姆比较哲学研究室编译，四川人民出版社1996年版。

tience is against Nature. What is against Nature dies young. 回译："一旦万物耗尽自己的元气或能量，就会立刻衰老。如此急躁地（过早耗尽）发展，就违反自然规律，而任何违反自然规律的事物都会早逝。"再看西方读者和学界比较认可的理雅各的非哲理性译文：When things have become strong, they (then) become old, which may be said to be contrary to the Tao. Whatever is contrary to the Tao soon ends. 回译："当事物长壮，就会衰老，这一点据说是违反道的。无论什么违反道，都会迅速地结束。"两相比较，很明显巴姆的译文富于思辨，义理非常清楚，前后既符合逻辑，又一以贯之。理雅各的译文虽然暗示了同样的哲理，但缺少思辨性内涵，内在逻辑关系不紧密，甚至与原文相突兀："物壮则老"是符合自然规律的命题，并不能由此推出"违反道"这个结论。

再来看巴姆在用哲学语言表达时，如何克服中西语言差异的限制，用高度哲学化的思想内涵驾驭文化差异，从而达到自圆其说的效果。《道德经》第二十六章："重为轻根，静为躁君。是以君子终日行，不离辎重。虽有荣观，燕处超然。奈何万乘之主，而以身轻天下？轻则失根，躁则失君。"巴姆译文：Saneness or sobriety is more basic than frivolity. Calmness or self-sufficiency is superior to being agitated. Therefore the intelligent man, though he goes on a long journey, will never depart far from his means of conveyance. No matter how exciting the distractions, he never submits to their lures. / What would happen if Nature were to act frivolously? / If it became frivolous, it would be deprived of its sanity. If it became agitated, it would lose control of itself. 回译："清醒和节制比浮躁更重要，是基础。宁静或知足胜过被挑动。因此聪明的人尽管长途旅行，也不离开自己的交通工具；无论什么样激动人心的引诱，他从不违背自己的原则。如果道（Nature）本身就很轻浮地作为，会发生什么样的情况呢？如果它变得轻浮，就会失去清醒。一旦被搅扰，就会失去自我控制。"兹分析如下：

在老子原文中，"重为轻根，静为躁君"这两句话的哲学含义既相互独立又相互关联，前者为后者作铺垫，使后者表达得更深刻。相应地，巴姆的译文节略了前半句，着重解释后半句，可以说准确把握了老子思想的重点。

原文"是以君子终日行不离辎重"，句中的"君子"在中国文化中具有丰富厚重的含义，指行为端正、道德高尚、知识才能超出凡常的楷模。如果要找一个对等的西方词汇来表达实在太难了，巴姆巧妙地挑选了一个与此段文本内容相关且最恰当的表达词（"聪明人"）来体现其"智慧哲学"。理雅各却把这个"聪明人"译成"王子"，使其负载了另外的文化内涵。句中的"辎重"二字，原意是笨重的行李，巴姆用"交通工具"来表达，也显得比较顺畅。

此外，巴姆的译文舍弃了"重为轻根"以及"虽有荣观，燕处超然"句，虽然与原文比较有很大的失真，但从积极方面看，在共九句话的一章中，译者竟然在漏译三句话的情况下还能自圆其说，要表达的"清醒是本，而轻浮必然容易被鼓动，被鼓动或引诱必然失去自我控制"的核心观念未受影响，这表明了他是在用哲学化的解读方式驾驭跨文化的翻译，本身也体现出一种哲学智慧。

哲学著作的翻译解读，如果译者把握准确，显然对读者正确地理解老子起着很大的作用。巴姆也根据自身的理解，努力向原文本靠近，但由于他本人对汉语言缺乏了解，译文中也有很多不足甚至谬误。如《道德经》第四十四章："故知足不辱，知止不殆，可以长久。"巴姆译文：He who knows how to discriminate wisely avoids danger, And continues safely on his way. 回译："明智的有辨别能力的人可以避免危险，从而安全地走自己的路。"译文一方面译出了"知足不辱，知止不殆，可以长久"所包含的"明辨"的哲理，可是另一方面也丢失了原文"知足""知止"的生动表达，而"安全地走自己的路"也失之于肤浅。

再如《道德经》第四十章云："反者道之动，弱者道之用。天下万物生于有，有生于无。"巴姆译文：Nature alternates dynamically. When it completes what it is doing, then it starts all over again. All that is springs from such alternation. 回译:"自然动态地更替着。当它完成了自己的使命,就会从头再来,这个周期循环往复。"译文显然没有全面理解原文,巴姆限于其汉语水平,加之文化差异与背景不同,只译解了"道之循环往复"的内涵,其他重要思想和概念如"道之动""道之用""有"和"无"等都统统丢失了。

第四十章的这区区四句话,巴姆竟然漏译这么多核心概念和重要思想,可见他对老子哲学解读的疏漏之多,因此有人甚至怀疑他的译本究竟是不是《道德经》的译本。他把"道"译为 Nature,"德"译为 Intelligence,然后以这两个概念("自然智慧")套解全书思想,出现的问题就更多更复杂了。例如第五十一章"德畜之"句,巴姆译为"Intelligence guides them",显然不妥。

尤其严重的是,由于概念错用,在其他地方真正要用 Intelligence 这个词来翻译时,就与不该用但却用了 intelligence 或其同源词的翻译相混淆,以至于使人无所适从。例如第五十三章:"使我介然有知,行于大道,唯施是畏。"巴姆译文:Let us be intelligent and follow Nature itself. Let us not stray. 这里的"知"有"智"的意思,选择 intelligent 来译没有问题。可是对于"圣人"和"善者",他也一概用 intelligence 或同源词来翻译,"圣人"如第六十三章"是以圣人终不为大,故能成其大"句,巴姆译文:Therefore the intelligent man, although never troubling himself with big things, still accomplishes the same result. "善者"如第八十一章"善者不辩,辩者不善"句,巴姆翻译:He who is intelligent is not quarrelsome; He who is quarrelsome is not intelligent. 巴姆将前句的"圣人"和后句的"善人"都译为"聪明的人",甚至如上文提到的"君子"也被译成"聪明的人",无疑会给读者造成误导与困惑,会让读者感到已偏离了《道德经》。①

虽则如此,巴姆努力从哲学角度对整部《道德经》进行翻译解读,

---

① 此段 intelligence 的解读参考台湾地区学者张起钧《老子道德经的英文译本及其翻译的途径》,《辅仁大学文学院人文学报》第 1 期(1970 年 9 月)。

仍可以说呈现了其中的独特智慧。从以上解析可见，在涉及哲学智慧之处，巴姆总是不遗余力地把它们剥离出来，留下的或是语言的外壳或是连带着的文化根茎。他的解读因为剥去了语言外壳而有时看似清凌凌，有时又因剥离连带的文化内涵而显得血淋淋。鉴于此，对于这类译本，我们既要看到它的长处和优点，又要谨慎对待其疏漏甚至曲解原著文化内涵的一面。

四、"开路"论的《道德经》解读

持此论的代表译者为安乐哲（Roger T. Ames）和郝大维（David L. Hall）。美国夏威夷大学哲学教授安乐哲是一位致力于中西方哲学比较研究和中国经典翻译的学者，他翻译的中国经典除《道德经》外，还有《论语》《孙子兵法》《孙膑兵法》《淮南子》等。郝大维曾是美国得克萨斯大学哲学教授，早年研究美国哲学和怀特海哲学，后转向道家哲学和希腊哲学的研究，曾与安乐哲合作出版《孔子哲学思微》一书。安乐哲与郝大维在 2003 年合译出版的《哲学地解读〈道德经〉：使此生伟大》（A Philosophical Translation: Dao De Jing, Making This Life Significant），直接冠以"哲学"之名，可见其对《道德经》哲学价值的重视。

在该书导论中，两位译者认为"道"就是"way-making"（开路）。据此，他们对其他译本中的哲学性解读作了评论。例如对于卡鲁斯和苏祖基（D. T. Suruki）1913 年的合译本《理性美德之宝典：老子〈道德经〉》，他们认为译者把"道"理解成"原因"，很容易让人想起"上帝第一因"（Divine Reason），从而使读者觉得中国的天子就是"负有人类原罪的高等神父"，[①] 这种哲学解读显然是不能接受的。而葛兰言（Marcel Granet）在其著作《中国思想》中也早已明确指出："中国的

[①] Roger T. Ames and David L. Hall, *A Philosophical Translation: Dao De Jing, Making This Life Significant*, New York: Ballantine Books, p.12.

智慧不需要上帝这一观念。"[1]为此，两位译者在其翻译实践中一方面纠正前人不当的译解，另一方面也提出了他们对中国哲学和老子之"道"的新看法，以构建其"开路"论的《道德经》体系。

首先，他们在翻译时努力摆脱西方宗教哲学的影响，避免附会式的翻译。这一点在他们对第四、四十二章的翻译中表现得非常明显。

第四章原文有"吾不知谁之子，象帝之先"句，两位译者译为：I do not know whose progeny it is; It prefigures the ancestral gods. 回译："我不知它是谁的后代，它预兆于祖先神之前。"译者把"子"译为"后裔"，"帝"译为与"上帝"无关且小写的"帝王"，表明他们摆脱了先前的译者用各种拐弯抹角的方式对《道德经》作宗教哲学解读的影响。另外，译者还考虑到中华文化中"帝"的涵义，给它加了修饰语"祖先的"。这种细微处理说明译者对中华文化和老子思想具有较为深入的理解，并力图将其贯彻在对《道德经》的翻译中。

第四十二章原文有"道生一，一生二，二生三，三生万物"句，两位译者的译文：Way-making (dao) gives rise to continuity,/Continuity gives rise to difference,/Difference gives rise to plurality,/And plurality gives rise to the manifold of everything that is happening (wanwu).[2] 回译："路的开辟产生连续性，连续性产生差异，差异产生多元，多元产生万物的多样性。"

这几句是理解老子之"道"的关键。首先，两位译者把"道"译为"way-making"——"路的开辟"，[3]意谓"道"是"开路"，具有"流动性"和"延续性"的特质。因此他们反对把"道"物化，所以如果将其译成"道（dao）"或"那个道（the dao）"，就违背了其"流动性"和"自反性"的特质；而如果把"道"译为名词化或概念化的

---

[1] 〔美〕安乐哲、郝大维：《道不远人：比较哲学视域中的〈老子〉》，何金俐译，学苑出版社2004年版，第2页脚注（1）。

[2] Roger T. Ames and David L. Hall, *A Philosophical Translation: Dao De Jing, Making This Life Significant*, pp.142-143.

[3] Ibid., pp.57-59.

way、path、road,也是"用物质的本体论替代了过程的感受性"。① 从中可见,安氏和郝氏没有因为"道"的创生性特质,而推论出"道是万物创造者"这个西方宗教哲学式的命题,而是尽力表现出"道"在老子哲学中的原文化指称。

其次,安氏与郝氏的译本对老子哲学包含的连续性与多样性思想有深刻的把握。所以,他们在翻译"道生一,一生二,二生三,三生万物"时,没有拘泥于原文中的数字,而是从数字中挖掘其抽象性、连续性的意涵,把原文的"一、二、三……"解读为"道(开路)-连续-差异-多元-万物"的贯通。译文虽然并未出现数字,其深刻的哲学抽象性却丝毫不差。当然,从另一角度看,安氏与郝氏的翻译也可说是他们用"连续"和"过程"思想,重构了老子"道"的哲学。

对于"道"的超越性、开放性以及老子的时空合一思想,安氏和郝氏也有颇为深刻的理解。关于"道"的超越性和开放性,《道德经》第四章:"道冲,而用之或不盈。渊兮,似万物之宗。挫其锐,解其纷,和其光,同其尘。湛兮,似或存。"其译文为:Way-making being empty,/You make use of it/But do not fill it up./So abysmally deep—/It seems the predecessor of everything that is happening (wanwu)./It blunts the sharp edges/And untangles the knots;/It softens the glare/And brings things together on the same track./So cavernously deep—/It only seems to persist. 回译:"路的开辟是一种空无,你可以用它,但永远不要填满。非常之深——似万物的前身。挫掉锋利的边缘,解开其中的结节,柔和锐利之光,与万物融入一个轨道。像洞穴一样深啊——似乎还在那儿坚守。"

两位译者之所以着眼于"道"的开放性和超越性而对第四章作上述翻译,其因由可用他们的另一本合著《道不远人:比较哲学视域中

---

① Roger T. Ames and David L. Hall, *A Philosophical Translation: Dao De Jing, Making This Life Significant*, p.59.

的〈老子〉》中的一段话来说明："'道'的不可确定的本质使得它就像一个无底的杯子，无限宽敞。经验过程性和流动性的品格为自我的内部更新提供了一个发展空间，因而戒绝了拥有最初源起或最终闭合的任一可能性。在生命节律内部，那摇摆的门打开，新奇自然而然产生，为世界注入新鲜血液，冲淡那些走入极端的，改造所有脱离轨道的。无论再具持久性的事物都会在事物之间无休止的转化中最终被超越。经验的深微、奥妙之处就在于它无可穷尽的可能性。是真正的新奇产生了这些无可穷尽的可能性：它是自存且无法言明的。作为万物的创造性源头和所有关系的处所，经验自身就是敬畏和宗教崇拜的适当对象。"[1] 按照这段话描述的"道"的无限开放性和超越性，西方哲学意义上的"第一因""终极审判"以及所谓"超绝"（归入上帝的审判）[2]，便没有了存在空间。两位译者正是基于对老子之"道"的上述理解来翻译解读《道德经》的。

关于时空合一，《道德经》第九章："持而盈之，不如其已；揣而锐之，不可长保。金玉满堂，莫之能守；富贵而骄，自遗其咎。功遂身退，天之道也。"安氏和郝氏译文：It is better to desist / Than to try to hold it upright and fill it to the brim. / Pounded out to a point / Its sharpness cannot be long maintained. / When treasure fill the hall, No one is able to keep it safe. / Those who are arrogant because of station and wealth / Bring calamity upon themselves. / To retire when the deed is done / Is the way (dao) that tian works. 回译："紧抱着不放而且还要装得满满，不如断了这个念头；在一点上用力捶，锐利不可长保；厅堂里堆满财宝，没有人可以看守得了；因为自己财富和地位而骄傲的人，只能给自己带来灾祸；事情做完就隐退，是天的行事之路（道）。"

本章原文在描述"正反相承"现象时，并未解释之所以如此的原

---

① 〔美〕安乐哲、郝大维：《道不远人：比较哲学视域中的〈老子〉》，第96页。
② 关于"超越"和"超绝"的区分，参阅胡治洪、丁四新《辨异观同论中西——安乐哲教授访谈录》，《中国哲学史》2006年11期。

因，读者需要自己去领会。译文同样没有解释前后句之间的关系，但译注却作出了说明：如果时间变了，构成产生某物或某件事情的条件变了，结果自然会变，这是时空合一的辩证关系。例如金玉满堂，赚取金玉的人和条件随着时间的变化而变化，虽然物在，但时间更替、事异人异，财物怎能永恒留在老地方呢？同理，人的地位随着时间改变也会变，人已有变化，怎么还能固守虚名而沾沾自喜呢？由此可见，译者把本章前后句间的关系理解为时间和空间的并存性关系。基于这种关系，如果谁抱着其中一个不放，只能自遗其咎。正是根据对老子的时空辩证统一思想的理解，译者对第九章作出了如上翻译。

安氏和郝氏译本所表现出的深刻而丰富的哲理性不仅体现在以上几方面，译文中还有不少类似例子。例如，译者认为老子哲学是浑然一体的，"道""德""天"都是关系性范畴，这些看法在译文中都有体现。当然，译本也有句读理解不准确、某些哲理阐释不当等不足之处，限于篇幅，此不赘述。

结语

在繁多的《道德经》译本中，以上三部哲理化英译本虽然仅只是"万花丛中几点红"，但也折射出了一些具有典型意义的问题。

首先，中西哲学的不同难免造成重要概念译解的偏差。差异产生对立，对立容易成为遮障。关于中西哲学差异，方东美说："中国哲学一向不用二分法以形成对立矛盾，却总是要透视一切境界，求里面广大的纵之而通、横之而通，藉《周易》的名词，就是要造成一个'旁通的系统'。这是中国哲学与其它哲学最大的差异。"[①] 正因此，西方译者多以某个具体词汇（如上文提到的 Reason、intelligence 等）来翻译老子之"道"，势必使其被纳入西方哲学的概念体系中，因而不能全

---

① 方东美：《原始儒家道家哲学》，黎明文化事业股份有限公司 1983 年版，第 22 页。

面、客观、准确地反映老子之"道"的真实内涵。

其次,具有深厚西方哲学背景的译者在解读《道德经》时,所遇到的语言、文化和历史等问题,加深了他们翻译《道德经》的难度。同时由于哲学家解读《道德经》关注的是译本自身的义理通畅,或者着重于其所能理解出的义理结构的架设,或者只注重其一己哲学观念的彰扬,故对于原文中那些曲径通幽的隐微哲理,在不能充分理解、贴切表达的情况下,往往会采取裁弯取直或架桥铺路的方式进行翻译和解读,由此,出现漏译、转译甚至误译的现象也就不可避免了。

英美汉学界的老子哲学研究概述

徐 强[*]

摘要：英美汉学界的老子哲学研究经历了长期的发展过程，形成了一批富有价值的成果，其发展高峰大致有三个时期：19世纪末至20世纪初、20世纪20至60年代、20世纪70年代至今，其突出特色是问题意识独特、方法论自觉明显、极有洞见而又充满误解等。从类型来看，英美汉学界的老子哲学研究大致可分为三种：考证性诠释、比较研究、老子哲学的当代意义阐发或优越性论证。回顾和考察英美汉学界的老子哲学研究，对于推动老子乃至道家哲学思想的国际化、深化中西文化交流具有重要意义。

关键词：英美汉学 老子哲学

基金项目：国家社科基金项目"国外学界对中国传统个体观的研究与中国式群己话语的建构研究"（21BZX084）

随着中外文化交流的日益密切，汉学作为一门学科悄然兴起。聚焦于哲学领域，英美汉学界对老子哲学的研究成果也已蔚为大观。基于一种跨文化的立场产生的思想距离，汉学家对老子哲学的解读与中国传统解读模式在视域、范式、方法等方面都存在不同。汉学家的知

---

[*] 徐强，哲学博士，大连理工大学哲学系副教授。

识背景与《老子》文本之间存在着微妙的紧张关系，由此产生了广阔的问题维度和意义空间。

在以汉学家为代表的西方学界的中国哲学研究中，研究者是具有西方文明背景的外国人，当他们面对中国文化传统时，不可避免地会将自身的背景投射到研究中去。也就是说，他们总是站在自身文明、文化的立场上，带着这种文化所特有的问题意识和思维方式来思考和研究中国传统哲学。同样是老子哲学，他们从中所看到的内容就与身处在中国文明中的中国历代学者有着极大的不同。借助于他们的研究，老子哲学向人们展现了不同于以往的面貌，我们由此看到了老子哲学的另一种特别的样态。可以说，借助于"他者的眼光"，我们深化和拓展了对传统的理解和领悟，在真正意义上跟西方文明和西方学者展开了深层次的"对话"，这是一个非常有益处的双向增长过程。所以，深入考察英美汉学界对老子哲学的研究确是饶有趣味的课题。

本文试图对英美汉学界的老子哲学研究的总体状况做概括性描述，分别从纵向和横向的角度呈现汉学界老子哲学研究的发展历程及不同类型，概括英美汉学界老子哲学研究的总体特点，目的是让我们对英美汉学界老子哲学研究的总体状况有一个宏观的把握和认知。

一、英美汉学界老子哲学研究的发展阶段

英美汉学界对老子哲学的研究经历了一个比较长的发展时期，体现出比较明显的阶段性，这期间既有发展的高峰，也有发展的低谷，而且每个发展阶段都体现出各自明显的特征。英美汉学界的老子哲学研究之所以存在这种发展的阶段性，跟西方社会、文化、思想发展的大背景存在着密不可分的关系。通过对英美汉学界老子哲学研究的历史做一个系统化的梳理，可以使我们对其发展概况形成宏观、整体性的把握。

在中国传统哲学、传统文化向西方传播的早期阶段，基督教传教

士功不可没，虽然他们对中国传统文化的研究更多是为了传教的需要，但是客观的效果是使西方人逐步了解和认识了中国传统哲学文化。早在17、18世纪，欧洲尚处于启蒙运动时期，西方一些学者就对中国哲学、文化产生了较为浓厚的兴趣。不过，此时他们更倾心于儒家思想，对道家思想的关注则相对较少。他们重视对儒家思想的研究，主要是将其作为摆脱传统束缚并追求启蒙解放的思想武器。

18世纪中晚期以来，西方思想界出现一个新动向，即道家学说逐渐受到重视，道家经典特别是《老子》慢慢通过一些传教士或汉学家的翻译而为西方人所了解。道家之所以逐渐被重视，其原因一方面可能在于传教士或兼具传教士身份的汉学家在研究儒家、借儒家思想传播基督教的过程中逐渐发现，儒家学说作为一种意识形态，具有较大的封闭性和压制性（包括后来出现的儒家与基督教的礼仪之争，实际上都是明显的体现），[①] 儒家学说解释空间的有限性不利于基督教传播，于是他们逐步转向对道家的研究，视其为东方智慧之源或隐含着上帝启示的思想；另一方面，18世纪中晚期，以康德、黑格尔、谢林、费希特等为代表的德国古典哲学家在欧洲产生了深刻的影响，而德国古典哲学家特别是黑格尔在构建其哲学体系的过程中，关注并研究了中国传统思想，而且做出一个判断：儒家的思想只不过是一些格言性质的道德教条，只有老子的思想才具有哲学性。黑格尔等人对于道家、老子思想的评判极大地影响了欧洲思想界对于中国传统思想的看法，这使得道家思想，特别是老子思想在欧洲逐渐受到比儒家更多的重视，也推动了西方汉学界的道家哲学、老子哲学的研究。

然而18世纪中期以来愈演愈烈的礼仪之争，极大地阻碍了中西方思想的交流，也影响了老子哲学在西方的传播。礼仪之争最终发展为罗马教皇规定中国天主教信徒不能祭祖祭孔，此举激起当时的皇帝康熙的极大不满，下令禁止天主教在中国传播，不再允许传教士来华传

---

① 〔荷〕许理和：《东西方的老子观》，张海燕译，《国外社会科学》1993年9期。

教，中西方交流基本中断。这直接导致西方学者包括康德、黑格尔等在了解包括老子哲学在内的中国思想时，只能依靠此前传教士所翻译的一些片段资料，而这些翻译的水准往往都并不是很高，这也客观上造成了西方学者对于中国文化、道家思想的误解或理解不深。

19世纪中晚期以来，伴随着西方的坚船利炮，中国的国门再一次被打开，基督教重新大规模进入中国，中西方思想文化交流日益密切，老子思想也才更加深入地被西方所了解。自19世纪晚期以来，西方学者对老子哲学的研究总体上不断推进，但也呈现出起起落落的阶段性。

（一）英美汉学界老子哲学研究的第一次热潮

英美汉学界老子研究的第一个热潮出现在19世纪末至20世纪初。这一时期出现了很多对《老子》的翻译（这是老子哲学研究的基础）以及一些研究性作品。比如，湛约翰（John Chalmers，1825—1899）翻译的《〈老子〉：老子关于玄学、政治与道德的思考》（The speculalions on Metaphysics, polilics and Morality of "The old Philosopher", Lau-tsze），这个译本1868年在伦敦出版，被认为是最早的《老子》英译本。此外，还陆续出现了托马斯·瓦特斯（又译倭妥玛，Thomas Watters，1840—1901）的《老子：中国哲学研究》（Lao-tzu:a study in chinese philosophy，1868）、巴尔福（Frederic Henry Balfour）的《道书：伦理的、政治的及思辨的文本》（Taoist Texts: Ethical, Political, and Speculative，1884）、翟理斯（Herbert A. Giles，1845—1935）的《老子遗集》（The Remains of Lao Tzu，1886）、亚历山大（George Gardiner Alexander）的《老子，伟大的思想家：及其关于上帝之本质和表现的思想的翻译》（Lao Tsze, the Great Thinker: with a Translation of His Thoughts on the Nature and Manifestations of God，1895）、保罗·卡洛斯（Paul Carus）的《老子的〈道德经〉——附导论、中英对照翻译和注释》（Lao-Tze's Tao-Teh King: Chinese-English, with introduction, transliteration and notes，1898）、海森格（I. W. Heysinger）的《指引中

国的光：老子的〈道德经〉》（*The Light of China: The Tao Teh King of Lao Tsze*，1903）等等。

这个时期英美汉学界的老子哲学研究的特点是：(1) 以翻译为主，虽然随着中西交流的日益密切，这种翻译日趋专业化，但仍然存在很多问题；(2) 研究者仍然多是传教士，比如理雅各（James Legge）、卫礼贤（Richard Wilhelm）等，当然也有少量的专业汉学家；(3) 很大程度上存在以基督教教义解释老子哲学的现象，注重基督教与老子哲学思想的比较研究、交流等，比如湛约翰在翻译《老子》时直接将"帝"翻译为"God"，将"神"翻译为基督教的众神"Spirit"，以基督教词汇对译《老子》。亚历山大则直接将"道"翻译成了"God"或"Creator"，都体现出强烈的基督教色彩。当然，这时也开始出现了摆脱基督教影响以诠释老子哲学的新动向，特别是 20 世纪初这种倾向渐趋明显。

这一时期汉学界的老子哲学研究之所以出现这种状况，其原因一方面在于随着列强入侵，基督教和老子思想产生了直接交流的机会，客观上刺激了西方对老子哲学的研究；另一方面，19 世纪晚期以来欧洲所经历的精神大变革，特别是进化论思潮对于基督教世界观以及建立在基督教世界观基础上的道德、制度、观念的质疑和冲击，使得基督教思想家力图从非基督教的文化中寻求新的宗教启示和体验，[①] 以拯救基督教信仰，老子哲学中类似神秘主义的、重视神秘体验的思想为此提供了极好的资源，也促使英美汉学界的老子哲学研究展现出如上所述的面貌和特点。

（二）英美汉学界老子哲学研究的第二次热潮

英美汉学界老子哲学研究的第二个热潮大约出现在 20 世纪 20 年代至 60 年代，也即第一次世界大战结束后不久到第二次世界大战结

[①] 〔德〕卜松山：《时代精神的玩偶——对西方接受道家思想的评述》，《哲学研究》1998 年第 7 期。

束后十余年的时间。这一时期涌现出了不少《老子》译本以及大量对老子哲学的研究型作品。代表性的成果包括：亚瑟·韦利（Arthur Waley）的《老子》译本《道和德：道德经及其在中国思想中的地位》（*The Way and Its Power: A Study of the Tao Te Ching and Its Place in Chinese Thoughts*，1934）、威特·宾纳（Witter Bynner）的《老子》译本《老子的生存之道》（*The Way of Life According to Lao tzu*，1944）以及布莱克尼（R. B. Blakney）的《生命之道：道德经》（*The Way of Life: Tao te ching/Lao Zi*，1955）和尉迟酣（Holmes Welch）的《道之分歧：老子和道教运动》（*The Parting of the Way: Lao Tzu and the Taosit Movement*，1957）。这些汉学家不仅翻译老子，而且在翻译中融入了对老子哲学的研究和阐释，展现了他们对老子哲学的理解。此外，一些著名的专业汉学家，比如美国人德效骞（Homer H. Doubs，1892—1969）和卜德（Derk Bodde，1909—2003）也都发表了研究老子的著述。

这一时期英美汉学界的老子哲学研究体现出与上一时期不甚相同的特点，具体表现为：（1）老子哲学研究试图摆脱宗教比附，注重对《老子》原文、原意的探讨，致力于传递《老子》真实的思想内核，比如亚瑟·韦利就把"用细节的准确性给出原文本的意思"作为自己译介《老子》的目标；（2）注重对老子生命智慧、人生哲学的挖掘和探索，特别关注老子的清静无为、顺应自然、追求和谐等思想，寻求可以帮助欧洲人度过欧战带来的精神危机、社会危机的生存哲学和智慧，因此老子哲学对于文明、对社会的批判思想受到青睐；（3）哲学等领域的学者开始真正关注老子哲学，出现比较纯粹的关于老子哲学研究的作品；（4）更具体地说，汉学界对道家老子学派的关注要多于其他道家学派，原因可能在于《老子》文本本身简短，翻译比较成熟；（5）这一时期老子思想研究的中心是在欧洲，而非美国，主要以法国为中心，多运用社会学、语言学、心理学的方法研究老子哲学，英美汉学界的老子研究地位相对边缘化。

这一阶段英美汉学界的道家思想研究、特别是老子哲学研究之所以形成一个高潮,并体现出自己比较明显的特点,其原因在于:(1)经历了第一次和第二次世界大战的欧洲人逐渐发现自身文明存在的种种问题,"西方世界自我毁灭的疯狂使当时的知识分子对帝国主义时代视为当然的欧洲文明的优越性产生了疑问",①并试图从东方传统,特别是道家老子、庄子思想中寻求克服固有缺陷的救治良方;(2)与此同时,西方文化中出现的诸如尼采的悲观主义情绪、斯宾格勒对于"西方的没落"的判断,也激起了西方学者对东方思想的兴趣,由此导致了这一时期的"道家热",使得老子思想备受关注;(3)西方哲学中出现的诸如海德格尔、维特根斯坦等哲学家的思想与老子哲学存在着某种共鸣或类似之处,这也激发了西方学者对老子思想的研究兴趣;(4)此外,这一时期法国作为中国研究的中心,相关学者基于社会学的理念对道教(Taoism)的研究兴趣极为浓厚,这也有助于推动英美汉学界的道家哲学、老子哲学的研究。

(三)英美汉学界老子哲学研究的第三波热潮

20世纪七八十年代以来,英美汉学界的老子哲学研究又一次获得了迅速发展,形成了第三个重要发展阶段。这一阶段英美汉学界对老子思想的研究超过了前面两个阶段,并逐渐达到了该领域的发展顶峰。首先,在文本翻译方面,几乎每年都会有新的《老子》译本出现;其次,出现了大量的老子研究论著及论文,而且质量不断提高;再者,从事老子思想、老子哲学研究的学者队伍也空前壮大。在这一阶段,从事老子哲学研究的队伍至少包括了国外大学汉学系的汉学家、哲学系的纯粹哲学家以及海外的华裔学者等不同群体,涌现出了诸如韩禄伯(Robert G. Henricks)、葛瑞汉(Angus C. Graham)、刘殿爵(D. C. Lau)、史华慈(Benjamin I. Schwartz)、爱莲心(Robert Allinson)、吴光明(Kuang-Ming Wu)、梅维恒(Victor H. Mair)、陈汉生(Chad Hanson)、郝大维(David Hall)、安乐哲(Roger. T. Ames)等著名的

---

① 〔德〕卜松山:《时代精神的玩偶——对西方接受道家思想的评述》。

中国哲学、老子哲学研究专家。

同样，这一时期英美汉学界的老子哲学研究也体现出不同于以往的特色：（1）《老子》文本的翻译更加专业化，水平不断提高，越来越完善的译本不断出现；（2）汉学家们对老子哲学的研究向普及和深化两个方向发展；（3）老子哲学研究成果极大丰富并且不断走向自觉化，更重要的是研究方法、研究思路呈现多样化的态势，关注的主题也多种多样；（4）老子哲学与西方哲学实现了深层次的对话与互动，中外老子哲学的研究也逐步走向深入交流和互动，一方面，诸如后现代主义、后殖民主义、女性主义等思潮渗透进老子哲学的研究中，发掘出了老子哲学的新意蕴，另一方面也出现了自觉摆脱以西方模式研究老子哲学的努力，力图推动中西文化的深层次交流对话，通过互比而互显；（5）另外，汉学界老子哲学研究的中心由欧洲转移到了美国，英美汉学界的老子研究摆脱了相对边缘的地位，成为整个汉学界的老子哲学研究的中心。

这一时期英美汉学界老子哲学研究之所以体现出这种特点，其原因在于：（1）随着中国的改革开放，中西交流日益密切，这为汉学界老子研究的迅速发展提供了客观的便利条件；（2）中西交流和合作的日益密切，也使得英美学界从事老子研究的群体不断壮大，具有不同知识背景和文化传统的学者都进入到老子哲学研究领域，自然也极大促进了老子哲学的研究；（3）基于某些特定的诉求（比如政治考量），英美国家、特别是美国出现了大量的研究机构或提供充足的研究基金支持学者展开深入的中国研究，这也为老子哲学的研究提供了很好的保障；[①]（4）后现代思潮兴起，因其与道家思想、老子思想本身反传统、反伦理、反常规及批判文明等特点产生共鸣，也促进了老子哲学在西方的传播；（5）从社会层面看，20世纪七八十年代后欧美国家出现了一些新的思想运动，比如造就了所谓的"垮掉的一代"，他们追求个性主

[①] 崔玉军：《陈荣捷与美国的中国哲学研究》，社会科学文献出版社2010年版，第137—156页。

义，追求带有异国情调的生活，此外"嬉皮运动"的兴起也"使人们追求替代性宗教和反世俗生活风格"，①他们对返璞归真的生活的迷恋，也让道家哲学、老子哲学更容易被接受，由此西方国家兴起了另一波"道家热"，老子思想、庄子思想被当作是拯救物质泛滥而精神空虚的西方文明的灵丹妙药，得到持续的关注和研究；（6）最后，要指出的是西方这一时期兴起的神秘学狂热，对于道教长生、生理心理治疗、风水等极感兴趣，也推动了道家思想的普及，进而又推动了老子哲学研究的深入。

总体而言，我们看到，基于老子思想自身的特点以及西方思想发展、社会发展的实际，老子哲学在英美汉学界的接受和研究比较明显地表现出如上所述的三个阶段。这一纵向的梳理，有助于我们对英美汉学界老子哲学研究的发展历史形成比较清晰的认识。

二、英美汉学界老子哲学研究的主要类型

以上我们从纵向的角度梳理了英美汉学界老子哲学研究的历史及不同发展阶段，如果从横向的角度看，那么我们又可以发现英美汉学界老子哲学研究可以归纳为几种明显不同的类型。不同的研究者基于不同的目的，从不同的角度运用不同的方法研究老子哲学、老子思想，使英美汉学界老子哲学的研究呈现出考证性诠释、比较研究、对老子哲学世界意义或优越性的论证和阐明等不同类型。

（一）考证性诠释

所谓考证性诠释，主要是指英美汉学界的汉学家对老子哲学所作的文本性研究和解读，这一类型的研究主要集中于老子哲学中的某些概念或某些主题，试图通过对这些概念、主题的分析，弄清老子的本

---

① 〔德〕卜松山：《时代精神的玩偶——对西方接受道家思想的评述》。

意，考察老子哲学到底想表达什么。至于老子哲学、老子思想的现实意义或价值、老子哲学与其他哲学思想的异同并非其考察之重点。这种考证性诠释其实又可以细分为三种不同的类型，即传统型的考证性诠释、对比性的诠释、西式的诠释。

1. 传统型的考证性诠释

传统型的考证性诠释是指汉学界的学者在对老子哲学的某一概念或某一思想的解读中能够自觉地抛开自己特殊的知识背景和立场，立足于中国哲学的传统，主要运用中国传统固有的术语、语言、思维方式对老子思想进行诠释和解说。① 这类诠释和解读在汉学界的研究中数量是比较多的。总体上看，英美汉学界对老子哲学的传统型考证性诠释集中在"道""自然""有无""无为""德""朴""混沌"等这几个概念或观念之上。这些概念是老子哲学的核心概念，只有弄清这些概念的含义才能理解老子的思想。比如研究老子"自然"观念的代表性作品有王庆节（Qingjie Wang）的《论老子的自然概念》（*On Lao Zi's Concept of Ziran*），柴大卫（David Chai）的《道家自然概念的再思考》（*Rethinking the Daoist Concept of Nature*）。王庆节指出老子的自然并不是通常认为的那样完全排斥人类行为、人类欲望，自然是事物成为其自身的自然过程。刘笑敢则在《老子哲学中的自然概念》（*On The Concept of Naturalness [Tzu-jan] in Lao Tzu's Philosophy*）中批评了认为"道"是老子哲学的核心观念的传统看法，认为"自然""无为"才是老子哲学的核心观念。他进而考察了自然的意义，探讨了其现代意义，并认为老子的自然实际是一种"人文自然"。

还有一些研究专注于对《老子》第一章的阐释，因为《老子》第一章涉及到"道""有""无"等多个核心概念，所以对第一章的阐释必然包括对这些核心概念的研究。比如顾立雅（Herrlee G. Creel）的

---

① 姜新艳主编：《英语世界中的中国哲学·导言》，中国人民大学出版社2009年版，第2页。本文对汉学界老子哲学研究类型的划分也参照了姜新艳在该书中提出的划分方式。

《〈老子〉首章的理解》(On the Opening Words of the Lao-Tzu) 和卜弼德 (Peter A. Boodberg) 的《〈老子〉第一章的哲学注释》(Philological Notes on Chapter One of The Lao Tzu) 等，都对《老子》第一章进行了详尽的传统型的考证性诠释。针对"有无"这一概念，白彤东、罗伯特·哈南 (Robert Hahnan)、柴大卫也都做过专门研究。白彤东在《〈老子〉中的"有""无"的本体论解释》(Ontological Interpretation of You [something] [有] and Wu [nothing] [无] in the Laozi) 中认为《老子》中的"有"和"无"具有多层含义，只有在"有"和"无"的不同层面上，才能恰当理解《老子》中"有无相生"和"有生于无"这样的矛盾说法。此外，对于老子哲学中的"无为""德""朴"等概念或观念也都有专门的高水平研究，在此不一一举例说明。

整体上来说，这种研究立足于中国哲学的传统，运用中国传统固有的术语、语言对老子的观念进行诠释，试图还原和把握老子核心哲学观念的本意，体现了一些英美汉学家试图抛开自身的立场，深入到中国哲学的语境中原汁原味地理解老子哲学的努力。

2. 对比性诠释

对比性诠释则是指在对老子哲学的某些概念、某些思想的阐释中，将其与西方哲学传统中的相关概念、思想进行适当的比较，通过比较以更好地说明老子哲学中的概念范畴、思想的含义。这类研究也比较常见，比如梁燕城 (Thomas In-Sing Leung) 的论文《道与逻各斯》(Tao and Logos) 以及邱凯庆 (音译，Kay Keng Khoo) 的论文《道与逻各斯：老子与约翰福音》(The Tao and the Logos-Lao Tzu and the Gospel of John) 都对老子的"道"和西方哲学中的"逻各斯"(logos) 概念进行了比较，以此阐明老子的"道"的概念；罗伯特·哈南 (Robert Hahnan) 在《〈梨俱吠陀〉、老庄作品及后期柏拉图作品中的"存在"与"不存在"》(Being and Non-being in Rig Veda X, in the Writings of the Lao Tzu and Chuang Tzu and in the 'Later' Plato) 一文中，通过与印度思想、柏拉图思想的比较，阐释了老子的"有无"(存在与非存在)

观念。巴里·艾伦（Barry Allen）的《无与空：禅宗与道家思想中的虚空与知识》（*The Virtual and the Vacant—Emptiness and Knowledge in Chan and Daoism*）则是在与禅宗的比较研究中阐明老子的"无""虚"的概念。通过适当的比较，可以使老子思想中的某些重要概念、范畴的含义更清晰地呈现出来。

3. 西式的诠释

考证性诠释的第三种具体类型我们称为西式的诠释。这种对老子哲学思想或概念的诠释与传统型的诠释有很大的不同，它不限于用中国固有的观念、术语来诠释解读老子哲学，而是有意用西方哲学传统中的术语、范畴来解读老子思想、老子哲学。这种诠释的目的不仅仅在于阐明老子哲学的本意，其更明确的目标是使老子哲学成为西方人可以理解的思想。这样做的直接后果就是用西方的模式或框架来限定老子哲学，但这种研究也有很重要的意义和价值，即发现或赋予了老子哲学更丰富的内涵。这类诠释在英美汉学界的老子哲学研究中是最为常见的。

英美汉学界诠释老子哲学的视角或框架是多种多样的，概括而言包括了宇宙论、形而上学、人生哲学、政治哲学、知识论、真理观、语言哲学、女性主义、技术哲学、自我观、身体观等多样而全面的诠释角度和诠释模式。

关注老子人生哲学的代表性作品包括罗浩（Harold D. Roth）的《早期道家思想中的心理与修养》（*Psychology and Self-Cultivation in Early Taoistic Thought*）、张千帆（Qianfan Zhang）的《中国传统哲学中的人的尊严：基于道家视角的观察》（*Human Dignity in Classical Chinese Philosophy: the Daoist Perspective*）、徐颂鹏（Sung-Peng Hsu）的《老子的恶的观念》（*Lao Tzu's Conception of Evil*）等，他们分别从人的心理与修养、人格尊严、人性等角度发掘了老子的人生哲学。关注老子的政治哲学的作品也非常丰富，比如约翰·克拉克（John P. Clark）的《道家与政治》（*On Taoism and Politics*）、弗雷德里克·本德

（Frederic D. Bender）的《道家与西方无政府主义》(Taoism and Western Anarchism)、安乐哲（Roger T. Ames）的《政治性道家是无政府主义吗？》(Is Political Taoism Anarchism?) 以及爱伦·张（Ellen Y. Zhang）的《"兵者不祥之器"：〈道德经〉的战争观与和平观》(Weapons Are Nothing But Ominous Instruments—The Daodejing's View on War and Peace) 等。英美汉学界对老子无为而治思想的含义及其具体可操作性非常关注，对小国寡民到底是老子的政治设计还是对过去社会的乌托邦式的回忆，对老子政治哲学与无政府主义之间的关系等问题都进行了很深入的探讨。

除此之外，陆无极（音译，Martin Wu Chi Lu）的《儒家、道家、奥古斯丁寻求真理之路及其当代意义》(The Confucian, Taoist and Augustinian Approaches to Truth and Their Contemporary Implications) 则是从知识论、真理观的角度分析老子哲学，科恩（Livia Kohn）的《道家的身体观》(Taoist Visions of the Body) 以及琼斯与卡里尼（David Jones, John Culliney）的《分形自我与自然构成：道家圣人与混沌理论》(The Fractal Self and The Organization of Nature: the Daoist Sage and Chaos Theory) 则从当下流行的身体哲学、自我观的角度研究老子的身体观。

上述的对老子哲学的阐释，是用宇宙论、形上学、语言哲学、政治哲学、技术哲学、身体观等这些西式的概念或框架对老子哲学进行梳理和阐释。这种西式的诠释展示了老子哲学的世界性意义，使老子哲学可以更容易地为西方学界所认知和了解。

（二）比较研究

比较研究是英美汉学界老子哲学研究的第二种主要类型。这里所说的比较研究与前面所说的考证性诠释中的对比性诠释有相似之处，但也有很大的不同。虽然两者都试图将老子哲学与西方哲学做一些比较，但比较的目的不同，对比性诠释主要目的是阐明老子哲学中的某些概念或思想，因而是以老子哲学为主体的，西方哲学在比较中是次要的、辅助的；但是在比较研究中，研究的目的和侧重点则是通过比较发现两者的异同，进而寻求中西方两种哲学传统在更深层次上的差异，诸如思维方式、文化结构等方面的异同，更好地理解不同的哲学传统，进而探索两者沟通的可能性及其途径。

这类研究在汉学界也比较常见。梳理英美汉学界的这类研究，可发现英美汉学家们将老子思想与斯多葛学派、克尔凯郭尔、康德、海德格尔、尼采、维特根斯坦、杜威、列维纳斯等西方哲学家进行了广泛的比较研究；当然也有一些研究注重从研究主题的角度将老子的哲学概念与西方哲学概念的进行比较，如道与逻各斯的比较研究、"有无"与"存在、非存在"的比较研究等。

对老子哲学与斯多葛学派的比较研究，汉学家突出了对两者生活方式的比较，关注了两者在伦理学思想方面的审美共性，比如科尔曼（Earle J. Coleman）的《道家和斯多葛学派伦理思想的美学相似性》（*Aesthetic Commonalities in the Ethics of Daoism and Stoicism*）的研究就是很好的例子。关于老子哲学和康德哲学的比较研究则主要体现在美学、人性、自由等方面的异同比较上。老子与海德格尔的比较研究是一个热点，相关的研究成果非常多，比如海姆（Michael Heim）的《比较哲学：海德格尔与老子》（*A Philosophy of Comparison: Heidegger and Lao Tzu*），沃尔法特（Guenter Wohlfart）的《海德格尔和老子的"无"：论〈道德经〉第十一章》（*Heidegger and Laozi: Wu [Nothing] — On Chapter 11 of the Daodejing*），帕克斯（Graham Parkes）的《老庄和海德格尔论自然和技术》（*Lao-Zhuang and Heidegger on Nature and Technology*）等。海德格尔与老子的关系问题众说纷纭，不少汉学家也致力于解释此问题，并对两者的技术观、自然观等关键主题进行了深入的比较研究。关于老子与维特根斯坦的比较研究则侧重语言哲学问题和神秘主义问题，因为两者在此问题上存在可比较性或相似性，代表性论文包括托米纳加（Thomas T. Tominaga）的《禅宗、道家和维特根斯坦》(*Ch'an, Taoism, and Wittgenstein*)以及《道家和维特根斯坦的神秘主义》(*Taoist and Wittgensteinian Mysticism*)等。老子与尼采、老子与杜威的比较研究也很充分深入，在此不一一列举相关成果。值得指出的是郝大维和安乐哲两位学者，他们也是从事比较研究的代表。通过比较，他们发现了中西方哲学的巨大不同，如在逻辑秩序与审美秩序、超越与内在、诉诸本质与诉诸典范、因果思维与关联思维这些对比中，西方重前者，而中国则重后者，此外西方更重逻辑、讲理性，中国重感性、不重视逻辑，等等。[①]他们同时认为，包括老子哲学在内的中国哲学传统在当今时代仍有重要价值。

（三）老子哲学的世界性意义研究或优点论证

这种类型研究的目的主要不在于把握老子哲学某些概念、思想的原本内涵，也不在于比较老子哲学与西方哲学或文化传统的异同，而在于分析老子哲学在当今时代所可能具有的普世性意义或价值，探寻老子哲学在回应西方哲学的某些困境方面可能提供的镜鉴和解决思路，或者论证老子哲学在某些方面相对于西方哲学所具有的优越之处。这种类型的研究对于推动老子哲学、道家哲学走向世界，展现其普世价值或当代意义具有更大的启发性。

此类研究在英美汉学界的老子哲学研究中也占不小比重。比如梅勒（Hans-Georg Moeller）的《不让一个孩子掉队？对于当今一些人文主义教育理念的道家式批评》(*No Child Left Behind? A Daoist Critique of Some Humanist Ideals of Education*)等，探究了老子哲学、道家哲学对当代教育理念的启示意义。邢怿君、斯塔里克（Yijun Xing, Mark Starik）的《道家式领导与员工绿色行为：可持续发展的文化的、哲学的微观基础》(*Taoist Leadership and Employee Green Behaviour: A Cultural and Philosophical Microfoundation of Sustainability*)则探讨了老

[①] 参阅〔美〕郝大维、安乐哲《汉哲学思维的文化探源》，施忠连译，江苏人民出版社1999年版。

子哲学对当下领导员工关系或领导哲学的启示意义。沈清松（Vincent Shen）的《儒家和道家对建构实在论的回应》（*Confucianism And Taoism In Response To Constructive Realism*），则注重从理论上探讨包括老子哲学在内的道家哲学对于回应西方哲学的某些困境所可能提供的思想资源。

王蓉蓉（Robin R. Wang）在《坤道：女性化的道家中活着的身体》（*Kundao: A Lived Body in Female Daoism*）和赖蕴慧（Karyn Lai）在《道德经：当代女性主义思想的资源》（*The Daodejing: Resources for Comtemporary Feminist Thinking*）中揭示了老子哲学对于当代女性主义思想可能有的启示意义。李荣杨（音译，Jung H. Lee）在《葆真：原始道家和人权》（*Preserving One's Nature: Primitivist Daoism and Human Rights*）中则指出虽然老子没有权利观念，但他以独特的方式保护人，因而对于当今的权利观念、人权观念具有独特的启示价值。布林德利（Erica Fox Brindley）则在《早期中国的个体观念：思想和政治中的人类主体和自我》（*Individualism in Early China: Human Agency and the Self in Thought and Politics*）中探讨了老子的自我观、主体观，揭示了中国哲学传统中独特的个体观念，认为这可成为我们丰富完善群己理论的有益资源。

其他诸如前文提到过的史华慈、葛瑞汉的老子哲学研究也值得关注，史华慈试图借鉴老子思想丰富全人类共同的经验世界，为人类面对共同的问题提供可借鉴的资源，葛瑞汉一直关注价值与事实的关系问题，他认为西方没有为价值找到可靠的根基，因为西方传统试图从事实（理性）推出价值是不成立的，实然推不出应然，这构成西方哲学的一大困境，葛瑞汉以为在中国思想中，比如老子思想中的关联性思维可以为这一问题的解决提供一些可能的思路。[1]

---

[1] A. C. Graham, *Reason and Spontaneous*, London: Curzon Press and New York: Barnes and Noble, 1985.

三、英美汉学界老子哲学研究的基本特点及启示

英美汉学界的老子哲学研究已经取得了不少成果，这些研究存在着比较鲜明的特点。

首先，英美汉学界的老子哲学研究者通常有独特的问题意识，他们多从不同于国内道家研究者的立场出发来阐释老子思想，从而使老子哲学展现出迥异的思想貌相。因为英美汉学界的学者毕竟立足于西方哲学和文化的背景，他们对老子哲学的兴趣也是由西方哲学思想所面临的问题所激发，其重新阐释老子哲学的根本目标是要回应这些西方哲学的问题。这些问题可能是对人的意识生活的关注，也可能是对西方个人主义、无政府主义、神秘主义、相对主义、过程哲学、解构主义、语言哲学、环境哲学的思考和疑虑，还可能是寻求发展西方哲学思想的域外资源和财富等，这些特定的问题意识和背景立场自然都会使其从不同的视角来看老子哲学。其实，我们在前文已指出英美汉学界老子哲学研究之所以体现出明显的阶段性，也根本上取决于不同时代的英美汉学家面对的思想背景和问题意识各不相同，因而对老子哲学的阐释角度和侧重也就各不相同。

其次，英美汉学界的老子哲学研究通常都体现出比较明确的方法论自觉，能自觉地运用某些理论方法展开老子哲学研究。这大概跟西方哲学的传统有关，相比于国内，西方的学术研究自一开始就具有比较明确的方法论意识。比如郝大维、安乐哲对比较哲学的研究方法和研究模式的自觉运用，同时对比较研究方法中求同、求异两种偏好的陷阱有明确的自觉，从而在西方哲学的映照下，构建起一种独特的对老子哲学的理解。再如一些汉学家在老子研究中自觉运用逻辑分析方法、语言分析方法、阐释学理论及跨学科研究方法等阐释老子。可以说，多种多样的研究方法和研究模式的运用，推动了老子哲学展现出不同的向度，呈现出新的价值和意义。

再者，英美汉学界的老子哲学研究基于自身的问题意识和意义预期，立足于独特的研究方法和模式，这一方面使传统的老子哲学焕发出新的活力，展现出新的内涵，但是另一方面，这些特定的问题意识和研究方法也可能构成其理解老子哲学的障碍，所以我们可以发现，英美汉学界的老子哲学研究在展现出一些卓越洞见的同时，也存在很多对老子哲学的误读，包括对老子思想的过度诠释。中国的哲学传统与西方的哲学传统从表层到底层都有着很重要的区别，处于西方哲学传统中的英美汉学家通常是基于固有的知识背景进入到老子哲学中，当他们以固有的思维方式和知识结构来理解老子哲学的时候，常常就会将自身的观念投射到老子哲学中，赋予老子哲学一些本不具有的思想从而错误地理解了老子，甚至基于自身的需要随意地构造了老子思想；同时由于这种知识背景的限制，老子哲学本身所具有的一些丰富内涵又不能进入到他们的视野之中，使他们经常不能真正理解老子哲学的意义。

对于英美汉学界老子哲学研究取得的丰富成果，国内学界不能视而不见，因为这些成果对我们具有重要的启示意义。首先，老子哲学的进一步研究需要真正实现视野的扩展。英美汉学界的老子哲学研究向我们展示了汉学家基于不同的研究视野和视角所挖掘的老子思想，这对于在新的时代背景下发掘老子思想具有积极的推动作用。况且，在新的时代背景下，我们面临着越来越多的新的理论和现实问题，我们带着这些问题去阅读老子，本身就意味着新的视角和视野的出现。凝练和发掘新的研究视角是我们深入研究老子哲学不可忽视的途径。其次，推动老子哲学研究中的方法论转变也具有重要的地位和意义。英美汉学界的老子哲学研究通常都表现出研究者明确的方法论自觉，而多样化的研究方法和研究模式的应用对于发掘老子思想的丰富内涵，推动老子思想实现现代转化或走向世界具有重要的启示；与之相比，国内的老子研究通常方法论意识相对缺乏，对研究方法和研究模式的转变也缺乏有效的反思，这都是需要加以改变的。对英美汉学界老子哲学研究的探讨，有助于我们跳出以往的老子哲学研究范式，促进老子哲学研究模式、研究方法的多样化。再次，通过对英美汉学界老子哲学研究的反思，我们认为像汉学家这样从比较哲学或跨文化的立场研究老子哲学及传统中国哲学，无论对老子哲学还是对西方哲学都具有重要价值。成中英曾评价这种研究："中国哲学可以接受西方哲学的批评和分析，以求现代化和普遍化……以西方哲学分析及批评中国哲学的终极目的，是使中国哲学能够分析及批评西方哲学，使中国哲学能够接受西方的挑战而做回应，就是使中国哲学卒能对西方哲学提出挑战，使之自我反省以求回应。这种转化不只促成中国哲学的再生及发展，也促进人类哲学的理性的再生及发展，使人类面临的许多现实的问题，不论是个人的、社会的，乃至全世界的，在文化上或科学上，价值上或知识上，都产生新的突破。"[1]

英美汉学界的老子哲学、中国哲学研究对于实现中西方的深层交流具有重要帮助，然而真正实现这种交流却并不容易。中西方学者虽然都在研究老子哲学，但常常都在自说自话，彼此间交集很少。英美学界汉学家的老子哲学研究，所回应的经常都是西方汉学家所提出的问题，针对的也多是之前的西方汉学家对老子哲学的理解和解读，而对汉语世界的老子研究了解有限，总体上是在西方的话语系统中解读和讨论老子哲学。另一方面，不少中国学者又往往觉得汉学家没有真正领会老子思想的实质和精髓，因而对其并不甚重视。因此，就老子哲学研究而言，在看似繁荣的汉学研究背后，中外老子研究的交流方面还不可避免地存在着难以逾越的鸿沟，真正的、深层的、有效的中西方的互相理解还有很长的路要走。真正的交流，需要双方能站在一个更高的层次上，有一定的立场和视域，但又不为特定的立场和视域所限，以"同情的理解"的态度看待对方，中西方真正的、深层次理解和沟通才会慢慢实现。

---

[1] 〔美〕成中英:《从中西互释中挺立：中国哲学与中国文化的新定位》，中国人民大学出版社2005年版，第33—34页。

最早《道德经》汉西全译本初探

黄垚馨[*]

摘要：《中国安南来往书信·第二十三本》收录了首部从汉语直接译为西班牙文的《道德经》全本，这个出自19世纪后期西班牙多明我会教士的版本，表明多明我会终于从《道德经》的间接阅读，迈向对老子思想的总体理解与再诠释。这部汉西全译本的翻译初衷及其对老子思想基源的推论，或受到当时流通的汉学研究与法语译本的影响，间接肯定了耶稣会索隐派教士并排"夷、希、微"和"三一"理论，也体现出传教士对中国典籍诠释进路的转折。

关键词：老子 《中国安南来往书信》 苏玛素 三一 多明我会

引言

菲律宾圣多玛斯学院（Colegio Santo Tomás）于1889年出版的《中国安南来往书信·第二十三本》（*El correo Sino-Annamita Volumen XXIII*），[①]保存了首部直接从汉语翻译为西班牙文的《道德经》全译

---

[*] 黄垚馨，辅仁大学跨文化研究所比较文学博士，曾任中山大学国际翻译学院博士后研究员。

① 菲律宾圣多玛斯学院校址所在城市马尼拉是多明我会最重要的赴东传教据点，另外，还有中国、越南、日本与菲律宾等教区。当时，东方各个教区将地区（转下页）

本。① 这部译本置于目次"福建北境"(Fokien Norte)底下，撰写人是多明我会教士苏玛素(Salvador Masot, 1845—1911)②。同部信册也收录了郭德刚(Fernando Sáinz, 1832—1895)③的相关回复。此前，多明我会教士高母羡(Juan Cobo, 1546—1592)(曾参与创办圣多玛斯学院)与闵明我(Domingo Fernández de Navarrete, 1610—1689)也曾将《道德经》的部分章句翻译为西班牙文。其中，高母羡约于1590年完成《明心宝鉴》(*Beng Sim Po Cam o Espejo Rico del Claro Cora-*

(接上页)观察与宣教记录寄往马尼拉，部分信件就收录于年度出版的《中国安南来往书信》。最早一部《中国安南来往书信》于1866年出版，由菲律宾圣多玛斯学院发行直到1916年结束。参见哈佛大学图书馆(Harvard Library)HOLLIS检索系统的"El correo Sino-Annamita"页面简介：http://id.lib.harvard.edu/alma/990016556100203941/catalog，最后访问日期：2020年4月18日。相关多明我会历史及教士信息参见 *Los dominicos en el extremo oriente. Provincias del Santñisimo Rosario de Filipinas. Relaciones publicadas con motivo del séptimo centenario de la confirmación de la Sagrada Orden de Predicadores.* Barcelona: Seix&Barral Herms, 1916。收录《道德经》西班牙语译文的第二十三本《中国安南来往书信》之完整书目为：*El correo Sino-Annamita: O, Correspondencia de las Misiones del Sagrado Orden de Predicaciones en Formosa, China, Tung-King y Filipinas,* Manila: Real Colegio de Sto Tomás 23, 1889.

① 西班牙语区作为"一带一路"沿线重要国家，与中国在经济文化上交流频仍。思索"中国经典"走向世界的影响力，应特别关注《道德经》在西班牙语区的翻译与传播。根据美籍学者邰谧侠(Misha Tadd)最新的《道德经》译本目录研究，外译语种达97种，译本数计2051本，西文译本121种。详参邰谧侠(Misha Tadd):《〈老子〉译本总目》,《国际汉学》2019年增刊。(另译本数目不断更新，此处的统计数字来自该篇文章作者于2022年7月21日的答复。)截至目前，还未有学者深入探究苏玛素的版本，因此本文尝试在现有文献基础上，针对其翻译、相关反馈及可能参阅脉络进行初步探讨，以期未来分析该译本与其他译著的诠释路径差异及更进一步研究。有关西文研究可见笔者此前发表的专文：Huang Yaohsin, Estudio preliminar sobre la primera versión completa del Tao Te Ching al español, *Encuentros en Catay,* 2021, vol.34, pp.64-85。

② 西班牙出生的苏玛素于1884年晋升领衔主教，是年来华传教，直到1911年逝世，这段时间任命为福建北境宗座代牧。*Los dominicos en el extremo oriente. Provincias del Santñisimo Rosario de Filipinas. Relaciones publicadas con motivo del séptimo centenario de la confirmación de la Sagrada Orden de Predicadores,* p.350.

③ 郭德刚是首批到隶属厦门的台湾教区宣教的多明我会教士，1869年奉命返回马尼拉服务直到逝世。*Los dominicos en el extremo oriente. Provincias del Santñisimo Rosario de Filipinas. Relaciones publicadas con motivo del séptimo centenario de la confirmación de la Sagrada Orden de Predicadores,* p.359.

zón）的翻译工作，① 译作包含十三处"老子曰"引述（Lochu/Louchu dixe）。② 闵明我则在 1676 年出版的《中国的历史、政治、伦理与宗教古籍》（*Tratados históricos, políticos, éticos y religiosos de la monarquia de China*）③ 中再次翻译《明心宝鉴》，④ 并且将耶稣会教士龙华民（Niccolò Longobardi，1565—1654）《论中国宗教的几点问题》（*Respuesta Breve, sobre las Controversias de el Xang Ti, Tien Xin, y Ling Hoen, y otros nombres y terminos Chinicos*）⑤ 翻译为西班牙文，合计引用七处"老子"（El Lao Zu）⑥。换言之，苏玛素这部 19 世纪末叶《道德经》全译本，标示多明我会教士终于从对《道德经》的"间接"阅读，迈向

① Juan Cobo, *El libro chino Beng Sim Po Cam o espejo rico del claro corazón* [manuscript, ca. 1590], Ed. Luís Gonzáles Alonso Getino, Biblioteca Clásica Dominicana. Madrid: Claudio Coello, 1924. 详参西班牙国家图书馆网页提供的电子文献：http://bdh-rd.bne.es/viewer.vm?id=0000058860&page=1，最后访问日期：2020 年 8 月 23 日。笔者另参照庞培法布拉大学（Universitat Pompeu Fabra）校网提供的重建数位版本：Ed. del Manel Ollé. Barcelona: Península. 1998. 详参网页：https://www.upf.edu/asia/projectes/che/s16/bengsi.htm，最后访问日期：2020 年 8 月 23 日。

② Juan Cobo, *El libro chino Beng Sim Po Cam o espejo rico del claro corazón*, p.13, 14, 36, 39, 40, 43, 50, 69, 85, 89–90, 106, 113, 116.

③ Domingo Fernández de Navarrete. *Tratados históricos, políticos, éticos y religiosos de la monarquia de China*, Madrid: Imprenta Real, 1676.

④ TRATADO IV. Del libro *Ming, Sin, Pao, Kien, esto es, espejo precioso del alma*. Navarrete *op. cit*., p.173–245.

⑤ 这份文件原为葡萄牙语（标题：Resposta breve sobre as Controversias do Xámti, Tienxin, Limhoên, e outros nomes e termos sinicos: per se determinar quaes delles podem ou nao podem usarse nesta Xrandade. Dirigida aos Padres das Residencias da China, pera a verem, a depois emviare com ou seu parecer sobre ella ao Nosso Padre Visitador em Macao），或成书于 1623 年，手抄本几经流散后经由方济会教士利安当（Antonio de Santa Maria Caballero，1602—1669）交付给闵明我，尔后其西班牙文翻译就收录于《中国的历史、政治、伦理与宗教古籍》（详参 TRATADO V. De la secta Literaria. Navarrete *op. cit*., pp.245–289.）。此处主要参阅李文潮与潘凤娟的研究。详参李文潮《龙华民及其论中国宗教的几个问题》，《汉语基督教学术论评》2006 年创刊号；潘凤娟《龙华民〈论中国宗教的几点问题〉翻译探初：以考证边栏中文和比对注释为中心》，《哲学与文化》2017 年第 11 期。

⑥ 分别是《明心宝鉴》译文中的六处（TRATADO IV. Del libro *Ming, Sin, Pao, Kien, esto es, espejo precioso del alma*. p.204, 207, 210–211, 213, 220, 229.）以及《论中国宗教的几点》（TRATADO V. De la secta Literaria. Navarrete *op. cit*., p.262.）。此外，笔者目前在《明心宝鉴》的译文当中发现有四处文句没有直接引用"老子"（El Lao Zu），但事实上出自《道德经》的句子；譬如来自《明心宝鉴》："善人，不善人之师。不善人，善人之资"对应《道德经·第二十七章》"故善人者，不善人之师；不善人者，善人之资"，详参 Navarrete, *Tratados históricos, políticos, éticos y religiosos de la monarquia de China*, p.180.

对《道德经》的总体理解与再诠释。因此本文在现有文献基础上,以《中国安南来往书信·第二十三本》的《道德经》版本为主要研究对象,尝试了解其诠释进路以及可能的参阅脉络。为了便利学者专家指正,大部分引述原文附于脚注。

一、《道德经》的特殊价值:"老子"其人其书与"三一"

苏玛素对《道德经》的翻译与注释见《中国安南来往书信·第二十三本》的《信笺六》(第一部分),① 收信人为郭德刚,落款为1889年5月18日福州。从苏玛素的问候可以推知,促使他进行《道德经》的全本翻译是由于辨识出《道德经》的特殊价值。苏玛素认为此前大家尚未意识到《道德经》的独特意义,因此他对收信人郭德刚说:"您这么喜欢中国的事物,这么喜欢讨论它们,实在一点也不奇怪。想讨您开心又聊点什么的话,再没有比谈谈这里更好的办法,其实大家还不是很了解,这些有特殊价值的东西……。"② 而这话句里的"价值"就是指《道德经》的"思想"(los pensamientos);他也提到:"探寻这部作品的思想就是我在闲暇时间翻译《道德经》的动力。"③ 苏玛素更直接在书信中指出《道德经》最重要的概念语言"道"(Tao),存在"说道"(decir)、"道路"(camino)和"学说"(doctrina)等许多意涵,然而"道"更为特殊的涵义是:"万物生成的创始,也是自然永恒的法则;以此,既保证万物秩序亦是伦理价值本源。"是故,他认为《道德经》(Tao-Te-King)的标题意指"永恒的真理与道德法则"(Regla inmutable de la razon y de la virtud)。④ 因为发现这部经典的价值,

---

① Salvador Masot, "Fo-chou 18 de Mayo de 1889", *El Correo Sino-Annamita* Vol. 23, 1889, p.95-158.
② Masot, "Fo-chou 18 de Mayo de 1889", p.95.
③ Ibid., pp.97-98.
④ Ibid., p.98. 此处无论是"永恒"或是"不动"的阐释,都有较为明显的"西方"思维痕迹,苏玛素或不能理解何谓中国人的"常",这或在西文里暂时没有对等的概念语言。总体而言,老子的形上探索脱离不了其相应时代的人祸(转下页)

苏玛素表示自己将会"如是呈现《道德经》本来面貌，不带褒贬地介绍《老子》（Lao-Tszu）思想"，在他的认知里，"老子是一位深奥的哲学家"。①

然而，在回答老子其人其书的问题上，苏玛素却表现出其他的疑虑。首先，他认为存在历史人物老子，而且老子出生年代早于孔夫子诞辰。②尽管如此，老子的追随者为其编造了许多传说故事，甚至相信老子是在历代显化的"神祇"。此外，虽然儒释道在理论上是三种不同教派，但现实情况下"也有儒者趋于佛道教的迷信术数"。③因此他不能接受神话故事的说法，更不能将《道德经》思想与当时其他民间信仰等量齐观。他还在译文的注释中，进一步引申出"三一"（La Trinidad）的解读路径（见下节）。再者，他认为《道德经》不一定就是老子（Lao-Tszu）直接撰作的；一来由于纷杂的传说故事，另外，言辞精短的《道德经》偶尔会出现错序的章节。对他而言，这个问题来自历史上不可考的传抄过程，可能也有其他的作者在传抄中加注。④苏

（接上页）战乱、价值失序，《道德经》亦有三分之二的篇幅在于政治人生的讨论，因此"道"所开显的"形上之道"是作为存在界万事万物的理序，"让"一些存有物能够生生相继、长久不殆。是以，《道德经》的根本担负不在说明事物的始生，而是阐释其实践哲学的关怀。然而，考虑到苏玛素的年代与身份，更重要的是察觉中西思考的基本差异，并且探清他为何如此诠释。关于"存有"与"道"的更多讨论，详参袁保新《老子哲学之诠释与重建》，文津出版社1991年版，第163—167页。

① Masot, "Fo-chou 18 de Mayo de 1889", p.96.
② Ibid., pp.96-97. 学术史上老子哲学的客观定位仍有诸多争议，至今尚未有理解其思想源流、时空背景以及哲学课题的客观条件。是以，在不执泥于还原老子原来面目的前提下，应对译者选择的考据立场加以了解。苏玛素认定老子先于孔夫子，这与传统上《史记·老庄申韩列传》的"问礼老子"看法相似。关于前辈学者对于"老子其人其书"的争议，详参罗根泽编著《古史辩》（第四册），海南出版社2003年版，第205—342页；罗根泽编著《古史辩》（第六册），海南出版社2003年版，第47—62页。
③ Ibid., pp.96-97.
④ Ibid., pp.98-99. 书信中并无举例。

玛素认可中国的传统哲学思想，对于当时民间宗教则持批判的态度。[①]总的来说，老子与《道德经》对他而言不仅是道教徒崇拜的"教主"和太上老君箴言，更重要的是其"思想家"的身份与哲学定位。

同年6月，在马尼拉教区服务的郭德刚寄出相关回复，他不仅肯定苏玛素的翻译工作，也在书信中表达自身对于老子和中国信仰的看法。这些信件的编号为《信笺六》第二部分[②]、《信笺四》[③]以及《信笺五》[④]，主要内容分别是"佛道教的延伸讨论""老子其人其书"以及"中国三大宗教"。其中，郭德刚指出《道德经》是一部值得重视的著作，所以儒莲（Stanislas Julien，1797—1873）、史陶斯（Victor Von Strauss，1809—1899）和湛约翰（John Chalmer，1825—1899）等汉学家都曾将《道德经》翻译为法语、德语与英文[⑤]。但是关于"老子"其人其书的问题，他认为就像苏玛素所指出的，确实难以客观地考证。[⑥]

[①] 自利玛窦（Mateo Ricci，1552—1610）开始便将早期儒学与宋明理学区分为"古儒"与"后儒"，并且肯定古儒"信经不信传"，以此"补儒易佛"为传教服务；以伦理学家或哲学家的"暂时身份"进行辟佛排道。详参李新德《明清时期西方传教士中国儒道释典籍之翻译与诠释》，商务印书馆2015年版，第53—65页。从传教士的身份而言，苏玛素需要强调其立场并非承认中国民间宗教，而且必须指出《道德经》与道教不同地方在于前者具有哲学研究价值。

[②] Sáinz, "Manila Junio de 1889", *El Correo Sino-Annamita* 23, 1889, pp.159-173.

[③] Ibid., pp.72-80.

[④] Ibid., pp.81-94.

[⑤] Ibid., pp.72-74.

[⑥] 郭德刚指出汉学家一般认为（1）老子是道教（Tao-Kao）的奠基者；（2）西元前6世纪周朝（Chow）史官；（3）"道"（Tao）的学说来自观察人间事物而提出的抽象思考，从庄子（Chwang-Tsze）的引述而言，孔夫子也曾问学于老子；（4）司马迁则记载老子离周出关，留给尹喜《道》与《德》（Tiec）两部文字；（5）也有人指出老子曾出使大秦（Ta-Tsin）与竺乾（Tu-Kien），不过汉学家梅辉立（William Frederick Mayers，1831—1878）于1874年在上海出版的《汉语指南》（Chinese Readers Manual）曾解释游记一说是根据释迦牟尼的故事改编的。参见Sáinz, "Manila Junio de 1889", pp.72-74. 郭德刚的整理与一般通说相符。关于最后一点，历史上的确有"老子化胡说"及书籍《老子化胡经》，相传老子曾教化释迦牟尼（或老子即释迦牟尼），以借由佛道同源的描述在中原地区宣扬佛教思想。此说反映了佛道关系的复杂性，也呈现华夏文化正统论的心态。详参洪修平《老子、老子之道与道教的发展——兼论"老子化胡说"的文化意义》，《南京大学学报》（哲学社会科学版）1997年第4期。

道教（*Tao-Kao*）、释教（*Put-Kao*）与儒教（*Yu-Kao*）①留有许多记载，但多为三大教派门徒所编织的传说。而老子、释迦牟尼与孔夫子虽然能够视为这些教派的创立者，但他们从未留下对于自己生平的说明。②郭德刚主要通过已知的欧洲汉学研究进一步理解相关历史。他参引德籍新教传教士艾德（Ernest Eitel，1838—1908）对于"涅槃"（Nirvana）与幸福观的讨论，指出道教与佛教具有紧密的内在联系，更加以介绍在中国流传的八仙神话。从中，他也引述英国新教传教士艾约瑟（Joseph Edkins，1823—1905）对"金丹"（*Kin-Tan*）的研究，在书信里更深入地描绘道教的修道过程。③为了回应关于老子、释迦牟尼与孔夫子的思想源流问题，他引述意大利世界史学家坎图（Cesare Cantù，1804—1895）的研究来解释。郭德刚根据坎图对大流士一世出征希腊的村落统计，指出欧亚地区人民交流频繁的悠久历史；并且根据梵天（Brama）和亚伯拉罕（Abraham）在音韵上的相似性，回溯以色列文化在更早时期就曾对外传播。以此，郭德刚推想老子、释迦牟尼与孔夫子的思想源自犹太基督教传统的先知，而老子和佛家思想中类似于"三一"的思考也是来自上帝耶和华。④是故，他在书信中呼吁大家应该借由苏玛素的译文向《道德经》学习。⑤

---

① 这些书信的主要语言是西班牙文，但也存在多样性的汉语拼音，或由于中国移民历史之故，传教士习得福建方言，更可能借此传播天主宗教与相关文化知识。多明我会曾在17世纪编撰《西班牙-华语辞典》（*Dictionario Hispánico Sinicum*）与《漳州话语法》（*Arte de la Lengua Chio Chiu*）。这两份手稿已出版面世，收录于《闽南-西班牙历史文献丛刊一》（*Hokkien Spanish Historical Document Series I*），李毓中、陈宗仁、杜罗塔（Regalado T. José）、该纽（José Luis Caño Ortigosa）编，台湾清华大学出版社2018年版。经笔者对照《西班牙-华语辞典》与《中国安南来往书信·第二十三本》出现的汉语拼音后，19世纪的方言拼音已有明显的差异。另外，福建方言研究有周振鹤于2018年汇编的《中欧语言接触的先声：闽南语与卡斯蒂里亚语初接触》为代表。详参周振鹤编《中欧语言接触的先声：闽南语与卡斯蒂里亚语初接触》，复旦大学出版社2018年版。
② Sáinz, "Manila Junio de 1889", pp.86-88.
③ Ibid., pp.159-173.
④ 根据脉络中出现的"以色列""犹太教先知"，文本使用的词语"更高的宗教"就是"上帝耶和华"。详参Sáinz, "Manila Junio de 1889", pp.75-78。
⑤ Sáinz, "Manila Junio de 1889", pp.78-80.

果如前述，较之早期多明我会的诉求，为何19世纪多明我会教士愿意接受《道德经》有"三一"的解读方式？这最早是耶稣会索隐派教士的想法。闵明我就曾抱怨索隐派"适应"对象国的文化需要，在中国经典寻找上帝的启示。①事实上，耶稣会内部也有反对声音出现，他们认为如此将违背宣教本怀。相较之下，龙华民就偏重基督教与中国主流学说的差异，而突出中国文人的"无神论"。②目前虽然还不能完全掌握整体的影响关系，但考虑到19世纪下半叶的时代背景，有关理解或在一定程度上受到欧洲汉学兴起与比较宗教学扩大的影响。当时英法汉学的学科建设蓬勃发展，有关在华宣教的政策与方法也发生了变化。其中，新教传教士对于中国的文化与宗教持更多元的学术视角，尤其是部分自由派的新教传教士，不但接纳利玛窦（Mateo Ricci，1552—1610）的"适应策略"强调耶儒两教的共性，还进一步开启佛教、道教的研究工作。③郭德刚在其对译文的回复里，便曾包含这一波中国宗教的研究（艾德与艾约瑟），可以推知晚清的学术潮流对多明我会教士产生了一定的影响。从另一方面来看，20世纪初期多明我教会的内部文献《远东多明我会教士》，④也曾记录苏玛素和郭德刚在《道德经》的翻译与研究上所做的贡献；显示教会肯定这些书信的学术价值，并且在一定程度上推荐后人参阅。因此，17世纪到19世纪这段时间，多明我会传教士对中国经典的诠释进路有一定的改变。为了进一步了解其中的诠释进路转折，有必要探查双方对于引申"三一"的意见。因此，本文下节将比对译本中有关章节的译介以及注释。

---

① 详参李新德《明清时期西方传教士中国儒道释典籍之翻译与诠释》，商务印书馆2015年版，第53—65页。
② 详参李文潮《龙华民及其论中国宗教的几个问题》，《汉语基督教学术论评》2006年创刊号。
③ 详参李新德《明清时期西方传教士中国儒道释典籍之翻译与诠释》，第217—234页。
④ *Los dominicos en el extremo oriente. Provincias del Santñisimo Rosario de Filipinas. Relaciones publicadas con motivo del séptimo centenario de la confirmación de la Sagrada Orden de Predicadores*, pp.350-359.

二、译文注释探索：四十二章与十四章

从"三一"的争议上而言，《道德经》中四十二章的"三生万物"与十四章的"夷、希、微"是历来聚焦的核心章节，因此，本节将具体展示两章的译文、注释以及相关论述，以更好地理解苏玛素如何诠释有关的概念语言。根据多明我会教士闵明我对《论中国宗教的几点问题》的翻译，龙华民已提到老子的宇宙创生说："道生一，第一序的混沌生成第二序的材料太极；一生二出现两仪；二生三有了天、地、人三才；最后三生万物。"① 这一段应截取自《道德经》的四十二章"道生一，一生二，二生三，三生万物"。虽然将"三"翻译为"la trinidad"（与圣"三一"的"三一"同个词），却是指称"天、地、人"三字，而并未从中比附"三"与"三一"。译者闵明我就在这段译文的注释提到，以"三一"来理解老子思想是不正确的，因为老子不可能获知天主教的学说知识。他也强调老子的"三"并非"创生之源"，反而是由"太极"（Tai Kie）推出的"结果"。② 此处显示闵明我

---

① 这一段翻译来自龙华民对中国宇宙创生论的说明段落，其中在引述"老子"时谈及《道德经·第四十二章》的部分内容。原文："El Lao Zu, cabeça de la secta del Tao Zu, pone exressamente del mesmo modo la producción de le Vniuerso, en su libro llamado Lao Zu King, por numeros, y terminos metaphoricos deste modo. El Tao, ò primer chaos produxo la vnidad, que es el Tai Kie, ò segunda materia: la vnídad produxo la duolidad, que es Leang I: la duolidad produxo la trinidad, que es Tien, Ti, lín, San Zai, cielo, tierra, y hōbre: y la trinidad produxo todas las cosas. Y assi es la mesma doctrina con la de los Letrados." 参见 Navarrete, *Tratados históricos, políticos, éticos y religiosos de la monarquia de China*, p.262。
② 注释（Anotación）: "Ay algunos de anchissimo coraçon, en hallando vna palabrita, que en la appariencia haga qualquier genero de alusion a misterios de nuestra Santa Fè, luego, sin mas aueriguacion, la aplican con toda satisfacion, pareciendoles auer hallado vn gran tesoro, como lo que refiere el autor en este numero, lo qual quieren apropiar a la Santissima Trinidad. Desuerte, que no hallandose este misterio explicitamente en todo el Testamento Viejo, quieren se aya reuelado a los Chinas. No hemos de confessar, que este conocimiento le tuuiesse por otro camino, que por reuelacion, ò enseñança de otros. Siempre hemos de mirar a los principios de su Philosofia, y al sentir comun de（转下页）

与龙华民皆不能接受"三一"的比附方式,而他们本来也在一定程度上排斥"适应策略"。两个世纪过去,苏玛素对四十二章①与十四章②的翻译如下:

（接上页）los antiguos, y modernos: los quales, no auiendo tenido notìcia alguna de Dios Vno, mucho menos la pudieron tener de Díos Trino. Y si el Chino hablara como Trimegisto, bastante fundamento auía. Demás, que la Trinidad traìda del Autor, es producta, y causada despues de otras criaturas, cuyo primer princípio es el Li, ò Tai Kie." Navarrete, *Tratados históricos, políticos, éticos y religiosos de la monarquia de China*, pp.262-263.

① Masot, "Fo-chou 18 de Mayo de 1889", p.121. 注释: Esto se refiere á la cosmogonía de los filósofos chinos, sea quien quiera el autor de ella. El Tao ó principio trascendental, en el cual no hay diferencia del sér y del no sér, el Vu-Kie, el absoluto que está en los umbrales del sér, pero que todavía no ha pasado la barrera, produjo el Tai-Kie, principio universal, pero que está ya á este lado del sár, ha traspasado ya la barrera del no sér. El Tai-Kie muévese por medio del ki ó aire, y produce el Yang ó principio positivo: cuando ha llegado ya al fin de su movimiento, sepára; y esta quietud produce el *In* ó principio negativo. El Yin y el Yang con sus abrazos conyugales producen todos los séres, ó producen un nuevo agente que se llama hombre y los tres lo producen todo. El cielo procede del Yang y la tierra del Yin: el cielo y la tierra, el Yang y el Yin se juntan tres veces y por el Yan se produce la primera vez el varon mayor, la segunda el mediano y la tercera el menor. Vuélvense á juntar otras tres veces y por el Yin se produce la primera vez la hembra mayor, la segunda la mediana y la tercera la menor. Estos tres casorios lo producen todo. Esta cosmogonía no es expuesta por todos del mismo modo. Algunos hacen jugar tambien en ella el Yi, los cinco elementos, las ocho figuras. Mas no hay para que detenernos en estas emanaciones panteísticas, absurdas y contradictorias. En las restantes palabras exhorta á la humildad, lo cual nada tiene que ver con el principio de este capítulo. 参见 Masot *op. cit.*, p.155。

② Masot, "Fo-chou 18 de Mayo de 1889", p.106. 注释: "En este capítulo expone algunas ideas sobre la naturaleza del Tao. Pensamientos sublimes, si en ellos se dá á conocer la Santísima Trinidad como quieren algunos. Esta trinidad de Lao-Tszu sin duda que excede en elevacion á las trinidades de los egipcios, indios y babilonios, y casi se podrían aplicar estos conceptos á la Santísima Trinidad como algunos lo han hecho. *Y-hi-wei*, tres palabras y tres conceptos, que aunque son distintos tienen una misma naturaleza, son una misma cosa; y las mismas tres palabras no son mas que las tres sílabas de la palabra Je-ho-va. Los que esto sostienen, opinan que esas tres palabras son extranjeras, asimilada por Lao-Tszu al lenguaje chino. Con todo, estos tres caracteres, aún como palabras chinas tienen su significado, que nada desdice de la elevacion de ideas, con que quiere expresar la naturaleza del misterioso Tao. *Y* significa quieto, grande, profundo; *Hi* significa raro, precioso, esperar; *Wei* significa sutil, recóndito; significados que pueden aplicarse á las misma Personas de la Santísima Trinidad respectivamente. Sea de esto lo que quiera, nadie negará que este capítulo es un pasaje bastante raro y extraordinario y en el cual no es fácil comprender la idea de Lao-Tszu." 参见 *Masot op. cit.*, pp.146-147。

	西班牙语	汉语
四十二章	El Tao produce uno, uno produce dos, dos produce tres, y tres producen todas las cosas. Todos los séres llevan el *In* y abrazan el *Iāng*: asciende el *ki* y los armoniza. Lo que los hombres temen es ser huérfano, pobre y sin apoyo; no obstante estos son los títulos que se dan los Príncipes. Á veces se quiere hacer bien y se perjudica. Lo que los demás enseña, también yo lo enseño. El violento no alcanza muerte natural. Yo enseño como un padre.	道生一，一生二，二生三，三生万物。万物负阴而抱阳，冲气以为和。人之所恶，唯孤寡不谷，而王公以为称。故物，或损之而益，或益之而损。人之所教，我亦教之。强梁者不得其死，吾将以为教父。①
十四章	Mirásele y no se le ve; se llama J: escúchasele y no se le oye; se llma Ji (Hi); procuras cogerle y no le puede alcanzar, se llama Wei. Estos tres no pueden comprenderse, pues que juntos forman uno. Hácia arriba no puedes distinguir su claridad, hácia abajo tampoco puedes penetrar su oscuridad: es como una línea sin fin, imposible de nombrarse. No hay sér á que pueda reducirse. Por esto se dice que es figura de lo que no tiene figura y forma de lo que no existe. Es inasequible: sálesle al encuentro y no encuentras su frente, corres tras él y no percibes sus pisadas. Sigue las huellas de los antiguos las cuales conducirán tus pasos hasta que conozcas su orígen. Esta es la regla del Tao.	视而不见名曰夷，听之不闻名曰希，搏之不得名曰微。此三者不可致诘，故混而为一。其上不皦，其下不昧，绳绳兮不可名，复归于无物。是谓无状之状，无物之象，是谓惚恍。迎之不见其首，随之不见其后。执古之道，以御今之有。能知古始，是谓道纪。②

以下，笔者再按照苏玛素的译文回译为汉语：

---

① 苏玛素并未指出其所参照的《老子》版本，此处的原文内容出自王弼著，楼宇烈校释《老子道德经注校释》，中华书局 2011 年版，第 117—118 页。
② 王弼注，楼宇烈校释：《老子道德经注校释》，第 31—32 页。

四十二章	道生一，一生二，三生三，三生万物。万物负阴而抱阳：两气上升相互调和。人都害怕无所依靠、贫穷或成为孤儿；然而这些都是王公给自己的称号。有时候越想要做好越容易造成损伤。其他人所教导的，我也要教。粗暴的人不得自然死亡，我就像父亲来说教。
十四章	看它却看不到，叫作夷；听它但听不到，叫作希；使劲抓它却够不到，叫作微。这三个词无从理解，因为它们组成一。你辨识不了它上头的明亮，往下也不能领会它的漆黑，就像是一条没有尾端的线，无以名状。它不是其他的任何事物，它的存在来自无，所以大家说它是无形之形。它不可得，它过来你看不见它的正面，追它跑也不见其脚印。古人留下的足迹将带领你认识它的源头。这就是道的法则。

对照苏玛素的翻译与汉语原文，他并没有在译文中使用"三一"理论或是基督教世界的概念语言，而是在注释中提出相关的解读。相较前人特别重视四十二章的宇宙论解释，他却认为"三生万物"一说只是中国宇宙论的某个部分，也从中指出这一章的后半部疑为他章错简。① 苏玛素以介绍的口吻提到一种普遍的解释："先验的道体没有区分无有，在无极的开端过程生成太极，即是宇宙万物的起源，而这时无才生有来；一气之化生成阳，当其运转静止时生成阴，阴阳三次结合生育万物（生人）。"根据其中提到的"气化论"和"阴阳弛张说"，这个解释或许参考同为多明我会教士高母羡的研究或是《河上公章句》的解释。高母羡曾受到《太极图说》影响，而理解"太极"作为"最伟大的终极实在"，于一动一静的过程中生化万物。②《河上公章句》则提到"阴阳生和气，浊三气分为天地人也"，而将"一、二、三"导向

---

① 高亨、陈柱、严灵峰认为四十二章的后半部分"人之所恶，唯孤寡不谷，而王公以为称。故物，或损之而益，或益之而损。人之所教，我亦教之。强梁者不得其死，吾将以为教父"似为三十九章错移。参见陈鼓应《老子今注今译及评介》，台湾商务印书馆 2000 年版，第 213 页。

② 前述提及的高母羡曾在菲律宾华人的协助下撰写《辩正教真传实录》，其中受到周敦颐的《太极图说》影响，而理解"无极"能够"超越"，而"太极"是"最伟大的终极实在"，因此太极动而生万物。详参沈清松《从利玛窦到海德格：跨文化脉络下的中西哲学互动》，台湾商务印书馆 2014 年版，第 44—46 页。

宇宙生成论的阐释。① 在此值得一提的是，《河上公章句》对于四十二章的解释有其不可忽视的地位，不过另一位为《道德经》作注的代表王弼对四十二章采取了另一种诠释进路。王弼借由《庄子·齐物论》②指出："万物万形，其归一也。何由致一？由于无也。由无乃一，一可谓无？已谓之一，岂得无言乎？有言有一，非二如何？有一有二，遂生乎三。从无之有，数尽乎斯，过此以往，非道之流。"③换句话说，王弼认为"一、二、三"指称言说系统，用"言"规限"道"，只能展现"道"部分的内涵，因此"无适焉，因是以"是为了保全"道"无穷意涵开显的可能性。④ 是以，从不同疏解角度而言，四十二章虽然有章节错序的问题，但却不掩盖其中深奥的义理向度。然而，苏玛素似乎不在意四十二章的意义究竟为何，反而在注释中指出宇宙论的表述还有很多种，诸如"一"（Yi）、"五行"（los cinco elementos）和"八卦"（las ocho figuras）等概念皆是，但这些对他而言是不值得花费时间研究的"泛神论述"（estas emanaciones panteísticas）。考虑苏玛素于书信中所强调的如是呈现《道德经》的哲学价值，以及此前他曾透露《道德经》或不是一手抄本，他很有可能以为四十二章的内容不是完全来自老子，因而据此放弃更深入的诠释。比较之下，苏玛素的阐释重点在于十四章的"三一"。

苏玛素在十四章的注释指出，这一章展示了部分对于"道体"的描写，所以有人曾将"圣三一"与这一章比较，以表述十四章里艰涩难懂的"崇高思想"。关于"三一"的比附，苏玛素表示"老子"的思想毫无疑问地超越埃及、印度和巴比伦的"三一"（La Trinidad）。其

---

① 详参吴怡《新译老子解义》，三民书局2005年版，第284—290页
② 参见《庄子·齐物论》："既已为一矣，且得有言乎？既已谓之一矣，且得无言乎？一与言为二，二与一为三。自此以往，巧历不能得，而况其凡乎！故自无适有以至于三，而况自有适有乎！无适焉，因是以"这一个段落。郭庆藩撰，王孝鱼点校：《庄子集释》，华正书局2004年版，第79页。
③ 王弼注，楼宇烈校释：《老子道德经注校释》，第117页。
④ 参见陈鼓应《老子今注今译及评介》，第208—213页；吕学远《郭象〈庄子注〉义理重诠》，花木兰文化出版社2020年版，第148页。

中，他提到这一章以"夷、希、微"来描述"道"："夷"代表"静、大、深奥"；"希"意味"异、稀珍、希望"；"微"指的则是"细微、隐秘"。并且如"前人研究"揭示的，他认为"夷、希、微"最初可能源自外语，此三字分别代表的汉语含义能够对应"三位一体"的位格，三字合一的"夷、希、微"(Yi-hi-wei)既是描绘神秘的"道"，也能够代表"耶和华"(Je-ho-va)的汉语拼音。不仅如此，苏玛素认为十四章太过深奥，即使他可以领会这一章欲以展现"道体"是不可知（看不到、听不到、摸不到）的宇宙起源，但应该没有人反对其中的道理仍然晦涩无法把握。比较地看，老学专家刘笑敢以为四十二章与十四章是对"道"的物理性状描述，也揭示"道"的认知特点。《道德经》强调"道"这种无法把握认知的"模糊性"，恰是世界上各个哲学或宗教体系关于宇宙起源和世界本质最为独特的解释。诸如基督教相信上帝的意志可以通过祈祷、阅读《圣经》而知道，或科学家相信万物由最微小的分子、原子构成。《道德经》才真实地反映人类对宇宙终极问题有其认识上的局限，因此这种"模糊性"反而彰显其内容的大智慧。[①] 倘若如此，十四章确实是对"道体"的描述，"夷、希、微"都是指经验世界里的感官知觉，这一章表示认为超越名相的"道"便是超验存在。然而，苏玛素与其前人的引申，即认为此三字的音韵及意义可以用作对应"耶和华"，或需要更严密的论证，否则单从《道德经》的文字而言，"道"的存在位序在"象帝之先"（四章），却从未凌驾于万物之上欲以宰制世界，实际上仍是有别于基督教的实体神学。曾作为记者后来被任命为西班牙属地检察官的恭拉菲（Rafael Comenge, 1855—1934）在其著作《菲律宾事务·第一部·中国人》(Cuestiones Filipinas. Primera Parte. Los Chinos.)里，曾经引用苏玛素对十四章的翻译，并且以此批评"三一"的比附问题。他不仅反对这一种诠释进

---

① 详参刘笑敢《诠释与定向——中国哲学研究方法之探究》，商务印书馆2009年版，第355—360页。

路，还进而批评耶稣会附会他者文化、智慧与永恒天主的联系。① 无论是龙华民、闵明我还是恭拉菲，都曾反对用"三一"来解释"夷、希、微"，他们的总体见解或不一定完全正确，但这般"'三一'比附"的确是有望文生义之嫌。

通过这一节的引述以及细节梳理，苏玛素和郭德刚皆认可《道德经》的神秘向度，但相较郭德刚从汉学、历史的研究著述切入，苏玛素更侧重在《道德经》的语言文字中提取（诠释）充满神性的解释。苏玛素在其他章节的翻译里也有类似的阐释风格，譬如他将《道德经》第一章的"故常无欲以观其妙；常有欲以观其徼"翻译为："（道）不让其本质（自然）让任何人看见，但（道）想要人们从观想中体悟其中道理。"② 并在注释里解说："只有道自身可以理解道为何，因为它是无限，没有名字能够表达它的本质，根据其为天地之始才称呼为宇宙之母。"③ 进一步推论，苏玛素所归纳出"道"的两大性格"自明"与"天地之始"正好也能用作描述上帝。苏玛素的书信里虽只提及"前人"而没有列明参引文献，可以察觉他的确受到其他译著或是知识网络启发。是以，下节将耙梳相关研究，探查此部《道德经》全译本及其老子思想基源臆测的参阅脉络。

三、可能的参阅脉络："三一"的讨论

更早以前，有一部从法语转译而来的《道德经》西语节译本，原收录于法国汉学家鲍狄埃（Jean-Pierre Guillaume Pauthier，1801—1873）所著的《中国图识·第一部》（*Chine ou la description historique, géographique et littéraire de ce vaste empire, d'après des documents chinois,*

---

① 详参 Rafael Comenge, *Cuestiones Filipinas. Primera Parte. Los Chinos*, Manila: 1894, pp.312-313.
② 翻译原文为 "No permite se vea su admirable naturaleza, mas quiere se contemple su exteorización"。Masot, "Fo-chou 18 de Mayo de 1889", p.100.
③ Masot, "Fo-chou 18 de Mayo de 1889", p.141.

première partie, 1837), 后来由"文学社会"(Una sociedad literaria)于1845年译为西文在巴塞罗那出版。① 若依据该书在法国或是西班牙的出版时间, 苏玛素很有可能读过该《道德经》节译本。另外, 除了郭德刚此前引述的历史和汉学研究, 他也曾提到过湛约翰、儒莲和史陶斯的《道德经》翻译, 可以推知这些译著是在当时流通且为多明我会教士所知晓。换言之, 相关的参阅过程虽不能做全面性的探究, 但可以推论欧语译本在语文脉络上和汉西直译本有一定关联。其中, 在有可能的参阅译本里, 鲍狄埃和儒莲皆师承雷慕沙(Jean Pierre Abel Rémusat, 1788—1832), 前人研究也揭示三者皆曾发表"三一"比附的不同理解。譬如潘凤娟的《不可译之道、不可道之名: 雷慕沙与〈道德经〉翻译》指出, 雷慕沙受到耶稣会索隐派融通《道德经》"夷、希、微"与"三一"的启发, 进一步从希伯来语的"YHWH"到老子"IHV"等字母的探讨, 肯定"夷、希、微"非源自汉语而应诉诸外部。② 而姚达兑、陈晓君的《雷慕沙、鲍狄埃和儒莲〈道德经〉法语译本及其译文特色比较》, 提到儒莲在1842年的法译本《道德经》序言反驳雷慕沙的论点, 指出"夷、希、微"并非三字合一的"耶和华"; 再者, 鲍狄埃的阐释路径虽有转向, 但的确于1831年的论文否定了老子思想与希伯来宗教的关系。③

再进一步思考, 雷慕沙当时的解释则受到耶稣会索隐派教士的影响。在潘凤娟、江日新的《早期耶稣会士与〈道德经〉翻译: 马若瑟、聂若望与韩国英对"夷"、"希"、"微"与"三一"的讨论》的研

---

① Jean-Pierre Gullaume Pauthier, 1837, *China: descripción histórica, jeográfica y literaria de este vasto imperio, según documentos chinos, parte primera*, Trans. Una sociedad literaria. Barcelona: Imparcial, 1845.
② 该篇论文指出雷慕沙的《道德经》法译本于1823年在巴黎出版, 虽然只有节译《道德经·第五章》, 但业已从相关引述自成一诠释体系。详参潘凤娟《不可译之道、不可道之名: 雷慕沙与〈道德经〉翻译》,《中央大学人文学报》2016年第61期。
③ 该篇论文详述鲍狄埃和儒莲在诠释路径上有别于雷慕沙, 并且开展自身对于《道德经》的解读。详参姚达兑、陈晓君《雷慕沙、鲍狄埃和儒莲〈道德经〉法语译本及其译文特色比较》,《国际汉学》2018年第2期。

究中，业已详细耙梳相关的诠释脉络。他们指出聂若望（Jean-François Noëlas，1669—1740）或为《道德经》拉丁文全译本的作者，而且聂若望和另一个代表传教士马若瑟（Joseph-Henri de Prémare，1666—1736）都不约而同将《道德经》的诠释重心放在"夷、希、微"与"三一"的讨论上。其中，前述的雷慕沙受到相关观点影响，而启发后继学者思考"三一"的问题，包含他的学生儒莲、鲍狄埃，还有著名的湛约翰和理雅各（James Legge，1815—1897）对于经典的翻译。① 然而，如同雷慕沙的学生一样，湛约翰与理雅各最终并不认同前述索隐派的观点，后者甚至以为"夷""希""微"不是指称"道"而是"混沌"（chaos），并参引《列子》描述事物的阶段，指出有"太易""太初""太始"和"太素"。② 目前可以推知耶稣会早期的汉学研究和继承研究较有可能影响苏玛素和郭德刚的阐释选择。又相较此前提及的马若瑟、聂若望并未提出"三字合一的'夷、希、微'是为'耶和华'"，相较之下，雷慕沙谈及的希伯来语"YHWH"与老子"IHV"更有可能是苏玛素的参阅语词，而他在十四章的注释中提及的"夷""希""微"最初来自外语。总的来说，两位多明我会教士虽然没有进一步论证老子与上帝的关系，却在解读中透露《道德经》的思想基源溯自犹太基督教传统先知，从而突出《道德经》的重大哲学意义。可以察觉两位19世纪的多明我会教士，不仅曾参阅多语种的图书资料，也具有多明我会以外的知识网络，更在一定程度上肯定"适应策略"的精神，尤有进者，强调老子思想与基督教教义之同。而在其译介过程中提出"三一"引申。

---

① 该篇论文探讨最早来华耶稣会士到18世纪继承教士对《道德经》的阐释，尤其是相关"三一"神学会通的发展演变。详参潘凤娟、江日新《早期耶稣会士与〈道德经〉翻译：马若瑟、聂若望与韩国英对"夷"、"希"、"微"与"三一"的讨论》，《中国文化研究所学报》2017年第65期。此外，更多索隐派教士对于中国古代思想的解读背景及所受到中国学者的影响，请参考魏伶珈（Sophie Ling-chia Wei），"In the Light and Shadow of the Dao—Two Figurists, Two Intellectual Webs." Journal of Translation Studies, vol.2, 2018, pp.1-22.
② 李新德：《明清时期西方传教士中国儒道释典籍之翻译与诠释》，商务印书馆2015年版，第402—406页。

结语

　　此前的早期西译本都是间接引述或是节译本，但苏玛素不仅将《道德经》全本翻译出来，郭德刚也补充了其对于前人研究的整理。最终，在某种程度上，他们间接地融摄早期耶稣会索隐派教士对于《道德经》的解读路径。与此同时，苏玛素的译注以及郭德刚的引述讨论，也体现出19世纪下半叶的多明我会教士，正用自己的说明方式衔接基督教教义与《道德经》思想。然而，在各种译本与相关研究之中，他们为什么没有选择儒莲或是其他汉学研究者的阐释路径？目前或不能完全解决这个疑问，但能肯定两者或受到晚清学术思潮以及修会宣教策略的影响，而在某种程度上开展儒、道、释的研究，致力于向多明我会以及西方世界传译中国经典。回顾其所部分采纳的"适应策略"，最早还是来自西班牙耶稣会传教士沙勿略（San Francisco Javier，1506—1552）。沙勿略的想法是尽量适应对象国文明，而中国在东方文明中扮演着强大的角色，因此实现中华文明基督教化是传教士最重要的使命之一，这股精神也深深影响后来的赴东传教士。利玛窦则将沙勿略的理论精髓发扬光大，通过寻找中西文化的契合之处拉近异质文明距离。[①] 其实，多明我会也曾经有类似的想法，譬如此前提及的高母羡教士，就是在宣教过程中试图贯通儒家学说与基督教教义的代表。[②] 从这层角度出发，苏玛素与郭德刚或是认为这般"适应"的阐释，可以帮助更顺利推行来华传教的实践活动。尽管从龙华民等反对者的角度来看，中国信徒在基督教教义里觉察到的是中国传统思想，那么也很有可能拒绝基督教教义不能与中国经典相容的概念。总的来说，传教士的基本目的是让中国基督教化，彼此争执的关键或不是对于教义

---

① 张铠：《西班牙的汉学研究1552—2016》，中国社会科学出版社2017年版，第52—78页。
② 同上书，第123—139页。

的理解,而是对于中国文化与基督教精神的嵌结关系,以及相应而生的宣教策略。① 终究其实,现实机缘总在一定程度上影响与改变一个人的阅读视野,深邃复杂的传教历史或许也让一个个赴华传教士有更多的诠释考量。

---

① 李文潮:《龙华民及其论中国宗教的几个问题》。

19世纪法国汉学家鲍狄埃与道家道教

张 粲*

摘要： 19世纪法国汉学家鲍狄埃翻译了《搜神记》之"道家源流"和《道德经》前九章，并将《搜神记》《道德经》与印度宗教哲学典籍相比附，试图在印度典籍中寻求道家和道教思想的来源。这是19世纪欧洲对于中国缺乏认识的表现，但鲍狄埃翻译《道德经》时参照《道德经》权威注本的方法，则是法国汉学界《道德经》译介史上的突破。

关键词： 法国汉学 鲍狄埃 道家 道教

基金项目： 国家社会科学基金项目"道教典籍在法国的译介与传播研究"（16CZJ019），西南交通大学青年教师成长项目"法国汉学对《道德经》的翻译与研究"（2682018WQN12），西南交通大学"中国宗教研究"创新团队建设项目（2682018WCX04）

引言

关于法国汉学家让·皮埃尔·纪尧姆·鲍狄埃（Jean Pierre Guillaume Pauthier, 1801—1873）的生平事迹，文献记载颇为有限。根据另一汉学家马塞伦（Jean Baptiste Marceron, 1823—？）的记载[①]，鲍氏于

---

* 张粲，哲学博士，西南交通大学外国语学院副教授。
① D. Marceron, *Bibliographie du Taoïsme*, Paris: Ernest Leroux, 1898, p.112.

1801年生于贝藏松，青年时代曾在一个步兵团服役，后于1826年开始学习东方语言。曾翻译英国拜伦的诗歌，随后学习梵语，并写有《印度哲学评论》(*Essai sur la Philosophie des Hindous*, 1834)。几年后，鲍狄埃决心从事汉学研究，并跟随法兰西学院首任汉学讲席教授、法国汉学鼻祖雷慕沙（Abel Rémusat，1788—1832）学习汉语。而他一入此领域，便引起了德国人克拉普罗特（Julius Klaproth，1783—1835）和法国汉学家儒莲（Stanislas Julien，1797—1873）的敌意。此二人均曾跟随雷慕沙学习汉语，而儒莲与鲍狄埃实乃师出同门——他是雷慕沙的高足，学识渊博，却以脾气暴躁、大权独揽而著称，常与从事汉学研究的同事们争吵，鲍狄埃就曾被他当成攻击对象。

鲍狄埃翻译了不少中国（及印度）哲学和宗教典籍，涉及儒家、道家和道教。以其著作出版的时间来看：1831年，鲍狄埃为《亚洲杂志》(*Journal Asiatique*) 撰写了长篇论文《论老子所创"道"之教义的起源和传播》(*Mémoire sur l'origine et la propagation de la doctrine du Tao, fondée par Lao-tseu*)，文中将《搜神记》之"道教源流"译为法文。1837年，他翻译了儒家典籍《大学》(*Ta-hio, le premier des Quatre livres moraux de la Chine*)。随后，鲍狄埃在阅读来华传教士的著述的过程中，对老子哲学产生了极大的兴趣，遂决心翻译《道德经》。其时，儒莲已在翻译此书，而鲍狄埃宣称他于1838年完成了欧洲首个《道德经》法文全译本而成功领先。[①]1840年，鲍氏又翻译出版了《东方圣书》(*Les Livres sacrés de l'Orient*)，其中包括《书经》(*Chou-king*)、《四书》(*Sse-chou*)、《摩奴法典》(*les Lois de Manou*)、《古兰经》(*Koran*)。此外，他的《中国图识》(*Chine ou Description historique, géographique de ce vaste empire*, 1ère partie, 1837) 亦为他赢得了较高的声望。1859年，鲍狄埃成为巴黎民族志学会（Société d'Ethnographie de Paris）的会员。1873年鲍狄埃逝于巴黎。

---

① 鲍狄埃的《道德经》译本是否为欧洲首个全译本，将于下文探讨。

一、鲍狄埃对《搜神记》"道教源流"的翻译

在 1831 年撰写的论文《论老子所创"道"之教义的起源和传播》中，鲍狄埃将《搜神记》之"道教源流"译为法文。他评价《搜神记》："算不上是关于老子思想的理性著作，它实乃一部搜集了民间道教传说和传统的集子；但正因为此，该书才更显珍贵，因为人们可以从中发现最原始、最古老的道教信仰观念。"[1] 此外，该论文中还包含《道德经》部分篇章的汉法对照译文，以及两篇《吠陀经》的梵文、法文、波斯文翻译。

该论文的副标题明确指出，论文对印度梵文典籍和《道德经》做了评述，以"确立中国某些哲学思想与印度思想的相同性"（établissant la conformité de certaines opinions philosophiques de la Chine et de l'Inde）。在论文的引言（Introduction）中，鲍狄埃又开宗明义道："本文旨在说明老子思想的来源，以及其与印度某些哲学体系的同一性（identité）。"[2] 随后又在正文中进一步明确："本论文的主要目的是在印度去重新寻找老子或者至少是老子信徒的思想。"[3]

纵观鲍狄埃的道家道教研究著述，几乎无一例外地将老子思想及道教教义归于印度。鲍氏何以会有这样的奇思妙想？实际上，早期欧洲汉学家往往习惯于在中国以外的国家寻求中国文明和历史的起源，这种研究方法可以追溯到明清之际来华传教的法国耶稣会士"索隐派"。他们从传教的宗旨出发，竭力在中国古籍中寻找与基督教教义相符的蛛丝马迹，如白晋（Joachim Bouvet, 1656—1730）即称"中国历史典籍中记载的洪水就是《圣经》中的大洪水""中国人就是诺亚长

---

[1] Guillaume Pauthier, *Mémoire sur l'origine et la propagation de la doctrine du Tao, fondée par Lao-tseu*, Paris: Imprimerie de Dondey-Dupré, 1831, p.23.
[2] Ibid., Introduction p.1.
[3] Ibid., p.11.

子闪的后裔";①马若瑟（Joseph Henri-Marie de Prémare，1666—1736）则宣称在《道德经》第十四章发现了"雅赫维"（即"耶和华"）的名字，可谓"达到走火入魔的程度";②钱德明（Jean-Joseph-Marie Amiot，1718—1793）在翻译该章"视之不见名曰夷，听之不闻名曰希，搏之不得名曰微"时宣称在"夷、希、微"中发现了"三位一体"。鲍狄埃的老师雷慕沙沿袭了耶稣会士的旧见，甚至在索隐的道路上比前者走得更远。其文《论老子的生平及其学说》（*Mémoire sur la vie et les opinions de Lao-tseu*，1823）提出"老子的思想可以归于毕达哥拉斯和柏拉图以及二者的弟子们"，结合老子西游等传说，他宣称这证明了此前耶稣会士的论断。③

对于这个早期汉学研究中的命题，鲍狄埃也进行了思考：

> 雷慕沙先生在其论文《论老子的生平及其学说》中，曾指出老子思想与毕达哥拉斯和柏拉图思想之间的相似关系（Rapports d'analogie）。那么，这些相似关系源于何方，产生于何处？是老子借鉴了希腊哲学家们的思想，还是正好相反？如果说当时的交流因为如此遥远而显得如此困难，那么，又是什么中介物将老子和希腊哲学家们联系起来呢？抑或，是否存在一个二者共同的来源？若是，我们应当去哪里寻找这个源头？曾经有一位知名学者指出，我们首先应当确定的是，是否应当在印度这个产生了世界上众多思想观念的地方，或者巴比伦、波斯、腓尼基，去探寻中国思想的源头和起点。因此，本论文将力求解决或者至少澄清这些问题。④

---

① 〔德〕柯兰霓：《耶稣会士白晋的生平与著作》，李岩译，大象出版社2009年版，第122页。
② 张西平：《中国与欧洲早期宗教和哲学交流史》，东方出版社2001年版，第327页。
③ 详见拙文《法国经院汉学鼻祖雷慕沙的道教研究》，《宗教学研究》2017年第1期。
④ Guillaume Pauthier, *Mémoire sur l'origine et la propagation de la doctrine du Tao, fondée par Lao-tseu*, Introduction p.1.

可见，鲍狄埃认为老子思想源于印度。他的论文主旨即在于"说明老子思想的来源以及其与印度某些哲学体系的同一性"。① 他指出："如果雷慕沙先生否认《道德经》中存在着印度思想的痕迹，那么他的论文《老子的生平及其学说》必将显得轻率。因为按照他的观点，老子的思想与某些古希腊哲学家的思想之间存在着惊人的相似性，那么，这种相似性在老子思想和印度思想之间也同样可能存在。"② 为了证明这种观点，鲍狄埃处处将老子思想与印度的宗教思想，《道德经》与《吠陀经》等印度宗教典籍相比附，体现为以下方面：

（一）关于"道"和"玄"

鲍狄埃认为，《道德经》称"同谓之玄""玄之又玄"，说明老子用"玄"字指称天地的起源"道"或先于宇宙存在的"最高神"（divinité suprême），它具有"黑"（Noir）的意象，或指"蓝色、黑色之神"（Divinité bleue, noire）。③ 他认为"玄"字系由 Krichna 翻译而来。④Krichna 意为"黑色"，是印度的"黑天神"。同时，鲍狄埃又在中国辞书中寻找"证据"。他指出，《康熙字典》对"玄"字的解释为"北方神"，传说中这位神居于昆仑山，从地理上讲昆仑山位于中国的西北、西藏地区以北。《搜神记》之"道教源流"记载昆仑山恰是老子退隐之地，因此鲍氏认为老子极有可能是在昆仑山接受并学习了印度的宗教和哲学；此外，"北方神"从字面意义讲，应是蒙古之神，而蒙古的宗教信仰也来自印度。鲍狄埃于是推断"北方神"——即"玄"——实乃印度神黑天。

（二）关于"有"和"无"

鲍狄埃将"有"和"无"分别译为法文单词"l'Être"（存在、本

---

① Guillaume Pauthier, *Mémoire sur l'origine et la propagation de la doctrine du Tao, fondée par Lao-tseu*, Introduction p.1.
② Ibid., p.29.
③ Ibid., p.46.
④ Ibid., p.39.

质）、"Rien"（无），并认为这两个词分别对应于《吠陀经》中的"sat"
（有）和"a-sat"（无）。

（三）关于"阴"和"阳"

鲍狄埃认为，这二字的字面意思为"阴暗"（Obscurité）、"明亮"
（Clarté），中国人用它们来表示"静止的事物"（Matière en repos）和
"运动的事物"（Matière en mouvement），或者"被动的因素"（Matière
élémentaire passive）和"积极的因素"（Matière élémentaire active）。
这二者对应于印度数论哲学①（Sânkhya）中的两种基本要素和基本概
念——Prakriti（原质）和Pouroucha（原人）。②此外，"阴阳"还是
《易经》的理论基础，《易经》深奥至极，连中国人自己也未必理解，
因此连《易经》最初也极有可能是由印度引进而来。③

（四）关于"大梵"

《搜神记》云："道君告早帝曰：昔天地未分，阴阳未判，濛洪杳
冥，溟涬大梵，寥廓无光。结空自然中有百千万重正气，而化生妙无
圣君，历尊号曰妙无上帝自然元始天尊，一号灵宝丈人。"鲍狄埃认为
这段文字对于探寻老子的思想来源十分重要，因为作为"道君"的老
子在此处使用了"大梵"用以指称世间万物的主宰；而"大梵"正是
印度教三大主神之一梵天（Brahma）的汉译名称。"倘若这段文字据实
可靠，那么，老子思想的来源便可确定了……（实际上）以上整段文字
均来自印度，正是《吠陀经》中关于宇宙起源的描述。"④

（五）关于老子的生平传说

首先，鲍狄埃认为从老子诞生的传说中可以明显看到印度神毗瑟

---

① 数论是印度哲学的一个派别，被认为是最古老和最重要的流派之一。
② Guillaume Pauthier, *Mémoire sur l'origine et la propagation de la doctrine du Tao, fondée par Lao-tseu*, p.8.
③ Ibid., p.12.
④ Ibid., p.7.

弩（Avatâra）化身（Incarnation）的故事。此外，他的另一有力"证据"便是"连老子的注解家们也常把老子诞生与佛诞生的故事视为等同"。① 其次，鲍狄埃认为老子西游的故事真实可信。他指出，《搜神记》中记载的传说——"自太清当道境，乘太阳日精，化五色玄黄，大如弹丸，时玉女昼寝，流入口中，吞之有孕"至后来老子诞生，"秦昭王九年西升昆仑，计九百九十六年"——纯粹是"印度式的"（purement indienne），这一传说中的"神奇成分"占了主导地位，以至于鲍氏认为这一传说实际上就是印度佛陀的故事。另外，他指出，关于老子退隐、老子西游的传说中，有部分材料乃依据历史记载而成，这让人相信老子到了印度并从印度的宗教或某个哲学派别中吸收了养分而形成了他的思想或者他的部分思想："一个似乎比较确切的事实便是：老子曾经游历了中国西部以外的地区。在这些地区中，他应该不会错过当时亚洲最令人惊奇也是文明程度最高的国家——印度。"②

（六）关于老子的思想

鲍狄埃认为，老子的思想也与印度某些典籍所宣扬的思想十分相似。例如，老子主张抛弃欲望、弃绝所有使内心不宁、灵魂不安的事物，提倡使民无知；他认为圣人应处在"无为"（Inaction）的状态之中，这也就是印度人所称的Nivritti，即"回转到内里心灵之路或真实意图"。他告诫人们勿念过往、勿忧来日，他斥责人们的财富、欲念以及所有扰乱内心安宁的想法；"所有这些老子的思想和主张都在印度的《吠陀经》等经典中有所记载"。③

通过以上比附，最后，鲍狄埃以较肯定的语气得出以下结论：

1. 老子的思想及道教的信仰观念是从印度借鉴而来，主要与印度

---

① Guillaume Pauthier, *Mémoire sur l'origine et la propagation de la doctrine du Tao, fondée par Lao-tseu*, p.20.
② Ibid., p.24.
③ Ibid., p.49.

的数论哲学和吠檀多^①（Védânta）以及二者的分支相联系；

2. 老子的思想并非起源于中国，老学研究应置于印度的思想体系中进行；

3. 老子的思想在《道德经》中得以集中体现，对于《道德经》的完整翻译和全面分析或许将进一步肯定以上1、2两种观点；

4. 印度是东方几乎所有文明和信仰的发源地，这些文明和信仰后来传到世界各地。^②

综上可见，鲍狄埃翻译《搜神记》之"道教源流"，以及对照翻译所有中印典籍，皆是为证明"老子的思想来源于印度"的观点服务的。他与雷慕沙的观点看似大相径庭，实则如出一辙，均将老子的思想归于中国以外的来源。

二、鲍狄埃与《道德经》

在1831年发表的《论老子所创"道"之教义的起源和传播》一文中，鲍狄埃已将《道德经》第一、六、十四、四十二章译为法文。^③他高度称赞《道德经》，认为该书是道教徒眼中的"真教"（Vraie religion, vraie doctrine, écrits primordiaux）："《道德经》之于道教徒，就如同《吠陀经》之于婆罗门，《圣经》之于犹太人，《古兰经》之于穆斯林，《福音书》之于基督徒。"^④1838年，鲍狄埃宣称全译了《道德经》，书名为 *Le Tao-te-king, ou le Livre révéré de la raison suprême et de la vertu*，即《道德经：关于最高理性和美德的书》，他自称该译本是《道德经》

---

① 吠檀多，正统的古印度六派哲学之一，是影响最大的一派。
② Guillaume Pauthier, *Mémoire sur l'origine et la propagation de la doctrine du Tao, fondée par Lao-tseu*, pp.49-50.
③ 译文分别见于 Guillaume Pauthier, *Mémoire sur l'origine et la propagation de la doctrine du Tao, fondée par Lao-tseu*, pp.39-40, p.30, p.32, p.42, p.31.
④ Guillaume Pauthier, *Mémoire sur l'origine et la propagation de la doctrine du Tao, fondée par Lao-tseu*, 1831, p.6.

在欧洲的第一个法文全译本。

关于鲍狄埃与《道德经》，有以下几方面问题值得探讨：

（一）鲍狄埃《道德经》译本是否为欧洲首个法文全译本

这个问题关系到是鲍狄埃还是其竞争对手儒莲在欧洲率先全译了《道德经》。在鲍狄埃《道德经》译本扉页上，他自称"为欧洲首个全译本"，但该译本仅包含《道德经》前九章译文。译本末页称此为《道德经》译本第一册，"译本第二册正在印刷之中，全书译本将不会超过五册或六册"。① 或许正因此，学界多认同鲍狄埃的译本是第一个法文全译本，如许光华《法国汉学史》②、福井文雅《欧美的道教研究》③、林富士《法国对中国道教的研究》④ 等。法国著名的比较文化大师艾田蒲（René Étiemble，1909—2002）在为《道家哲学家》(*Philosophes taoïstes*，1980) 所作序言中则显得极为谨慎，他仅称儒莲译本为"第一个严谨的法译本"(la première traduction sérieuse)⑤ 而未讨论这个问题。

然而，笔者迄今未见除第一册之外的译本，因而对鲍氏的说法产生怀疑，但未敢妄言。后发现法国道教学者马塞伦的《道教研究文献目录》(*Bibliographie du Taoïsme*，1898)，言及鲍狄埃的《道德经》译本实际上"并未完成"(non terminé)⑥。由此，笔者倾向于采取马塞伦的说法，认为鲍氏的《道德经》法译本仅是节译本。

（二）鲍狄埃对《道德经》第一章及"道"的理解

因《道德经》第一章为全书总纲，且老子在此章中开宗明义地提

---

① 法文原文为：*La seconde Livraison du Tao-te-king est sous presse. L'ouvrage entier ne dépassera pas cinq ou six Livraisons.*
② 许光华：《法国汉学史》，学苑出版社 2009 年版，第 134 页。
③ 〔日〕福井康顺、山崎宏、木村英一、酒井中夫监修：《道教》（第三卷），朱越利、冯佐哲译，上海古籍出版社 1992 年版，第 226 页。
④ 〔法〕戴仁主编：《法国当代中国学》，耿昇译，中国社会科学出版社 1998 年版，第 274 页。
⑤ René Étiemble, Préface xxx, dans *Philosophes taoïstes*, Paris: Gallimard, 1980.
⑥ D. Marceron, *Bibliographie du Taoïsme*, Paris: Ernest Leroux, 1898, p.113.

出了道家哲学的一系列重要概念，如"道""名""有""无""玄"等，因此，古今中外举凡研究《道德经》者必谈此章，并对"道"的涵义各抒己见，亦聚讼纷纭。

在 1831 年发表的《论老子所创"道"之教义的起源和传播》一文中，鲍狄埃分析了儒家的"道"与老子的"道"，认为二者的含义和性质均不相同。他指出，孔子的"道"并不指"神"或"神性"（divinité），而指"正确的道路"（voie droite）、"美德之道"（voie de la vertu）、"至善至美之道"（chemin de la perfection）、"正义之感"（sentiment du juste），是规范人们行为的伦理准则。人人均可"识道""行道"，"道"近在咫尺、无时不在。而老子的"道"具有比孔子的"道"更高的含义，因为老子的思想打上了更多的宗教印迹和"神"的印迹，此"神"高于人类，其力量无穷无尽。老子的"道"受到了神化（divinisé），它是"最高的智慧、最原始神圣的理性"（l'intelligence, la raison suprême et primordiale）。①

在 1838 年发表的《道德经》译本中，鲍狄埃的理解较之 1831 年趋于深刻。他指出《道德经》首章是全书最晦涩、最具争议的篇章，该章是全书的开场白（exorde）和序言（préambule），"表现出了人类智慧所构想的最高层次的形而上学（la métaphysique la plus haute）"。② 老子在该章将"道"定义为"第一因"（Cause première）、"万物的起源"（origine des choses）及"生命的性质"（nature des êtres）。"道"由"辶"（意为"行走、朝前运动"）和"首"（意为"头、原理、初始"）两部分组成，"道"的最初含义是"思维的发展"，后来有了"道路"之意；到了老子那里，"道"有了形而上的意义，即"道德之路"（chemin de la vertu）、"言行之准则"（règle de conduite, parole）。他借

---

① Guillaume Pauthier, *Mémoire sur l'origine et la propagation de la doctrine du Tao, fondée par Lao-tseu*, p.5.
② Guillaume Pauthier, *Le Tao-te-king, ou le Livre révéré de la raison suprême et de la vertu*, Paris: F. Didot Frères, 1838, p.5.

此来指称"第一因",但同时又将它的含义上升到"支配世界的最高智慧"(souveraine Intelligence directrice)、"最原始、最神圣的理性"(Raison primordiale suprême),就如同柏拉图等古希腊哲学家宣称的λόγος(逻各斯)。老子的"道"是"最初的存在及本质"(Être primordial),他在解释"道"的性质时,除了"永恒性"(éternité)、"不变性"(immuabilité)、"绝对性"(absolu)以外,没有任何多余的用词。老子认为"道"的哲学属性中,仅有这三者是最根本的;而他同时又认为这三种属性又不够完整,因此他继而认为"道"是除其自身外,一切事物的否定(négation de tout);它是"无"(Non-être, Rien),与"有"(Être)相对立;它又是"有",与"无"相对立。

鲍狄埃还指出,老子将"道",或者"第一因"的性质定为"永恒性、不变性"之后,人们便可以从两方面将"道"区分为"两种性质"(deux natures)或"两种存在模式"(deux modes d'être)。在第一种性质中,"道"是"无"(Non-Être),是天地的本源,此所谓其"神圣性"(nature merveilleuse et divine)、"无限性"(nature illimitée)、"无形性"(incorporéité);在第二种性质中,"道"是"有、存在"(Être),它是万物之母(la mère de tous les êtres),此所谓其"可感知性、有形性"(nature corporelle phénoménale)、"有限性"(nature limitée)、"物质性"(corporéité)。由"道"的第一种性质——"神圣性"产生了所有的精神活动,由第二种性质——"可感知性"则使所有的物质(êtres matériels)得以存在。这二种性质具有共同的来源,二者共同结合便构成了"道",即"最初的理性"(Raison primordiale)或"最神圣的法则"(principe suprême)。

纵观鲍狄埃的论述,他并未用某一特定语词翻译"道",而是用"最高的智慧、最原始神圣的理性"(l'intelligence, la raison suprême et primordiale)、"最神圣的法则"(principe suprême)等对"道"进行解释,这明显受到其师雷慕沙的影响,雷慕沙曾将"道"比作"逻各斯"(λόγος),也曾将"道"译为"理性"(Raison)。此外,鲍狄埃也常常直接采用 le Tao 进行音译。

(三)鲍狄埃眼中的"夷希微"

如果说鲍狄埃在理解"道"的过程中确曾受到过雷慕沙的影响,那么他对"夷""希""微"的理解则与雷慕沙分道扬镳。对于雷慕沙将《道德经》第十四章"夷""希""微"的发音等同于"耶和华"的做法,鲍狄埃并不赞同:"在三个连续的句子中分别取三个字而形成一个发音,这是错误的。"① 然而,他认为在印度典籍中可找到"夷""希""微"的实实在在的含义,而并非雷慕沙宣称的它们"对于汉语而言只是完全陌生、外来的符号而已"。②

诚然,鲍氏认为该章"解释了'三重性的统一'(unité trine)或'三重性的象征'(triade symbolique)",③ 但这种"三重性"却非基督教的"三位一体"。他也并未像雷慕沙那样到古希腊哲学中寻求解释,而是转向印度的宗教哲学典籍。根据《河上公章句》,他为《道德经》第十四章加了章名"赞玄",法译为 le Noir Défini,并称这即为"印度神黑天的标志和属性"(des attributs de Krichna)。④ 他说:《道德经》第十四章"所表现出的印度色彩如此浓厚……与印度《娑摩吠陀》(Sâ-ma-Véda)⑤ 的记载如此相似,我们几乎可以说二者就是相同的"。⑥

他还提出:《道德经》第十四章体现的"三重统一"(trinité, triade),先是由"原初的统一"(unité primitive)产生"二元"(dualité),继而随"精气"(énergie vivifiante, esprit vital)的作用而形成,这种思想观念在很多国家和民族中广泛存在,这说明远古时期的哲学和宗

---

① Guillaume Pauthier, *Mémoire sur l'origine et la propagation de la doctrine du Tao, fondée par Lao-tseu*, p.37.
② 张粲:《法国经院汉学鼻祖雷慕沙的道教研究》,《宗教学研究》2017 年第 1 期。
③ Guillaume Pauthier, *Mémoire sur l'origine et la propagation de la doctrine du Tao, fondée par Lao-tseu*, p.31.
④ Ibid., p.32.
⑤ 《娑摩吠陀》(梵文:सामवे)汉译名称为《赞颂明论》,是四大《吠陀经》之一。
⑥ Guillaume Pauthier, *Mémoire sur l'origine et la propagation de la doctrine du Tao, fondée par Lao-tseu*, p.35.

教思想具有一个共同来源，这个来源即印度。① 鉴于此，老子从印度宗教哲学吸收养分并体现在《道德经》中便不足为奇了。于是，鲍氏主张"要对《道德经》这样一部晦涩而简短的著作做出最好的评价，或许有赖于深入研究印度的哲学和宗教体系，尤其是数论和吠檀多"。②

（四）鲍狄埃对《道德经》注本的使用

对于哲学书籍的翻译，难点在于精准地解释哲学词汇。鲍狄埃面临的是汉语这样一门象征性极强的语言，又是老子的作品，可谓难上加难。幸而鲍狄埃参考了《河上公章句》、薛蕙《老子集解》、焦竑《老子翼》等《道德经》注本，且对这些注本相当重视。他说："若是没有中国注解家的注疏（虽然这些注疏本身通常令人困惑），我们就无从解释《道德经》，或者仅能莫衷一是地解释《道德经》。"③ 这也是鲍狄埃在翻译和解读《道德经》时不同于前人之处。

《道德经》原书并无章名，而鲍狄埃以《河上公章句》为依据，在每章译文前均加上章名及其译名。译文全书各章均先以梗概（argument）介绍主旨，继而是《道德经》汉语和拉丁语文本对照，随后或直接继之以译文，或在译文前插入注本的评论。鲍狄埃所译《道德经》共九章，章名分别是："体道"—Du Tao ou Principe suprême（"道"或神圣法则），"养身"—De l'amélioration de soi-même（个人的改善），"安民"—De la pacification du peuple（人民的安宁），"无源"—De l'origine du Non-être（"无"的起源），"虚用"—De l'usage du Vide（利用"虚无"），"成象"—De l'image du Parfait（完美之象），"韬光"—Lumière du Caché（隐藏的光亮），"易性"—Nature du Facile（"易"之性质），"运夷"—Mouvement circulaire des Êtres（生命的周

---

① Guillaume Pauthier, *Mémoire sur l'origine et la propagation de la doctrine du Tao, fondée par Lao-tseu*, p.38.
② Ibid.
③ Guillaume Pauthier, *Le Tao-te-king, ou le Livre révéré de la raison suprême et de la vertu*, p.18.

期性运动）。

三、对鲍狄埃道家道教研究的评价

首先，从1831年的《论老子所创"道"之教义的起源和传播》到1838年的《道德经》节译本，从不厌其烦地在印度宗教和哲学典籍中寻找老子思想源于印度的证据，并借用梵语指称《道德经》的核心术语到参照注本进行《道德经》原文的翻译和诠释，鲍狄埃对中国道家和道教的认识经历了一个渐趋客观的过程。

在研究早期，鲍狄埃时刻不忘将《道德经》与《吠陀经》等印度典籍进行对照比附，并仅由中印宗教哲学存在相似性，即得出中国文明源于印度的结论。后来在《道德经》节译本中，他或许对此有所意识，提出"应该对《道德经》进行深入的分析，以发掘其中的核心思想，并确定这些思想属于老子本人，或是如雷慕沙所谓的归于毕达哥拉斯和柏拉图，抑或是本人主张的归于印度"。[1] 实际上在当时的欧洲，像鲍狄埃这样进行比附的汉学家并非少数，与其将此归咎于汉学家本人的学识或研究方法，毋宁说这正体现了19世纪早期欧洲对中国文明仍感陌生、缺乏了解的事实。

其次，鲍狄埃的《道德经》节译本由于编排繁复，汉语、拉丁语、法语时常相互混杂，译文既欠流畅又诘屈聱牙，故欧洲汉学界对它的评价并不高。加之儒莲对鲍狄埃的排挤和打击，更使该译本的影响甚微。然而，平心而论，鲍狄埃对《道德经》的哲学阐释不乏真知灼见，明显高于前人。此外，他在法国较早采用了参照《道德经》权威注本的方法翻译《道德经》，在方法上具有合理性，这也是法国汉学界《道德经》译介史上的革新和突破。就连认为鲍狄埃译本"不值一提"的儒莲也采用了这种方法，最终完成了《道德经》第一个法文全译本，

---

[1] Guillaume Pauthier, *Le Tao-te-king, ou le Livre révéré de la raison suprême et de la vertu*, p.24.

并受到极高的评价。而法国汉学重视文本文献传统的形成和巩固也与此不无关系。

总之,鲍狄埃关于中国道家和道教的研究是19世纪欧洲对中国缺乏了解之状况的真实写照,既存在时代的局限,又在一定程度上激发了欧洲汉学界对《道德经》和道教的好奇与讨论,促进了道家和道教文化在欧洲的传播。

(本文转载于《汉学研究》总第26辑,2019年春夏卷)

跨异质文化语境下《道德经》德译本的"误读"研究
——以两个全译本为例

唐 雪[*]

摘要：由于东西方文明各有不同的文化传统和话语体系，为了让外来文化成功进入接受国的语境并达到译者的翻译目的，"误读"是跨异质文化语境下东西语言互译中必然会出现的变异现象。本文选取两个《道德经》德语全译本为研究对象，从源语信息的改造、目标语信息的迎合和目标语文化的渗入出发，探讨中德跨异质文化语境下产生"误读"的原因和译者的翻译策略，以期对中国典籍德译中出现的文学变异研究有所启发。

关键词：《道德经》 德译 误读 变异

基金项目：教育部人文社会科学研究项目"老庄思想在德语世界的接受与变异研究"（20YJC751024）

引言

"误读"原指"错误地阅读或阐释文本或某一情景"。[①] 随着 20 世

---

[*] 唐雪，文学博士，西南大学外国语学院讲师。
[①] 赵一凡、张中载、李德恩：《西方文论关键词》，外语教学与研究出版社 2006 年版，第 621 页。

纪西方文论的"语言学转向","误读"脱离了传统文论将其作为"正读"反面的意义，被赋予新的内涵。解构主义批评家提出"一切阅读皆误读"，颠覆了传统文论中"正读"的权威：以德里达为代表的学者认为"误读"是语言修辞性的必然结果，与主体无关；哈罗德·布鲁姆在《影响的焦虑》中建构的误读理论则是解构主义"误读"概念的另一发展层次。布鲁姆重视文学创作和阅读中人的主体性，提出了文学创作中的"误读"。[①] 20世纪90年代以来，在翻译理论"文化转向"的背景下，"误读"又成为跨异质文化语境下文学互译的考察重点。由于东西方文明各有不同的文化传统和话语体系，为了让外来文化成功进入接受国的语境和达到译者的翻译目的，"误读"是翻译中必然会产生的现象，甚至译者有时会使用翻译策略有意促使"误读"发生，这种变异在东西方语言互译中尤为明显，因为"误读"的形成正是源于"接受者或接受者文化对发送者文化渗透、修正与筛选……从而造成影响误差"，[②] 因此异质文化之间的文学交流总是伴随着"误读"。比较文学变异学将异质性和变异性作为学科支点，在研究跨异质语言转换时会将重点放在译者对原文信息变形等变异现象上。由于"误读"是跨异质语言互译中造成变异的重要原因之一，因此对"误读"的研究可以解释文学翻译产生变异的机制和规律。

《道德经》是德语世界译本最多和传播最广的中国典籍，鉴于此，本文选取开启《道德经》德译历程的译者史陶斯（Victor von Strauss）的《老子的道德经》（*Laò-Tsè's Taò Tĕ Kīng*）和德语世界影响最大的德译本卫礼贤（Richard Wilhelm）的《老子道德经》（*Laotse. Tao Te King*）为研究对象，以源语信息的改造、目的语信息的迎合和目的语文化的渗入为切入点，探讨《道德经》德译本中的"误读"现象和译者的翻译策略，以期对中国典籍德译中出现的文学变异研究有所推进。

[①] 王敏:《解构主义误读理论研究》,《中南大学学报》（社会科学版）2013 年第 4 期，第 159 页。
[②] 曹顺庆:《比较文学教程》，北京高等教育出版社 2010 年版，第 105 页。

一、源语信息的改造

"误读"既是由诸多因素合力造成,也是"接受者主体性、选择性和创造性的重要表现",[①]因此,在跨语际翻译实践中,译者对源语信息的改造是导致"误读"产生的首要原因。首先,翻译不仅是语言转换行为更是文化的交流,因此在跨异质文化文本转换过程中,译者作为源语文本的接受者和目的语文本的生成者占据了翻译活动中心位置。[②]其次,在跨异质文化翻译实践中,发送者和接受者在时间和空间上都是分离的,作为中介的译者会采用必要的翻译技巧以跨越这种分离,其中在译文中通过减损和引入对源语信息进行改造是常见的翻译策略,由此便会产生"误读"从而造成变异。

整体而言,由源语信息的改造产生的"误读"首先表现为译者对源语信息的减损。汉字的多义性是许多德译者在翻译《道德经》时面临的首要难点,如"二战"后德国著名汉学家和翻译家德博(Günther Debon)就提出,《道德经》行文简洁,全文仅使用约八百个不同汉字,其中不少概念只出现过一次,这种简洁性也应在译文中得以保留。但遗憾的是,虽然译者尽力使用同一德语单词再现某个中文概念,但也不可能模仿原文的精致和简洁。[③]21世纪道家典籍翻译的代表、德译者卡林克(Viktor Kalinke)同样指出,单个汉字的多义性会导致原文的概念往往不能用同一德语单词翻译。[④]与德语单词的用法和释义相对固定不同,单个汉字可在句中表多种含义,甚至有些释义之间毫无关联,因此德译者们在面对多义汉字时会通过删减其他意义以保留译者

[①] 曹顺庆:《比较文学学》,四川大学出版社2005年版,第270页。
[②] 〔德〕克里斯蒂安·诺德:《翻译的文本分析模式:理论、方法及教学应用》,李明栋译,厦门大学出版社2013年版,第10页。
[③] Günther Debon, *Lao-Tse. Tao-Tê-King* [M], Stuttgart: Philipp Reclam jun, GmbH & Co, KG, 2014, p.20.
[④] Viktor Kalinke, *Laozi. Daodejing. Eine Wiedergabe seines Deutungsspektrums*, Leipzig: Leipziger Literaturverlag, 2000, p.8.

最认可的解释，让译文更易为德语读者接受，这也成为造成原文信息减损的重要原因。选例两位译者对《道德经》"常有欲，以观其徼"一句中"徼"字的翻译，便体现了汉字的多义性导致的译介变异。王弼对该字注曰"徼，归终也"①，楼宇烈释："他（王弼）认为通过'常无欲'即可以了解到天地万物的最终归结。"②可见王弼的"徼"是"最终归结"之意。但此句的"徼"字除"归终"之外，学界还有几种不同的解释：在敦煌本中作"曒"，表示光明的意思。这一释义也被众多学者接受。如朱谦之就认为"宜从敦煌本作曒"。③黄茂材的《老子解》中"徼"为"窍"，马叙伦也赞同："徼当作窍，《说文》：'窍，空也。'"陆德明认为，"徼，边也"，作边际之意。④综上可见，前人关于"徼"字主要有"归终、光明、空和边际"四种解释。选例译本对此句翻译为：

> 史陶斯：Wer stets Begierden hat, der schauet seine *Außenheit*.⑤
> 卫礼贤：das Streben nach dem Ewig- Diesseitigen zum Schauen *der Räumlichkeit*.⑥

史陶斯译文的"Außenheit"一词在现代德语中已不再使用，该名词由副词"außen"后加名词后缀"-heit"组成，"außen"表"在外面，外部"，⑦因此"Außenheit"在此译文中应作"外部"或"外在"解释，可见史氏译文中的"徼"与"边际"之意相关。而卫礼贤所用译词"Räumlichkeit"为不可数名词表示"空间的/立体的状况、空间的效

---

① 王弼注，楼宇烈校释：《老子道德经注》，中华书局2011年版，第2页。
② 同上书，第4页。
③ 朱谦之：《老子校释》，中华书局1984年版，第6页。
④ 陈鼓应：《老子今注今译》，商务印书馆2003年版，第75—76页。
⑤ Victor von Strauss, *LAO-TSE'S TAO TE KING* [M], Leipzig: Verlag von Fridrich, 1870, p.3.
⑥ Richard Wilhelm, *Laotse. Tao Te King. Das Buch des Alten vom Sinn und Leben* [M], Jena: Diederichs, 1911, p.3.
⑦ 赵登荣、周祖生：《杜登德汉大词典》，北京大学出版社2013年版，第254页。

果",^①该译词可反映译者赞同"徼"所表"空"之意。两位译者虽解决了"徼"多义的翻译困难,让德语读者在译文中获取确定的信息,但这种弱化汉字多义性的处理同时却导致了原文信息的减损,减少了原文可再被探究的空间,也让德语读者被迫接受译者的主体性选择从而产生"误读"。

其次,通过引入源语信息让译文更易融入接受国的语境,也是产生"误读"的重要手段。其一是引入源语的语言形式。《道德经》第一章历来是德语译者们关注的焦点,尤其是对老子哲学最高范畴"道"展开整体论述的"道可道非常道"一句。精炼和简洁是古汉语的重要特点,且古汉语的语法构成与现代汉语存有较大区别,如"道可道"今译为"可以用言词表达的道",[②]根据今译可见该句是定语后置句,即将"可道"放在所修饰的名词"道"之后,而"非常道"是对第一个"道"的说明,因此按照现代汉语的语法,该句的语序为:可道(之)道非常道。古代汉语与现代汉语在句序和语法上尚存如此大的区别,德译者们在翻译该句时所面对的差异则更大。因此,如何在译文中再现源语的语言形式就成为译者们面临的难点。选例两位德译者对此句的处理略有不同,但最终都通过将原句改为符合德语语法结构的译文以再现原文句序:

史陶斯: *Taò, kann er ausgesprochen werden, ist nicht der ewige Taò.*[③]

卫礼贤: *Der SINN, den man ersinne kann, ist nicht der ewige SINN.*[④]

---

① Wahrig Burfeind, *WAHRIG Deutsches Wörterbuch*, Gütersloh/München: wissenmedia in der inmedis ONE GmbH, 2011, p.1202.
② 陈鼓应:《老子今注今译》,第 77 页。
③ Victor von Strauss, *LAO-TSE'S TAO TE KING* [M], p.3.
④ Richard Wilhelm, *Laotse. Tao Te King. Das Buch des Alten vom Sinn und Leben*, p.3.

史陶斯在结构上完全保持了原文的句序，而卫礼贤则使用关系从句翻译"可道"以说明第一个"道"，由此也保持了句序的一致。词性不同的德语单词在句中的用法和所处位置相对固定，而古汉语的单个汉字可作不同句子成分，两者显然存在巨大的语法结构差异，因此作为动词的"道"只能改写为相应的德语动词"aussprechen"（说出）和"ersinnen"（想出），而不能直接用名词"道"的译词"Tao"或"Der SINN"来翻译。其次，由于古汉语经常存在省略主语等成分的现象，而德语句子一般要求完整的主谓结构，因此在翻译时补充所缺成分也成为德译者们为保障译文语法正确而采用的常见翻译策略。针对原文中"可道"和"可名"并非完整主谓结构的情况，译者们首先通过分别加入代词"es"和"man"作主语，其次还加入了情态动词"können"（能够）与实义动词"aussprechen"（说出）和"ersinnen"（想出）组成完整的谓语结构。可见，两位译者通过在句序上引入古汉语的语言形式和在语法上符合德语规则，使得上述选例译文在句框结构上与原文基本一致。但上述翻译策略却使短短六个字的原文变成了较长的译句，未能展现《道德经》行文风格的重要特征——简洁性，这也在一定程度上造成表达上的"误读"。

其二，在译文中引入源语的文化形式，即译者们尽力将原文的文化内涵准确传递给读者。以《道德经》的另一核心概念"德"为例，史陶斯用"die Tugend"翻译"德"，这也是诸多德译者采用的译词。德语单词"die Tugend"主要用以表示"道德，品行"和"美德，品德，优秀品质"，[①]与儒家思想中表示伦理意义上的"德"更相近，而与《道德经》的"德"相差较大。史陶斯将"德"放置于"道"之下，指出老子认为人类认知和行为的基准是"道"，由"道"决定的伦理性及伦理政治性的行为即为"德"，因此《道经》是第一部分，《德经》为第二

---

① 赵登荣、周祖生：《杜登德汉大词典》，第2381页。

部分。① 史陶斯的阐释强调了"德"对"道"的依赖性和附属性，从而将其与一般意义的"美德"相区别，凸显了《道德经》中"德"的特殊性。而卫礼贤则将"德"翻译为"LEBEN"，该词在德语中表示"生命"。相比史陶斯所用的"die Tugend"，卫礼贤的选词在字面意思上与汉字"德"关联甚少，更易引起"误读"。为此，译者采取了一系列的措施：一是他在译文中一直使用大写形式"LEBEN"以强调译词的特殊性和专用性；二是他将"德"定义为"产生万物生命称为'德'"，② 他的这种阐释与《庄子》的"物得以生谓之德"和《管子》的"化育万物谓之德"几乎完全一致，可见卫礼贤以道家思想的特定概念为翻译出发点，而非一般意义上的汉字"德"；三是卫礼贤在解释"德"的译词选择时，以《约翰福音》的"In ihm war das Leben, und das Leben war das Licht der Menschen"（生命在他里头，这生命就是人的光）为依据，③ 该句说明"生命"（das Leben）源自于上帝之内，而这个"生命"养育了万物。《道德经》中"道生之，德畜之"表示"道"是产生万物的源泉，而"德"则养育万物。由此，卫礼贤通过对《道德经》与《圣经》的类比将"德"可"养育万物"的特征与"LEBEN"（生命）相等同；最后，卫礼贤也特意区别了儒家和道家的"德"，认为《道德经》中"德"的内涵比"美德"要广泛得多，而常见的翻译如"美德"（Tugend）、"自然"（Natur）、"本质"（Wesen）、"精神"（Geist）和"力量"（Kraft）都是儒家思想常用概念，因此在译文中要避免使用上述表达。④

中德文化的巨大差异会造成语言互译的困难，而历经悠久传承和蕴含深厚哲理的中国典籍更为德译者们增添了翻译的难度，因此，译者会采用改造源语信息的翻译策略，以便让德语读者更直观地了解中

---

① Victor von Strauss, *LAO-TSE'S TAO TE KING* [M], LXIX.
② Richard Wilhelm, *Laotse. Tao Te King. Das Buch des Alten vom Sinn und Leben* [M], XVI.
③ Ibid.
④ Ibid.

国文化。但上述改造首先并不是简单的删除、增加或改写，而是德语译者们为弱化东西方文化差异和减轻读者理解困难而采用的选择、删减和创造性行为，其目的是为了克服东西方语言互译的困难，让译文更易融入接受国语境。再者，对源语信息的改造要以遵循德语的基本语法规则为前提，如选例译文对"道可道非常道"的处理说明：一方面译者力图引入源语独特的语法结构，而另一方面为了保证译文的语法正确也不得不采用补充和扩张译文的策略，在解决语言形式差异的同时却不可避免地带来其他方面的"误读"。第三，由于单个汉字可以表达多层意义，而诸如"德"这样的核心概念在基础意义之上还会被赋予特定的哲学、文学等文化内涵，因此，如果译者使用单个德语译词对其翻译，就往往会造成"误读"。同时，为使译本更符合接受国语境，选例两位译者也并未直接将"德"音译为"de"，而是坚持用德语单词翻译。由前述可见，在引入源语文化形式时，译者往往会遇到文化内涵与语言形式不可兼顾的情况，这是产生"误读"的重要因素，也是中国典籍德译的主要难点。为此，史陶斯和卫礼贤采用了译评结合的翻译模式，即译文与原文基本保持一一对应，在译本的前言或后记中对《道德经》展开整体论述，并在译文后附上相关章节的具体评述。这种模式既能保证译文符合德语读者的语言习惯，又能将中国特有的文化概念引入德语世界。因此许多后继译者以他们为榜样，也采用了上述翻译模式。

二、目的语信息的迎合

一部作品进入另一种文化语言之中，会因地域差异和时空错位导致偏见，从而对引入的文学发生误读性影响。[①] 这种错位不仅是发送者文化的错位，也是接受者文化的错位，从而体现了跨异质文化的双向

---

① 曹顺庆：《比较文学教程》，第105页。

交流。因此，发送者和接受者的时空分离除了会使译者改造源语信息外，还会让译者为减少异质文化的差异和使读者更易理解而采用迎合目的语信息的翻译策略，从而使原作除了在形态上被转化成另一种语言外，更因译者迎合目的语信息而促使译作带有接受国文化的特征而造成"误读"。

选例两位译者对第十四章"执古之道，以御今之有，能知古始，是谓道纪"中"古"字的翻译正是上述迎合策略的体现。首先，据王弼注："上古虽远，其道存焉，故虽在今可以知古始也"①，可知该句中的"古"是"上古"。"上古"一词作为中华文化中特有的时间概念，在其他典籍中亦有定义。《周易正义·系辞》曰："上古结绳而治，后世圣人易之以书契"②；《礼记·礼运》孔颖达疏曰："伏羲为上古，神农为中古，五帝为下古"③；元李冶在《敬斋古今黈》卷五中将"上古"一词做了总结性的定义："大抵自羲、农至尧、舜为上古，三代之世为中古，自战国至于今日以前，皆为下古"④。以上所列举古籍对三古的定义略有差异，但不同之处主要体现在"中古"和"下古"的时段划分上，对"上古"的划分基本一致。总体而言，"上古"一词蕴含了丰富的文化内涵，特指中华文明起源的伏羲时期。但两位译者对表示"上古"这一中国文化特有的历史概念的处理却不同：

史陶斯：Hält man sich an den Tào *des Alterhtums,* [...]⑤
卫礼贤：Wer erfaßt den SINN *des Alten,* [...]⑥

---

① 王弼注，楼宇烈校：《老子道德经注》，第35页。
② 孔颖达：《周易正义》，阮元：《十三经注疏》（上），上海古籍出版社1987年版，第87页。
③ 孔颖达：《礼记正义》，阮元：《十三经注疏》（下），上海古籍出版社1987年版，第1415页。
④ 罗竹风：《汉语大词典》第一卷，汉语大词典出版社2001年版，第270页。
⑤ Victor von Strauss, *LAO-TSE'S TAO TE KING* [M], p.61.
⑥ Richard Wilhelm, *Laotse. Tao Te King. Das Buch des Alten vom Sinn und Leben* [M], p.16.

史陶斯用的"das Alterthum"（今为"das Altertum"）可泛指"古代"，也可特指"古希腊罗马文化时期"，①可见"das Altertum"与"上古"虽在含义上有差异，其内涵却有异曲同工之妙，都特指各自文明开端的历史时期。该译词的选用体现了译者在面对中德语言差异时会根据两种文化内涵的相似之处实现文化上的互译，同时也通过使用这类蕴含目的语文化的译词让德语读者更易理解和接受译本。而卫礼贤的译词"das Alte"仅泛指"旧习俗、旧风俗、旧习惯"，②并未如同"das Altertum"一般有特指含义，可见该译词无论从基本含义还是特指上都未能表现"古"的内涵，因此较之"das Altertum"逊色许多。

再如，卫礼贤在翻译"有名万物之始，无名天地之母"一句的"有名"和"无名"时放弃了直译，而将其彻底转换为包含德语术语的表达："Jenseits des Nennbaren"（可命名的彼岸）和"Diesseits des Nennbaren"（可命名的此岸）。③"Jenseits"（彼岸）和"Diesseits"（此岸）是两个蕴含宗教内涵的词语，前者是"超自然的、地球之外的领域；死者的国度；天堂"；④后者为"世界、尘世的生命、与'彼岸'相反"。⑤"Jenseits"（彼岸）常用以表示与现实情况即"Diesseits"（此岸）不同的另一种状态，根据神秘学、宗教和超自然的描述，它是对立于自然科学而不能被其理解和察觉的一种存在状态。而"Diesseits"（此岸）则与之相反，表示在自然科学中可感知并遵循自然的法则的存在状态。卫礼贤在此将"道"的"无形未名"状态与超越自然的"彼岸"相联系，认同"无名"和"彼岸"都是不能在自然科学中被感知和理解的状态，而"有名"和"此岸"则都遵循自然法则，表示"有形有名"之后"道"养育自然万物的状态。

---

① 赵登荣、周祖生：《杜登德汉大词典》，第86页。
② 同上书，第84页。
③ Richard Wilhelm, *Laotse. Tao Te King. Das Buch des Alten vom Sinn und Leben* [M], p.3.
④ Wahrig Burfeind, *WAHRIG Deutsches Wörterbuch* [Z], p.791.
⑤ Ibid., p.371.

通过对史陶斯对"古"和卫礼贤对"无名""有名"所选译词的分析可见,在中德跨异质文化语境下,译者在翻译时非但不能将中德语言机械地等同互译,甚至会因文化差异遭遇诸多不可译的情况,为克服这种困难,他们往往需要牺牲语言上的对等交换而迎合接受国的文化。在此过程中,不可避免地会产生"误读"。两位译者选用的译词看似与原文差异巨大并使用了西方文化和宗教术语,但探究其深层含义可知,上述译词反而能较完整和贴切地再现原文内涵,从而克服中德跨异质文化差异所导致的不可译困境。反观卫礼贤选择的译词"das Alte",既未还原源语信息也未迎合目的语文化,可见该译词与前述两种情况不同,并不是由于中德文化差异产生的"误读",而是译者的"误译"。

三、目的语文化的渗入

特定的历史文化和语言环境会赋予源语文本独有的美感和内涵,而译者所处的现实语境会与之相应地对译文产生重要影响,因为它们"决定着该历史阶段的人的思想、行为和价值选择"[1]。因此,受特定的现实语境和文化制约,译者们会将目的语文化渗入译本。这种情况所造成的"误读"较之前述两类更具接受国的文化特征。将《道德经》视为蕴含基督教思想的作品是德语世界乃至整个欧洲译介历程中最明显的目的语文化渗入,而将《道德经》第十四章"视而不见,名曰夷;听之不闻,名曰希;搏之不得,名曰微"中的"夷""希""微"理解为"耶和华",并以此证明老子思想源于基督教,便是这种渗入的具体体现。入华耶稣会士马若瑟(Joseph de Prémare)最先提出"夷希微"(Yihsiwei)即是《旧约》中最高的神——雅赫维(耶和华)的观点。他的这一阐释影响了众多后继研究者,其中最著名的是法国汉学

---

[1] 曹顺庆:《比较文学教程》,第99页。

家雷慕沙（Jean Pierre Abel Rémusat）。雷慕沙赞同马若瑟关于"夷希微"即耶和华的理解，并将这一发现继续发展，还将其联系至进一步推导老子的哲学命题来源于西方的讨论中。① 他误认为这三个汉字在中文中并无特殊含义且非常少见，因此通过寻找它们与希伯来文字拼写的相似之处，并结合老子出关西行的传说，大胆猜测老子曾经西行至叙利亚和希腊等地区，以此证明老子学说源自西方思想。②

神学家史陶斯深受雷慕沙影响，因此他也认为"夷""希""微"即"耶和华"。但史氏在译文中并未否定这三个汉字的基本意义，译者采用音译加直译的方式将其译为"Ji（gleich）、Hi（wenig）、Weh（fein）"。③ 由于单个汉字的多义性，他在译文后对应的阐释中还分别说明了"夷""希""微"在其他章节的含义，如"夷"虽译为"gleich"（相同的），但在第四十一章"夷道若纇"和第五十三章的"大道甚夷"中均为"eben"（平坦）之意。④ 但译者之后却未继续讨论"夷""希""微"的含义，他认为，仅找出这三个字相对应的德译词并未展示出它们与文本更深层的联系。针对当时欧洲汉学界甚为流行的以河上公注"无色曰夷，无声曰希，无博曰微"为其解释或定义的现象，史陶斯提出，该注解仅是河上公的主观评论，河上公尝试将这三个字与人类感官建立联系，但事实上这三个字与颜色、声音和身体毫无关联，而原文其他章节多次出现上述三字，却都使用了其词汇上的意义。而且，原文在描述"无色的"（farblos 或 unsichtbar）、"无声的"（lautlos 或 unhörbar）和"无形的"（gestaltlos 或 unfaßbar）概念时，直接使用汉语常用的表达形式，即在这类名词前直接加上否定副词"无"。如第一章的"无名天地之始"和第十三章的"及吾无身"的"无名"和"无身"，就是名词"名字"和"身体"加上"无"，表

---

① Victor von Strauss, *LAO-TSE'S TAO TE KING* [M], Leipzig: Verlag von Fridrich, 1870, XXII.
② 〔法〕雷慕沙著，陈新丽、王雅婷译：《雷慕沙著：论老子的生平与学说》，《国际汉学》2018年第4期，第94—96页。
③ Victor von Strauss, *LAO-TSE'S TAO TE KING* [M], p.65.
④ Ibid.

示没有名字（namenlos）和没有身体（körperlos）。史陶斯据此认为，根据当时的构词规则和老子的用语习惯，在第十四章中老子没有必要使用"夷""希""微"表示与其差别甚大的"没有颜色的""没有声音的"和"没有形态的"，可直接使用"无色""无声"和"无形"。史陶斯进一步引用第二十五章的"吾不知其名，字之曰道，强之为名曰大"说，老子试图赋予"道"一个名字，但此句的表达并未使用客观说明句，而使用了主观性的表述，说明老子并非试图给"道"下定义，也并非想将表达的思想固定于某个名字之中，而是想将这个名字与某种思想相联系。"视之不见名曰夷，听之不闻名曰希，搏之不得名曰微"后的句子"此三者不可致诘，故混而为一"，说明"夷希微"需要结合在一起理解，它们合而为"道"。也就是说，由三个音节的组合"Ji-hi-weh"表示的是《道德经》中"最高的本质"，即不可说明的"道"。但将"夷""希""微"这三个汉字组合之后并没有组成一个具有特定意义的概念，因此需要在其他语言中探寻这个名词的来源，译者从而强行将"夷""希""微"组合在一起并否定其本意，以此论证"夷希微"即"耶和华"。而针对"耶和华"（JAHWH）与"夷希微"（Ji-hi-weh）在字母上的明显差异，史陶斯推测，老子从某个希伯来人所著文章中接触到"Jahweh"，再根据自己的语言改写成了现在的"夷希微"（Ji-hi-weh）。为此，他进一步解释说，这种外来语在目的国产生的发音变化在传播和交流不便的古代并非偶然，包括德语在内的许多其他语言中都存在这种变化，如印度语中的"Schakia"（释迦）在德语中变成了"Scih-kia"，因此"Jahweh"变成"夷希微"（Ji-hi-weh）也不足为奇了。[①]

作为入华传教士，卫礼贤在翻译时同样受到基督教的影响。但与史陶斯从多个角度阐释"夷希微"即"耶和华"不同，卫氏在阐释此句时主要集中于对"道"（SINN）与"神性"（die Gottheit）的比较分析，他认为道之三名表示其"超自然性"（Übersinnlichkeit）。他也对史

---

① Victor von Strauss, *LAO-TSE'S TAO TE KING*, pp.65-69.

陶斯的解释给予了尊重，提出试图从中文发音中读出希伯来语的上帝之名或许可被视为最终的解释。此外，"视之不见名曰夷，听之不闻名曰希，搏之不得名曰微"所描绘的"道"，与以色列人的"神性"（die Gottheit）存在相似之处，这是毋庸置疑的，可参照《出埃及记》第三十三章和《列王记上》第十九章中的片段加以佐证，并且上述相似之处在两者未有直接接触的情况下也是可以理解的。但这种对神性的看法只是表示人类意识对神性认知的某个特定发展阶段。此外，老子的非人格化的泛神论概念与以色列人上帝的历史人格之间的根本区别也不能被忽视。①

史陶斯和卫礼贤对"夷""希""微"的阐释虽都与译者的神学背景密切相关，但由文化渗入造成的"误读"却各有特点。受"索隐派"和雷蒙沙的影响，史陶斯希望通过翻译《道德经》证明基督教与老子思想的同源性，因此，他在肯定前人基本观点的基础上，通过展示"夷""希""微"在不同章节的含义、探讨汉语构成规则及老子用语习惯和考察异质语言进入接受国产生的发音变异，来论证"夷希微"即"耶和华"，从而让译本中的目的语文化渗入更具说服力。而卫礼贤虽为传教士，却并未将热情和精力放在传教事业上，他骄傲的是并未完成将基督教传播给中国人的传道任务，而相反的将中国文化和思想传播给了德国人。②因此，卫礼贤在译本中利用引用和类比向熟知《圣经》的读者解释老子思想，并非为了论证《道德经》蕴含的哲理是西方宗教思想的变形，而是通过这种文化渗入的翻译策略让中国典籍在基督教为主流文化的区域中更易被接受。

---

① Richard Wilhelm, *Laotse. Tao Te King. Das Buch des Alten vom Sinn und Leben*, p.94.
② Heinrich Detering, *Bertolt Berecht und Laotse*, Göttingen: Wallstein Verlag, 2008, pp.25–26.

结语

自 1870 年波莱恩克那（Reinhold von Plaenckner）教士和神学家史陶斯先后出版了最初的两个《道德经》德语全译本后，老子学说开始在德语世界迅速传播。在第一次世界大战后至第二次世界大战前出现了第一次传播高潮，众多德国人，尤其是德国青年，以老子为楷模。文学家赫尔曼·黑塞（Hermann Hesse）是其中的重要代表，他是这样描述当时的"老子热"的："……又如中国学术上的瑰宝《老子》，竟在四千年后，于战后的欧洲突然被发现，被曲译，被曲解，我们也是不胜讶异的。"[①] 虽经百余年的德译历程，《道德经》已成为德语世界最重要的中国典籍之一，但黑塞所言的"曲译"和"曲解"始终是其德译的重要特点。本研究选取史陶斯和卫礼贤的《道德经》德语译本为例，探讨跨异质文化语境下产生的"误读"，可见中国典籍德译本中的"误读"并不能简单以"错误的翻译"一言蔽之。首先，"误读"的产生与目的语的文化背景、语言习惯和译者主体性密切关联，因此跨异质文化语境下的语言互译中的"误读"是不可避免的。其次，"误读"体现在跨异质文化语境中的各个层面，其具体表现形式也各有特色，译者们通过源语信息改造、目的语信息迎合和目的语文化渗入所造成的"误读"，与"误译"有着本质区别。前者是德译者们积极面对中德文化巨大差异，为德语读者理解和接受中国文化做出的不懈努力和尝试，这也促进了以《道德经》为代表的中国典籍在德语世界的传播。

---

① 〔德〕赫尔曼·黑塞：《读书随感》，李映萩译，上海三联书店 2013 年版，第 79 页。

认知语言学视角下《道德经》核心概念"道"在德译本中的意义构建模式

朱宇博*

摘要：通过对《道德经》在德国译介传播情况的考察，本文选择三个有代表性的德语译本，建立封闭式语料库，在认知语言学视角下，通过分析译本中的始源域"母""水""谷""婴儿"藉由概念隐喻群的靶向映射机制将各自的语义特征投射到"道"中从而构建其语义范畴的过程，得出"道"的语义范畴公式。随着译本语料库的不断丰富，该公式在此模式下有进一步拓展的可能。

关键词：《道德经》 道 德译本 概念隐喻 语义特征

基金项目：国家社会科学基金青年项目"《老子》在德国译介传播及其与德国哲学'呼应式对话'研究"（15CYY010）

《道德经》是中国古代最著名的典籍之一，它不仅是中国的文化瑰宝，在海外同样传播甚广。据《集古今佛道论衡》记载，早在唐代，玄奘便将《道德经》译成了梵文。从 16 世纪开始，《道德经》被译为拉丁文、法文、德文、日文、英文等，在世界各地广为传播。截至 2008 年，《道德经》外译文字已达二十八种语言，外文译本达到一千一百余

---

* 朱宇博，战略支援部队信息工程大学讲师、上海外国语大学博士后。

部。①《道德经》在德国的翻译和研究同样历史悠久,译本众多。1827年,德国哲学家、历史学家温迪士曼(K. J. H. Windischmann)从法文转译了《道德经》,②并对老子的思想进行了深入研究,这是德国学者翻译研究《道德经》的开端。从1827年至今,《道德经》的德译本数量已达百种之多,③这为《道德经》在德国以及其他地区的传播发挥了重要作用,如列夫·托尔斯泰就是以施特劳斯(Victor von Strauss)的德译本为蓝本进行俄文转译的。此外,德国还有很多学者对《道德经》或其注解以及道教思想进行研究考证,如埃克斯(Eduard Erkes)最早对《道德经》进行系统考证,当代汉学家瓦格纳(Rudolf G. Wagner)对《道德经》王弼注本的研究,等等。目前,《道德经》在德国的研究已经融入到各个领域,呈现出题材日益多样化、生活化的趋势。

"道"作为《道德经》的核心概念,是国内语言学界在《道德经》译本研究中较为热门的主题。国内现有研究大多聚焦于翻译领域,主要关注《道德经》英译文本的翻译策略研究。④闵敏探讨了"道"的概念隐喻,对这些隐喻进行分类,并描述其英译策略。⑤李文中运用计算语言学的方法,探讨了隐喻意义与词汇搭配形式的共选关系。⑥国内德语界对《道德经》的研究主要集中在以下领域:1. 译介学领域的研究,如谭渊简要回顾了《老子》在德国的传播历程,阐述了德国学者对老子

---

① 辛红娟、高圣兵:《追寻老子的踪迹:〈道德经〉英语译本的历时描述》,《湖南农业大学学报》(社会科学版)2008年第1期。
② 温迪士曼于1827—1834在德国波恩出版了四卷本专著 Die Philosophie im Fortgange der Weltgeschichte(《世界历史进程中的哲学》),在第一卷 Die Grundlagen der Philosophie im Morgenlande(《东方哲学的基础》)中,他从法文转译了《道德经》的部分内容并进行了研究。
③ 陈骏飞、唐玉婷:《老子哲学思想在德国之翻译、介绍与传播》,《江苏科技大学学报》(社会科学版)2014年第2期。
④ 杨慧林:《怎一个"道"字了得——〈道德经〉之"道"的翻译个案》,《中国文化研究》2009年第3期;董斌斌:《道可道,非常道——〈道德经〉中"道"字翻译的研究》,《大学教育》2013年第7期。
⑤ 闵敏:《基于平行语料库的〈道德经〉两英译本中概念隐喻翻译的对比研究》,江南大学2014年硕士学位论文。
⑥ 李文中:《〈道德经〉的核心概念及隐喻的英语表述分析》,《解放军外国语学院学报》2015年第5期。

生平的研究以及老子形象在德国的变迁等问题。① 2. 文学领域的研究，如华少庠对卫礼贤（Richard Wilhelm）德译本的节律和音韵进行了研究，认为译本在德语的语境中再现了原文的诗性美感。② 3. 哲学领域的研究，主要有张祥龙等。③ 就笔者的研究视野所及，目前在认知语言学视角下对《道德经》译文中"道"的语义研究尚有许多空间。本文从认知语言学的视角，基于自建封闭语料库，深入分析《道德经》德译本中核心概念"道"的概念隐喻映射机制，探究其语义范畴构建模式，旨在为文化差异背景下的译本读者对《道德经》的理解和接受提供语言学的依据。

一、研究译本甄选

笔者在《道德经》的众多德译本中选出三个译本建立本论文的语料库，分别是卫礼贤《道德经——真谛与生命之书》（*Tao Te King. Das Buch vom Sinn und Leben*，1911）、德博（Debon）《道德经——道德的神圣之书》（*Tao-te-king. Das heilige Buch vom Weg und von der Tugend*，1961）和奥尔克斯（Annette Oelkers）《生活之道——今日道德经》（*Das DAO leben. Das Daodejing heute*，2014）。

卫礼贤以传教士身份在中国工作和生活了二十余年。他的译本是第一本译自中文原文的译本，④ 德国研究老子和道教的学者几乎都将他的译本视为研究的重要依据，该译本堪称迄今为止最权威的德译本。他师从晚清大儒劳乃宣，辜鸿铭和康有为皆是其座上客。在翻译《道德经》时，他坚持以中国本土文献为参考、欧美文献退居次要地位的原则，在意义乃至形式上尽可能与原文保持高度接近。此外，他基于

---

① 谭渊:《〈老子〉译介与老子形象在德国的变迁》,《德国研究》2011 年第 2 期。
② 华少庠:《卫礼贤德译本〈道德经〉诗性美感的再现》,《广西社会科学》2012 年第 12 期。
③ 张祥龙:《海德格尔与中国哲学：事实、评估和可能》,《哲学研究》2009 年第 8 期。
④ 华少庠:《卫礼贤德译本〈道德经〉诗性美感的再现》。

自己德国传教士的身份和知识背景，在译文中除了借用德国名著《浮士德》中的老者形象，还大量引用《圣经》的词句，以及借用尼采哲学理论中的概念，因而在德国深受喜爱。

德博 1968 年受聘任海德堡大学汉学系主任教授，至 1986 年退休，其间主要研究东亚文学、中国的文学艺术和思想，学术成果颇多。除了 1961 年出版的译本《道德经——道德的神圣之书》之外，他的很多著作都对道教和道家思想进行了深入探讨，如《奥斯卡·王尔德与老子》(*Oscar Wilde und der Taoismus*)、《德国浪漫主义中的道家思想》(*Daoistisches Denken in der deutschen Romantik*) 等。德博本人在汉学界赫赫有名、成果丰硕，他所翻译的《道德经》与卫礼贤的译本相比，摆脱了基督教神学的影响，不仅意思忠实于原文，而且保留了汉语句式整齐、句尾押韵的部分特征。该版本在德国汉学界亦受到广泛认可，是"二战"后汉学家译本中的代表作之一。

奥尔克斯译本于 2014 年出版，是笔者在此项研究的资料收集阶段所知的最新译作。译者奥尔克斯并非专业汉学家，但她对道教和《道德经》进行了超过十二年的研究，并将它们视为一个独立女性生活中最重要的部分。她的译本旨在以经典的哲学思想指导人们的工作和生活，颇具职业女性视角。译文并未像以往大多数译本一样借用德国宗教、哲学概念，或采用如 Tao Teking、Tao 等德式音译，而是直接使用汉语拼音对专有名词进行音译，如 Daodejing、Dao、Mawangdui 等。译文表达通俗易懂，富有生活气息，更有利于《道德经》的哲学思想在德国民间传播，具有一定的研究价值。

此外，笔者选择以上三个译本还有以下原因：1. 囿于研究的客观条件，笔者无法对所有译本进行穷尽式的搜集，仅能在一定范围内对译本进行甄选；2. 三个译本分别是《道德经》在德国传播的三个阶段——传教士汉学家时期、学院派汉学家时期和百花齐放时期的译作，尤其是前两个译本具有一定的代表性和权威性，影响大、传播广；3. 三个译本在翻译方法、语言风格和使用目的上差异较大，对原文意义也有不同解释，最能够说明不同译文在"道"的意义重构中并不矛盾的问题。

二、"道"的概念隐喻分析

（一）概念隐喻理论概述

西方隐喻研究的发展历史，最早可追溯到古希腊时期。亚里士多德在《诗学》(*Poetic*)和《修辞学》(*Rhetoric*)中多次提到隐喻的构成方式和修辞功能，认为隐喻是一个词替代另一个词来表达同一意义的语言手段。公元1世纪，古罗马修辞学家昆提良（Marcus Fabius Quintilianus）提出替代理论（Theory of Substitution），认为隐喻是"用一个词去替代另一个词的修辞现象"。[1] 20世纪30年代，理查兹（I. A. Richards）发表《修辞哲学》(*The Philosophy of Rhetoric*)，提出互动理论，布莱克（Max Black）又进一步完善了该理论。互动理论把隐喻研究从传统修辞观中解放出来，开始将人的思维纳入研究视野。[2] 20世纪70年代初，语言学界对隐喻的研究开始了认知的转向。莱考夫和约翰逊（Lakoff & Johnson）《我们赖以生存的隐喻》(*Metaphor We Live By*, 1980)的出版，标志着隐喻研究进入了一个新的时代。后来莱考夫又发表《女人、火与危险》(*Women, Fire, and Dangerous Things: What Categories Reveal about the Mind*, 1979)，与特纳（Turner）合作发表《超越冷静的理性》(*More Than Cool Reason: A Field Guide to Poetic Metaphor*, 1989)，这三部著作的问世最终使概念隐喻理论发展为一套较为成熟的理论。[3]

概念隐喻理论认为，隐喻是影响人类思维的一种概念准则，在日常生活中无处不在，人类要认识抽象的、未知的和不熟悉的事物，需

---

[1] 束定芳：《隐喻学研究》，上海外语教育出版社2000年版，第3页。
[2] 胡壮麟：《认知隐喻学》，北京大学出版社2004年版，第45页。
[3] 王文斌：《隐喻的认知构建与解读》，上海外语教育出版社2007年版，第31—34页。

要通过自身的感知体验，利用具体的、已知的和熟悉的事物来完成这一认识过程。以著名的概念隐喻"LOVE IS JOURNEY"为例，将较为具体的概念域"旅行"（始源域）的特征和结构映射到抽象的概念域"爱情"（目标域）中，比如我们说热恋的人是正在旅途中的旅行者，将恋爱中两人共同的生活目标比作旅行要到达的目的地，把恋爱中的矛盾和挫折看成旅途中遇到的困难等等。基于自身对旅行的一系列体验，通过由此事物及彼事物的跨域映射，最终就可以理解"爱情"这一概念。

（二）"道"的概念隐喻群

"道"作为《道德经》乃至老子哲学思想的核心概念，在原文中共出现了七十三次，分布在全书八十一个章节的三十五个章节中，贯穿始终。卫礼贤在其译本的前言中详细解释了他将"道"通篇统一译作 SINN 的缘由。[①] 熟悉基督教经典的卫礼贤正是借助《浮士德》第一章中的场景，即浮士德在复活节散步归来后尝试翻译《新约》的《约翰福音》，将开篇第一句译作"Im Anfang war der Sinn"（太初有道）。因此，卫礼贤认为 SINN（意义）的本意及引申义与"道"这个汉语多义词非常相符，较以前其他人的译法如 Gott（上帝）、Weg（道路）、Vernunft（智慧）等更为恰当。汉学家德博的译本又将"道"重新译作 Weg，而当代社会学家奥尔克斯的译文语言更加生活化。"道"字的译法多为释义，并无与其一对一的德语表达。因此，就现有的德译本来看，"道"字的德语表述真是五花八门，一百个译者就有一百种理解。何况作为一个玄之又玄的抽象概念，要对它进行语言上的精确定义更是几乎无法实现的。正如《道德经》开篇所言："道可道，非常道"，连老子也从一开始就认为"道"是不能用语言来表达的。

认知语言学认为，隐喻存在于我们生活的方方面面，是人类认识

---

① Wilhelm Richard, *Laotse Tao Te King. Das Buch vom Sinn und Leben*, Hamburg: Nikol Verlagsgesellschaft mbH & Co. KG, 2010.

世界、改造世界的一种手段。正是基于自身对客观世界的体验性，我们才能通过结构相对丰富的始源概念来理解结构相对欠缺的目标概念。① 因此，"道"虽然是一个"无状无象，是人的视、听、触、味等感官知觉无法直接触及感知的"抽象概念，但它"可以通过万物来体现，依靠万物而存在"，即我们"可以通过万物变化感觉道，通过观察体验认识道"。②

《道德经》中存在着丰富的概念隐喻，如"……可以为天地母。吾不知其名，字之曰<u>道</u>……""有国之<u>母</u>，可以长久……长生久视之<u>道</u>""<u>水</u>善利万物而不争，处众人之所恶，故几于道""譬<u>道</u>之在天下，犹川<u>谷</u>之于江海""含德之厚，比于<u>赤子</u>……物壮则老，谓之不<u>道</u>"等等。在这些概念隐喻中，作为始源域的各种相对具体的概念，就像分布在不同方向的枪手瞄准同一个靶心射击一样，将各自的语义特征投射到抽象的目标域"道"中去，形成一个概念隐喻群的靶向映射，构建起《道德经》文本中"道"的语义范畴。德语译本中核心概念"道"的意义构建，正是在翻译过程中通过对原文的始源域概念进行重构而实现的。本文以《道德经》原文中出现频率较高的始源概念"母""水""谷""婴儿"等为例，分析这些始源概念在德译本中的语义特征，并基于认知隐喻的体验性，在其隐喻映射机制下对德译本中"道"的意义构建进行探讨。

（三）"道"的意义构建分析

束定芳认为概念隐喻的认知过程涉及了一个领域的语义特征向另一个领域的转移。③ 那么，通过对"母""水""谷""婴儿"等始源概念在德译本中的语义特征进行分析，就可以推断出译本构建的"道"的语义范畴。鉴于《道德经》原文仅五千字左右，且本文只针对三个

---

① 蓝纯：《认知语言学与隐喻研究》，外语教学与研究出版社2005版，第112页。
② 饶尚宽：《老子》，中华书局2006版，第11页。
③ 束定芳：《认知语义学》，上海外语教育出版社2008版，第160页。

译本进行分析，研究所建语料库删除了书中的序、跋、注释等，只保留正文部分，规模较小，因此以下分析过程中的检索均采用在 Word 文档中通过搜索功能手动查找的方法进行。

1."母"的语义特征分析

笔者首先在语料库中对原文的"母"字及其近义表达"雌""牝"进行检索："母"字共七处，分布于第一、二十、二十五、五十二和五十九章；"雌"字共两处，分布于第十和二十八章；"牝"字共五处，分布于第六、五十五和六十一章。然后，分别从语料库中搜索"母""雌""牝"在三个译本中的德语表达（见表1）。

通过归纳以上语料，得出这三个译本中"母"的德语表达对应：Mutter（母亲）、Weibliche（女性）、Weibchen（女性）、Weiblichkeit（女性）、Weibheit（女性）、Ursprung（起源）、Henne（雌鸡）、Weib（女人）、Dao（道）、neues Leben entsteht（创造新生命）。这些表达在德译本中构建了一个新的语义特征集。利用这些表达分别在三个文本中进行检索，可以提取其语义特征。比如，在《道德经》第二十五章的三个德译本中，笔者对平行段落中 Mutter（母亲）的语义特征进行了提取，得出其语义特征的表达，如 früher als Himmel und Erde（ursprünglich）（先于天地、起源的）、still（平静的）、tonlos（无声的）、raumlos（无限的）、einsam（孤独的）、allein（独自的）、sich nicht ändern（stabil）（不变的、稳定的）、sich nicht gefährden（ewig）（安全的、永恒的）、einzigartig（独一无二的）、ungezwungen（无拘束的）、unabhängig（不依赖的）、grenzenlos（无穷的）、entspannt（放松的）、gelassen（沉着的）等等。又如在《道德经》三个译本第六章的平行段落中提取关于 Weib（女人）语义特征的相关表达，如 dunkel（神秘的）、Wurzel（ursprünglich）（根、起源的）、beharrend（坚定地、始终不渝地）、mystisch（神秘的）、ewig（永恒的）、unergründlich（深不可测的）等。

表 1 "母""雌""牝"在三个译本中的德语表达

原文		译文（卫礼贤/德博/奥尔克斯）	章节分布
母	有名万物之**母**。	Mutter/Mutter/Ursprung	一
	我独异于人，而贵食**母**。	Mutter/Mutter/DAO	二十
	可以为天下**母**。	Mutter/Mutter/Mutter	二十五
	……以为天下**母**。既得其**母**，……复守其**母**……	Mutter, Mutter, Mutter/Mutter, Mutter, Mutter/Mutter, Mutter, Mutter, Ursprung	五十二
	有国之**母**	Mutter/Mutter/Ursprung	五十九
雌	能无**雌**乎	Henne/Weibchen/neues Leben entsteht	十
	守其**雌**	Weibheit/Weibheit/weiblichen	二十八
牝	……是谓玄**牝**，玄**牝**之门……	Weib, Weib/Weibheit, Weibheit/weiblich	六
	未知**牝**牡之合而全作	Weib/Weib/Weibliche	五十五
	……天下之**牝**。**牝**常以静胜牡……以静为下。	Weibliche, Weibliche/Weiblichkeit, Weibliche/weiblich	六十一

通过上述方法，分别对译本中"母"的所有德语表达逐一进行穷尽式的语义特征搜索，再把所得结果合并同类项，即可得出《道德经》德译本中"母"的语义特征为：ursprünglich（起源的、初始的）、endlos neues Leben geben（不断创造新生命）、energisch（精力充沛的）、dunkel（神秘的）、still（平静的）、einsam（孤独的）、dauernd/ewig（永恒的）、beharrend（坚定地、始终不渝地）、durch seine Stille ihren Widerpart besiegen（以静制动）等。

2. "水""谷""婴儿"的语义特征分析

《道德经》中"水"字及其相关表达的数量虽然不多，但其中诸如"上善若水"之"水"意象一直以来颇受学界关注，学者们已经在宗教、文学、哲学等领域对"水"进行过诸多探讨。① 上文对提取语义特征的方法及步骤已做了较为详细的描述，这里不再赘述。通过对"水"字及其相关表达"川（川谷）""露""海（江海）"在三个译本中的对应德语表达 Wasser（水）、Strom（河流）、Ozean（洋）、Meer（海）、Tau（露水）、Bach（小溪）、Fluß（河流）分别进行语义特征提取及合并同类项，可得出德译本中"水"的语义特征为：ohne Streit（不争）、weich（柔软的）、schwach（柔弱的）、nützlich（有益的）、an niedrige Orte fließen（往低处流）、ruhig（安静）、gelassen（平静的）、sich unten halten（低调的，低姿态的）等。

对"谷"及其近义表达"豀"②在三个译本中的对应表达 Tal（Flußtal）（谷、河谷）、Schlucht（山谷）、Bach（溪流）、Bergstrom（谷中的河流）、Quell（源泉，源头）分别进行语义特征提取并合并同类项并求其和，得出"谷"的语义特征为：weit（宽阔的）、offen（开阔、畅通的）、schön（美丽的）、grob（粗劣的）、schlicht（朴实的）、zulänglich（充裕的）、vermögend（富有的）、niedrig（低的）等。

对"婴儿"及其相关表达"赤子""孩"在三个译本中的对应表达 Kind（孩子）、Kindlein（小孩，婴儿）、Säugling（婴儿）、Kleinkind（婴儿、三至六岁的小孩）、Kindheit（童年）分别进行语义特征提取及合并同类项求其和，得出"婴儿"的语义特征为：frei（自由的、无拘束的）、glückselig（幸福的）、still（平静的）、weich（柔弱的）等。

3. "道"的语义构建模式分析和讨论

根据上文的分析，《道德经》德译本通过"母""水""谷""婴儿"等语义特征进行投射，构建起一个较为具体清晰的"道"的语义范畴。现将本文的分析步骤及结论总结如下：

---

① 陈玲：《透视〈老子〉中的水意象》，《科技信息》2008 年第 27 期；丁欣、唐中浩：《〈圣经·旧约〉与〈道德经〉中的水》，《语文学刊》2009 年第 1 期；孙振玉：《老子〈道德经〉上善之水的五大哲学内涵》，《中国道教》2006 年第 6 期。
② "豀"，与"谷"同义。《尔雅·释水》疏引李巡曰："水出于山，入于川曰豀。"宋均曰："有水曰豀，无水曰谷。"参见楼宇烈《老子道德经注》，第 76 页。

（1）核心概念"道"作为一个概念隐喻群的"靶心"，与其四个始源域"母""水""谷""婴儿"构建起一个概念隐喻群靶向映射模式。

（2）对这四个始源域分别进行语义分析，确定其在文本中的语义特征。若将"母""水""谷""婴儿"分别用函数中的 x_1、x_2、x_3、x_4 来表示，它们在译文中对应的各种德语表达分别用 x_{1a}、x_{1b}、…、x_{1n}；x_{2a}、x_{2b}、… x_{2n}；x_{3a}、x_{3b}、…，x_{3n}；x_{4a}、x_{4b}、…，x_{4n} 来表示，那么，$f_{(x1a)}$、$f_{(x1b)}$、$f_{(x1c)}$、…、$f_{(x1n)}$ 就分别表示"母"在文本中对应的德语表达 Mutter、Weib、Weibliche 等各自的语义特征。我们用 $f_{(x1)}$ 来表示"母"在文本中的语义范畴并求其值，通过求 $f_{(x1a)}$、$f_{(x1b)}$、$f_{(x1c)}$、…、$f_{(x1n)}$ 的并集即可得出结果，可用公式表示为：

$$f_{(x1)} = f_{(x1a)} \cup f_{(x1b)} \cup f_{(x1c)} \cup \ldots \cup f_{(x1n)}$$

同理，可得出"水""谷""婴儿"的语义范围公式分别为：

$$f_{(x2)} = f_{(x2a)} \cup f_{(x2b)} \cup f_{(x2c)} \cup \ldots \cup f_{(x2n)}$$

$$f_{(x3)} = f_{(x3a)} \cup f_{(x3b)} \cup f_{(x3c)} \cup \ldots \cup f_{(x3n)}$$

$$f_{(x4)} = f_{(x4a)} \cup f_{(x4b)} \cup f_{(x4c)} \cup \ldots \cup f_{(x4n)}$$

（3）"道"的语义范畴是由文本中概念隐喻群的若干个始源域的语义特征共同构建，因此，若要求得"道"的语义范畴，需要将（2）中得出的"母""水""谷""婴儿"的语义范畴求并集，这样，"道"就完成了在这三个德译文本中的意义构建。若用 $f_{(x)}$ 表示"道"的语义范畴，可用如下公式求得：$F_{(x)} = f_{(x1)} \cup f_{(x2)} \cup f_{(x3)} \cup f_{(x4)}$

文中的分析仅以四个典型的始源域概念为例，并未穷尽，因此（3）中得出的公式仍可水平扩展为：$F_{(x)} = f_{(x1)} \cup f_{(x2)} \cup f_{(x3)} \cup f_{(x4)} \ldots \cup f_{(xn)}$

本文通过对三个代表性的《道德经》德译本进行分析，得出了《道德经》德译本中核心概念"道"的意义构建模式。虽然这三个德译本在翻译的方法、语言的风格和语用的目的上差异较大，对原文的意义也有不同的理解，但在"道"的意义构建过程中并不存在矛盾和冲突。目前《道德经》德译本数量已达百余种，在今后的研究中，语料库中新的译本会不断增加，这些译本的翻译必将各有千秋、各具特色。

译本的增加会在垂直维度不断丰富"道"的各个始源域概念的语义特征。将不同译本中同一始源域概念的语义特征进行纵聚合，并向核心概念"道"进行投射，在一定的语义范畴中使"道"的语义特征越来越丰富。在这个过程中，由于受原文语义的限制，"道"的语义重构并不会发生质变，限制在一定语义范畴下的量变，只会使"道"这一概念越来越具体和清晰。

结语

本研究基于《道德经》的三个德译本构建的微型封闭式语料库，对核心概念"道"的意义构建模式进行了分析。论文认为德译本通过对"母""水""谷""婴儿"进行意义重构，继而向"道"这一目标域进行语义特征的靶向映射，完成了"道"这一"惟恍惟惚"的抽象概念的意义构建。随着今后语料库译本数量的不断增加，"道"的语义将在这一意义构建模式下成为一个动态的、开放的范畴，在这个动态演变的过程中愈加清晰可见、丰富立体。这样，对于不同文化背景下的读者而言，《道德经》就不再像雷慕莎断言的那样"几乎不能理解"，[①]从"他者"视角理解和认同中国古典哲学思想也不再是难以逾越的鸿沟。此外，本研究期冀能对文化"走出去"战略、构建我国经典文化著作的多语种语料库提供参考，为文化差异背景下理解并认同中国哲学典籍《道德经》提供语言学的理论依据，进而为文化"走出去"战略提供精神动力和智力支持。

---

① 马祖毅、任荣珍：《汉籍外译史》，湖北教育出版社2003版，第73页。

《道德经》在俄罗斯的译介与研究

王 朔*

摘要:《道德经》在俄国的译介由来已久,近两百年间俄国学界共涌现出三十余个特点鲜明、风格各异的《道德经》俄译本。本文拟回溯《道德经》在俄国译介与研究的历史和现状,分析《道德经》译本及研究的类型和特点,探寻《道德经》在俄国的传播与影响。

关键词:《道德经》 典籍翻译 俄罗斯汉学

基金项目: 中国博士后基金项目"基于《道德经》俄译本的抽象名词多维语义研究"(2019M653455),四川大学中央高校基本科研业务费项目

《道德经》是中国哲学史上第一部具有完整哲学体系的著作,老子的哲学思想不仅在两千多年来深刻影响着中国文化,更在俄罗斯学术界引发广泛关注和共鸣。"《道德经》艰深的文字与思想给俄罗斯汉学家提供了无限广阔的思维空间,促使他们推出自己的译本来表达对这部中国哲学经典的理解。"[①] 时至今日,老子和《道德经》的魅力经久不衰,《道德经》的俄译本数量已达三十余个。作为道家思想的经典之作,"《道德经》语言的包容性和形象性、短小篇幅中所蕴含的思想张

---

* 王朔,文学博士,四川大学外国语学院俄文系讲师、文学与新闻学院博士后。
① 阎国栋:《俄罗斯汉学三百年》,学苑出版社 2007 年版,第 180 页。

力引发了众多的阐释和解读",①仅《道德经》书名的俄文译法就达十余种之多。老子本人的神秘色彩、《道德经》所蕴含的道家思想精髓推动俄罗斯学者不断探寻老子的宇宙观、人生观和社会政治观，译者们对《道德经》文本的不同诠释和解读彰显出《道德经》的民族文化特质和强大的对外传播生命力。

一、《道德经》的俄译历程

1823年西维洛夫（Д. П. Сивиллов）着手翻译《道德经》，于1828年完成俄国历史上首个《道德经》译本，实为俄国道教研究的先行者。遗憾的是，西维洛夫的译本由于未获官方首肯无法出版。直到1915年该译稿才以《西维洛夫档案中未公布的〈道德经〉》（*Неопубликованный пер. Дао-дэ-цзина архим. Даниила [Сивиллова]*）为题发表于《敖德萨图书学会通报》（*Известия Одесского библиографического общества*）。

"在19世纪后半叶，俄罗斯社会对中国文化产生浓厚兴趣的时期，恰逢俄罗斯民族重新确立自己民族价值的时期。1848年的欧洲革命导致俄国精英分子以怀疑的态度打量西欧，重新认识自己的民族传统和价值。"②随着《道德经》在西方的传播，法译本、德译本、英译本的出版打开了俄国学者通往《道德经》的大门。世界观激变的托尔斯泰（Л. Н. Толстой）对此产生了浓厚兴趣，他从19世纪80年代起研读老子著作，多年间致力于《道德经》的翻译和老子思想研究。他校对了小西增太郎（Д. П. Кониси 或音译为 Кониси Масутаро）的《道德经》俄译本，后者于1894年在《哲学与心理问题》（*Вопросы Философии и Психологии*）第三辑公开发表了俄国历史上第一本《道

---

① Лао Цзы Дао дэ цзин. Учение о Пути и Благой силе с параллелями из Библи и Бхагавад Гиты. //Перев., сост. И примеч. С. Н. Батонов, Изд. Медков, 2017. С. 4.
② 刘亚丁：《孔子形象在俄罗斯文化中的流变》，《东北亚外语研究》2013年第2期。

德经》全译本。

得益于托尔斯泰的青睐和推动，《道德经》在诸子百家译著中脱颖而出，广受关注。与此同时，托尔斯泰的俄译本《中国圣人老子语录》（*Изречения Китайского мудреца Лао-Тзе*）于1910年出版，包括前言《论老子学说的本质》（*О сущности учения Лао-Тзе*）和六十四段老子语录摘选。

此外，白银时代著名诗人巴尔蒙特（К. Д. Бальмонт）对中国诗歌与古典哲学青睐有加，于1909年出版了文集《远古的呼唤》（*Зовы древности*），对中国、埃及、印度等古老民族的诗歌进行了翻译，《道德经》为中国篇的开篇之作。其译本以白话诗形式节选翻译了《道德经》片段，共十四个章节，开创了《道德经》俄译诗体译本的先河。

20世纪四五十年代，老子学说被赋予唯物主义属性。1950年华裔学者杨兴顺（Ян Хиншун）的译本以马克思主义原理为指导，翻译精确、通俗易懂，且在长达半个多世纪的时间里（1917—1971）为苏联时期唯一的《道德经》译本，因此广为流传、影响深远。

20世纪70年代，俄国侨民诗人夏云清（В. Ф. Перелешин）完成《道德经》诗体译本，该译本较好再现了原作的文学特性和诗歌韵味。其诗体改编译本着力复现《道德经》原文文本的押韵、排比特色，韵式上多采用阳性韵从而更贴近汉语的单音节结构。夏云清的汉语文本源于郑麟的《古籍新编——〈老子〉》，但由于章节安排与《道德经》通行本相距甚远，对照阅读和理解多有不便，一定程度上限制了该译本的影响力。

20世纪80年代，苏联汉学发展重现积极态势，1987年萨夫鲁辛（А. П. Саврухин）和苏霍鲁科夫（В. Сухоруков）的译本相继问世。

当代俄罗斯对中国古代文化的研究走向深入，《道德经》的译本数量激增。《道德经》俄译热潮有其必然性。首先，"20世纪80—90年代以后，苏联/俄罗斯社会既遭逢原有的主流价值体系消弭，又面对西方的信息革命和物质主义的强大压力",[①] 随着急剧的政治、社会、文化转型而来的是多元化的社会思想和价值，中国改革开放的成就促使俄罗斯再次审视中国哲学和智慧，俄罗斯掀起中国哲学研究热潮，[②] 老子思想成为俄罗斯学界言说己志的载体。其次，在20世纪后二十五年，苏俄新一代汉学家也在成长，他们活跃于先秦哲学研究领域。1973年马王堆帛书《老子》和1993年郭店竹简本《老子》的出土引发了苏俄汉学界的关注，"《道德经》文字及对应概念的多义性、语句的简洁性、文本的层级性、深奥的内容、丰富的文学手法引发了多重解读，促使学者们不断回归本源"。[③] 再次，中俄两国关系逐步升温，经贸、人文交流日益密切，中华文化的传播力度不断增强，推动汉学研究繁荣发展，《道德经》等中华经典的再版和重译乃两国文化交流的大势所趋。

1991—2000年近十年间共出版古夫申诺夫（А. В. Кувшинов）、李谢维奇（И. С. Лисевич）、陶奇夫（Е. А. Торчинов）等人的十一个译本。进入21世纪，马良文（В. В. Малявин）、康德拉绍娃（Л. И. Кондрашова）等人的十三个译本相继问世。这一时期共涌现出二十四个《道德经》俄译本，占译本总数的三分之二。繁多的译本风格迥异、不拘一格，总体特点如下：

1. 译者身份多元化

帝俄和苏联时期的译者有传教士、诗人、作家、汉学家，而苏联解体后的译者可归为两大阵营：新一代汉学家和中国文化爱好者。前者以马良文、陶奇夫、卢基扬诺夫（А. Е. Лукьянов）、谢缅年科（И. И. Семененко）、马斯洛夫（А. А. Маслов）等为代表，他们通晓中国历史和文化，汉语功底深厚，研读《道德经》原文和历代经典注疏文

---

① 刘亚丁：《孔子形象在俄罗斯文化中的流变》。
② 张鸿彦：《〈孟子〉在俄罗斯的译介》，《俄罗斯文艺》2019年第2期。
③ Лао Цзы Дао дэ цзин или книга о естественных основах нравственности. Перевод с древнекитайского, исследование текста и пояснение А. П. Саврухина, Изд. МГУЛ, 2005. С.3.

本，其译本的传播载体为学术专著，集翻译与学术研究于一体。陶奇夫从道教起源及老庄等代表人物介绍入手，深入到对道教宇宙观、永生等代表性观点学说的阐释研究，以《道德经》译文和注解收尾。以学术研究为理论基础和铺垫，阐发学术思想，附上译文，以注释解读译文，这成为汉学家《道德经》俄译研究的典型模式。

这一时期汉学家的学术翻译和研究力图在俄罗斯文化语境中最大程度地还原《道德经》的原貌，建构起《道德经》俄译与研究的理论框架，为普通民众搭建了与中国文化对话的平台，使《道德经》俄译走进民众视野，推动了《道德经》俄译的新浪潮。

中国文化爱好者由于汉语水平等因素的限制，以汉学家的译介与研究为中介，或是在已有译本基础上进行发挥和改写，或是对《道德经》的思想进行阐释，其译文自由想象和创造性的成分居多。波列若耶娃（Ю. Полежаева）的译本与其说是翻译，不如说是十五个《道德经》译本的内容缩影。译者对比研究了九个俄译本和六个英译本，认定诗体翻译是遵循原文节律的必然选择，以此揣摩和解读《道德经》的真谛，然而她的语言表述一定程度上损失了中国风格和色彩。布尔多诺夫（И. Б. Бурдонов）的译本充斥着个人主观发挥和联想，无论是书名《道德里魄纬》（Дао Дэ Липовка Вэй），还是译文中 Липовка（其家乡利波夫卡）对"道"的取而代之。译文核心概念的模糊不清使译本沦为纯粹的个人即兴创作，与《道德经》原作相距甚远。

2. 译本类型丰富多样

从译文完整度来看，可分为全译本和节译本。帝俄和苏联时期的译本以节译本居多，近三十年来全译本占据主流，仅有李谢维奇和马特维耶夫（В. Матвеев）的两本节译本。从译本的学术性来看，有学术译本和纯译本，前者为汉学家所作，集研究、译文、注释于一体，后者多为中国文化爱好者的解释和发挥，往往篇幅不大。从译本的文体与修辞风格来看，主要分为散文体译本和诗体译本，两种文体孰优孰劣，学界观点不一。有学者认为，"只有诗体翻译才能传达《道德经》

的精髓，应当以诗译诗"。① 散文体的拥护者亦不在少数，马良文、维诺格罗茨基（Б. Б. Виногродский）等选择散文体来诠释《道德经》，认为散文体利于还原本意，保证翻译准确度。

下面我们结合《道德经》第十二章译文对散文体和诗体译文的风格和特色略窥一二。原文为：

> 五色令人目盲，五音令人耳聋，五味令人口爽，驰骋畋猎令人心发狂，难得之货令人行妨。是以圣人为腹不为目，故去彼取此。

马良文译：

> От пяти цветов у людей слепнут глаза. От пяти звуков у людей глохнут уши. От пяти ароматов люди не чувствуют вкуса. Тот, кто гонится во весь опор за добычей, теряет голову. Редкостные товары портят людские нравы. Вот почему премудрый человек служит утробе и не служит глазам. И поэтому отвергает то и берёт это.

西雅诺（Феано）译：

> Многообразие цветов притупит зренье.
> Чередованье звуков притупляет слух ...
> Езда, охота так захватывают дух,
> А драгоценности зовут на преступленье.
> Мудрец достоинство в покое обретает.
> И драгоценности, и страсти отвергает.

---

① Лао Цзы Дао дэ цзин. Прозоритмический перевод. А. Е. Лукьянова. Поэтический перевод. В. Е. Абраменко, Изд. Стилсервис, 2008. С. 38.

不难发现，为保证诗句长短整齐，韵脚平整，西雅诺将数词"五"和第三句诗文隐去不翻，从而保留《道德经》简洁、押韵、对仗工整的语言特色。马良文译本的翻译策略是对《道德经》原文进行逐字逐句的翻译，内容更为饱满，语言通俗易懂，利于读者理解和接受。两个译本在"是以圣人为腹不为目，故去彼取此"的翻译处理上也有所不同。马良文的译文采取直译方法，平铺直叙，使原文和译文词语一一对应，呼应出"彼"（то）与"此"（это）的对照关系。西雅诺采用意译方式，在有限的词句中亦阐释出《道德经》的深邃内涵，兼有形式美和内容美。整体来看，散文体译本的语义完整性更佳，但语言表述与《道德经》的诗学特征似有矛盾，略有冗赘之嫌。诗体译本利于彰显诗文的凝练、简洁之美，却对译者的主观诠释和雕琢能力提出要求，如何在形式和内容间找到平衡是每个诗体译者所要面对的难题。

此外，平行对照译本成为《道德经》俄译的新潮流。卢基扬诺夫和阿勃拉缅科（В. П. Абраменко）的平行对照译本于2008年出版问世。前者的译本为有节奏的散文体，偏重学术分析和解读。后者译本为诗体，着力还原《道德经》的诗学特征和美感。斯特拉尼科（В. Странник）的中俄文平行对照译本是汉语色彩最浓厚的俄译本。其汉语文本实质上是对河上公、王弼、马王堆甲本和乙本的汇编，行文中详细注明上述版本的文本差异，保留了河上公注本的章节名。该译本附录还全文收录了上述四个经典版本的汉语原文，并配有《道德经》俄汉平行对照词典。2009年外语教学与研究出版社以"大中华文库"系列丛书出版了马良文、李英男合译的《老子》（俄汉对照），汉语原文选用了陈鼓应的《老子注译及评介》。该译本是唯一一本中俄译者合译的《道德经》俄译本，两国译者的思想碰撞和文化交融优势尽显，不仅对原文的理解与把握更为精细，语义传达也更加精确。

二、《道德经》在俄国的研究历程

对于"融翻译家与研究家为一身"①的俄国汉学家与思想家而言，《道德经》的译介与研究同时起步。他们既是《道德经》研究的参与者，也是《道德经》研究的发起者。一方面，其译本与研究是汉学研究不可或缺的组成部分，推动汉学走向繁荣；另一方面，其译本和研究使《道德经》走进俄国文化视域，成为日后学界研究的基础，其思想价值得以在更广阔的平台焕发出生命力。本文对俄国《道德经》研究的分析与论证将从以上两个维度展开。

（一）译者的研究

1. 老子生平及哲学思想研究

西维洛夫认为，老子思想蕴含着令人惊叹的智慧。在老子看来，道德归于简单质朴和真理，他劝导人们拒绝谎言，坚守真理，因为人性的优点与真正的幸福植根于此。托尔斯泰从自己的宗教道德观念来解读《道德经》，认定老子学说与基督教教义本质有相通之处：老子教导我们如何从躯体生活转换到精神生活，摆脱苦闷获得喜乐。"托尔斯泰对老子的这种误读，不妨看作是他以自己的前结构来同化老子的观念。"②随着研究深入，译者对老子生平及其思想的研究逐渐系统化。科尼西对老子的哲学观、伦理观、宇宙观和"道"论进行了概括和阐释。杨兴顺在《中国古代哲学家老子及其学说》（*Древнекитайский философ Лао Цзы и его учение*）中对《道德经》产生的社会历史背景、老子生平、"道"论的唯物主义本质、《道德经》的社会伦理学说、《道德经》的研究状况都有比较详尽的论述。他将《道德经》的主要观点总结为："现实世界和人生不取决于上帝或者上天的意志，而是遵循一定的自然

---

① 李英男：《〈道德经〉在俄罗斯的译介简述》，《汉籍与汉学》2020年第2期。
② 刘亚丁：《孔子形象在俄罗斯文化中的流变》。

路径——道。"① 此外，马良文、李谢维奇、卢基扬诺夫等人著作中都不乏对老子生平及其思想的介绍，这便于读者掌握背景知识，更好地理解《道德经》。

2.《道德经》文本及注本研究

萨夫鲁辛的研究带有鲜明的政治色彩和社会导向性，他将老子思想归纳为："农业为本，公社是国家和社会之根基，交往重在合作，遵循自然即真道。"② 此外，译者还对《道德经》词汇进行主题分类和数量统计，分析原文中对偶、顶真、前指等修辞手法的使用。萨夫鲁辛于2011年、2015年发表论文《自然与社会中的老子"和谐"思想》（Учение Лао-цзы о гармонии в природе и обществе）和《谚语中的〈道德经〉》（Дао дэ цзин в пословицах），文中多为《道德经》译文的简单罗列，学术价值有限。

苏联解体后，《道德经》研究重新焕发生机，注疏译本成为《道德经》俄译研究的新趋势。马斯洛夫的专著《"道"之奥秘》（Мистерия Дао）开创了《道德经》俄译研究的新模式，是第一本再现中国《道德经》注疏传统和特色的著作，自己作注解的同时，他还首次将王弼注解全文译成俄语。谢缅年科的专著为《在"道"中寻访自我》（Обрести себя в Дао），他从"一"的奥秘、词句间的语言特色等方面入手探究老子哲学的深意，翻译了1957年出版的《诸子集成》第三卷中的《老子注》。国内学者以注解详实评价谢缅年科的译本，然实为注解的译文。马良文研究的最大特色是将马王堆帛书和郭店竹简本《老子》纳入研究视野，他翻译了郭店简本《老子》（甲、乙、丙），且重视其结构、词汇和修辞特征的分析。马良文遵循并还原《道德经》的注疏传统，为每行译文附上极为详实的翻译注解，再对整体章节进行注释和分析，最后以引用和翻译古人的注解收尾。马良文引用了王弼、苏辙、

---

① Ян Хин-Шун Древнекитайский философ Лао-цзы и его учение, Изд. Академия наук СССР, 1950. С. 46.
② А. П. Саврухин Дао дэ цзин в пословицах.//Евразийский союз учёных. 2015. № 12.

曹信义、吕惠卿、李息斋、魏源、释德清、王元泽、董思清、王夫之等多个注本，显示出译者深厚的学术功底，其学术研究的广度、深度备受赞誉。

3.《道德经》核心观念研究

马良文的《道德经》术语表目录涵盖"道""德""无为""有""无"等三十八个核心观念词，作者运用思辨色彩浓厚的学术话语来解读术语，这对读者素养提出了颇高要求。例如，"无"的阐释如下："'无'——道教基本现实属性，不断转化的常态化'缺失'，即指状态也表动作……"①古夫申诺夫分析与诠释"道""存在""无为"等核心观念，他写道："'无为'——满足现状、不强求改造世界及自我的自由，是一种拥抱和平、避免战争、怡然自得的智慧。"②索拉维耶娃（М. Н. Соловьева）也作《道德经》术语表，她用相对简明且更贴近俄语思维的语言阐发二十四个核心概念。例如，"一"的释义："人与世界交融合一的意识状态。"③事实上，有关"道"和"德"两大核心观念的探索和思考在所有译介与研究中都有迹可循，因为正是构成老子哲学思想理论基础的"道"和"德"承载着老子的精神世界，让无数学者为之倾倒。

（二）其他学者的研究

正如上文所言，随着译本增加以及《道德经》传播力、影响力的增强，《道德经》研究已不再是译者的专利。笔者在俄罗斯学术期刊（电子版）总库 CYBERLENINKA 中进行检索，梳理整理出二十余篇《道德经》相关文章数据。研究方向涉及以下几个方面：

1.译者生平及译本特点研究

霍赫洛夫（А. Н. Хохлов）对西维洛夫的科研活动和学术成就进行了全面介绍，展现了第一本《道德经》俄译本的翻译始末，综述汉

---

① Лао-Цзы Книга о пути жизни (Дао Дэ Цзин) с комментариями и объяснениями В. Малявина. М. АСТ, 2019. С. 235.
② Лао Цзы Дао дэ цзин. Книга о Пути и Благодати. Перевод с древнекитайского на русский и комментарии А. В. Кувшинова, Изд. Профит Стайл, 2015. С. 21.
③ М. Соловьева Завет Пути Силы, Изд. Амрита-Русь, 2002. С. 38.

学家对老子思想的见解和评价。2017年莫斯科大学学报（翻译理论版）刊登了中国学者贾永宁的论文《夏云清中国经典译介》(*Перевод китайской классики Валерием Перелешиным*)。作者着重探讨夏云清选择诗体翻译的考量，从形式、形象、结构三个维度揭示译本的诗学美感。布赫尔特（В. Г. Бухерт）的论文由杨兴顺学术成就及自传两部分构成，刻画出《道德经》译者杨兴顺的形象。

2.《道德经》与中俄文化互鉴研究

卢文雅对托尔斯泰主义和道教核心思想"无为""勿以暴力抗恶"进行了对比分析，阐述中国智慧和老子思想对托尔斯泰创作和世界观的巨大影响。梅申斯基（А. Л. Мышинский）结合译本从闻道、悟道、就道、弘道四个维度细致梳理托尔斯泰对《道德经》认识的动态演变和解读。郭薇的论文《佩列文短篇小说〈追风笔记〉对话中国哲学〈道德经〉》(*Диалог с китайской философией: «Дао дэ цзин» в рассказе Виктора Пелевина «запись о поиске ветра»*)指出，该作品具有鲜明的东方哲学叙事色彩，"道法自然""寡言不争""探寻真道"等思想都在人物塑造、故事情节中有所反映，对道家哲学的巧妙运用和解读成就中俄文化的奇妙碰撞。

3.《道德经》核心观念研究

备受学界推崇的观念分析法在《道德经》研究中热度不减，对"道"的寻索和研究成为经久不衰的议题。尤尔格维奇（А. Г. Юргевич）的论文《早期道教观念"道"及俄罗斯汉学家对〈道德经〉的阐释路径》(*Раннедаосская концепция Дао - «Пути» и подходы российских синологов к интерпретации «Дао дэ цзина»*)以四本专著为基础，讨论了陶奇夫将"无名""有名"视为两个"道"的误读，马斯洛夫对《道德经》充满宗教仪式色彩的解读，卢基扬诺夫从本体论和人类学维度对"道"的阐发，谢缅年科从"道"和《道德经》中参悟的"个体"与"自我建构"。尼古拉耶夫（Д. В. Николаев）尝试对"道"的内涵、特质、本质加以分析和归纳，从学术性和研究深度来看，更接近综述类文章。济加尼申（Р. М. Зиганьшин）著有两篇《道德经》核心观念阐释论文：一篇以"悟道之人"和"圣人"为研究对象，借助对其内心世界和外在修养的刻画，塑造出二者饱满立体的形象；另一篇分析"软弱""柔弱""礼让"观念在国家治理和军事行动中的智慧和策略。耶林（С. П. Елин）基于学界对"有""无"的不同译法（бытие-небытие，наличие-отсуствие，присутствие-отсуствие），指出《道德经》中的"存在"对应"有""无"，区别于西方哲学的"存在""非存在"概念，这是造成学界认识不一、译法不同的主要根源。索罗科普特（С. Н. Сорокоруд）运用阐释学理论结合文本分析勾勒出老子笔下的核心概念"圣人"形象。托卡列夫（Д. А. Токарев）对"苦难"的论述如下："中国哲学中的'苦难'是人生不可或缺的元素，它将人从世间纷扰解脱出来，使人明辨是非、精神强大。"[①]

4.《道德经》哲学思想与中国文化价值观研究

科切洛夫（О. С. Кочеров）在论文《中国战略文化与〈道德经〉》（*Китайская стратегическая культура и «Дао дэ цзин»*）中指出，中国战略源于古代哲学经典《道德经》的政治哲学。从行政管理层面看，《道德经》崇尚的"无为"倡导不干扰自然秩序，不以暴力手段达成目标；从军事外交层面看，《道德经》坚持反战主义，认定外交合作是解决冲突的基本手段；从地缘政治、文化层面看，《道德经》推崇小国和平政治模式。王健对道教哲学世界观的解读如下：发展和变化具有普遍性，归回本真有益于个人和社会，自然力量成就自我完善。克里亚吉娜（К. О. Корягина）探讨"人与道"和"人与德"的对话性，指出"人与道"的对话构成精神世界，"人与德"的对话组建经验世界。

此外，中俄学者的研究还涉及《道德经》与中国传统医学、《道德经》文本语义分析、《道德经》与管理理论等领域。总体而言，《道德经》俄译形成了接受国占据主导地位的译介与研究模式。值得注意的

---

① Д. А. Токарев Понятия страдания в философии древних даосов в сравнении с конфуцианством. // Международный научно-исследовательский журнал. 2020. № 5.

是，近年来俄罗斯期刊发表了相当数量的中国学者的《道德经》研究论文，本土学者的研究势必会提升中国文化对外传播的准确度，弘扬中国文化之精髓，使其融入俄罗斯文化的语境中。

从文化传播层面看，《道德经》在俄国的传播方式从单纯译介走向多维度、深层次研究，传播内容从文本过渡到哲学思想、价值观念研究，传播载体从纯译本变为学术专著，译者身份经历了传教士、思想家、诗人、汉学家到中国文化爱好者的变迁。如果把《道德经》传播设想为舞台剧的话，中国文化的软实力是导演和编剧，汉学家是站在舞台中心的主演，中国文化爱好者则是舞台边缘的配角，三者共同将《道德经》推向公众视野。时至今日，《道德经》在俄罗斯的传播半径越来越长，受众群体越来越广，影响力与日俱增。

从社会接受度层面看，《道德经》是有史以来外文译本最多、海外发行量最大的中华典籍，也是俄罗斯最受欢迎的外国哲学类书籍之一。近年来《道德经》译本在俄罗斯出版态势活跃，经典译本多次再版且广受欢迎。笔者2020年1月在莫斯科实地走访发现，各大书店实体店比较常见的《道德经》在售译本为杨兴顺、小西增太郎、马良文、托尔斯泰、巴东诺夫（С. Н. Батонов）、古夫申诺夫译本。结合迷宫（Лабиринт）、城市阅读（Читай-город）、书虫（Буквоед）等大型书店官网《道德经》译本数据，截至2021年7月在售《道德经》俄译本信息统计如下：

译者	书名	出版年份	出版社
杨兴顺	Дао Дэ Цзин	2020；2019；2019；2014	Эксмо-Пресс; Медков; АСТ; Азбука СПб
小西增太郎	Дао Дэ Цзин	2020；2020；2019	Центрполиграф; АСТ; АСТ
马良文	Книга о Пути Жизни	2020；2019；2019	АСТ; АСТ; Феория

续表

译者	书名	出版年份	出版社
巴东诺夫	*Учение о Пути и Благой Силе*	2017	Медков
古夫申诺夫	*Книга о Пути и Благодати*	2015	Профит-Стайл
科斯坚科（А. Костенко）	*Книга о Пути и его Силе*	2021	София
戈利什泰恩（А. Гольштейн）	*Дао Дэ Цзин*	2019	Роща

以上数据表明，俄罗斯出版社对《道德经》的出版热情较高，这一现象的决定性因素正是市场对《道德经》的认可和需求。此外，《道德经》入选俄罗斯高校教材也是社会认可度的有力佐证。斯克沃尔措夫（А. В. Скворцов）主编的《古汉语〈道德经〉分析与翻译》（*Древнекитайский язык. Анализ и перевод «Дао дэ цзин»*）于2018年出版，2019年再版。该书从属于《俄罗斯高校》系列丛书，是适用于汉语教学实践的专业教材。教材包括《道德经》概论、《道德经》畅销原因、主要议题、对立的统一和斗争法则、老子其人、《道德经》相关传说等章节，核心章节通过对《道德经》章节译文的分析揭示文言文的语言结构和特色。

《道德经》不仅受到民众礼遇，俄罗斯前总统梅德韦杰夫也对其思想价值体系推崇备至。2010年6月在出席圣彼得堡国际经济论坛时，他提出以老子的教诲来应对世界金融危机，开创了他国政要在国际性论坛中引用中国思想家名言的先例，《道德经》对当代俄罗斯社会的影响力可见一斑。

结语

　　以《道德经》为代表的中华优秀传统文化体现着中华民族的世界观、人生观、价值观，是中华民族文化自信的来源和底气，也是我们最引以为傲的文化软实力。俄罗斯民族对中华传统文化的热忱与探索在《道德经》的译介和研究中显露无遗，铸就了《道德经》不平凡的俄译之路。俄国学者在异质文化语境中为《道德经》俄译本注入鲜活的生命力，《道德经》不再是遥不可及的东方哲学典籍，它所蕴含的博大智慧和哲学思想逐渐为俄罗斯民众所接受。

俄罗斯译介《道德经》的三个阶段及其特点

张鸿彦[*]

摘要：相较于其他中国文化典籍，俄罗斯学界对《道德经》的翻译和研究投入了最多的力量，《道德经》在俄罗斯则是中国文化典籍中复译最多的一部。《道德经》的翻译、研究与俄罗斯汉学的发展紧密联系，大体可分为三个阶段：帝俄时期（18—19世纪初）、苏俄时期（1917—1997）、现当代（1998—至今），每个阶段皆有其不同特点。俄国学者对《道德经》的翻译和诠释固然存在着误读和失真之处，但大都对这部中国文化经典持肯定和尊重的态度。

关键词：《道德经》 翻译 俄罗斯

基金项目：湖北省教育厅人文社会科学研究项目"文化元典中民族特有词汇的俄译"（16g013），武汉大学自主科研项目"先秦子书中民族特有词汇的俄译"（102—413000003），中央高校基金基本科研业务专项

俄罗斯对中国古代典籍的研究始于18世纪，俄国东正教布道团起到了非常关键的作用。1715—1956年，俄罗斯共向中国派遣了二十届布道团，其中涌现出大批汉学家和典籍翻译家，他们对传播中国文化

---

[*] 张鸿彦，文学博士，武汉大学外国语言文学学院俄语系副教授。

做出了卓越贡献，而俄罗斯对道家学说及老子的研究，则相对起步较晚。主要原因是由于俄国的早期汉学研究属于官方意识形态监控下的学术活动，东正教布道团的主要任务是对中国的经济和政治进行研究，搜集中国的信息和情报，并及时汇报中国政治生活中发生的重大事件，所以沙俄的汉学家起初并不重视对道家学说及老子的研究。直到 19 世纪，随着对中国政治和思想文化的深入了解，俄国汉学逐步走向成熟，对道家学说的翻译和研究才初具规模。《道德经》是世界上除《圣经》之外被翻译最多的一部经典，在俄罗斯也是文化典籍中复译本最多的作品。它在俄罗斯的翻译和研究与俄罗斯汉学的发展紧密联系，大体可以分为三个阶段：帝俄时期（18 世纪—19 世纪初）；苏联/俄罗斯时期（1917—1997）和现当代时期（1998—至今）。

一、《道德经》俄译的开端

1818 年，亚历山大二世发出谕令，要求第十届布道团的成员研究道家学说并对其学说进行驳斥。在这种背景下，时任第十届东正教驻北京使团成员的西维洛夫（Сивиллов Д. П. 1798—1871）在北京出使期间开始着手翻译《道德经》，但是，西维洛夫在翻译过程中不仅没有找到驳斥道家学说的论据，反而被老子的思想深深吸引。他于 1828 年完成了《道德经》的翻译，这也是俄罗斯首次对《道德经》进行翻译，译名为《道中之德抑或老子之道德哲学》。1855 年，他将自己翻译的《道德经》《诗经》《书经》《孟子》等一同寄给了亚洲司，可惜的是，俄国书检局并未通过西维洛夫的译稿，他的《道德经》译稿直到 1915 年才由扎莫泰洛（Замотайло Ив.）以《丹尼尔（西维洛夫）档案中未公布的〈道德经〉译文》为题发表于《敖德萨图书学会通报》，次年在敖德萨出版单行本。

西维洛夫的《道德经》译文共七十章，他主要采用了意译的翻译方法，放弃对原文形式的追求，将翻译重点放在传达老子核心思想上。

他在译文最后一章的注释中写到："我的译文不追求字面意思相符，尽管谈不上流畅优美，但贴近了这位古代中国哲学家的精神。"① 为了突出各章节的中心内容，他还用心为每一章添加了小标题，如将第一章命名为"道之实质与含义"，将第二章命名为"人应效法自然，努力克服虚荣"。扎莫泰洛为西维洛夫的译文写了序言，对译稿的翻译特点及完成的时间做了介绍，同时他试图在序言中论述他对儒道思想的理解，牵强附会地将儒家五经比喻为摩西五经，认为《易经》在中国享有与《旧约》同样的地位等。②

在俄罗斯，西维洛夫是研究翻译《道德经》的第一人，但第一个出版的《道德经》译本则是由 1894 年侨居俄国的日本京都大学科尼西（Кониссн Масутаро，1862—1940）教授所译，科尼西译本的出版与大文豪托尔斯泰（Толстой Л. Н. 1828—1910）的帮助是分不开的。1895 年，托尔斯泰得知这位三十三岁的日本学者正在俄国翻译老子时，便主动要求与其见面，科尼西教授留下了这样的记述："列夫·托尔斯泰听说我正在把老子的名篇《道德经》从汉文译成俄文时，便于 1885 年 11 月通过尼·亚·格罗特邀我到他家去做客。他说，'为了让俄罗斯有一部最好的译本，我随时准备帮助您核对译文。'我当然万分高兴地接受了。"③ 托尔斯泰亲自担任了这一版本的审定工作，刊登于《哲学与心理学问题》杂志 1894 年第 3 期。1913 年该译本的单行本又在托尔斯泰的帮助下出版，名为《老子道德经或道德之书》（托尔斯泰编，科尼西译自中文，杜雷林增补注释）。

可以说，《道德经》之所以能成为 19 世纪诸子百家译著中最受关注的作品，托尔斯泰功不可没。托尔斯泰对中国古代哲学十分推崇，1891 年 11 月，彼得堡一位出版家写信询问托尔斯泰，世界上哪些作家

---

① Замотайло И Неопубликованный перевод Дао-дэ-цзина архимандрита Даниила (Сивиллова) // Известия Одесского библиографического общества, 1915. Т.4. Вып.5. С. 209–245.

② Петров А. А Философия Китая в русском буржуазном китаеведении. Библиография Востока. М., 1934 (7).

③ 马祖毅、任荣珍：《汉籍外译史》，湖北教育出版社 1997 年版，第 78 页。

和思想家对他影响最大,他回答说中国的孔子和孟子"很大",老子则是"巨大"。①1878年,托尔斯泰通过斯特拉霍夫(Страхов Н. Н.)得到了法国汉学家儒莲翻译的《道德经》,并据此译本拟定出其认为值得翻译的各章目录,且着手开始翻译《道德经》。但其第一次试译《道德经》并不顺利,这在托尔斯泰的日记中也有所反映:"读老子,可以翻译,但无法全部翻译","翻译老子,没有达到我想象的那种结果"。②直到1893年,他的朋友波波夫(Попов Е. И.)根据德译本全文翻译了《道德经》,请他共同审阅和校订,他动力倍增,反复校订译文:"波波夫在替我抄写手稿。我和他在重读和修改深刻的思想家老子的作品的译文,我每一次都怀着巨大的喜悦,聚精会神地去理解,用心地去翻译,我是参照法文译本(儒莲)和更加出色的德文译本(施特劳斯)工作的。"③可见其喜悦而紧张的心情。他们在1894年5月完成此项工作,上文中我们提及,正是在这一年,日本科尼西教授的译本出版发表,因此,托尔斯泰的译本便暂时搁浅,直到1910年,其译作才由媒介出版社出版,书名为《列·尼·托尔斯泰编选中国贤人老子语录》。书中主要包括了伊·戈尔布诺-波萨多夫(Горбунов-Посадов Иван Иванович)写的短记《关于贤人老子》,托尔斯泰所写的前言《论老子学说的本质》以及老子言论摘译共六十四章。

在托尔斯泰看来,老子学说与基督教有相同之处:"两者的实质都是以禁欲方式显示出来的构成人类生活基础的神圣的精神因素。因此,为使人类不成为困难而能成为一种福祉,人就应当学会不为物质欲望而为精神而生活,这也正是老子所教导的。"④托尔斯泰认为,"道"既

---

① Толстой Л. Н. Полное собрание сочинений в 90 томах. Изд: художественная литература. Том 66. 1953. С. 68.
② Толстой Л. Н. Полное собрание сочинений в 90 томах. Изд: художественная литература. Том 40. 1952. С. 64–65.
③ Толстой Л. Н. Полное собрание сочинений в 90 томах. Изд: художественная литература. Том 84. 1949. С. 196–197.
④ Толстой Л. Н. Полное собрание сочинений в 90 томах. Изд: художественная литература. Том 40. 1956. С. 350–351.

是上帝的标志，又是通向上帝的道路。他深受《道德经》的影响，在"仁""道""无为"等思想上，他提出的"不以暴力抗恶""道德上的自我完善""博爱"等主张渗透了道家的因素。他在《战争与和平》中塑造的"无为而治"的库图佐夫以及"顺天由命"的普拉东·卡拉塔耶夫的形象也有着道家思想的烙印。

瓦西里耶夫（Васильев В. П. 1818—1900）是19世纪下半叶俄罗斯汉学界的领军人物，他对《道德经》也进行了翻译和研究。在1873年出版的《东方宗教：儒、释、道》的第三章中，他介绍了中国本土宗教道教产生的历史背景、渊源、老子、庄子及其著作等，并节译了《道德经》中对儒家礼教和仁爱思想进行批判的内容。在瓦西里耶夫另一部著作《中国文学史资料》（1887）中，他着重介绍了儒释道三大哲学宗教流派的著名学者及其作品，清晰地界定了道家学说与道教的关系并节译了《道德经》的部分段落。因此，他也成为第一个对道家学说进行过深入思考的俄罗斯学者。关于《道德经》，瓦西里耶夫给予很高的评价。他认为："老子的语言很独特，书中所阐述的思想也比较深奥，与《论语》相比，语法更准确，与庄子、孟子的语言相比，更简单易懂。"[1]

但瓦西里耶夫对《道德经》思想内涵的研究却有失偏颇，他认为宗教迷信是道家建立的基础，是一种充满空想性的思想。他提出，种种证据表明，老子曾去过西方，而且《道德经》是在西行途中完成的。他还提出了与马若瑟相似的观点："有人给《道德经》取名为耶和华，虽然他被用中文撰写，但是让人惊讶的是，中国典籍一般不超过两个字符，而该书却是三个，尤其是这三个字符所反映的思想与上帝的概念很接近，此前的东方人们对此还一无所知。"[2] 这种以字符多少作为寻

---

[1] Васильев В. П. Религии Востока: Конфуцианство, буддизм, даосизм. // Журнал Министерства народного просвещения. 1873. C.76.
[2] Васильев В. П. Религии Востока: Конфуцианство, буддизм, даосизм. // Журнал Министерства народного просвещения. 1873. C.76–77.

找《圣经》人物依据的推理过于牵强。

二、《道德经》俄译的低谷

十月革命之后，俄罗斯汉学进入苏联汉学这个相对独立且特殊的时期，由于意识形态的影响，对汉学的研究也转变了新的观点和视角。苏联时期《道德经》研究的代表作当属华侨杨兴顺（1905—1989）的译本，他于20世纪40—50年代重新翻译了《道德经》，书名为《中国古代哲学家老子及其学说》，1950年在俄罗斯科学出版社出版后，1957年在北京由中国科学出版社出版了杨超的中文译本。该书综述了老子思想在中国古代哲学史上的地位、《道德经》思想发生时的社会历史状况、伦理学说，论述了"道"的学说的唯物主义本质，叙述了西欧资产阶级论《道德经》，并分析了革命前的俄国和苏联对《道德经》的研究，最后附上《道德经》今译序及今译。

杨兴顺的译本不同于其他俄译本以及西方译本，其主要特点是以马克思主义基本原理为出发点，依据形式语言学的原则，采用异化的翻译策略，在一些较难理解的地方，以《道德经》本身的思想为指导，较忠实地传达了《道德经》的原意，尽可能保留了原作的民族文化特点。这也是唯一一部由华裔学者单独翻译的《道德经》。他认为老子"道"的学说是可以和古希腊哲学家赫拉克利特相媲美的早期唯物主义哲学思想。他认为"道"是不附加任何成分的对自然界本来面目的理解，现实世界和人的生活，不由天志或者神明主宰，而是遵循着一定的自然之道。这个道是我们的感官所不能把握的，它就是哲学上所说的一般规律，是不以人的意志为转移的，是一种朴素的唯物主义。

另外，苏联时期还形成了颇具规模的汉学专题研究。例如，由康拉德选编的《中国文学文选》（1950）收有康拉德所翻译的《论语》《孙子兵法》《道德经》和《孟子》，由司徒卢威和列德尔选编的《古代东方史文选》(1963)收入了由波兹涅耶娃所译的《春秋》《左传》《国语》《论语》《孙子》《老子》《孟子》《墨子》《庄子》《荀子》《吕氏春秋》《战国策》《列子》等书。这两种文选虽然都是片段选译，但对中国古代诸子百家的介绍仍颇具规模。

在此期间，旅居巴西的俄国诗人佩列列申（Перелешин В. Ф. 1913—1992）于1971年完成了《道德经》的全译工作。他是根据1949年郑麟的《古籍新编——〈老子〉》英译本转译的，翻译的章节顺序也做了调整，在《远东问题》(1990)第三期发表。佩列列申青年时代曾在哈尔滨和上海居住多年，曾在诗中把中国当做自己的故乡，译文不但理解翻译准确，而且再现了原作的文学特性，是当时唯一保留了原作诗歌韵味的译本。

三、《道德经》俄译的高潮

苏联解体之后，俄罗斯汉学步入崭新的时期，摆脱了意识形态论，对中国文化进行了维度广、层次深的研究，试图寻找当代中国改革的深刻历史文化原因，以期吸收传统中国文化之精华，为俄罗斯的发展寻求新的出路。

李谢维奇（Лисевич И. С. 1932—2000）是研究中国古代文学和文论的专家，他对《道德经》进行了节译，译文质量高且注释丰富，对于"道"，他不同意把其解释成类似于列宁《唯物主义与经验批判主义》中所说的"是标志客观实在的哲学范畴"的"物质"，[①] 而倾向于把"道"解释成亚里士多德《形而上学》中所说的使"物质得以成为某些确定的事物"的"本体"，也就是"本质"。[②]

汉学家卢基扬诺夫（Лукьянов А. Е. 1948— ）是现当代道家研究

---

① 《列宁选集》第二卷，人民出版社1972年版，第128页。
② 参见杨寿堪等编著《西方哲学十大名著导读》，北京师范大学出版社1997年版，第60页。

的代表人物,他在莫斯科大学攻读哲学博士时便相继发表了《道德经:前哲学与哲学》(1989)和《中国第一位哲学家(老子自传片段)》等论文,详细论述了道教的起源问题。1991年,人民友谊大学出版了卢基扬诺夫的专著《老子(早期道家哲学)》。2008年,卢基扬诺夫与阿勃拉缅科(Абраменко В. П.)的译本《道德经》在莫斯科出版,卢基扬诺夫完成了《道德经》的学术性散文体译本,阿勃拉缅科完成了诗歌体译本。对于为什么要在同一本书中平行对应散文体和诗歌体的译本问题,他说:"首先,早期哲学思想都是以诗歌的形象来表述的。其次,人刚一出生是从母亲的摇篮曲开始的,孩子是人间的神,诗歌是他们的语言,老子和孔子保留了这样的语言,即使在最具有散文性的语言中也暗藏着韵律性。"[1]

2009年,俄国汉学家马良文(Малявин В. В. 1950—)与北京外国语大学俄语教授李英男教授共同翻译了《大中华文库·老子》(汉俄对照),以陈鼓应教授《老子今注今译》为汉语本平行对照。该译本极其讲究辞藻的精致和文雅,翻译引用了多个注述文本,并在注释中解读其对立的辩证现象,这部由中俄译者联合译成的作品较好的融合了双方译者的优势,是值得深入探讨研究的代表性译本。

随着中俄文化交流活动的深入,对《道德经》的译介越来越重视挖掘其哲学层面的内涵,青年汉学家瓦雷斯基(Волынский А. И. 1989—)联合亚非研究委员会东方语言系和圣彼得堡大学东方哲学系,共同翻译出版了《道德经》。瓦雷斯基认为,如果不了解一个民族的文化和信仰就翻译作品,最后得到的只能是一个空想者的文本。因此他的译作不仅在概念上适当扩大和缩小了原文的词义,而且结合自己的理解和感悟进行了再创作,并适当调整了原文的段落,整体采用了归化的翻译策略,从译本可以看出,译者充分结合了自己对老子思想和道家哲学的理解。该书于2010年出版,可以说是新时期对《道德经》

---

[1] 刘亚丁:《中俄文化的相遇与相互理解——对话俄罗斯著名汉学家卢基扬诺夫》,《中国社会科学报》2017年1月5日。

译介的开创性举措，得到了广泛的认可。

在对《道德经》翻译和研究掀起热潮的新形势下，除以上介绍的经典版本之外，还有很多专家学者尝试对其进行了全译或节译，比如1997年出版了马斯洛夫（Маслов А. А.）的翻译与研究专著《道德经的世界》，其译本全文翻译王弼注释本，并较重视韵律性。1998年出版了巴东诺夫（Батонов. С. Н.）的《道德经》译本，该译本以雷蒙德·布兰克利英译本为底本，与《圣经》和《薄伽梵歌》相对照。1999年在莫斯科出版了谢苗年科（Семененко И. И.）的俄译本，准确的语言配以详细的注释，指出《道德经》是为揭示生命的奥秘。2000年出版了波列若耶娃（Полежаева Ю.）的译本，该译本一定程度上丢失了中国的风格和色彩。2001年出版了托尔奇诺夫（Торчинов Е. А.）的版本，他长期从事道教的研究，其译本是科学严谨的译本，含有一些神秘元素。2002年出版了索罗维耶娃（Соловьева М.）的译本，该译本不是翻译而是转写，试图以自己的叙述使《道德经》的内涵更加容易被理解。2009年出版了斯特拉尼科（Странник В.）的译本，该译本参考了之前《道德经》的四个经典译本，并与原文平行对照。还有一些译者尝试采取诗歌体对《道德经》进行翻译，如鲍鲁什科（Борушко О. 1996）、康宇（Кан Юй 1991）、西诺（Феано 2001，2005）等等。

综上所述，《道德经》的俄译历程是中俄两国文化思想交流的历史写照，也是两个民族哲学思想相互理解和融合的需求。几个世纪以来，俄罗斯汉学家孜孜不倦地对《道德经》进行翻译和研究，对老子思想在俄罗斯的传播做出了重大贡献，也为后续的研究奠定了坚实的基础。纵观俄罗斯学界对《道德经》的翻译与研究，大都对这部典籍持有肯定和尊重的态度，但在翻译中无可避免的将《道德经》放入俄罗斯的文化脉络中，使用西方哲学或宗教的词汇和概念对中国传统文化关键词进行解读，再加上意识形态的影响以及译者身份的局限，都造成一定程度上的文化失真和误读。在"中国文化走出去"的大形势下，如今针对《道德经》的翻译和研究呈现百花齐放、异彩纷呈之势，此时更需要中俄学者携手，共同抱着理性和客观的态度，借鉴前人成果，吸取精华，去除糟粕，创作出更好的译作和研究成果，保留中国文化的精神特质，加深俄罗斯人对中华传统文化的理解，使中国文化之精髓更加准确而广泛的向外传播。

列夫·托尔斯泰解读《道德经》
——兼谈《道德经》在俄罗斯的传播

〔俄〕А. Л. 梅西斯基
朱玉富 译*

摘要：本文详细介绍了《道德经》在俄罗斯的传播与翻译，特别是托翁与老子的情缘。

关键词：托尔斯泰　老子　道德经　就道　弘道

译者题记：他山之石可以攻玉。中国文化在国外的传播可以分为两个途径，第一条途径是中国的外语学者们艰苦劳动的结果，第二条途径是对象国的汉学家们用匠心译作铺就的。研究他们的翻译，总结他们的认知过程和翻译方法，去伪存真，可以极大地促进我们的外介翻译工作，有益于中国文化对外积极健康的传播。托翁是俄罗斯大文豪，他对《道德经》的理解和翻译过程很值得我们借鉴，因此，笔者将А. Л. 梅西斯基所著的列夫·托尔斯泰解读老子的《道德经》文章译成汉语，标题和四个分标题是译者匹配的，敬请各位专家雅鉴。

19世纪末，俄罗斯出现了几个明显的与俄罗斯知识分子传统观点

---

* А. Л. 梅西斯基，俄罗斯乌拉尔联邦大学汉学家；朱玉富，曲阜师范大学外语学院教授。本课题得到俄罗斯科教部社会科学跨区域研究项目、美国肯纳那俄罗斯未来研究所、俄联邦教育部、美国纽约卡耐基集团、Д. 约-Т. 凯特琳-马卡尔图罗夫基金会以及开放社会研究所（索罗斯基金）的资助。本文观点可能并不与上述慈善机构的观点相吻合。

相悖的哲学派别。俄罗斯哲学认为，要想重构一个人的外貌，首先要从这个人的道德与内心两个方面入手，而且用强制的手段实现这种重构是可能的。这是那个时代俄罗斯哲学的主要思想，[①]这一哲学的缔造者之一便是列夫·尼古拉耶维奇·托尔斯泰（1828—1910）。他认为，恰恰是人与人之间的互爱可能导致建构起一种欺骗、纷争和暴力都能被和睦、真理、彼此间兄弟般的爱所代替的思维定式。经伟大的俄罗斯哲学家、作家创造性地演绎，出现了下述的对立。基督教徒的美德和生活的真谛在农民群体中是根深蒂固的。在受过教育的少数人的世界里，对基督教徒的美德和生活的真谛却有着荒谬的观念。[②]

这种对立决定了一位作家的哲学历史观并在世界上建立起一种全新的、使人们接近无上幸福学说的构想。从这一观点出发，托尔斯泰开始研究中国的典籍文献：学习孔子、老子、孟子以及其他思想家著作的译文。

老子对托尔斯泰的影响是众所周知的。俄罗斯作家在他的学说中找到了独立思索的和谐思想。[③]使我们感兴趣的不仅仅是老子对托翁有多大影响，而是托翁对老子的影响有多大，是托翁对老子学说是如何解读的。本文根据托翁1877年1880年初的两个版本[④]予以阐述。

---

① Емельянов Б. В., Любутин К. Н.（耶梅利亚诺夫·Б. В., 柳布金·К. Н.）В конце века вновь о "Вехах". Послесловие // Вехи: сборник статей о русской интеллигенции. С приложением "Библиографии Вех"（1991,《关于世纪末的新里程碑》, 后记附有附录《里程碑书目》）. – Свердловск: Изд-во Урал. ун-та（斯维尔德洛夫斯克: 乌拉尔大学出版社）. 1991. – С. 207-223.

② Русская философия. Конец XIX – начало XX века Антология.（《俄罗斯哲学 十九世纪末到二十世纪初的俄罗斯哲学选集》）– СПб. Изд-во СПб. ун-та.（圣彼得堡大学出版社）, 1993. – 525 с.

③ Толстой Л. Н.（托尔斯泰·Л. Н.）Полн. собр. соч. – Т. 66.（《托尔斯泰·Л. Н. 全集》第66卷）– М.: Изд. центр "Терра"（莫斯科杰拉出版中心）, 1992. – С. 66-68; Шифман А. И.（施弗曼·А. И.）– Лев Толстой и Восток（《列夫·托尔斯泰与东方》）. М.: Изд-во вост. лит-ры（莫斯科东方文学出版社）, 1960. – 480 с.

④ Шифман А. И.（施弗曼·А. И）– Лев Толстой и Восток（《列夫·托尔斯泰与东方》）. М.: Изд-во вост. лит-ры（莫斯科东方文学出版社）, 1960. – с.54; Гудзий Н. К.（古德吉·Н.К.）, Комментарий к "Китайской мудрости" Л. Н. Толстого // Толстой Л. Н. Полн. собр. соч. – Т. 25.（《列夫·托尔斯泰注释中国智慧》,《托尔斯泰·Л. Н. 全集》第25卷）– М.: Изд. центр "Терра"（莫斯科杰拉出版中心）, 1992. – С. 883.

笔者感到为难的是：托尔斯泰不懂汉语。И. М.伊瓦金是托翁的家庭幼儿教师，他19世纪80年代住在托翁家，在他未发表的回忆录中明确说到托翁有一段时间学习汉语。然而此事未得到证实。① 因此，托翁只能依赖译成欧洲各种语言的译文来解读《道德经》。快到1880年时，《道德经》的全译本已有法语、英语和德语的。俄文的几个译本均残缺不全。在瓦西里耶夫·B. П.和戈奥尔基耶夫斯基·C. М.的书中可以找到这几个译本。根据列·尼·托尔斯泰的日记和信件判断，托尔斯泰当时研究过这几个译本②。

托尔斯泰在老子哲学的阐释中依靠自己对早期道家思想的范畴予以注解。托尔斯泰将基本注意力倾注在"道"和"无为"两个范畴上。第一个范畴使用于中国哲学几乎所有流派中，而不仅是道士修道用的。托尔斯泰谈论"道"（他称为"Tao"）时，通常指的是全部中国文化。当托翁正式研究老子学说的"道"时，他多次解译这个范畴。下面我们复制托翁采用的对"道"的注解。至于第二个范畴"无为"，托翁认为它恰恰是道家哲学的独到之处。下面三个引证我们选自托翁的注释。

在托翁所依据的其他各种范畴来领会道家哲学方面，要提及"天""德"和"圣人"。从托翁的观点出发，我们认为他对道家哲学基本范畴的注释为"套"③和"勿为"，同时也是对这一注释的演绎。作为不同阶段，我们选取托翁专论中国和老子哲学的五篇文章：

1.《中国圣贤老子撰写的道和真理之书》（1884年）；

2.《勿为》（1893年）；

3.《智慧人们每天的思索——列·尼·托尔斯泰汇编》（1903年）；

4.《一封致中国人的信》（1906年）；

5.《中国圣贤老子的名言——列·尼·托尔斯泰选编》（1910年）。

---

① 施弗曼·А. И., 1960, C.52。
② Шифман А. И.（施弗曼·А. И）Лев Толстой и Восток（《列夫·托尔斯泰与东方》）. М.: Изд-во вост. лит-ры（莫斯科东方文学出版社），1960. – C.52.
③ 此处"套"是汉语"道"的俄文的不准确音译，正确的俄文表示为"Дао"，而此处原文为"Tao"，译者暂且译为"套"，未还原为"道"。——译者注

一、托翁初闻道

1884年，托尔斯泰研究法语译本的《道德经》（圣·朱立恩，1842）。托翁将"道"释意为"上帝"，当时圣·朱立恩则译为"道路，旅途"（la Voie—圣·朱立恩，1842，c.2）。

我们可以想象得出，《道德经》对于托翁的感觉起到影响作用的是他研究传统信仰教义的文章《对教条之神的批评》（1879—1884年），福音文本的翻译及其理性的解释（《四个福音书合成本及翻译》，1880—1881年），理性信仰原理的阐述（《我的信仰在哪里？》1882—1884）。大概，托翁因此将"道"理解为"上帝"。

我们将下述片段作一比较。

1884年："上帝可道非常上帝（可以用语言称其为上帝的那位上帝，不是永恒的上帝）"。[①]

1880—1881年："谁也没有理解过上帝，并且永远也理解不了……"。[②]

可以断定，这些语句有相似性。我们要提醒的是，俄语单词"Бог"（上帝）首先是托尔斯泰主义者对中国的"道"的译文/释义，其次是希腊语的 Θεός。

众所周知，托翁对于上帝较之东正教教会有另外的理解：谁也没有见过上帝，也不认识，没有人活在天上，因此"在上帝一词的背后应该理解为仅仅是一种根源——人内心灵魂的本源"。

这是博爱的基础。它"主观是爱，客观是和美幸福"。[③]

1884年，托翁正是这样将"道"解译为博爱不可思议的精神上的

[①] Толстой Л. Н.（托尔斯泰·Л. Н.）Полн. собр. соч. – Т. 25.（《托尔斯泰·Л. Н. 全集》第 25 卷）– М.: Изд. центр "Терра"（莫斯科杰拉出版中心），1992. – C. 534.
[②] Толстой Л. Н.（托尔斯泰·Л. Н.）Полн. собр. соч. – Т. 25.（《托尔斯泰·Л. Н. 全集》第 25 卷）– М.: Изд. центр "Терра"（莫斯科杰拉出版中心），1992. – C. 534.
[③] Толстой Л. Н.（托尔斯泰·Л. Н.）Полн. собр. соч. – Т. 66.（《托尔斯泰·Л. Н. 全集》第 66 卷）– М.: Изд. центр "Терра"（莫斯科杰拉出版中心），1992. – C. 166.

因素。这一点可以从他选出的、由圣·朱立恩翻译的《道德经》片段得到证明：

"Оно и есть существо непостижимое. Оно было прежде неба и земли …"（物混成，先天地生。）

"我们觉得道是世界之母……"[①]。显而易见，在1884年对"道"起决定性作用的是托翁的个人观点，而不是圣·朱立恩的译文——"可以为天下母"。

"无为"的范畴在1884年还未出现。

可以说，托翁1884年理解老子学说还是类似理解（托尔斯泰主义者释译中的）基督学说那样。

（似乎此处能听到波拉瓦茨卡娅·Е. П. 神智学的回声："条条河流通大海，条条大路通上帝。"即真正宗教的实质皆相同……无甚差别，不过语言不同罢了！实质是一个。这太令人感到奇怪了。）

二、托翁初悟道

我们现在看看1893年的《无为》这篇文章。当年托尔斯泰的一个近交耶·伊·波波夫应邀将老子《道德经》从欧洲语言而不是汉语原文首次翻译过来。托尔斯泰认真通读了波波夫的整个译文。在这个译文的影响之下，托尔斯泰在同年写出一篇《 Неделание 》(《勿为》或译《不动》，古谢夫·Н. Н.，米申·В. С.，1992，50）。托尔斯泰摈弃 дао 等于 Бог （道等于上帝）的释义，接受了道等于途径、美德、真相。

下面简述两个特征的摘要。

老子学说的实质在于，无论是个体人群最高的美满幸福，还是人群、民族的特征以及总合性，都可以通过认知"Tao"（"道"）来得到，该词可译作"途径、美德、真相"，经过"勿为"（无为）来认知

[①] Толстой Л. Н. （托尔斯泰·Л. Н.）Полн. собр. соч. – Т. 25.（《托尔斯泰·Л. Н. 全集》第25卷）– М.: Изд. центр "Терра"（莫斯科杰拉出版中心），1992. – С. 534.

"道",朱立恩译成"le non agir"(有趣的是,索洛维约夫在1890年将这个法语短语译成"бездействие",见他的文集《中国与欧洲》卷6:120)。我们继续引用摘录:"根据老子的学说,人们一切的灾难并不是源于他们无所事事,而是由于他们做了他们不该做的……什么不要做?不生气,不纵欲,不信誓旦旦,不要以恶抗恶,不要打仗。"①

如果"勿为"(无为)了,那么就认清楚"道"了。如果认清楚"道"了,那么就得到至高无上的幸福了。目的是至高无上的幸福,手段是"道"。得"道"的方法是"勿为"(无为)。可以说"无为"这一语言来自于圣·朱立恩,而词义是托翁赋予的。

除了上述文章,快到1893年,托尔斯泰完成了几篇文章:《福音书简介》(1885—1886年)(列夫·托尔斯泰全集,莫斯科杰拉出版中心,1992,第24卷,799—938页)、《我们内心的天国》(1890—1893年)、《那么我们该有何作为?》(1882—1886年)、《关于生活》(1887年)。

1887年,这几篇文章适时地影响了托尔斯泰对道教的研究。

我们知道,从1893年9月到1894年5月,应耶·伊·波波夫的请求,托尔斯泰和他一起着手检查润色《老子》的译文。为此,他们参考了欧洲语言的几个译本:德语的施特拉乌斯译本、法语的朱立恩译本、英语的列伽(Дж Легга)译本。或许因为托尔斯泰认为自己的译文不完美,或许他不十分满意这个译本,或许因为托尔斯泰的朋友、东方学家科尼希·Д. П. 新的《老子》译本已发表了,托翁的译本未能付梓。②

---

① Толстой Л. Н.(托尔斯泰·Л. Н.)Полн. собр. соч. – Т. 25.(《托尔斯泰·Л. Н. 全集》第25卷)– М.: Изд. центр "Терра"(莫斯科杰拉出版中心), 1992. – С. 199-200.

② Гусев Н. К., Мишин В. С.(古谢夫·Н.К., 米申·В.С.) История писания и печатания // Толстой Л. Н. Полн. собр. соч. – Т. 40.(《托尔斯泰·Л. Н. 评介老子观点的注释》,《托尔斯泰·Л. Н. 全集》第40卷)– М.: Изд. центр "Терра"(莫斯科杰拉出版中心), 1992. – С. 500.

三、托翁初就道

1903年《智慧人们每天的思索——托尔斯泰汇编》一书出版。书中选用了三十五篇"老子"写的短文。正如 H. H. 古谢夫指出的那样,为编撰这本书,托翁还选用了一个英语译本,它是波尔·卡鲁斯博士的译作。现在托尔斯泰将"道"释义为"理性","无为"释义为"恭顺"或"完全的恭顺"。

术语"理性"(指"道")在托尔斯泰通用的哲学观念中已经稳稳占据一席之地。我们比较一下下列的片断:

(1)1887年:"什么是理性('道')?不管我们给什么下定义,我们永远都只能用理性来定义。那么要问我们用什么来给理性('道')下定义?

如果我们对一切都用理性('道')来定义,那么这本身就不能给理性('道')下定义"。[1]

(2)1903年:"智慧('道')若可知,则智慧为非常智慧"。[2]

以上两段话均指出理性("道")的不可想象性。然而第二段话是托尔斯泰主义者对《道德经》开篇的翻译/释译:

Дао кэ дао фэй чан дао.(道可道,非常道)。

可以假设,在1903年,托翁理解"道"和"理性"的概念是同义的。当时对"道"采用的是托翁在《生命的概念》一文中对理性("道")下的定义:

---

[1] Толстой Л. Н.(托尔斯泰·Л. Н.)Наше жизнепонимание // Русская философия. Конец XIX – начало XX века: Антология. Учебное пособие(《生活的概念》,《俄罗斯哲学教科书》)– СПб. Изд-во(圣彼得堡大学出版社)1993. – С. 147.

[2] Толстой Л. Н.(托尔斯泰·Л. Н.)Полн. собр. соч. – Т. 40.(《托尔斯泰·Л. Н. 全集》第40卷)– М.: Изд. центр "Терра"(莫斯科杰拉出版中心),1992. – С. 87.

> 这是一种规律，和所有有机生命的规律、动物生命的规律、植物生命的规律一样，唯一的区别在于，我们可以看到植物生命中理性（"道"）的规律是完善的。我们所臣服的理性（"道"）的规律，和树木臣服于自己的规律一样，我们看不见，但是我们在践行这一规律……
>
> 我们所看到的是，在与理智（"道"）有关的方面以种概念的面目表现着"规律"，"生命之规律"。生命的规律在于不是为了肉体而生活，而是为了心灵而活着，不是为了自己，而是为了别人而活着。规律要求将个人的生命置之度外，并将人外在的活动转移到我们可以认识的、如同一种快乐的爱的状态中去。看上去，这种状态几乎察觉不到，试图界定这种状态可能摧毁它，因此，它难以确定又不可思议。①

因此，托翁在1903年对于"道"的一个注释是"生命定律"。可这一注释不是唯一的。托翁本身可以借此注释"道"的"理性"的概念是多义词，而"道"也是多义词。

"道"／"理性"语义上的细微差别可以从托翁筛选的语录中取出来。要知道托翁仅仅筛选出那些他赞同的片段，否则《道德经》片段的特辑还有什么意义？

我们看看具体原文。

> 理性（"道"）造物……
> 天下理性（"道"）皆行善，而无害。圣人的理性（"道"）催人奋进而不争。（《道德经》原文：天之道，利而不害；圣人之道，为而不争。）

---

① Толстой Л. Н.（托尔斯泰·Л. Н.）Наше жизнепонимание // Русская философия. Конец XIX – начало XX века: Антология. Учебное пособие（《生活的概念》，《俄罗斯哲学　教科书》）- СПб. Изд-во（圣彼得堡大学出版社）1993. - C. 147.

> 天下理性("道")皆如此，而人的理性("道")不尽同。
>
> 至高无上的理性("道")甚质朴，而凡人不喜欢捷径求曲径。
>
> 天之初始，理性("道")乃为母。(《道德经》原文：无名，天地之始；有名，万物之母。)

因此，可以得出结论："智慧(即"道")若可知，则智慧("道")为非常智慧("道")。"①

"永恒的""天下的"理性("道")与"人的理性"("道")相对，但"人的理性"("道")与"圣人的理性"("道")相悖。因此，这里托翁的"理性"大概意味着神、爱、万物本源。外我("理性""道")是完善的，而内我的理性("道")受肉欲压抑。圣人心灵至纯，与外我至近。因此，当托翁将"道"释意为"理性"之时，他指的是所有生物固有的精神本源，但程度不同："……认清这一本源将我们和所有的生灵联系起来，让我们的生活有爱。"②

可见，"道"在这个阶段对于托翁来说有两个意义：第一，它是一种不可思议的精神本源，一切生灵皆固有；第二，这种精神本源的规律，不同程度地折射于各种不同的生灵身上。对于一个人来说，这一规律就是对个人的、肉欲的、有利于精神和利他主义的一种拒绝。

在后来对"道"范畴的释译中，托翁的这种语义二元性得以保留下来。

至于在对"无为"进行注释时将"勿为"换成"恭顺"的这种替代，可以说它在托翁通用哲学观念的主流中占有一席之地。"恭顺"一

---

① Толстой Л. Н.（托尔斯泰·Л. Н.）Мысли мудрых людей на каждый день // Толстой Л. Н. Полн. собр. соч. - Т. 40.（《哲人每日的思索》，《托尔斯泰·Л. Н. 全集》第40卷）- М.: Изд. центр "Терра"（莫斯科杰拉出版中心），1992. - С. 143, 159, 163, 184, 201, 87.

② Толстой Л. Н.（托尔斯泰·Л. Н.）Наше жизнепонимание // Русская философия. Конец XIX - начало XX века: Антология. Учебное пособие（《生活的概念》，《俄罗斯哲学教科书》）- СПб. Изд-во（圣彼得堡大学出版社）1993. - С. 139-144.

词可以在《福音书》(如《马太福音》11：29）见到，这一事实对于托翁而言有重要的意义。众人皆知，托翁只将福音书的学说看作是真正的基督学说。所有其他学说，从巴维尔《使徒福音》学说算起，都被认为是冒牌的基督说、教会说。①

在托翁亲自翻译的《福音书》译文中，"恭顺的"一词与主教公会的译本相比稍微修饰了一点。例如主教公会的译本：

  拿去我的桎梏戴在你的脖子上，请从我这里学会忍受，因为我内心温和而恭顺，请得到你心灵的安宁。

托尔斯泰翻译同一段话：

  将我的桎梏戴在你的脖子上，请从我这里学会忍受，可知我内心温和而恭顺，请你探悉生命之中的休息。

托尔斯泰的代用语："我给您另一副轭铁和另一驾马车——去过一种精神生活，戴上轭铁，您就会从我这里学会一种宁静和幸福"，"要成为一个心存温和而恭顺的人，您便会得到您生活中的幸福。"②

"恭顺"一词原封未动，托翁赋予它以自己的语义，将其释义为："针对自负的美德，它的内涵是人不高估自己，内心滋养着精神信念，并无别物，而只有上帝所赐；若无天助神赐，他将一事无成，身无所依，进而全力投入上帝慈悲的怀抱。"③

托翁的"恭顺"意味着对肉欲的忍耐、克制，"肉体的驯服和恭

---

① Толстой Л. Н.（托尔斯泰·Л. Н.）Полн. собр. соч. – Т. 6.（《托尔斯泰·Л. Н. 全集》第66卷）– М.: Изд. центр "Терра"（莫斯科杰拉出版中心），1992. – С. 624.
② Толстой Л. Н.（托尔斯泰·Л. Н.）Полн. собр. соч. – Т. 6.（《托尔斯泰·Л. Н. 全集》第66卷）– М.: Изд. центр "Терра"（莫斯科杰拉出版中心），1992. – С.296、345.
③ Библейская энциклопедия: В 2-х т., Т.2.（《圣经百科》两卷本，第二卷）– М.: НБ-Пресс, Центурион, АПС（莫斯科 NB 新闻出版社）[Репринт 1891 года]（1891的再版）1991. – С.164-165.

顺"才能导致精神生活的满足。①托翁注释"无为"范畴使用的"恭顺"一词，指肉欲的克制。

因此，这句"他变得越来越渺小，直至达到了彻底的恭顺"②，可以读作"他变得越来越渺小，直到他得到了肉欲彻底的克制"。

若将"恭顺"与托翁名言"不以暴力抗恶"相提并论，那太诱惑人了，但不必多此一举。

首先，不要以为"不抵抗"等于没有对恶进行任何抵抗，相反，要以各种公正的手段抵抗邪恶，但不是用邪恶的手段。托翁的名言"恭顺"和"不以暴力抗恶"在语义上不相吻合。

其次，在《圣人每天的思索》一书中"不抗恶"与"恭顺"并用，后者用于注释汉语"无为"，而前者用于表示"不争"③。"不争"直译成俄语为"Не бороться"（不斗争，不争）。

在托翁编辑的《老子》第六十八章中指出："这称其为不抗恶的美德。"④ 见原文：是谓不争之得→ Ши вэй бу чжэн чжи дэ。⑤

因此，就汉语术语注释的实质来看，"恭顺"和"不抗恶"是不可混为一谈的。

至此，托翁1903年对早期道家学说的"道"和"无为"的注释如下："道"乃不可思议的精神本源，也是一切生灵都应遵循的这一本源下所规定的定律。"无为"对肉欲的克制，即遵循"道"定律是唯一的方法。

---

① Толстой Л. Н.（托尔斯泰·Л. Н.）Полн. собр. соч. – Т. 24.（《托尔斯泰·Л. Н. 全集》第 24 卷）– М.: Изд. центр "Терра"（莫斯科杰拉出版中心）1992. – С.847-848.
② Толстой Л. Н.（托尔斯泰·Л. Н.）Полн. собр. соч. – Т. 40.（《托尔斯泰·Л. Н. 全集》第 40 卷）– М.: Изд. центр "Терра"（莫斯科杰拉出版中心）1992. – С.159.
③ Чжу Цяньчжи（朱谦之）Лаоцзы цзяоши – 3 изд.（《老子校释》第 3 版）– Пекин: Чжунхуа шуцзюй чубань（北京：中华书局），1991. – 275с.
④ Толстой Л. Н.（托尔斯泰·Л. Н.）Полн. собр. соч. – Т. 40.（《托尔斯泰·Л. Н. 全集》第 40 卷）– М.: Изд. центр "Терра"（莫斯科杰拉出版中心），1992. – С. 172.
⑤ Чжу Цяньчжи（朱谦之）Лаоцзы цзяоши – 3 изд.（《老子校释》第 3 版）– Пекин: Чжунхуа шуцзюй чубань（北京：中华书局），1991. – 275с.

四、托翁弘道

我们现在谈谈托翁1906年写的《致一个中国人的信》文章。那是写给中国作家辜鸿铭的一封公开信。他寄给托尔斯泰几部英文书[①]。托尔斯泰读后,在《致一个中国人的信》中表达了对辜鸿铭世界观的态度。借此,"道"和"无为"有了新的注释。现在,在托翁眼中,中国是真理的后盾和堡垒,人民实际上富有智慧,渴望过上一种和平的农耕生活。托翁认为这种生活是真正自由的生活。托翁将"道"注释为"自由":

> 中国……俄罗斯……东方民族的使命在于,要向各国人民指出那个通向自由的真理之路,正如你在书中(辜鸿铭—A. M.)用汉语写的那样,除了"道",即美德,与人的生命永恒基本的定律相匹配。[②]

有趣的是,托尔斯泰看待自由时没有把它看成是脱离某种桎梏的自由,而是把它看作一种可意识到的必要性,一种研究定律过程中的自由。很难说托翁强调这种思想的初衷源自哪里:源自个人的体验?源自斯多葛派哲学家们的哲学?源自斯宾诺莎、黑格尔?或者也许源自卡尔·马克思?

此外,对于托翁来说,"道"范畴意味着自由,临近1906年时,这一范畴似乎容纳了前几年的释义:"道/理性"和"道"/"定律"。

[①] Гудзий Н. К.(古德吉·Н.К.)Комментарий к "Китайской мудрости" Л. Н. Толстого // Толстой Л. Н. Полн. собр. соч. – Т. 25.(《列夫·托尔斯泰注释中国智慧》,《托尔斯泰·Л. Н. 全集》第25卷)– М.: Изд. центр "Терра"(莫斯科杰拉出版中心),1992. – С.693.

[②] Толстой Л. Н.(托尔斯泰·Л. Н.)Полн. собр. соч. – Т. 36.(《托尔斯泰·Л. Н. 全集》第36卷)– М.: Изд. центр "Терра"(莫斯科杰拉出版中心),1992. – С. 295.

"理性的生活"就是"一条真正的唯一的通途,道";道即或是天或上帝必要的至高无上的规律。① 与托翁早期的观点不同,"道"和"上帝"不可相提并论。

我们总结一下。1906年,对于托翁来说,"道"是:(1)自由;(2)理性的农耕生活;(3)真正而唯一的通途;(4)上帝之规律。

唯一要指出的是,托翁1906年撰写的关于中国全部思想意识(三教)的文章中涉及道教。

"无为"范畴在1906年经托翁翻译成俄语"неделание"(不做、勿为)。俄语这一词语早在1893年就曾用来释译"无为",但现在"无为"一词被赋予了新义:"……己所不愿,别人不为,他事不为"②。

此处,托翁将福音书的原理写入道家学说中。的确,福音书上的表述形式:

《马太》,7:12,主教公会的译本:"你想别人怎样对待你,你就怎样对待别人。"

托翁将福音书改译成:"所有你想让他人为您做的,你就做给他人。"③

在1906年《致一个中国人的信》一文中,这一原理有了这样的表述:"……己所不愿,别人不为,他事不为。"这里托翁故意失言,说这一原理是道家的。

1906年的"无为"的释义有别于1903年的释义。"恭顺等于克制肉欲"变成了"恭顺等于己所不愿,别人不为,他事不为"。

---

① Толстой Л. Н.(托尔斯泰·Л. Н.)Полн. собр. соч. – Т. 36.(《托尔斯泰·Л. Н. 全集》第36卷)– М.: Изд. центр "Терра"(莫斯科杰拉出版中心)1992. – С. 295、298.

② Толстой Л. Н.(托尔斯泰·Л. Н.)Полн. собр. соч. – Т. 36.(《托尔斯泰·Л. Н. 全集》第36卷)– М.: Изд. центр "Терра"(莫斯科杰拉出版中心)1992. – С. 299.

③ Толстой Л. Н.(托尔斯泰·Л. Н.)Полн. собр. соч. – Т. 66.(《托尔斯泰·Л. Н. 全集》第66卷)– М.: Изд. центр "Терра"(莫斯科杰拉出版中心)1992. – С.289.

结语

我们现在谈谈托翁遴选的于 1910 年发表的《中国哲人老子的格言》。上面我们已经指出托翁和 Л. Н. 波波夫在 1893—1894 年间一起研究从欧洲语言翻译过来的《道德经》译本。只是到了 1909 年图书出版社《媒介》才着手刊印托翁和波波夫翻译的老子经典。托翁仔仔细细地校阅了译文。托翁在校对过程中用缩略、修改的办法完全改变了出版物的性质,其书不是全译本,而是以自由叙述的形式编选了老子思想的语录,而且在某种程度上改变了"老子思想的"语序。[①] 因此,有根据说托翁恰恰是老子哲学的解译器,而不是各种译本的编译器。对我们来说,提供特殊价值的是本书的序言,因为在序言里托翁在表述自己对老子的理解时,这样总结他全部的思考:

> 为了让人的生命不痛苦,而是让它幸福,人应当学会不是为了肉体而是为了精神而生活。这就是老子的教诲。他教授我们从肉体生活转入到精神生活的方便法门。因为整个学说都指出了通向这个过渡的坦途,老子将自己的学说称为通途(指"道")。因此,老子的全部学说被称其为坦途之书(《道德经》)。按照老子的学说,这一坦途的目标就是为了先不为具体事物而有何作为,或者哪怕少做肉体想要做的事,也不要抑制心灵的意愿,不要因肉体之事而在人的内心阻碍可能产生的上天另一种力量(正如老子被尊称为上帝一样),这种力量无处不在……

[①] Гусев Н. Н., Мишин В. С.(古谢夫·Н.Н.,米申·В.С.)История писания и печатания // Толстой Л. Н. Полн. собр. соч. – Т. 40.(《托尔斯泰·Л. Н. 评介老子观点的注释》,《托尔斯泰·Л. Н. 全集》第 40 卷)– М.: Изд. центр "Терра"(莫斯科杰拉出版中心), 1992. – С. 502.

……这一思路不仅像,而且完全就是在《约翰一书》中表述的思想,而且它是基督学说的核心。按照老子的学说,唯一的、人借此可以和上帝连接的通途就是"道"。"道"通过节制一切个人的、肉体的欲念而得到。这也即是《约翰一书》中表达的说教。按照约翰的说教,将人与上帝联系起来的手段是爱。爱和"道"一样通过节制一切个人的、肉体的欲念而得到。因此,按照老子的学说,"道"暗指与上天连接的坦途,而上天按约翰的说法是爱这一词汇所指的"爱",是上帝(上帝就是爱)。①

托翁要表达的是老子学说和《约翰福音》的学说是相似的。"道"原是"爱""上帝"的相似词。

"爱"这一术语与"道"一样,均有特殊涵义。这就是通过克制一切个人的肉体欲念而得到的东西。正如我们已谈到的那样,"上帝"一词在托翁那里也有特殊涵义。"上帝"也好,"道"也好,都作为不可思议的精神本源而表演着,但不是在本体论意义上的演绎,而是在道德意义上的演绎。

托翁的"上帝/道"就是理性和道德的本源,如果人能开始研究它,那他就可成为真人。他开始理性地、符合道德标准地待人处事,但他还不能领悟这一本源本身。

我们在托翁对"道"的释义中又看到了他的二元性。这就是精神本源和投身于精神本源的方法。

"无为"范畴这里用来注释"道"范畴,这使我们需要将它看成是托翁基本范畴中首要的一个范畴。"无为"可解释为"不做……","不做身体要做的事",等等。在《格言》一书中可以看到"无为"被用俄

---

① Толстой Л. Н.(托尔斯泰·Л. Н.)Полн. собр. соч. – Т. 40.(《托尔斯泰·Л. Н. 全集》第 40 卷)– М.: Изд. центр "Терра"(莫斯科杰拉出版中心)1992. – C.350-351.

语说成"不做、不为":"他不为,但他要成为天下的主宰"①。

如果将托翁引用的第十四个格言与汉语原文进行比较,我们就可以坚定地说,这就是《道德经》第四十八章的释译,"勿为,不做"就是汉语的"无为":

他不为,他要成为天下主宰。②

……увэй эр у бу вэй цюй тянься → 无为而无不为,取天下。③

仅就"неделание"("勿为,不为")而言,也可以说是对"无为"的释义译文。④

我们看到,从1884年到1910年,托翁释义"道"使用了几个不同的术语:"上帝""通途""理性""规律""上帝定律"以及"爱"。但对于托翁来说,"道"的涵义几乎是同一个:精神本源。只有投身于这个本源,人才能成为理性之人,有道德的人。生不是为了肉欲,而是为了精神;生不是为了自己,而是为了整个世界。"道"就是这种精神本源,就是这一本源的规律,就是通向这一本源的途径。但用理性来理清精神本源,人自身是无能为力的。

从1893年到1910年,在托翁的释义里面"无为"也是用各个术语来表示的:"勿为""恭顺""己所不欲,勿施于人,不管别人对你做了什么"("неделание другому, чего не хочешь, чтобы тебе делали"),然后又回到原来的术语"勿为"。从整体来说,这些语句的涵义仍是同一个:拒绝跟随肉欲走,要让灵魂的力量表现出来。从这一系列释义

---

① Толстой Л. Н. (托尔斯泰·Л. Н.) Полн. собр. соч. – Т. 40. (《托尔斯泰·Л. Н.全集》第40卷) – М.: Изд. центр "Терра"(莫斯科杰拉出版中心) 1992. – C.353.

② Толстой Л. Н. (托尔斯泰·Л. Н.) Полн. собр. соч. – Т. 40. (《托尔斯泰·Л. Н.全集》第40卷) – М.: Изд. центр "Терра"(莫斯科杰拉出版中心) 1992. – C.353.

③ Чжу Цяньчжи (朱谦之) Лаоцзы цзяоши – 3 изд. (《老子校释》第3版). – Пекин: Чжунхуа шуцзюй чубань (北京:中华书局), 1991. C.193.

④ Толстой Л. Н. (托尔斯泰·Л. Н.) Полн. собр. соч. – Т. 40. (《托尔斯泰·Л. Н.全集》第40卷) – М.: Изд. центр "Терра"(莫斯科杰拉出版中心) 1992. – C.353、359.

中突出来的是"己所不欲，勿施于人，不管别人对你做了什么"。这一释义与托翁的"不以暴力抗恶"论接近。

大体上可以指出，列夫·托尔斯泰一直在求索，并终于在老子的思想世界中找到了与自己的世界观相符合的思考。

大概，这一点可以解释托翁长期以来不全面地引用《道德经》原本而是从中遴选部分片断并改写的原因。

我们很想引用托尔斯泰的家庭教师、语言学家伊万金·И. М. 有关这位俄罗斯作家研究《福音书》的话。"他（托尔斯泰）仅仅指的是那些道德伦理方面，恰恰在这方面他是高屋建瓴的:《福音书》已证实已经形成的观点，否则托尔斯泰就不会对该文本恭敬有加。尽管我十分景仰他，可一开始我就感到了一丝吸引力。"①关于托翁改编《道德经》的这部书也可以这么说。

如果要总结托翁改写《道德经》的全部语言，就要说托翁视老子为志同道合之人。按照托翁的观点，老子学说的实质在于，人可以认识到他是个分裂的又不可分裂的人，是个有肉体又有精神的人，是时间过客又是永生生物，是动物又是上帝的造物。按照老子所言，为了意识到自己是精神和上帝造物的载体，只有一条途径，即用老子的定义为"道"，它将最高的美德包括在概念内。这一认识可以通过人们都知道的本性来达到。结果，老子的学说恰恰是基督学说的实质。两个学说的实质都在于通过节制全部肉欲，彰显构成人生命基础的宗教本源。②

列夫·托尔斯泰的威信和魅力有助于老子学说的广泛传播。从托翁视角出发来研究老子的不仅仅是读书人，而且是一批职业汉语学家，

---

① Гусев Н. Н.（古谢夫·Н. Н）Комментарий к "Соединению и переводу четырех Евангелий" // Толстой Л. Н. Полн. собр. Соч. – Т. 24（四部《福音书》译本合排版的注释，《托尔斯泰·Л. Н. 全集》第 24 卷）. – М.: Изд. центр "Терра"（莫斯科杰拉出版中心），1992. – С. 982.

② Толстой Л. Н.（托尔斯泰·Л. Н.）Полн. собр. соч. – Т. 40.（《托尔斯泰·Л. Н. 全集》第 40 卷）– М.: Изд. центр "Терра"（莫斯科杰拉出版中心）1992. – С.351.

比如年轻有为的阿列克谢耶夫·B. M.。

托翁在对《道德经》进行注释的同时，还对注释进行了校订。在托尔斯泰逝世后的 1909 年和 1913 年，出版了由托翁校订、科尼希·Д. П. 完成的《道德经》译本。在列夫·托尔斯泰的影响下，科尼希拒绝了东正教，他也正因此而名声远扬。

此事在 1950 年得到了意想不到的延续，那一年出版了杨兴顺的专著《中国古代的哲学家和他的学说》及译本《道德经》。这本专著在我国的东方学中起到了决定性作用。我们手中掌握的这个译本最后一次再版的标注日期为 2002 年。

杨氏的专著包含了我国道学广大的历史视野。但这恰恰是令人感兴趣的。据我们的观察，在杨氏的专著中，无论是科尼希·Д. П. 于 1894 年完成的译本，还是他的评论文章都从未被提及。这引起了人们的惊奇，因为杨氏的书目全而详细。杨兴顺曾宣称，他的译本《道德经》是俄文的第一部全译的、科学的译本。此话有误。

我们比较一下两个片段：

> 虽然老子原则上否定战争，但是，然而，当下他所处的那些历史条件迫使他要正视这样的问题：什么样的战争较小违规？他认为自卫战争较小违规，而侵略战争最违法。
>
> 因此，老子在原则上反对战争的同时，还站在进行被迫的防御战争的立场上。

第一段话是科尼希·Д. П. 的，[①] 第二段话是杨兴顺的（1950：90）。真是神奇的吻合！可见杨兴顺没有读到这本书。如果读到了，他会将其列入自己的书目的。如果将科尼希·Д. П. 翻译的《道德经》与杨兴

---

① Конисси Д. П.（科尼西·Д. П.）Философия Лаоси (окончание) // Вопросы философии и психологии.（《老子的哲学》，《哲学和心理学的问题》）- 1894. – №3 (23). – СС. 373.

顺的译本相比较，就会看到这类神奇的发现更多了。例如《道德经》第十八章，科尼希·Д. П. 的译文（1894）：

> 当"大道"被遗弃，便产生了真正的人性和公道。当智慧传播得越广，便产生大悲。当六位最亲近的人不睦，便会有父母的孝敬和对于子女的爱。国有内讧，必出忠臣。①

列夫·托尔斯泰校订的科尼希·Д. П. 的译文于 1913 年发表，这是在托翁逝世之后：

> 当"大道"被遗弃，便产生了真正的人性和公平。当智慧传播得越广，便产生大悲。当六亲不睦，便会有父母的孝敬和对于子女的爱。国有内讧，必出忠臣。②

杨兴顺的译文（1950）：

> 当失去了"大道"，就会出现"仁爱"和"公道"。当出现大巧，就会出现大伪。当六亲不睦，便有"子孝"和"父爱"。国乱必有忠臣。③

有些相像。好像没有感觉两个译本近似，因为汉语的原文就是这么写的，所以这不能译成别的，我们举维诺戈罗斯基·Б. Б. 的译本为例

---

① Конисси Д. П.（科尼西·Д. П.）Философия Лаоси (окончание) // Вопросы философии и психологии. (《老子的哲学》，《哲学和心理学的问题》) – 1894. – №3 (23). – CC. 386.

② Толстой Л. Н.（托尔斯泰·Л. Н.）Лао-Си. Тао-те кинг или писание о нравственности. (老子《道德经》或曰《道德说》) Пер. с кит. Д. Конисси（科尼西·Д. П. 翻译）. – М.: Изд. "Мусагет"（莫斯科缪萨革忒斯出版社），1913. – 4 с.

③ Ян Хиншун（杨兴顺）Древнекитайский философ Лао-цзы и его учение. (《古代中国的哲学家老子和他的学说》) – М. – Л.: Изд-во АН СССР（莫斯科苏联科学院出版社），1950. – 124-125 с.

来比较一下。《老子》原文："大道废，有仁义；慧智出，有大伪；六亲不和，有孝慈；国家昏乱，有忠臣。"译文：

> Исчезает великий Путь —
>
> появляется контактность и осознание.
>
> Уходят мудрые и знающие —
>
> появляется большая искусственность.
>
> Нет гармонии в шести родственных связях —
>
> появляется сыновняя почтительность и братская любовь.
>
> Смута и хаос в государстве и семьях —
>
> Появляются верные слуги.[①]

大道失，有社交和省悟；智者和贤人离我们而去，便会有大伪；六亲关系不和，有子孝和兄弟之间的爱；国和家中有纷争和动乱，必有忠臣现。[②]

有些区别是可以感觉到的。科尼希和杨兴顺翻译的神奇吻合可以表明，也许，在我国历史哲学文献中有关老子的概念被托尔斯泰主义替代了。比如，可以假设一个被吸引的读者忽略了杨兴顺单一性唯物主义的注释，而是拜读原文，他所得到的不是老子的思想，而是托尔斯泰的思想。利谢维奇·И. С. 和阿·阿·马斯洛夫都指出，杨兴顺的译本可能将中国的道家哲学偷梁换柱为了托尔斯泰主义，但我们的结论是独立思考得出来的。

[①] Виногродский Б. Б.（维诺戈罗斯基·Б. Б.）Лао-цзы. Трактат о Пути и Потенции // Антология даосской философии.（《老子：前途和趋势之道》，《道教哲学选集》）- М., 1994. – C. 32.

[②] Виногродский Б. Б.（维诺戈罗斯基·Б. Б.）Лао-цзы. Трактат о Пути и Потенции // Антология даосской философии.（《老子：前途和趋势之道》，《道教哲学选集》）- М., 1994. – C. 32.

问道东西：艾约瑟世界宗教谱系下《道德经》研究

梁　栋[*]

摘要：艾约瑟对《道德经》的解读为道教和基督教的对话建立了通道，而其构建通道的理论基础则是比较宗教学、进化论以及《圣经》东方学，因此，艾约瑟对《道德经》的解读体现出上述三种理论相结合的特点。艾约瑟试图通过运用这三种理论将《道德经》中的老子之"道"及其演化接续到《圣经》中的独一上帝及其启示之中，从而将人类历史进程中不同文明之间的相似性解释为"道"这一非人格化的"上帝"在差异时空中的显现。

关键词：《道德经》　艾约瑟　世界宗教谱系　传教士汉学家

基金项目：教育部高校人文社会科学重点研究基地重大项目"西方汉学家与传教士视野中的中国道教形象与性质研究"（19JJD730002）

一、问题的提出

宗教对人类历史的发展起着巨大的形塑作用，深刻影响了不同地区、不同民族理解世界的方式。在谈到历史进程时，美国当代著名全球史学家丹尼尔·罗德·斯迈尔指出它的起点应该是一百七十万年前

---

[*] 梁栋，中山大学历史学系博士后。

人类在东部非洲的出现，而不仅仅是过去五百年的近现代世界甚至过去五千年的文明进程。① 与本文相关的是，如果将人类历史进程的起点延展至一百七十万年前，不同文明之间的相似性似乎只会有增无减，如何理解这些相似性是具有强烈"普遍主义"② 色彩的基督教必然要遭遇和处理的问题。本文即是将这种语境转换到19世纪来华新教传教士对东西方不同文明相似性的解读之中进行讨论。

自马礼逊1807年来华伊始，东西方文明之间展开了新一轮的交流和碰撞。如何将异质陌生的中国文明融入到基督教的传统之中成为新教传教士们（后文简称传教士）关心的问题。为此，传教士们在基督教文明和中国传统文明之间建立了诸多可兹对话的通道。在基督教与道教对话的通道中，《道德经》成为最主要的话题资源，传教士们对《道德经》给予了足够多的重视。这些传教士中不乏学术造诣深厚的汉学家，他们可以敏锐地捕捉到学术思潮的前沿热点，并且将其和自身的学术传统以及传教立场结合起来，艾约瑟便是其中之一，艾约瑟对《道德经》的研究也具有这一特点。遗憾的是，目前中外学界更多地关注理雅各、湛约翰等传教士对《道德经》的研究，③ 鲜有专文讨论艾约瑟的《道德经》研究。本文的讨论算是一种初步的尝试。同时，国际

---

① 王献华:《深度史学的实践及其困境》,《光明日报》2015年1月24日第11版。
② 关于基督教的普遍主义，可参看胡卫清《普遍主义的挑战——近代中国基督教教育研究（1877—1927）》，上海人民出版社2000年版，第16—32页。
③ 中文论著主要有潘凤娟《反者道之动——理雅各与〈道德经〉翻译和论战》,《汉学研究》第37卷第2期；赵倞《理雅各〈道教文本〉译序及导言研究》,《基督教文化学刊》2011年秋冬第26辑，第50—81页；姚达兑《译玄：最早英译〈道德经〉（1859）译文初探》,《中国文化研究》2016年冬之卷；段怀清《〈中国评论〉时期的湛约翰及其中国文学翻译和研究》,《世界汉学》2016年第1期等。英文论著主要有 N. j. Girardot and G. Lowes Dickinson, "'Finding the Way': James Legge and the Victorian Invention of Taoism," *Religion 29*, no.2, 1999, pp.107-121. Lauren F. Pfister, "The Legacy of James Legge," *International Bulletin of Missionary Research 22*, no.2, 1998, pp.77-82. Kong, W. M, "Nineteenth century missionary-scholars at work: A critical review of English translations of the Dao de jing by John Chalmers and James Legge", *Monuments Serica 63*, no.1, 2015, pp.124-149. Damian J. Bebell and Shannon M. Fera, "Comparison and Analysis of Selected English Interpretations of the Tao Te Ching," *Asian Philosophy* 10, no. 2, 2000, pp.133-147。

著名学者吉瑞德指出："虽然20世纪下半叶以来，学界日渐加强对19世纪和20世纪初期来华新教传教士的研究，但鲜有学者讨论19世纪汉学与宣教传统、比较哲学、人类学和比较宗教学的关联。"① 本文的讨论亦是对吉瑞德上述言论的一种呼应。

本文认为，艾约瑟对《道德经》的研究具有将19世纪人文科学新兴的比较宗教学、自然科学新兴的进化论以及传统的《圣经》东方学相结合的特点。故本文的讨论主要分四部分进行：第一部分主要讨论艾约瑟比较宗教学视野下的《道德经》研究，第二部分主要讨论艾约瑟进化论视野下的《道德经》研究，第三部分主要讨论艾约瑟《圣经》东方学视野下的《道德经》研究，第四部分主要讨论上述三种理论与艾约瑟构建世界宗教谱系的内在关联及其体现。依据的文本主要为艾约瑟1884年在《中国评论》第1期发表的《道德经》以及1886年8月在《教务杂志》上发表的《〈道德经〉中的夷-希-微》。②

二、比较宗教学视野下的《道德经》研究

一般认为，比较宗教学的创始人是马克斯·缪勒。缪勒于1873年出版《宗教学导论》，次年，该书的德语版问世（中译名为《比较宗教学导论》），由此正式提出"比较宗教学"的概念。艾约瑟深受比较宗教学的影响，③ 他对《道德经》的研究也是如此。其比较的视野非常宽广，既有基督教与道教的比较，也有儒教④ 与道教的比较，同时也有

---

① N. J. Girardot, "James Legge and the Strange Saga of British Sinology and the Comparative Science of Religions in the Nineteenth Century", *Journal of the Royal Asiatic Society*, Third Series, Vol.12, No.2 (Jul. 2002), pp.159-160.
② Joseph Edkins, *The Tau Te Ching*, The Ching Review, or notes & queries on the Far East, Vol. 13, No.1, 1884, pp.10-19. Joseph Edkins, "On the three words 'I hi Wei', 夷-希-微, in the Tau Te King", *The Chinese Record* XVLL, 1886, pp.306-309.
③ 陈怀宇：《中国与波斯：艾约瑟的比较宗教观》，《中国社会科学报》2010年7月22日第13版。
④ 艾约瑟将儒家思想看作宗教。田海：《中学西传的典型个案：19世纪"儒教"（Confucianism）一词的发明》，施晔译，《上海师范大学学报》（哲学社会科学版）2016年第4期。

基督教、儒教和道教一起比较的情况，下文将对这一特点展开详细论述。

艾约瑟将基督教与道教进行比较，主要集中在他对《道德经》第十四章、二十五章的解读。艾约瑟指出《道德经》第十四章中的"夷""希""微"三个字实际是《圣经》中 Jehovah 读音的三个音节，这三个字和《道德经》中的其他一些段落都表明了上帝的三位一体，说明老子知道上帝神圣的希伯来名字并且从犹太人那里得到了关于三位一体的知识。① 很明显，艾约瑟这种简单的比较带有浓厚的索隐派色彩。实际上，这种比附的最早阐发者是明清来华的耶稣会士马若瑟和聂若望，并由同为耶稣会士的钱德明、韩国英继承，进而影响到19世纪初期法国著名汉学家雷慕沙②以及德国汉学家施特劳斯③，最后经由施特劳斯影响到艾约瑟。值得注意的是，1868年出版的湛约翰《道德经》译本和艾约瑟的看法相反，湛译本认为"夷""希""微"三个字都是中国本土的汉字，并非外来。④1891年出版的理雅各《道德经》译本也认为施特劳斯和艾约瑟的观点只是少数人的想象或迷梦。⑤ 艾约瑟接着又将《道德经》二十五章中的"天、地、人"与基督教的"三位一体"神学思想进行比较。艾约瑟指出，老子的"天、地、人"是可见的三

---

① Joseph Edkins, "On the three words 'I hi Wei', 夷 希 微, in the Tau Te King", *The Chinese Record* XVLL, 1886, pp.306–309.
② 具体可参潘凤娟《不可译之道、不可道之名：雷穆沙与〈道德经〉翻译》，《中央大学人文学报》2016年4月，第61期；潘凤娟、江日新《早期耶稣会士与〈道德经〉翻译：马若瑟、聂若王与韩国英对"夷""希""微"与"三一"的讨论》，《中国文化研究所学报》2017年7月，第65期；姚达兑、陈晓君《雷慕沙、鲍狄埃和儒莲〈道德经〉法语译本及其译文特色比较》，《国际汉学》2018年第2期。
③ Joseph Edkins, "The Tau Te Ching", *The Ching Review, or notes & queries on the Far East,* Vol. 10, No. 1, 1884, p.12. 维克多·施特劳斯（又名维克多·史陶斯）是19世纪德国汉学家，他的《道德经》译本对艾约瑟影响很大，艾约瑟在阐释《道德经》时多次引述他的观点。相关可参 Victor Von Strauss, *LAO-TSE' TAO TE KING, aus dem Chinesischen ins DeutscheÜbersetzt, eingeleitet undcommentirt* von V. v. Strauss, Leipzig: Verlag Von Friedrich Fleischer, 1870。
④ John Chalmers, *The Speculations on metaphysics, polity, and morality of the old philosopher Lau-Tsze,* London: Turbner & co., 60, Paternoster row, 1868, p.9.
⑤ James Legge, *The Sacred Books of China: The Texts of Taoism,* part I, Oxford: Clarendon Press, p.58.

位一体，是对不可见的三位一体的模仿。这个可见的三位一体也同样包含在"道"这个神圣的原则中，这一章描写的对象实际是上帝。①同时艾约瑟再次援引施特劳斯的观点，认为老子在这一章中回归到了他的主旨，我们在这一章中找到了关于上帝的沉思。这种沉思存在于基督诞生以前的犹太教的文本之中。②艾约瑟进一步解释说，老子认为在天地产生之前的混沌中存在着某物，这个某物就是上帝。人们并不是很了解它，它也不能被完全准确地描述，它是万物之母并且包含一切事物。③

艾约瑟将道教思想和儒教思想进行比较，主要体现在他对《道德经》中"无为""仁义"等概念的讨论上。艾约瑟指出《道德经》第二章中的"无为"思想（"是以圣人处无为之事，行不言之教"）同样是孔子的思想，并举孔子对舜的评价为例（孔子指出舜作为一个圣人，用无为思想进行统治。人们因为敬佩舜的道德而遵从他，舜的裁决是如此公正，以致于不需要法令来进行统治）。艾约瑟指出儒教的"无为"思想是政治的或者哲学的"无为"，道教的"无为"思想要么是政治的、哲学的，要么是宗教的。就目前讨论的问题来看，道教的"无为"是哲学上的"无为"，即自然的轮转和生命的更替是无需人为努力来促使的。从哲学上来看，儒道两家的"无为"思想是一样的。他以《论语·阳货》中子贡的话为例，指出子贡对孔子说："您不需要说很多话就可以教导我们，就像天何言哉，但四时行焉，百物生焉，天何言哉。"需要注意的是，艾约瑟颠倒了子贡和孔子的角色，这段话从"天何言哉"开始，本来是孔子教育子贡的话；④同样，艾约瑟在翻译《道德经》十八章和十九章时提出，老子"大道废，有仁义""绝圣弃智，

---

① Joseph Edkins, "On the three words 'I hi Wei', 夷希微, in the Tau Te King", *The Chinese Record* XVLL, 1886, p.307.
② Joseph Edkins, "The Tau Te Ching", *The Ching Review, or notes & queries on the Far East*, Vol. 13, No. 1, 1884, p.13.
③ Joseph Edkins, "On the three words 'I hi Wei', 夷希微, in the Tau Te King", p.306.
④ Joseph Edkins, "The Tau Te Ching", p.11.

民利百倍；绝仁弃义，民复孝慈"的思想和儒教的观念不同，会受到儒教的强烈批评。同时这句经文表明老子认为智者的建议是多余的，在老子看来，没有这些智者，这个世界可能会更好。①

艾约瑟对《道德经》中"道"的解读同样充分体现出比较宗教的特点。他从基督教、儒教和道教的角度分别对"道"进行了阐释和比较。艾约瑟指出，"道"是老子思想体系的基础，是宇宙得以建立的原则，"道"是恒久不变、不可描述的事物。并且认为老子的"道"和孔子的"道"并不相同，因为孔子认为"道"来自于"天"，老子认为"道"存在于"天"之前。②艾约瑟指出，当无形的"道"赋于一些具体的形式上，比如语言、行为、法令、历史事件等，"道"在《道德经》里被叫做"名"（"名可名，非常名也"）。当《旧约》中出现"名"时，就意味着上帝的自我显现，这是"道"第一次以"名"这种可见的形式向我们显现。老子发现"道"是万物之源，然后给"道"命名，就像《圣经》发现宇宙的根基是至高上帝，然后上帝自我显现一样。但是，就像老子所说，"名"不是一般的名，它不可命名，"道"是自有永有且无处不在的。③同时，艾约瑟主张最好不要翻译"道"这个词，而是保留其音译，但可以用理性（Reason）、原初自然（Primordial Nature）或宇宙根基（Basis of the Universe）来描述"道"，并将其与德国哲学家谢林的哲学概念等同起来，④湛约翰在其1869年《道德经》译本的序言中也表达了类似的观点。⑤

从以上简短的分析可知，艾约瑟深受比较宗教学的影响，并以此理论来分析《道德经》。不只艾约瑟，同时代的其他传教士汉学家在进行宗教研究时，几乎都会采用比较宗教学的理论方法。理雅各于1880

---

① Joseph Edkins, "The Tau Te Ching", p.13.
② Ibid., p.10.
③ Ibid.
④ Ibid.
⑤ John Chalmers, *The Speculations on metaphysics, polity, and morality of the old philosopher Lau-Tsze*, p.xvi.

年在英国长老会发表系列演讲，演讲稿结集出版，书名为《中国宗教：儒教、道教及其与基督教的比较》(*The Religions of China, Confucianism and Taoism Described and Compared with Christianity*)，直接体现了比较宗教学的理论；①李提摩太在《妙法莲华经》译者导论中将"比较宗教学的价值"(The value of comparative religion)作为论述的一个标题，认为《妙法莲华经》第二十五章中观世音菩萨的故事表明了上帝无尽的怜悯和慈爱。②1893年在芝加哥召开的新教领袖大会也明确提出以比较宗教学作为大会主题。③由此可见艾约瑟采用比较宗教学的理论分析《道德经》并非偶然情况，而是深受19世纪后期宗教理论发展影响的必然结果。

三、进化论视野下的《道德经》研究

诚如孙尚扬所言："17世纪被很多学者视作早期现代性的起点，其中一个重大的思想史事件是培根将试验法引入到对自然和世界的理解之中。"④此后，欧洲学界愈加注重应用自然科学的成果解释人文领域的问题，人类学和社会学的兴起与此有密切的关联。1859年，达尔文编写的《物种起源》出版，提出物种演化的学说，极大地震撼了欧洲学术界。一些传教士试图用进化论解释基督教创世神学，这批传教士被称为基督教达尔文主义者(Christian Darwinians)。⑤这种理论也深刻

---

① James Legge, *The Religions of China, Confucianism and Taoism Described and Compared with Christianity*, New York: Charles Scribner's Sons, 1881. 关于理雅各和缪勒之间的交往，可参看潘琳《比较、争论和诠释——理雅各牛津时代思想研究》，大象出版社2017年版，第41—93页。
② Timothy Richard, *The New Testament of Higher Buddhism*, Edinburgh: T. & T. CLARK, 38 George Street, 1910, pp.134-135.
③ John Henry Barrows ed., *The World's Parliament of Religions*, Volume Ⅰ & Ⅱ, Chicago: The Parliament Publishing Company, 1893.
④ 孙尚扬：《略论17世纪的一项宗教文化实验方案》，《世界宗教研究》2019年第1期。
⑤ 一般认为，英国著名传教士神学家奥伯利·莫尔(Aubrey Lackington Moore)是最早的基督教主达尔文主义者。相关研究可参 Moore Aubrey, *Science and Faith*, London: Kegan Paul, Trench, Trübner & Co. Retrieved 18 December, 2017。

影响了艾约瑟，他对《道德经》创世思想的解读具有鲜明的进化论色彩，下文加以详细论述。①

艾约瑟首先指出，"道"存在于万物之前，在天地刚刚开始出现的时候，"道"孕育万物，成为万物之母。毫无疑问，老子认为"道"就是造物主，但是这个造物主只是一种原则，并没有具体的形式和人格，万物都是由"道"演化而出。宋代儒教认为在万物生成之前存在两种状态，一种是无极，一种是太极。无极是指无形无象的最高实体，太极是指最大的统一体。艾约瑟接着指出，"无极"和"太极"都出于《道德经》第四十章的"天下万物生于有，有生于无"。其中"无"的状态是 not being，"有"的状态是 being，也即 being 是从 not being 演化而来。同时相对于"有""无"这两个概念，老子似乎并不很关心《易经》《诗经》中经常出现的"阴"和"阳"。② "有"和"无"源于并统一于"道"，两者之前总有一个前缀词"常"（"故常无欲，以观其妙；常有欲，以观其徼"），他们在"道"里被设定为真正的和永恒不变的二元论。艾约瑟认为老子这样做是在为他后来提出"三位一体"演化创世的思想做铺垫。艾约瑟看来，在老子的"三位一体"思想中，"有"和"无"源于一处，都从"道"演化而来。③

艾约瑟接着指出，《道德经》第四十二章体现了"三位一体"的演化创世神学，即"道生一，一生二，二生三，三生万物"，译文如下："Tau produced one, One produced two, Two produced three, Three produced all things."其中"一"是至高的上帝（supreme God），"二"是 Enu 或者 Bel，即将事物从混沌中分开的语言，"三"是 Hia，散发出光的东西。艾约瑟指出，老子的上帝概念是由三个步骤演化而来的。④ 终

---

① 艾约瑟对汉语的研究也深受进化论的影响，相关研究可参看陈喆《19世纪西方语言学思想和科学方法对汉学家的启发和误导——艾约瑟对汉语音韵学和语言起源的研究》，《复旦学报》（社会科学版）2019年第5期。
② Joseph Edkins, "The Tau Te Ching", p.10.
③ Ibid., pp.10–11.
④ Ibid., p.16.

极的非人格化的原则("道")演化出上帝神格(The Godhead)①的第一种形式,上帝的第一种形式演化出上帝的第二种形式,上帝的第二种形式又演化出上帝的第三种形式。上帝的演化有三个步骤或者三个时期。这三个步骤中,上帝要么是人格化的要么是非人格化的。作为非人格化的存在,老子将上帝称作"道"——永恒的无名的原则,整个宇宙存在的根基,所有生命和道德的源泉。"道"给予圣人智慧,给予王者权力。作为人格化的存在,老子并没有给"帝"留下容身之所,他仅仅一次提到"帝"。此处的"帝"即指《道德经》第四章"吾不知谁之子,象帝之先"中的"帝"。②同时艾约瑟也指出,老子一直都致力于告诉人们"道"是如何通过无所不在的活力和永恒不变的平静来展示自己是人类真正的导师。充满活力的"道"教导我们的是平静、谦逊、自制、温和以及为别人着想。通过无为来实现有为,通过不争来实现胜利是伟大宇宙之母的教导。在我们的一生中,为了更好地得到指导,我们必须回到母亲的怀抱。我们所做的任何事情都要符合"道"。当然,万物死亡的时候会回归于"道",老子并不期待人死后还会以个体性的方式存在。③艾约瑟继续说,在老子对上帝创世工作主要是第三个演化步骤的描述中,"阴"和"阳"占据着很特殊的位置。阴和阳是物体的两个属性,它们在不断升起的气中合为一体。阴和阳并不能代表上帝,只是在一定范围内参与创世的工作。"气"是所有活着的生物呼入的并且将所有生物连接起来的物质,这里的气也叫做血气,所有活着的东西都应该有血气。④艾约瑟认为,阴是混沌的黑暗面,阳是混沌

---

① godhead 是由 godhed 演化而来,godhed 由中世纪神学家、哲学家和圣经翻译学者 John Wycliffe 引入到中世纪圣经的英文译本中。在约翰·威克里夫(John Wycliffe)翻译的英文版《新约》中出现两次,分别为《使徒行传》17:29 和《歌罗西书》2:9。关于 John Wycliffe 的《圣经》译本,可参 http://www.sbible.ru/wyc/wycle.htm。
② 河上公注本为道似在天帝之前,此言道乃先天地生;王弼本将此理解为"不亦似帝之先乎?帝,天帝也"。苏辙注本的理解为"帝先矣而又先于帝,则莫或先之者矣"。相关研究可参看陈鼓应《老子今注今译》(参照简帛本最新修订版),商务印书馆 2019 年版,第 91 页。
③ Joseph Edkins, "The Tau Te Ching", p.19.
④ Ibid., p.17.

的光明面,气是在水面上运行的灵。阴、阳、气三者的特征在《圣经》创世故事中体现得非常明显,在巴比伦尼亚也是如此。阴和阳是中国从外国哲学中借鉴而来,剩下的"气"这个元素很明显源于国外,老子第一次将其用来解释创世,老子之前的作者们只是用"气"指代呼吸的空气。①

在讨论《道德经》"三位一体"创世思想时,艾约瑟也指出《易经》中存在的另一套创世思想——"太极生两仪,两仪生四象,四象生八卦",并将其与《道德经》中的创世思想进行了比较。艾约瑟指出,虽然《易经》中也提到了天、地、风、雷、雨、阳光,但很明显并不是从宇宙演化的意义上来谈论的。因此,老子的宇宙演化论是中国最早的宇宙演化论。艾约瑟接着对后世一些道士的做法表达了不满,他指出,在《易经》后来的一些版本中,这些道士略过了这段很有启发性的经文,只是说"道"产生了"气","气"产生了"阴"和"阳","阴""阳"产生了天、地、人,天、地、人产生了万物;另一种说法是"无极"产生了"太极",这样就把"无极"和"道"等同起来了。艾约瑟指出,这些道士的做法实际上采用了10世纪、11世纪和12世纪一些很有名望的儒教学者的宇宙论思想,这些儒教学者非常喜欢这种宇宙论哲学。艾约瑟对这种宇宙论哲学进行了批判,他指出,很明显"阴"和"阳"并不是宇宙演化的第二个步骤,因为在此之前"阴"和"阳"是分别出现的,而在宇宙演化完成之后,"阴"和"阳"作为一对新的事物才开始出现。②

需要提醒的是,进化论的思想不仅影响到了艾约瑟对《道德经》"三位一体"创世思想的理解,同时也影响到了他对古代近东宗教的解读。艾约瑟援引19世纪法国亚述学家和考古学家弗朗索瓦·莱诺曼特

---

① Joseph Edkins, "The Tau Te Ching", p.16.
② Ibid.

（François Lenormant）的话①指出，在巴比伦宗教中，首要且唯一的原则是存在一个至高神，但这种观念是很晚时期祭司阶层的一种哲学表达。在此之前相当长的一段时期这位至高神的人格化并没有被明显地认识到。Aun（安努）作为一个神，在由 Ilu 演化而出的三位一体中被首次赋予人格化的角色和资格。同样，在亚述有一个特别重要的原则，这个原则就是存在一个至高的神，其他的神都由这个神演化而出。艾约瑟继续发挥，指出这位至高神是三位一体的神，由 Anu、Nuah（宁胡尔萨格）和 Bel（马尔都克）组成。其中 Anu 是原初的混沌，非受造物；Nuah 是意志或者言语，生机勃勃的物体，提供给宇宙生命；Bel 是造物主，统治着整个人类世界。在此之后，一系列的演化说和三位一体说相继诞生了。道教的"三官"和"三清"都体现出三位一体的演化思想，他们是道士根据西方三位一体的模型所创造出来的。在这个三位一体中，老子是"道"在中国历史上的化身，"道"演化成了一个中国人，并且这个人的思想一直指导着中国古代社会。②

艾约瑟采用进化论来分析《道德经》，与 19 世纪后期自然科学的发展密切相关。正如保罗·希伯特所指出的："科学的兴起改变了一切。到 19 世纪末期，西方科技征服了整个世界，科学也征服了自然。对科学的信仰迅速传播。"③著名学者安德鲁·沃斯也指出："很多学者已经找到方法来容纳（道教）的阴阳五行原则，这些原则牢固地影响着人们的想象……李提摩太进行了一系列关于科学物理学、化学和生物学的演讲。这些演讲主要针对当时的知识分子。"④虽然沃斯谈论的对象是李

---

① 著名学者吉瑞德指出，19 世纪的东方学更加注重对印度和两河流域的研究，中国研究在当时并非东方学研究的首选，因为欧洲和中国之间并无语言和人种上的关联。具体可参 N. J. Girardot, "James Legge and the Strange Saga of British Sinology and the Comparative Science of Religions in the Nineteenth Century", *Journal of the Royal Asiatic Society*, Third Series, Vol.12, No.2 (Jul., 2002), p.157.
② Joseph Edkins, "On the three words 'I hi Wei', 夷希微, in the Tau Te King", pp.306–309.
③ Paul G. Hiebert, "Critical Contextualization", *International Bulletin of Missionary Research*; Ventnor, N. J. 11, no. 3, 1987, p.105.
④ Andrew F. Walls, *The Cross-Cultural Process in Christian History: Studies in the Transmission and Appropriation of Faith,* New York: Orbis Books, 2002, p.251.

提摩太，但从沃斯的论述中亦可推断出19世纪后期科学之于宗教的重要性。正如艾约瑟自己也曾说到的："我们的首要目标在于传授宗教的真理，但我们也不轻忽在中国出版启蒙观念和科学主题。"① 还有一点非常值得注意，同为19世纪下半叶著名汉学家的翟理斯对《道德经》的解读也体现出进化论的观点。翟理斯在评论理雅各《道德经》英译本时指出："老子既不是无神论者，也不是不可知论者，他看待自然的方式是一种演化论者的方式。倘若我们对在我们基督教纪元前6世纪以及其经历的十九个世纪的科学与哲学之极不相同情境加以考虑，那么我们必须说，他的心灵类型与达尔文（Charles Darwin）是非常相似的。"②

四、《圣经》东方学视野下的《道德经》研究

《圣经》东方学（Bible-Orientalism）主要从人种、文字、语言和宗教等方面指出东西方之间的关联，③认为东方的生活、行为、习俗和思想之中都包含着上帝的启示。④19世纪来华的新教传教士也深受这种

---

① LMS/CH/CC, 1. 3. D., Edkins to Tidman, Shanghai, 12 April 1852. 转引自苏精《马礼逊与中文印刷出版》，台湾学生书局2000年版，第205—238页。
② Herbert Allen Giles, "The Remains of Lao Tzu. Re-translated," *The Chinese Review*, 14.5(1886), p.233. 中文翻译选自潘凤娟。值得注意的是，潘凤娟认为翟理斯反对理雅各此处对老子的理解，但笔者认为翟理斯并非反对理雅各对老子属于进化论者的论述，他指出正是理雅各这段杰出的论述使得理雅各有资格成为自己的对手，但在判断老子是不是进化论者之前，应该先弄清楚老子到底说了哪些话。具体可参潘凤娟《反者道之动——理雅各与〈道德经〉之翻译与论战》，《汉学研究》2019年6月期，第224—225页。
③ Thomas R. Trautmann, *Aryans and British India*, Berkeley: University of California Press, 1997, pp.42, 46, 50.
④ 目前学界对于明确提出"Bible-Orientalism"这一术语的学者是谁尚无定论，据笔者考证，较早明确提出这一术语的学者为Edwin Wilbur Rice, D. D，时间为1816年。相关研究可参Edwin W. Rice, D. D, *Orientalisms in Bible Lands: Giving Lights From customs, Habits, Manners, Imagery, Thoughts and Life in the East for Bible Study*, Philadelphia: The American Sunday-School Union, 1816, p.11. 中文著作可参看陈喆《东方学传统与传教士汉学》。

宣教传统的影响，《圣经》东方学为传教士看待其他宗教提供了理论预设，艾约瑟对《道德经》的解读便是这种理论预设产生的结果。在艾约瑟看来，《旧约》中上帝的自我显现和《道德经》中老子强为"道"命名是同一类历史事件，[①] 故而一定可以在经验世界中找到老子与西亚之间的关联。艾约瑟进而指出，老子的"三位一体"创世思想实际源于巴比伦，并从语言、国际贸易和道教文本三个方面对此加以详细论证。

如前文所述，艾约瑟指出《道德经》第十四章中的"夷""希""微"三个字实际是 Jehovah 的三个音节，并强调要想理清老子"三位一体"思想的外国来源，应该先搞清楚这三个字在老子时代的读音。艾约瑟研究"I""hi""Wei"古音依据的文本是段玉裁编写的《六经音韵表》和陈彭年等编修的《大宋重修广韵》（后文简称《广韵》）。艾约瑟指出，在《六经音韵表》中和"夷""希""微"押韵的有师、私、衣、旨、几、示、贵、利、比、尼等字。在这些文字中，"比"曾经被读作 Bikshu，"师"被读作 Manjusiri，"利"被读作 Manjusiri Shari putra，"尼"被读作 Nirvana。以上所有这些读音都在一个公元 69 年定居在洛阳的印度和尚所翻译的作品中出现过，因此元音"i"在当时就被熟知了。并且"师"这个字也在更早之前用来表达波斯的 shir，lion，在此之后才在公元前 2 世纪被中国人熟知。艾约瑟想以此证明在老子生活的时代，中国本土并没有"i"这个元音，只是在公元前 2 世纪时才从波斯和印度传入中国。

在确定"i"这个"夷""希""微"读音中都共有的元音字母源于国外后，艾约瑟又对"夷""希""微"三个读音的首字母做出考证，并根据《广韵》对"夷""希""微"的古音及其来源做出判断。艾约瑟在《广韵》上平六韵中找到"夷""希""微"三个字在公元 7 世纪读音的首字母读音。指出"夷"的读音有一个元音首字母 i，音节拼写为"以脂"，读作下平音；另外两个字"希"和"微"出现在《广韵》

[①] Joseph Edkins, "The Tau Te Ching", p.10.

上平八韵中，其中"微"为平声音，可能读作 mei，从无非切。① 艾约瑟由此发挥，指出根据儒莲的方法，"无"的首字母读音在梵语 Mokcha（摩沙）中被用来拼写 mo，在梵语姓名 Dharmarakcha（中印度月氏国僧竺法兰）以及 Dharmagoupta（南印度罗啰国僧达磨笈多）中被用来拼写 ma，在 namo（佛教咒语经常出现的"南无"）中被用来拼写 mo，② 因此 m 的读音很可能源自印度。艾约瑟指出，通过以上的论证我们可以知道"夷""希""微"在公元 7 世纪的读音为"I""hi""mi"，这三个字的古音很可能源自印度和波斯，并不是中国本土的读音，③ 因此老子用来论道的"夷""希""微"很可能源自印度和波斯。艾约瑟关于"夷""希""微"的这种解读受到了当时的汉学家理雅各以及东方学家福兰阁（Otto Franke）等人的批判。理雅各指出，艾约瑟的观点是非常奇怪的，理由是："夷""希""微"所指的对象是"道"，在老子之前"道"就已经存在了，④ 况且"道"是超脱于人的经验的，语言并不能充分描绘"道"的特征。⑤ 福兰阁则认为艾约瑟将汉字读音和耶和华的希伯来读音进行类比本身就是一种不合逻辑的方法，因为汉语和希伯来语并不属于同一个语言家族（families of languages）。⑥

在从音韵学上论证了老子的三位一体创世思想源于国外后，艾约

---

① 陈彭年等编修：《大宋重修广韵五卷·广韵上平声卷第一》，日本国立国会图书馆藏，南宋宁丰年间杭州翻刻本，第二十八页。
② Stanislas Julien, *Méthode pour déchiffrer et transcrire les noms sanscrits qui se rencontrent dans les livres chinois : à l'aide de règles, d'exercices et d'un répertoire de onze cents caractères chinois idéographiques, employés alphabétiquement*, Paris: l'Imprimerie Imperiale, 1861, pp.25–35.
③ Joseph Edkins, "On the three words 'I hi Wei', 夷希微, in the Tau Te King", pp.306–309.
④ 理雅各认为"道"在中国太古时期就已经存在了。具体可参 James Legge, *the scared books of china, the tests of Taoism*, part Ⅰ, introduction, Oxford: Clarendon Press, 1891, p, 4.
⑤ James Legge, *The Sacred Books of China: The Texts of Taoism*, part Ⅰ, Oxford: Clarendon Press, pp.14–15, 58. 陈鼓应先生也曾指出，"夷""希""微"三个词都是用来形容感官所不能把握的"道"。参陈鼓应《老子今注今译》（参照简帛本最新修订版），第126页。
⑥ O. Franke, "China and Comparative Philology", *The China Review*, Vol. 20, no.5, 1893, pp.310–311.

瑟又从国际贸易和道教文本的角度对此进行了论证。艾约瑟指出，老子在宫廷担任的职务（守藏室之官）使得老子能够很容易看到中国和其他国家大使之间商业往来的记录。在公元前11世纪，来自交趾支那的大使可能和巴比伦人有密切的联系，因为当时中国出现了巴比伦人制造的铜壶滴漏。在公元前600年，法老尼科二世（Necho Ⅱ）的船只航行到了非洲然后穿过地中海回到了埃及。当时尼布甲尼撒二世还活着，巴比伦正处在最辉煌的时期，与埃及相比，巴比伦的环球航行有过之而无不及。公元前1世纪佛教的传入非常明显地说明了西方思想对中国的影响，但这个因素并不是最重要的。艾约瑟接着分析，老子属于楚国人，楚国在中国的南方并且是通往交趾支那的天然道路。将舜和湖南以及广西联系在一起的传统也值得认真考虑，同样值得认真考虑的还有盘古的传统，艾约瑟认为盘古是中国的亚当，但盘古是巴比伦人，因为巴比伦人几乎到达了广东，巴比伦通过海路和中亚与中国进行交流。艾约瑟指出，法国汉学家拉克伯里（Terrien da La Carperi）提到的三位大使正再次引起人们的兴趣，这三位大使都是通过南部的路线在公元前11世纪来到中国；[1]上个世纪非常博学的耶稣会士们认为在商朝或者周朝时，中国生活着很多犹太人。国际贸易会将这些犹太人从中亚带到中国，《以斯帖书》展示了耶稣基督来临前的第五个世纪，这些犹太人十分广泛地分散在波斯帝国境内。[2]艾约瑟同时指出，在列子的作品中，我们可以看到来自波斯的巫师表演奇迹，西方也被当作智者生活的地方。在《列子》中，基于流溢原则的宇宙演化论被更加充分地表达出来，并且记载了老子西游前将《道德经》留给他的好朋友的故事。通过以上三重论证，艾约瑟指出老子的思想实际源于巴比伦。[3]

论证完老子"三位一体"创世思想源于巴比伦后，艾约瑟进一步勾勒了这种思想传播到中国的路径。简言之，有陆路和海路两种。艾

---

[1] Joseph Edkins, "The Tau Te Ching", p.16.
[2] Ibid..
[3] Joseph Edkins, "On the three words 'I hi Wei', 夷希微, in the Tau Te King", pp.306–309.

约瑟指出，整体上看，似乎更应该认为老子并不是从任何一个国家直接或者间接地学习上帝观念，这些观念很可能是由人通过陆路从大夏国带到中国，通过水路从巴比伦、印度和阿拉伯半岛带到中国。[1]其中通过楚国传入的"道"的知识受到从云南和其他南方各省进入中国的印度观念的影响。艾约瑟指出，毫无疑问老子知道 Jehovah 或者希伯来语圣典《旧约》，并且很可能吸收了印度的思想。其依据是在老子生活的时代，巴比伦的天文学、占星术、宇宙演化论等思想在印度传播的范围远比在中国传播的广泛。但是这些思想并没有和印度思想相结合，而是穿越了印度来到中国，并和中国传统思想结合在一起，虽如此，其本质上仍是巴比伦的思想。[2]艾约瑟在1885年发表于《中国评论》第6期的《中国早期神话》中也明确提出，在亚述帝国统治时期，西亚的占星术就开始传入中国，后来的巴比伦帝国以及波斯帝国统治时期，西亚的占星术、神话学和道教哲学继续传入中国。[3]

除了《圣经》东方学之外，艾约瑟似乎也受到了19世纪上半叶英法等国实证主义思潮的影响。实证主义主张一切知识都应以科学的方法加以验证，凡是不能加以实际验证的知识都是无意义的，故艾约瑟试图在经验世界内寻找道教与基督教相互关联的蛛丝马迹。虽然艾约瑟仅凭"只言片语"就断定老子思想源于巴比伦的做法过于简单，但难能可贵的是他并没有完全抹杀老子思想的原创性。他指出在对待上帝和宇宙起源的问题上，老子的哲学和中国传统哲学以及宗教并不一致。虽然老子很可能会非常感谢外来的关于宇宙和天体演化的哲学，也不可能独自发明一套和美索不达米亚思想如此相近的体系，但他却并非完全被动地接受这些外来的思想。再对这些外来思想进行筛选、吸收和整理后，老子以自己的方式将这些思想在其著作中呈现出来。艾约

---

[1] Joseph Edkins, "The Tau Te Ching", p.17.
[2] Joseph Edkins, "On the three words 'I hi Wei', 夷希微, in the Tau Te King", pp.306–309.
[3] Joseph Edkins, "Chinese Early Mythology", *The Ching Review, or notes & queries on the Far East*, Vol. 13, No. 6, 1885, p.419.

瑟认为，老子的思想体系中既包含古代中国的思想、大众的观念，也包含来自西方美索不达米亚的思想、南方印度的思想以及他自己原创的思想。① 而老子思想的原创性可能是指，在他的"三位一体"创世演化思想中上帝经历了从非人格化存在到人格化存在的转变。②

五、《道德经》与世界宗教谱系的构建

通过上述分析可知，艾约瑟对《道德经》的研究深受 19 世纪比较宗教学和进化论以及《圣经》东方学的影响，他对《道德经》的研究体现出三种理论结合的特点。笔者认为，艾约瑟试图运用上述三种理论来构建他的世界宗教谱系。

对艾约瑟来说，人类历史进程的起点无疑要追溯到《圣经》的创世记载，因此，整个人类历史进程中出现的各个宗教必然可以纳入到一个以《圣经》为根基的完整、融汇且一致的谱系之中。这个谱系不仅在空间上涵盖东西方不同的宗教，同时在时间上也涵盖了古今不同时期的各个宗教，这个世界宗教谱系的起点则是基督教信仰中的独一上帝及其启示。③ 艾约瑟认为，基督教是普遍的真理，上帝不仅创造了基督徒，也创造了地球上所有的人。④ 因而上帝的启示必然存在于每个地区、民族和宗教之中，当然也包含在中国的儒教、道教之中。因此对艾约瑟来说，构建世界宗教谱系的首要任务就是努力帮助中国的儒教徒和道教徒寻找到已经失落的上帝启示。只有复原中国宗教中上帝启示的因素，中国的异教徒才能更快地接受基督教的信仰。这一思路在艾约瑟整个学术生涯中被一以贯之。早在 1859 年，艾约瑟便出版了

---

① Joseph Edkins, "The Tau Te Ching", p.13.
② Ibid., p.16.
③ 在艾约瑟看来，上帝存在与上帝启示是不可分割的一体，即中国的异教徒可以认识到独一真神上帝的存在便是上帝启示存在于中国宗教中的证明。
④ Joseph Edkins, *The Early Spread of Religious Ideas, especially in The Far East*, London: Religious Tract Society, 1893, pp.9–13.

《中国人的宗教状况》一书,在这本书中艾约瑟明确指出中国先秦儒家经典中的上帝就是中国人信仰独一真神上帝的证据;中国人更愿意相信一个人格化的作为绝对统治者的上帝的存在;[1]1871年艾约瑟出版了《中国在哲学上的位置》,表达了类似的观点。指出中国人和世界其他所有的民族都保留了对独一真神的信仰;[2]1878年艾约瑟出版《中国宗教》,1880年再版,指出中国远古宗教和西方宗教为同一起源。[3]这种观点在艾约瑟1893年出版的《宗教观念在远东地区的早期传播》中被再次强调,并且作为主旨贯穿全书。[4]

通过上述梳理可知,艾约瑟一直试图将中国文化传统接入到基督教的文化传统中,其思路是在中国文化传统中寻找独一真神,艾约瑟对《道德经》的研究实际也延续了这种思路。对艾约瑟来说,其在《道德经》中寻找独一真神并将《道德经》的思想接续到基督教传统的理论和方法则是比较宗教学、进化论和《圣经》东方学的。艾约瑟运用比较宗教学将"道"看作"上帝",并进一步指出,在老子的观念中,"上帝"以人格化的形式——"帝"存在于儒教之中,也同时以非人格化的形式——"道"存在于道教之中。也即在处理《道德经》文本时,艾约瑟将儒教之中的"帝"以及《道德经》中的"道"以不同的形式等同于基督教的上帝。进而试图说明上帝的同一启示以不同的形式同时存在于儒教和道教。在此基础上,艾约瑟又引入进化论,将最终的非人格化的"道"作为宇宙演化的逻辑起点,结合《道德经》第

---

[1] Joseph Edkins, *The Religious Condition of the Chinese: With Observations on the Prospects of Christian Conversion Amongst that People*, London: Routtledge, Waenes, & Routledge, 1859, p.61, pp:79−81.

[2] Joseph Edkins, *China's Place in Philology: an attempt to show that the languages of Europe and Asia have a common origin*, Trübner, 1871, p.22.

[3] Joseph Edkins, *Religion in China: containing a Brief Account of the Three Religions of the Chinese, with Observations on the Prospects of Christian Conversion amongst that People*, James R, Osgood, 1878, p.38. 中文著作可参看陈喆《东方学传统与传教士汉学》。

[4] Joseph Edkins, *The Early Spread of Religious Ideas, especially in The Far East*, London: Religious Tract Society, 1893.

四十二章"道生一,一生二,二生三,三生万物"的创世思想,指出在老子的思想中,整个宇宙是由"道"也即非人格化的上帝演化而来。艾约瑟此举将基督教创世神学和道教的创世思想结合在一起,最终实现了两者在世界起源问题上的统一。但是,艾约瑟并不满足于在形而上的维度论证基督教与道教在创世上的关联,他同时也将这种关联具化在形而下的经验世界之中,因此他运用《圣经》东方学的方法,在语言、器物和文本等可经验的事物中寻找证据。

回到我们关心的问题和语境,19世纪的知识分子似乎对"道"有一个共识,即无论西方之道,还是中国之道,两者都有一个共同的起源。艾约瑟毕生的研究即是为了证明此点。与传教士广泛深入交往的王韬的言论亦可资参考,王韬言:"余为陈道有异同同异之辩,而言至道,终必归于大同。"① 此处之"道"即是艾约瑟构建世界宗教谱系的神学起点,而人类历史进程中不同文明之间的相似性则是"道"在不同地区、不同民族中的显现。至此,艾约瑟终于在19世纪对《道德经》处理的语境中回答了本文开头所提的问题。

---

① 王韬:《漫游随录·自序》,《走向世界丛书·漫游随录》,岳麓书社1985年版,第43页。

国际视域中的道家哲学

电脑模拟、语言归类、中国思想的哲学价值与道家思想的平反

〔美〕陈汉生

张丰乾 译[*]

摘要：正统的解释把印欧语系中关于语言和精神的理论强加于相关文本之上。我们可以使用计算机模型来替代推衍概念。如果我们认可中国的心灵哲学并不是建立于身心二元论的基础之上，那么一定可以使用诸如类比于电脑的模式来解释智能人类的行为。电脑模拟可显明一个有机的物体如何在世界中推理、行动，具有道德和影响力。"道"类似于电脑程序。孔子把教育视为输入继承而来的圣贤之道[导引话语]。我们研究并践行道。这明显是非西方的态度，它已被灌输于传统，是一个人的本质的实现和达成，而不是一个限制性的约束因素。"德"，如传统的论述，是一个人的内在之道[路]。正是程序的物理运作衍生了行为。我们有美德时，行为就会遵循道[路]。从孔子本人开始，儒家对"述而不作"更感兴趣，而道家倾向于相反的方向。道家学派的人是更出色的哲学家！

关键词：中国思想 计算机模型 电脑模拟 语言 道德

---

[*]〔美〕陈汉生（Chad Hansen），曾任香港大学中国哲学荣休讲席教授。
张丰乾，西安外事学院老子学院教授。

一、电脑模拟

在采用关于异质文化思想中深层差异的假说时,我们为何会经历如此这般的困难?原因之一可能是,在历史上我们自己的信念很少变化。我们设想了一个近似的心理学理论,因为我们很难想象,在印欧语系的文化信念以外还有什么理论。这些看上去是永恒的真理,必须是普遍和明显的。①

我们有理由怀疑,正统的解释已经把印欧语系中的语言和精神理论强加于相关文本之上了。还有哪一个哲学心理学理论是我们可以取而代之的呢?在这方面,我们是幸运的:最近的哲学和实验心理学不仅开始怀疑西方的传统观点,而且也已开始发展出一个精神运作模式的替代概念。②我们现在有一个办法刻画出理性,而不是采用关于精神的纸上谈兵的论点。③这种精神推理图式用计算机程序的概念替代了理性概念,使用计算机模型来解释一个物体如何处置语言,以及语言如何在现实世界的语境中指导行动。我们不需要借助精神或语义、意识,或经验来解释计算机的运作。

电脑遵循程序运作。我们内置程序——把它装入计算机。这个过程以复杂的方式改变了计算机的配置。对应于不同的输入,它的运作会有所不同。我们可以使用刺激-反应的语言,甚或直觉,但输入和输出的关系不需要设计得简单有趣,它可来自一个非常复杂的程序。计

---

① 我们的民族心理学已经发生了变化,但在源头希腊只是略微呈现。主要的变化出现在 17 和 18 世纪。笛卡尔主义使得意义和思想的境域成了个人和主观的。柏拉图的版本是一个关于认知和语义形式的客观的、智力的境域。自笛卡尔的个人主义、主观主义的修正以来,现代关于心理、语言、学习和意义的常识的一直大体保持不变。现代的认知心理学是另一回事。(见斯蒂奇 [Stich],1983 年)

② 我建议把这些现代的哲学挑战的资源应用到语义为中心的语言理论和传统的西方民族心理学上。我们利用自然认识论、认知心理学、计算机精神模拟。这些合在一起,给了我们一个对于思想性质的句法分析,以取代关于理性的书面讨论。(见科恩布莱斯 [Kornblith],1985 年)

③ 我采用的这个很有效的刻画源自科恩布莱斯(Kornblith, 1985),第 117 页。

算机的配置状态有一个物理实现（一个电子的功能状态），在一个复杂的计算之后，它可以产生非常精妙的行为反应。

　　解释计算机的行为并不需要我们反对世俗的信念和愿望。程序本身引导着行为（当然，通过使用电力和石油提供的能源，需要一个无尘的环境来静止-冷却）。现在常见的科幻小说中的自动机器，半机器人，或机器人的形象使得这一新的模式有一定的流行。（我怀疑它也造成了一些形象上的问题，将在下文谈及。）

　　如果我们认可中国的心灵哲学并不是建立于身心二元论的基础之上，那么一定可以使用诸如电脑模拟来解释智能人类的行为。电脑模拟表明一个物体如何在世界中推理、行动、具有道德和发生功能。当我们输入数据，一台电脑可以打印出一个复杂计算的结果。这的确是一个计算，虽然它没有信仰。① 我们没有假设计算机对于前提的意义做出反应，并用一种合理的洞察力看到其证明的结论。② 它从侧面帮助我们理解为什么不需要理所当然地假设中国哲学家采用了传统西方关于精神、语言和世界关系的理论。

　　这并不是说古代中国人发明了电脑。和精神的电脑类比有好处，主要是因为它使我们摆脱了对于沿袭而来的希腊心理学观点的依赖。它使我们能够想象一个替代者，以指向这个关于神秘的、内在的精神境域的学说。这给我们提供了一个模式以理解我们的精神如何工作，同时在概念上界定精神和身体。它并不需要一个单独的内在精神境域平行于自然的物理领域。理性的和情感的输出对于输入而言是同样的物理反应。

---

① 我假定我们关于信念的概念不仅仅是一贯的，而且具有狭义的语义学内容。假如我们容许要么是一个一贯的，要么是一个多原因的信仰概念，然后我们能以一种直接的方式把信仰归属于一台电脑。

② 这就是我通过讲述该精神模型是语法的而不是语义的所要表达的意思。我们所说的推理可以理解为根据一个程序的计算。我们理解计算机具有运算的物理潜力。当我们通过载入我们的程序改变其电磁状态，就创造了这种潜力。那个物理状态揭示了它如何能够可靠地接纳了输入而产生了一个正确的输出。

在古典中国哲学家的身上验证了这一点，我们获得了一个解释"道"[路]在中国哲学中的核心地位的模型。"道"类似于程序，孔子把教育视为输入继承而来的圣贤之道[导引话语]。我们研究并实践"道"，通过研究《诗经》或《礼记》学会言行得体。这些观点陈述了孔子显而易见的非西方的态度，它已被灌输于传统，是一个人的本质的实现和达成，而不是一个限制性的约束因素。"德"，如传统的论述，是一个人的内在之"道[路]"。正是程序的物理实现产生了行为。我们有美德时，行为就会遵循"道[路]"。程序的运作如同预定于我们之中。因此，美德，就像一个德行组合（在编译道义之道[路]时），而且像动力（因为执行引导程序使我们能够做事情）。我们的德行是对一个装载到一个物理配置的内存之中的指令的翻译。

道家使这种关于"物"的观点变得特别清晰。《老子》所提出的理念是我们通过学习指令——获得去做什么的知识而引发动力。编程模型解释了许多古典中国思想的问题。首先要注意的是，在某种意义上说，我们是在彼此编程。我们所输出的，也包括了输入给其他人的语言。一旦我们采取这一模式，保持文化传统的重要性，家庭、父亲统治模型和政治社会的教育作用都具有明确的动机，让我们更简捷地考察一下精神的计算机模型有哪些更多的解释性价值。

于是，这一模型为我们提供了一个关于语言和思想所担当角色的新样态。当下，实践的（以行动为中心的）而不是语义的分析更有意义。语言指导和控制了行为，它借助于调整我们的行为指导机制：心。通常把"心"翻译为"heart-mind"，反映了把信念和欲望（思想和情感，理念和情感）并入一个复杂的配置和融合潜能的过程。我们不需要把孤立的推理和情感结构归属于计算机来解释他们的行为。

那么，我们对于希腊心理学的精神、认知内容的资源该说什么——经验或意识？这个问题揭示了这些解释性模式的深层区别。实际上，西方思想把经验看作编程步骤：经验产生了我们所演绎的内在语言的理念。中国思想则把编程看作是阅读指导话语的社会进程，经验由此仅仅触发了该计划的执行。计算机具有控制与事物的外部状况相连接的程序，感官做了区分——把输入的元素分配到不同部分以触发社会化的程序。①

因此，这一模式为我们提供了我们想要的东西，我们可以用一个与周围的哲学传统相连续的方式解释名家所关注的名和辨。关键的哲学问题，横在社会理论的路径上，即名号的可陈述性。怎样才算正确使用了一个名号？我们如何把此处的区分安排到今后的案例？②

---

① 程序的工作方式是刺激-反应，但它不必是简单化的刺激-反应。(见丹内特 [Dennett]，1981) 我们可以想象很好地调整其反应，并使它和我们想象的人类的行为同样复杂。当然，我们会希望该模型包括一个对思想的描述。它不必是一个对意义或想法的内在反映的描述。它会替代数目去运算并调整反应以反映复杂的局势。我们依旧不需要内主义者基于意识的思维观点。同样地，经验不必是一个像内心世界一样的图示。该编程模型只需要我们的感觉器官区分外部世界的特征。经验不是数据，而是一个接口（输入输出设备）。就我们的感官为使用程序控制所能提供的区别性范畴所及，我们会对实际的情形做出反应。因此，我们的心灵和感官接收器共同解释了我们如何能够通过遵循该程序测试一个条件。"父亲"这个名字在这里适用吗？然后执行那个使你低眉顺眼的指示，并以尊重的语气说"父亲"。
然后，取代认知内容，我们具备了认知-反应的敏感度。执行一个"道"程序，要求我们正确注册外部元件，并敏感地调整我们的反应。这一要求的基础是：我们应该知道在指导性话语中应用每个名号的边界条件。这说明了在儒家模式中正名何其重要。孔子不使用定义。他所关心的是正确的行为反应，而不是认知内容或意义。拥有对文字的控制等于触发了在响应的外部条件时的正确处置。此外，下定义只是重复接口问题。更多字词或内部编程是有帮助的，当且仅当程序员已经为那些字词的应用而向外部条件适当调整了我们的德。定义能有帮助，当且仅当我们以那个定义正确应用了词语。所以它不可能是调整行为问题的总体性解决。基本的解决办法相当于调试。实时运行该程序，并有教师（程序员）纠正错误。正名对于实现道（导引话语）的目标是必须的。这是社会精英的工作。

② 计算机模拟引发了许多有趣的推论，他们可以解释中文思想的其他特征。我们在类似于句子的单元（命令）中使用句子语法思考程序。但是，机器语言翻译，包括一个存储栈的单词。字库中的命令自上而下都重要，而不仅仅是在句子之中。字库中的句子成分没有独特的重要地位。印欧语系的魅力是通过句子所反映的在我们的语言理论之中的两个有趣的差异。一个是字形变化的语法，它主要在句子的边界之内运作。句子的作用标记（部分口语的字形变化）指示我们注意，一个句子作为语言单位，其中口语的每一部分都起到了重要作用。句法规则同时要求主语和前提也提请我们注意一个完整的、独立的单位概念。其他的不同之处在于理论关注的语义内容——真理。在这里，一个句子代表完整的思想、事物状态的地图、要素。真理主要是句子的一个产品。因此，如果我们没有在中国思想中发现这个语言的概念簇，这不应该使我们感到惊讶。
缺乏句子方面的重点也将影响伦理学。我们的"义务"概念使其成为一个事实的规范联结。那种"是-应该"的区分假设了两种不同的句子类型。这（转下页）

电脑模拟还给我们提供一个途径来解释古典中国时期关于先天问题的辩论，而不需要输入我们理性-直觉的区别。我们可以把某种道[路]转换成我们的机器语言，当且仅当我们在机器中已经有一个编译或翻译者。显然，在我们可以输入任何程序之前，必须有人把一些结构内化于硬盘单元。主导这一过程的关于人类的本性的一个问题，相当于询问：多少行为指导是内建于硬盘的（天生的）？我们是否需要任何社会之道[导引话语]？使用道或言来改变天道内化于我们的行为特征是合适的吗？

二、电脑模拟和人的尊严

构想一个理所当然的心理学模型，现在出现的问题与我们传统上认为的困难不同。能够理解这一模型可能意味着我们发现它情绪上冷漠而在价值上自我贬损，这个问题不只是在科幻小说中常见的智能机器人缺乏情感。传统智慧把我们关于人类特殊地位的概念和我们的精神理论、智能和理性捆绑在一起。我提供的心理学理论的替代模型，可能会引起嘶吼。它剥夺了我们的人道和尊严：它使我们就像动物——仅仅是应付外界刺激（尽管比其他动物复杂）。这种模式，宗教式地颠覆了人类尊严的优胜地位，它会坚持否认人类能超越我们的本性，而使我们有优于动物的独特能力。它否认我们偷食智慧之果，并失去了我们清白的神性特质。我们为《圣经》式地在知识和永生之间做出选择付出了可怕的代价。很难想象我们可以放弃自己作为智者，或我们的精神作为认知者的模型。

众所周知，古希腊人文主义选择了把人类从自然提升出来而进入

（接上页）些类型认为语言扮演了（描述和指示）两种不同的角色。与此相反，计算机模拟认为语言主要是指令性的，对行为的指导。如果我们把一个图片的实在性归属于计算机，它将只是一个引导以产生一些输出。中国的德行辩论将不会是关于规则或义务的分析理论。德行辩论将是关于在社会编程中使用什么导引话语，并研究如何调整名号和区别，以指导执行那个道。

智慧境域的道路。它把我们置于一个物理世界（关于常识和经验的）与理性世界（关于意义、知识和价值的智能混合）的紧张之中。我们既不为这个世界所有，也不能摆脱于它（直到我们死去）。以超越的冲动确定人的价值有可翻转的一面，因为我们相应地贬低物质、材料。希腊思想的这两个孪生要素成了基督教的主流，以及我们关于自己与上帝特殊关系的观点。

我们的传统也把推理能力（精神）和非理性的、基础的、身体的欲望和激情（心灵）对立起来。我们的信仰、理念，来自精神——推理能力。我们的身体给我们提供欲望。我们把自己的尊严概念和相对于自然欲望的独立性捆绑在一起。理性的价值在于只服从推理的法则。只有这样，我们才能把我们的行动理解为自由、自愿的行动。有自由是为了我们的推理能力来控制我们，我们把自己从单纯身体上的物理控制之中解放出来。

中国思想的正统解释理论对这一冲动做出了防御式的反应，以评估西方思想中的超越性。那个防御反应能够推理出错置了的具有理性（并崇拜它）的理论。显然，我认为中国的思想家们是符合理性条件的，但我不认为他们发展了理性理论。认为中国的思想家们没有理性-情绪对立的二元论，在一些人看来，等于一个谴责——几乎是种族主义的。理性是我们德行尊严的源泉。当然，没有理性理论的哲学理念将挑战我们最深层的假设。

研究中国哲学的东方学大师们在理论上处理这一问题所用的方式是完全令人困惑的。首先，它防御式地坚持认为，古典思想家们的理论隐含理性。然而，他们说，中国哲学家们自觉地拒斥以理性控制人的生命的观念。他们这样做了，其理论因为貌似很好的理由而流行。他们赞赏一个神秘的、更高的、更深刻的关于右脑和直觉的价值观。[①] 这种反应揭示了一个在欣赏西方理性理论复杂而深刻的规范性特征方

---

① 比如用了一个特别明显的例子。参见葛瑞汉（1989），第7—8页。

面为什么失败。这不仅仅是一个孤立的心理学能力（左脑）的描述性用语。然而，其语境问题，是拒绝它的充足理由，除非我们看到一个替代理论能解释那些文本。我们会发现在古典中文作品中，没有任何理性-直觉二分的明确形式。

我想进一步直面正统理论对于超越的评估。现在人们普遍都承认和赞赏道家关于人类统一性和自然性的观点。把人类自己理解为禀赋了自然特性，因而是动物们的自然生态兄弟，这样的观点在目前的风行，足可以用于藐视中世纪对自然人的厌恶。反对超验的观点的确符合科学——毫无疑问，在这个问题上仍然反对西方宗教。在自然的神秘和复杂性上，在我们精彩的精神和语言的工作中，仍为宗教敬畏保留了充足的空间。如果我们要去崇拜，它使崇拜摆在我们面前的奇迹有意义。为什么崇拜一个想象的和看不见的创造者呢？我们不再为敬畏而需要超越。①

---

① 比起基督教对这个世界超越性的蔑视，新兴的生态意识一定会发现道家思想是一个更同质的家园。甚至在此之前，它本来应该是很明显的，这个希腊和基督教关于人的尊严的概念不仅把我们和动物切割，而且也使我们与我们先前的自我，我们的儿童在概念上令人费解。它在历史上习惯于把男人和妇女区分开来，把自由主人和奴隶区分开来。我们鞭挞那些小人，因为他们缺乏足够的认知理性能力和我们高尚的地位相匹配。这一人类尊严的独特概念的历史记录，并没有如恒星般来自我们目前的透视，好像其剩余的宗教维护者所假装的一样。它也许采取了一个如尼采（Nietzsche）所展示给我们的非正统的思想，即这个基督教的态度是一个病态的道德心理，一种自我仇恨的形式。我们学会仇恨所有的自然激情和欲望。我们渴望另外一个生命半明不白地意识到我们是在含蓄地期待着死亡。也许只有尼采可以告诉我们这种佛教和基督教之间根深蒂固的亲缘关系。超越的希望，如苏格拉底首次认识到的，有可能只和死亡相伴——自然人是上帝的一个敌人！
  我希望我不会完全沮丧地否认人的尊严和价值与超越理性和认知相挂钩的趋势。这是我可以仅仅公开宣布的观点之一。因此，我以公平的陈述来论争。这一理论上的重点可能会诱使他们像葛瑞汉那样指责我使中国哲学"痴呆化"（葛瑞汉[Angus Charles Graham]，1985年，第698页），并助长了藐视汉语的偏见。如果是这样的话，让我以其人之道还治其人之身。恰恰是这种西方的评价偏见需要辩护，而不是我对中国哲学家们的解释欠缺论证。认为这一模式贬低了我们，背后存有什么偏见？比起基督教来世的超越，道家的自然崇拜当然对我更有吸引力。

三、心灵语言与常规语言

对电脑模型的抵制仍有可能来自另一个方向。似乎心理内容仍是解释我们掌握语言的唯一（或最好）方式。目前在哲学心理学和心理语言学中强调的就是这个问题。这些争论给我们提供了机会，以便对我们传统的精神和语言假设采取一种新的透视。一些哲学家和认知心理学家认为，古希腊关于精神、语言与这个世界的关系的图示只不过是虚假的。① 那个陈旧的、无用的理论注定和燃素理论，牛顿的绝对时空理论和三大定律，巫婆及魔术有相同的历史命运。我当然不希望在这里解决这一问题。我只想总结种种难题，它们首先在常识以及被广泛接受的理念论的层面上引起了大家的关切。

争议源自不同哲学家对于用理念论来解释什么现象的看法不同。出于我们的目的，让我们来看看中国思想家们与我们分享的使用语言的一个方面。遵循以下方向，我们如何能够为正确使用一个单词而做出必要的区分？传统的西方心理陈述程序如下：仅仅学习一个单词（一个纯粹的声音或视像代表的一个声音）无法解释这种能力。我们理论化了一点，即从我们关于一类东西的经验和记忆痕迹中，已经抽象出了一个泛化的图像——一个关于类型的理念。只有在我们有这种想法或概念之后，才能希望学习英语（或德语或中文）那种类型的词。我们学会把字词和理念相联系，而理念帮助我们区分所看到的物体。这个分析有两个部分：(1) 它把惰性的，没有意义的声音，和头脑中的一个理念相联系；(2) 象形图案一类的东西把理念和所指向的物体相联系。

相应地，路德维希·维特根斯坦对这一观点提出了两个严肃问题——解释的每个方面各自独立。首先，考虑单词和理念的关系。我

---

① 参见斯蒂奇（Stich, 1983）及丘奇兰德（Churchland, 1979）。

们打算解释的原初能力,是能区分一些对象,比如把一条鳗鱼和一条鱼区别开来。我们必须这样做,以遵循一个程序或一个命令来使用字词。已提出的这个解决办法是假定听到"鳗鱼"这个词,我们可以从所有其他摆放在我们脑海中的理念中挑选出"鳗鱼"的理念。分析随即开始解释我们如何从我面前的鱼中挑选出"鳗鱼"。已提出的解释仅仅是把同样的谜题塞到我的脑海中。如何从我关于鱼的心理图示中挑选出我关于"鳗鱼"的心理图示?如果我们在心理世界中把心理条目视为客体,已提出的解释设定了它所生成的特别界定能力:能把"鳗鱼"从鱼类中区分开来。

解释的另一面提出了类似的问题。意念本身,如我们所看到的,就像语言一样工作。理念对应于字词,和对应于思想或信仰的句子相结合。哲学家们[①]把这种语言称之为思想心灵语言。我们把意义解释为对心灵语言的翻译。请注意,在已接受的观念中,精神语言类似于象形或表意的语言。我们假设这种语言的象形特质消除了解释性的问题。但从反应来看,它并没有。毕竟,这些图示,和摆在我们面前的物件不完全一样;而且从鳗鱼图示还是鱼的图示来推断的问题仍然存在。一种象形或表意语言所要求的解释标准和普通语言一样多。(中国的哲学家们肯定会欣赏这种事!)如果存在一个关于语言如何可以指导区别的深层难题,它也适用于象形的心灵语言。[②]

解释我们能够使用语言的问题,西方熟悉的解答是简单地把它划分成两个相关的问题:一个是声音如何挑选出类型,而另一个是语言如何可以持续地从过去的例子演绎新近的新奇案例。不是解决问题,只是把它复制到神秘的、假设的、精神实体的两面之上。我们设想了

---

① 我相信,这是模仿列维斯(Lewis,1972)。
② 在汉语的案例中,人们把一个象形文字滥用到对象之上的可能性是显而易见的。他们把自己的图形看作既是社会的又是传统的。心灵语言理论假设了一个语义信号的私人语言。这消除了确定信号应用正确和不正确的正常标准。在运用我们自己的精神信号方面,任何人都无法捕捉我们所犯的错误。因此,我们假定我们不能误用它们。

一种从音位到象形语言的翻译，它需要的能力恰恰就是我们努力要解释的。然后，它只是再现了解释语言（现在是象形文字）如何指向世界的问题。

我要指出，电脑模拟和中文语言理论不打算成为这个问题的答案。它们在这里的用途在于揭示传统的、西方的、心灵语言的答案回避了该问题。因此，如果我们相信它的理由是要说明语言如何工作，那么我们没有理由相信它。更好地接受语言学习只是要求人类可以学习区分所使用的名称。这是我们的生理硬布线（hard-wiring，硬布线控制是计算机早期能够实现设计方法之一。硬布线把控制对象看作能产生专门的固定时序控制信号的逻辑电路，而此逻辑电路的设计目标是用最少的元件取得最高的操作速度——译者注）。[1]

理念论与汉语

我们业已看到，理念论回避了这个问题。它先假设了它要寻求做出解释的内容，它似乎仍然是一个诱人的理论。即使是错误的，它也能非常自然地诱发一个解释，以至于注定要发生于任何哲思者身上。在中国哲学家那里，它怎么可能没有发生过？我们只能通过分析导致这一理论的历史线索来回答这个问题。解释缺乏某物的唯一途径，是找出引起缺乏的正常原因。如果这些论争不能吸引一个中国哲学家，

---

[1] 但是，这种说法，应该给我们一个重要的解放视角。心灵语言理论不仅是一个关于精神和语言的理论；它渗透到其他哲学的理论之中，存在于特定的认识论当中。我们认为，理念不仅是私人的，而且它们是不言自明和根深蒂固的。任何人怀疑它们都应该是不可能的。我们秉承而来的这一心理学特征导致了对于质疑我先前的理论是一种形式的语言决定论的批评。如果中国人没有关于显见之物的陈述，一定有某物阻止了他们对于它们的思考。我们自己对于该理论的接受使得它难以服人以至于别人不接受它。即使我们不解决这一问题（是否计算机模拟更好地说明了我们对于语言的使用），它也有这一优势：它的确表明了我们继承而来的希腊心理理论是许多可能的解释理论中的一个，而不是纯粹的观察。它可能是，也可能不是一个很好的理论，但对于任何思考人类关于语言的使用的人来说，它不是显见的，也不是无可回避的。即使我们去接受这一理论，把它当作理论的概念，应该给我们需要的距离。我们至少可以用一个关于人类语言和世界关系截然不同的观点来想象一个哲学文化。

那么其结论自然也不会发生在他身上。

我关心汉语的哲学相关性。我将描述一些汉语口头和书面表达的有趣特征。在那里，我将对中国语言理论的常识和我们自己关于语言的传统智慧加以对比。这一点，我希望将降低我们语言和心理的流行理论在意义上的必然性。然后我将解释独特的中文语言功能论如何激发了他们更多的社会性、自然性的心智理论。我的假设是，语言之中的真正差异可以解释流行的语言理论之间的差异性。由于语言理论和精神理论彼此影响，一个不同的语言可以激发出一个不同的精神理论。[①]

四、中国思想的哲学价值

显然，中国思想的概念内容大大不同于西方思想。这种在概念结构和旨趣上的鸿沟，已经引发了对中国有任何真正哲学的怀疑。上述怀疑在常规的陈述中产生了防御性的反应。该防御通常由坚持认为"这是一个西方哲学学说或理论中常见的例子"或"这是一个对于常见西方理论的反驳"组成。我的做法推翻了这种防御路线。

我认为，该路线从来没有多少价值。捍卫中国哲学价值的零碎策略，东拼西凑找到的原则就是"正如……一样"，如果目标是从哲学原则获得承认，它打败了自己。哲学家不只是为了寻找众所周知或传统的谜题，他们评估连贯统一的哲学观点。这种防守策略招致了相反的后果，因为它责备古典思想家，所用的是一个所谓同样与理论无关联的、特设的、僵化的、不可思议地规定了的，未加消化的和未展开的

[①] 我切实期望，这一路线将再次唤起对语言决定论的批判。我相信，本导论的细心读者将记住我认为古典的中国思想家们有一个不同的心理学理论，而不是一个不同的心理状态。同样，我不会认为我们的语言如同我们语言理论那样有差异。汉语的理论可应用于英语，正如西方理论可以适用于汉语。我认为，当我们考虑文言文时，我们可以对西方理论的常识方面提出严重质疑。但是，我重点关注的结论是，鉴于某些其他关于汉语首先字面可信的信念，西方理论既不是自然的，也不是显见的。

碎片列表。

一个基于语言理论的统一学说提供了更多的承诺，以重建关于中国思想的零落想象。对现代和古代哲学家而言，语言是一个核心的兴趣。如果中国古典哲学家持有截然不同的语言理论，这一事实可以用一个连贯而统一的方式解释许多其他的不同。它将揭示他们的学说是西方哲学观点完整一致的替代者。它可以这样做，而不必诉诸没有批评的赞扬，甚或他们正确地理解了它的假设。这就足够了，他们有一个可靠的理论，并在哲学上以具有挑战性和有趣的方式发展了它。

正统的陈述，依靠自己对于哲学意义的前识，往往淡化对于这些学说的语言学透视。他们通常把它们翻译到一边去。吊诡的是，这个错误的原因是正统的理论家们对传统印欧语系的理念理论无条件的接受。翻译者认为对于中国思想的字面翻译，将使他们转变为对于词汇魔术的迷信。他们淡化了语言学原则，并把它们翻译成更深奥夸张的关于思想、意义和信仰的语言。

与此相反，本研究一开始就相信我们对于什么是哲学能够做到有一个统一的概念，并且依旧欣赏两个完全不同的哲学传统。让它们同时成为哲学的理论，共享它们以外的内容进而是他们共同的兴趣所在，以及对于语言、思想与社会如何互动的哲学分析。

五、道家思想的平反

我称之为"道家论"是因为语言学的洞察力产生了一个了解道家思想的新途径。正统理论把道家思想视为中国反理性的神秘主义的精髓。它声称，道家理论化了"道"，而且他们关于"道"的理论是语言不能表达的。正统理论的解释路线对于这一吊诡观点的传达就是它本身的吊诡。该解释理论试图讨论"道"是什么，这本身是一个不可能讨论的问题。可以预见的是，这一路线，仅仅使我们更迷惑。他们猜想，他们在这一路线下对于道家思想的任何不理解，都证实了他们视道家思想为无法理性把握的这种描述。道家思想如何是不可理解的？它是如此地不可理解，以至于我们无法以可理解的方式解释为什么它是不可理解的。

我所提出的语言理论的重点，使我们能够把注意力从"道"转向语言。如果语言不能表达"道"，它一定是同时因为关于"道"的某些方面和关于语言的某些方面。现在，我们可以了解一下可能明晰起来的道家谜题的另外一面。道家把哪些方面看作是语言的功能和限制？为什么语言如此有限？一个有关语言局限性的可理解的道家理论可以解释在什么意义上某物可以抵制语言的描述。

我认为，如果我们改变归属于道家的默示的语言理论，他们的立场将变得更加明晰。通过佛教的语言理论，和其形而上的关注，正统的理论理解了不朽。语言是关于世界的，因此"道"必须是一个形而上的客体。它必须是"多"之后的不变的、抽象的"一"。新儒家触发了这一观点，因为他们觉得道家和佛教类似。道家思想从而会通了佛教关于统一、永恒、不朽的佛性的神秘主义。他们沿着希腊"一–多""永恒–变化"相对比的思路构建神秘主义。我们学会了阅读道家思想，如同道家是巴门尼德主义者，把"道"刻画为一个一元或不变的纯粹"存在"，但吊诡的是，它也是非存在。①

---

① 正统理论认为，多重性和变化的出现需要道家拒绝感官经验，如同巴门尼德所做的。译者因此把对于身体感官的厌恶读入道家思想，它公然和它的自然主义（及其性欲旺盛的性行为）相冲突。不可避免的是，他们充实了这个故事，使用了所有传统西方剩下的为理论所充斥的专门术语，它伴随着我们的语言理论：主观–客观，主语–谓语，对象–性质，名词–形容词，以及成员–系列。他们还严重依赖佛教输入的西方身–心，理性–情感，信念–欲望，实在–表现的二分法。在道家经典本身之中，我们没有人能为此找到任何可靠的文字性偏见。正统理论选择了一个解释路线，它导致了一个单一主题的令人费解的神秘主义。一的存在包含了多，但并不是一个集合。它从未变化，但包含了所有的变化。因此，西方人把佛教的神秘主义理解为和基督教的神秘主义相类似。相应地，他们把道看作是上帝的一个粗糙对应物。这迫使典型的陈述把道家思想说成是使用了一种神秘体验的主观主义者的语言。他们认为道家对于不朽的太一必须有这样一种神秘的经验。这些熟悉的假设迫使我们下一步把对于感官的怀疑主义归属于道家中世纪西方的偏见和佛教的扭曲完美地同谋，以把道家思想从我们之中隐藏起来。

获得哲学上清晰的道家思想，是阐明一个关于精神和语言的自然主义汉语理论时意外获得的副产品。道家对于"自然"的热爱能够给我们这样的启示。道家思想与柏拉图和康德式的关于意义的超越境域的神话形成鲜明的对比。在西方理论家谈到一个概念或明了其意义之处，道家思想开始于自然而然关注在社会上习得的那种做出区分的技能。道家理论的确倾向于相对主义。如我们西方自己的文化保守派一样，儒家会做出的反应是：哪怕一个微弱的相对主义，都是一个危险的东西！让我们禁止它！我们必须采取行动，犹如从宇宙观的角度来看，我们当地的地方理念是普遍适用的！我们必须禁止所有这种哲学的争论！热爱旧的教条，并接受常规制度，否则将面临无政府状态！

这可能仅仅是巧合，即道家似乎看重偶像破坏并提出了非常规的观点。它只会符合儒家的关切，以把道家看作是不可理喻的。偶像破坏主义的特性在形式和内容制造了目前的道家形象。如果认识到我们的习约所导致的无政府状态会有很大不同，那么我们就应该实验一次无政府状态。哲学家们对于道家的反应可能比儒家更愚蠢。儒家对于历史有亲和力。从孔子本人开始，他们自己更感兴趣的是阐述，而不是创作；道家倾向于相反的方向。那似乎并没有使道家"成为"更好的哲学家，但他们"就是"更好的哲学家！

（新译自 *A Daoist Theory of Chinese Thought: A Philosophical Interpretation*, New York: Oxford University Press. 1992, 第 18—28 页。序号为译者所加，保留了原文的注释格式。文中右上标文字为作者对"道"的不同解释，原书如此。）

论消极伦理学
——以道家思想为参照

〔德〕梅 勒
刘增光 译*

在一本关于消极伦理学的书中，瑞士哲学家汉斯·萨纳（Hans Saner）区分了四种类型的伦理学：

1. 出于某种理由，而极端地拒绝承认道德，比如，由于厌恶伦理及伦理道德的无能为力。

2. 有一种规范伦理学，认为对于什么是善是不能确定的，因而对于善只能作消极的解释——这和消极神学对上帝的定义类似。

3. 对伦理学采取怀疑的路径，认为不存在普遍的伦理规则或者原理，因为道德总是具体的，产生于特殊的环境中。

4. 有一种伦理学，不相信行为的优先性，而是相信免于干涉（refraining from intervention）的优先性——因而它主张一种"不干涉"（letting-be）的伦理学。①

看起来，道德愚人的观点与上边所言的第四种类型最接近。毕竟，

---

* 〔德〕梅勒（Hans-Georg Moeller），澳门大学哲学系教授。
  刘增光，哲学博士，中国人民大学哲学院副教授。
① 汉斯·萨纳（Hans Saner）：《消极伦理的形式》（Formen der negative Ethik: Eine Replik），载《消极伦理学》（*Negative Ethik*），亨宁·奥特曼（Henning Ottmann）主编，Berlin: Parerga, 2005年，第27—30页。

愚人是道家式的，道家的思想宗旨主张"无为"——用中文来说就是 wu wei，他们主张一种不干涉的生活风格，包括对伦理的节制，认为伦理心态并不能解决社会问题，相反正是社会问题的组成部分。但是，我觉得，道家的观点——也是我从道家思想那里获得的看法——与萨纳所说的第一种类型的消极伦理学更接近。但是，与厌恶伦理道德不同，我更喜欢说这是一种彻头彻尾的对伦理道德的不信任。道德愚人不愿意在道德判分的基础上来看待世界，因为他不能认可这种判分的有效性。但是这种观点也不排除另外三种类型的消极伦理学。在此，我的立场也最接近第一种类型，放弃伦理道德的视角，认为伦理道德视角是无根据的、不必要的，也常常不能给人以帮助，但当然它也包括了其他三种类型。这对构建积极伦理学体系的尝试是批评性的；它相信善行是行为的问题，而不关乎法则；它主张将人类的作为和干预最小化，以此为最好的行为策略。道德愚痴（moral foolishness）的最极端方面仍然是要尝试对道德框架进行解构。

有一种对道家思想的惯常批评——当然也可以用来批评我关于消极伦理学的观点，这种批评认为道家思想是相对主义的。由于已经捐弃了道德价值，故我们没有能力去判分好和坏。在否定了道德法则的存在后，看起来任何事情都是可以做的。如果我们赞成道德愚痴，那么我们将如何去谴责大屠杀或者种族灭绝呢，我们将如何去赞颂那些对这个世界产生了重要影响的楷模式人物呢？难道道德愚人不是在完全随意和毫无根基地做出相对主义的道德判断么？如果不存在客观的道德标准，那么看起来即使最恶劣的行为也可以被证明为正当的。

我的观点是道德愚人不是一个道德相对主义者，而是道德相对主义的批判者。我的论证是，这种类型的消极伦理学并不会导向相对主义，而恰恰相反，它消解了道德相对主义，而且要比大多数的积极伦理学消解得更为彻底。我以古代道家思想为根据，可证明这一点。道德愚人不主张任何形式的伦理学，包括相对主义的伦理学在内，而是怀疑所有的伦理学，包括相对主义伦理学在内。不管道德思想是倾向于相对主义的还是普遍主义的,这种道德的视角本身就是有问题的。问题不在于应该限制伦理道德主张的范围,而是在于以伦理的视角和术语来思考并进而谈论这个世界,本身就是危险的。

与其他古代中国的文本一样,《庄子》也经常通过比较道德典范尧、舜(古代的君王)和暴君纣、桀(二人是残暴的统治者,导致自己所统治的王朝灭亡),来讨论道德判分的问题。在今天提到这些名字,可能不会使我们的情感受到触动,但是在古代中国的历史背景中,他们的名字上常常附加了很重的道德情感色彩。附加于这些名字之上的隐喻力量很强,就好比我们今天说纳尔逊·曼德拉(Nelson Mandela)和阿道夫·希特勒(Adolf Hitler)一样。听到前者的名字,我们会产生某种敬畏之感,而听到后者的名字,我们就出离愤怒了。我们是在这样一个分化和培育道德判断的社会中长大成人的,我只能认为类似的机制,尽管可能有着不同的模式,但是在古代中国也同样存在。我指出这一相同点,是为了强调《庄子》中这段话的激进性和极富挑衅性,这段话说:"以趣观之,因其所然而然之,则万物莫不然;因其所非而非之,则万物莫不非。知尧、桀之自然而相非,则趣操睹矣。"(《庄子·秋水》)[①]

《庄子》的这段话非常简洁,但却具有惊人的真实性。从他们自身的观点来看或者说从他们各自环境的背景来看,对尧和桀的道德评价上是没有差别的。换句话说,德国纳粹统治时期的阿道夫·希特勒在道德上应受到人们的爱戴,就像在南非实施种族隔离政策时期的纳尔逊·曼德拉应该受到道德上的谴责一样。当然,在我们今天看来事情就不同了,但是我们也只是在我们现有的道德观念的情况下来思考才

[①] 本文所引《庄子》英译,见于葛瑞汉(Angus C. Graham),《庄子内篇》(*Chuang-Tzu: The Inner Chapters*),Indianapolis: Hackett,2001年。中文本则见于《庄子集解》诸子集成本,中华书局1954年版,第255页。笔者对英译有修改。译者按:葛瑞汉对于《庄子》文本的看法与通常不同,他对《庄子》内七篇和外、杂篇章做了重新编排,部分文字刊落不载,这与他对《庄子》文本生成的认识有关。此处所标《秋水》篇名则是依循了通常的看法。下文涉及《庄子》原文处,译者的标示亦是如此。

是这样。《庄子》所指出的是，不存在脱离背景或情境的道德观点。我们现在强烈地相信曼德拉在道德上的善，以及希特勒的邪恶，但是在许多生活于当时的南非和德国的（白）人看来却恰好相反。因此《庄子》是否在说尧和桀之间没有实质的区别，或者说曼德拉和希特勒之间没有实质的差别，他是否在主张绝对的道德相对主义？我认为不是这样。

《庄子》所要揭示的其实不是相对主义的立场，而是对这样一种观点的敏锐批评。我们可对此做更细致的观察。对于相对主义的观点，如果严肃或者以肯定的方式来看的话，相对主义的立场表明的是道德判断总是与社会和意识形态的背景相关联，因此总是在它们各自的情境中可为人接受。所以，推至极端，这种观点就不得不承认，如果在各自特定的环境下，桀与尧具有同样的德行，希特勒也和曼德拉一样。按照《庄子》的看法，问题就在这里。问题主要不在于道德判断之随背景情境而迁变，这一点《庄子》并不否认，而在于这些判断在它们各自的背景中被人深固地执持着，故而可能导致产生各种各样的道德信念，以及破坏性的行为。对《庄子》来说，这是事实：在桀的时代，桀的道德被视作正确的，而到了孔子时，对孔子来说，则是尧的道德。庄子对这种相对主义的信念非常警惕。当按照道德信念去行为时，人们应该注意到其他的视角也是可能的，或者在另外的时代，人们可能会持有其他不一样的观点。可能人们一听到希特勒的名字便感觉到道德的敬畏，就如同我们现在一听到曼德拉的名字便有这样的感觉一样。因此，对于从任何一种道德敬畏来推出按照某种方式去行为的权利，我们都应该谨慎小心。因为道德敬畏总是相对的，而且可能会被用来证明恶行的合理性。我们不能保证，一听到尧的名字便有的道德敬畏不会有像对桀的道德敬畏那样的危害性。同理，我们今天对曼德拉和希特勒的看法也是如此。

因此，《庄子》表明的是，所有的道德说教者的效力，不论它是相对主义还是普遍主义的，都是有危险的，具有潜在的危害性。在有些情况下，如桀的情况，这就证明是很有破坏性的，而在其他情况下，比如尧的例子，那么尽管其结果相对来说并无害，但仍然会有误导性。如果有人开始用道德视角来看待这个世界及其自身，这就已是在离"道"渐行渐远了。《庄子》中有一个寓言，在比较坏人与圣人的差别时提到了这个寓言。这个寓言对此做了非常好的解释："臧与谷二人相与牧羊而俱亡其羊。问臧奚事，则挟策读书；问谷奚事，则博塞以游。二人者，事业不同，其于亡羊均也。"（《庄子·骈拇》）

　　读书和赌博固然有别，前者被视作一种美德，而后者则是不好的。但是，不论在哪种情况下，结果都是羊丢了。羊的丢失，是隐喻一个人失去了他原本未被道德溺坏的天然本性。一个人若自以为是地相信自己的道德优越性，那么他就失去了他原本的非道德的纯真（amoral innocence），不论他是否对别人有危害与否。道德不是解决社会问题的药方，相反，在《庄子》（和尼采的《偶像的黄昏》）中，它正是社会问题产生的原因。①《庄子》有一段话说就表现出了这样的观点："昔尧之治天下也，使天下欣欣焉，人乐其性，是不恬也；桀之治天下也，使天下瘁瘁焉，人苦其性，是不愉也。夫不恬不愉，非德也；非德也，而可长久者，天下无之。"（《庄子·在宥》）

　　这不是说在效果上看尧和桀是一样的，而是说他们都引生出了某种道德情感。一旦道德情感出现了，没有人知道从其中会引申出什么。然而，经验表明，社会危机和战争往往与高度的道德信念以及其中一方或者双方的情绪化相伴生。情感一旦释放出来，就会增长并灼烧他们自身。因此《庄子》揭示出，在尧之后，世界变成了"使人喜怒失位，居处无常，……于是乎天下始乔诘卓鸷，而后有盗跖、曾、史之行"（《庄子·在宥》）。盗跖是古代中国有名的精明大盗，而曾子是孔子的弟子，史鱼则是孔子所表扬的道德典范（《论语》15.7），他们都是社会上有了道德之后所产生的结果。这里的关键在于，如果关于好的

---

① 尼采就将因果混淆视为"四大谬误"之首。

观念出现，那必然是发生在区分好坏的情境中，而这又会产生出新问题，而这在不作好坏区分的情境下是不会发生的。故而，道德观念产生了好坏的区分，并进而导致了对这种区分的有害性应用。

正义的情感被证明对社会有好处，这仅仅是偶然。其对社会的坏处亦然，而且从长远来说，其对社会的有害是必然的。从好到坏，再到邪恶，这正是道德观念演变的次序。因此，《庄子·在宥》总结道："吾未知圣知之不为桁杨椄槢也，仁义之不为桎梏凿枘也，焉知曾、史之不为桀、跖嚆矢也！"

道德话语流行的社会已经显示出了道德灾难的征兆。曾子和史鱼所感受的道德正义会转变成桀、纣所感受的东西。结果不同，但这种感受是无法区分的。人类会犯下种族灭绝的罪行，不是因为他们认为这是不道德的，而是因为他们认为这是道德的。希特勒和他的追随者相信，他们正在做的事情是正确的，他们为世界做出了伟大的道德上的服务。因此，《庄子》说圣人无情。一旦沾染了道德，那么就很难抑制自己："与其誉尧而非桀，不如两忘而化其道。"（《庄子·大宗师》）或者，如同《庄子·天运》中有一段对当时儒家的重要美德——大概可以和今天的正义、自由等道德价值相比——的反驳："仁义者，先王之蘧庐，可以一宿，不可以久处。"《庄子》中的道家圣人是非道德的（amoral）——尽可能地不被道德所沾染。

伦理道德的具体问题是——这是我的第一个假设——它会导致病变状态。它潜在地导向危险的片面性观点，或者用西方的术语来说，就是自以为是或自负。如果有人开始以道德视角来思考自己和他人，那么他就很容易将他眼中的世界分成黑白两部分，或者分成朋友和敌人两类。《庄子》和道家哲学并不是要混淆区别或差异，毕竟这些构成了这个世界以及这个世界的变化，但是道家哲学会试图寻找一种方式来和同差异。然而，伦理道德的判分，却对世界上差异之物的和谐共存构成了严重的威胁。如果有人仅仅视自己或者他人是不同的甚或是相反的，这还不一定就必然是对抗性的。但是，如果对差异的判分变成了道德判分，这就很可能会导致冲突。《庄子》和道家对伦理道德的担忧在于，道德将丰富多彩的差异性转化成了破坏性的仇恨力量。

《庄子》为非道德的立场论辩，而不是持相对主义的态度，这二者是很不一样的。对于相对主义或者非相对主义是否代表了圣人的态度这个问题，《庄子》并没有作答，而是重在解决他或她如何来对待道德的问题。答案很明了。圣人既不是道德的，也不是不道德的，而是试图使自己远离道德观念。不作道德判分，并不是无视世界上的差异和分别，而是从非道德的视角来看待世界的差异性。或者用我在别处的话说，是站在零视角（zero-perspective）的立场上来看待差异。

我认为，道德判分的最基本问题，是它们并不是事实上的判分，而是在价值判断基础上所作的区分，是以个人偏见和利益为基础所作的区分。道家的圣人既不崇利，也无偏见；他没有动机和目的。道德判断是源于采取了某种立场，而这一立场则是对现实强行作了一种特定解释。道德范畴不是本质性的，而是附加在行为和事件上的东西。它们总是个人自身世界观之利益的独特事实所产生的结果。一个人通过用道德语言来描述某个事物，可以抬高自身的行为，或者可以贬低他人的行为。道德语言具有好斗性，它可以用来证明某人自身的合理性，用来谴责他人，或者两者同时进行。它带有修辞色彩，是一种利用事实或者行为来增加自身荣耀的语义学。

针对我刚刚所说的一个显著的反驳是，有没有极为可憎的罪行需要即时的道德反应，或者对于这种罪行必然要求在道德上作批评？例如，有人由此会想到"9·11事件"。难道我们不需要以道德义愤来回应这样的罪恶么？这可能是一个即时反应，但是我确定这不是《庄子》中道家式圣人的观点。

我想再次引用《庄子》中的另一个故事。这个故事是关于古代中国一个睿智的大盗，即盗跖。我想再作一个现代式对比，以强调与他的名字相联系的道德义愤。盗跖是本·拉登式的人物。他是一个犯罪组织的头目，在国家中制造恐怖事件，以罪行和残暴著称。在《庄子》

中，有一段盗跖和他手下人的交谈——其写作形式类似于孔子和弟子之间的谈话。这段话说：

> 跖之徒问于跖曰："盗亦有道乎？"跖曰："何适而无有道耶？夫妄意室中之藏，圣也。入先，勇也。出后，义也。知可否，智也。分均，仁也。五者不备而成大盗者，天下未之有也。(《庄子·胠箧》)

暴徒和恐怖分子并不是没有道德——用中国古代的话来说，就是"有道"。他们也相信自己要比他们行为的受害人更有道。本·拉登相信他是在为某个正义的事业奋斗。他们的信从者也具有同样的信念。他们也声称自己是在以道德价值的名义而行为，而这种道德价值也正是谴责他们的人所持有的。道德并不是内在于行为本身中，道德是用来评说行为的语言或语义学的一个方面。与其说道德是对某个事件的唯一评价，不如说道德是一种解释的工具或者说是一种社会斗争。它总是准备着要抢夺或斗争。

道德，与其说是防止人们做错事的内在信念，不如说是帮助人们——在行为发生前或发生后的——用以证明自己行为合理性的修辞工具。事实上，道德常常致使人们以善之名做极端行为——而这在他人看来是坏的或者是邪恶的。《庄子》评述道，这是道德观念的主要效果。在一个有着大量道德话语的社会中，犯罪并不会少。到目前为止，世界上所有的伦理学家也未能阻止战争和谋杀。在道德话语和美好世界之间没有必然的关联。事实上，道德话语看起来倒像是一个问题，而不是解决问题的良药。这就是为什么《庄子·胠箧》会如此评价盗跖与其徒弟的谈话：

> 由是观之，善人不得圣人之道不立，跖不得圣人之道不行；天下之善人少而不善人多，则圣人之利天下也少而害天下也

多。故曰：唇竭则齿寒，鲁酒薄而邯郸围，圣人生而大盗起。掊击圣人，纵舍盗贼，而天下始治矣。……圣人已死，则大盗不起，天下平而无故矣。

按照《庄子》的看法，要使我们生活的世界变得更加安全和美好，我们需要的不是更多的道德，而是要减少道德。和平与道德不是一回事。事实上，它们常常是相悖的。

我想通过讨论《庄子》哲学中的另一个哲学性的相关特点——亦即非人文主义（nonhumanism），以总结我对《庄子》消极伦理学的思考。在非病态的社会状态下，是不需要道德的，与这一主旨一致，《庄子·养生主》说："夫至德之世，不尚贤，不使能。上如标枝，民如野鹿。端正而不知以为义，相爱而不知以为仁，实而不知以为忠，当而不知以为信。"在一个非道德的社会中，统治者和被统治者都失去了他们作为人的特性：他们都成了标枝和野鹿。这是《庄子》消极伦理学的最激进表达。这正与在古代中国占统治地位的儒家道德观念相反，在此，重点不仅是儒家所坚持的具体道德价值，而且也在于他们对人之教养的整体规划。《庄子》反对儒家的人文主义思想，理想的社会状态是动物本性在其中茁壮生长的社会。

《庄子》消极伦理学中的反道德主义，是其非人文主义的一个重要成分，也是其坚定的非人类中心主义理路的重要组成。我认为，早期道家哲学试图创造关于社会、宇宙和个人的理念，而这个理念主要不是集中在人类的素质。在此我不能详细讨论这个问题，[①] 但是我认为这种解释可以与当代哲学话语中的后人文主义声音相呼应。[②] 这种声音的力量已经增强了，至少，有一位英语作家约翰·格雷（John Gray），他

[①] 关于《老子》的反人文主义阅读，可参看拙作《道德经的哲学》（*The philosophy of the Daodejing*），New York: Columbia University Press, 2006 年。
[②] 比如我所知道的凯瑟琳·海勒（N. Katherine Hayles）和唐娜·哈拉维（Donna J. Haraway）。

引用和吸收了很多道家的文献思想。在本文的末尾，我会以他著作中的一段精简的论述结尾，他的这部著作是《刍狗：对于人类和其他动物的思考》，这本书概括了一个关于后人类主义、反道德主义的消极伦理学的当代版本。

在格雷看来，现代西方人文主义是基督教神学的世俗性继承者。人类是能够运用自由意志的唯一存在，因此理所当然地就肩负起了改善这个世界的重任。据格雷的研究，19世纪的思想家例如法国的实证主义者（圣西门，Saint-Simon；孔德，Comte），英国的自由主义者（密尔，Mill），以及卡尔·马克思（Karl Marx），都将对于人类行为的信念世俗化了。他们对于人文主义的看法就是"后基督的信仰，相信在这个世界上人能够比任何事物更好地改善这个世界"；这"是将基督教的救赎信条转换成了关于普遍的人类解放之规划"。①

根据格雷的研究，现代西方关于进步、关于人类对世界的主宰，关于科学和理性的万能的各种论调，都无非是关于控制和力量的错误幻觉。按照他的反人文主义视角，人类是盲目的进化潮流的产物，而这个世界并不主要是属人的世界。与人类中心主义的观念不同，格雷诉诸于盖亚假说（Gaia hypothesis），"地球是自我管理的系统，它的行为在很多方面与有机体很相似"。②按照这种假说，意识控制和自由选择仅仅是人类过度的虚荣心所致。而人类生存于斯的更宏大系统不是也不能为人类所操纵。相反，它们可以被看作是自我管理、自我再生的。

关于主宰的人文主义话语的一个主要产物是对于道德规范性的信念。现代西方道德哲学可被视为基督教价值的世俗版本："我们的信念或者说伪装（pretence）——认为道德价值优先于所有其他的有价值的

---

① 约翰·格雷:《刍狗：对于人类和其他动物的思考》(Straw Dogs: *Thoughts on Humans and Other Animals*), London: Granta, 2002年，第 xiii 页。译者注：此书已有中译本，《稻草狗：进步只是一个神话》，新华出版社 2017 年版，张敦敏译。straw dogs 应译为"刍狗"。

② 约翰·格雷:《刍狗：对于人类和其他动物的思考》，第 32 页。

事物，其形成有很多种来源，但主要是来自基督教教义。"① 道德哲学是在启蒙运动期间以及之后发展起来的理性控制和社会进步的话语之不可分割的一部分。然而，在实践中，道德进步的规划往往会导向灾难。可能有人会想到1794年的恐怖事件中罗伯斯庇尔（Robespierre）对道德的崇拜，尤其会想到，距离我们时代尚近的俄国、德国，其中发生了更大范围的、更具破坏性的实验。格雷评述道："20世纪之所以特别，不是因为其中堆满了大屠杀这样的事实，而是这种屠杀的规模及其发生是为了更大的关于改善世界的规划而预谋进行的。进步和大屠杀携手并肩而至。"②

作为对于现代性的人文主义道德规划的替代物，格雷主张采取道家的路径，赞扬"动物道德"，亦即自然产生的、无为的道德。在他看来，道德并不在于理性责任和道德法则的建构中，而是在于自发地行为。而对他而言，美德是"一种人类特有的疾病，美好的生活是对动物道德的提炼。由我们的动物本性而引发，故而伦理学不需要基础"。③他在下面这段话中总结了他关于消极伦理学的后人文主义的、新道家主义的版本，他说：

> 我们并非独立自主的主体，这一事实是对道德的致命一击——但这是伦理学的唯一可能的基础……在日常生活中，我们不会预先检点我们的选择，然后再将最好的那个选择付诸实施。我们只不过是在处理手头在发生的事情。我们早晨起床，穿上衣服，这些都是无意中做出的行为。我们也以同样的方式帮助我们的朋友……在西方传统之外，古代中国的道家思想在"是"与"应当"之间不设鸿沟。正确的行为就是来自于对形势的清晰观察而作出的。他们不步道德主义的后尘——在他们

---

① 约翰·格雷：《刍狗：对于人类和其他动物的思考》，第88页。
② 同上书，第96页。
③ 同上书，第116页。

的时代,儒家——试图以规则与法纪束缚人类。而对于道家来说,好的生活就是可以灵妙栖息的自然生活。它没有任何实用目的。它与意志无关,它也并不希图实现任何理想。[1]

依笔者所见,这一说法是当代思想理论中最能抵近道家思想中道德愚人之消极伦理学的最好说法。

---

[1] 约翰·格雷:《刍狗:对于人类和其他动物的思考》,第112页。

试论道家哲学对人本心理学的影响

吕锡琛[*]

摘要：道家哲学主张复归于朴的人性论、顺应自然的行为准则、致虚守静的认知方式、少私寡欲的生活理念，这些思想对马斯洛、罗杰斯等人的人本心理学及超个人心理学产生了深刻的影响，这种影响凸显了道家哲学的现代普适价值。探讨道家哲学对人本心理学及超个人心理学的影响，可促进对中国哲学的现代诠释、应用以及东西方文化融会互补等问题的思考。

关键词：道家　现代普适价值　人本心理学　马斯洛　罗杰斯

　　人本心理学是20世纪50年代在西方兴起的心理学流派，针对盲目照搬自然科学方法的机械主义心理学的种种弊端，这一流派重新回到哲学理论中寻求智慧，道家以及融合了道家精髓的禅宗思想受到荣格、罗杰斯、马斯洛、弗洛姆等人本心理学家的青睐并加以运用。罗杰斯吸收老子思想而创立"以人为中心疗法"；荣格在自传结语中称"老子是有着与众不同的洞察力的一个代表性人物"，"道"成为荣格心理学的内在基石，[①] 被誉为"人本心理学之父"的马斯洛更对道家表现出特殊的喜好。一些学者认为，马斯洛晚年才接受道家思想，而据霍

---

[*] 吕锡琛，中南大学哲学系二级教授（已退休）、博士生导师。
① 参见申荷永《理解心理学》，暨南大学出版社1999年版，第313页。

夫曼《马斯洛传》等书，早在1942年前后，马斯洛就深为完形心理学家惠特海默（M. Wertheimer）关于老子和禅宗的演讲所震动，从而对他"正在形成中的人格理论产生了极大的影响"，并促使他阅读道家书籍。① 而且，惠特海默卒于1943年，此亦可证实马斯洛于40年代初即接触道家哲学。当他"在心理学中探险并走遍了各条道路"，并在"认真考虑全部道家的观点"之后，他甚至将道家形象作为"代表着人本主义科学家形象的多种因素"，主张作为科学家、医师、教师、父母"必须把我们的形象转换为更符合道家追求的形象"。②

在20世纪，"玻尔现象"（即丹麦物理学家玻尔受老子思想启发而在量子力学研究领域卓有建树）曾受到中西学人的关注。然而，在更深层次上吸收道家思想的罗杰斯现象、荣格现象特别是马斯洛现象却未能引起学术界足够的重视，这是令人遗憾的。道家哲学对人本心理学的影响主要体现在哪些方面？这一文化现象对我们认识道家哲学的普适价值及其现代转换有何启示？对我们进行东西方文化的融会互补有何借鉴？本文将对此略抒浅见，就教于方家。

一、复归于朴之人性论的影响

对人性的基本认识和估价是一切以人为研究对象之学科的理论基础。马斯洛与罗杰斯等心理学家在人性问题上与道家有相当多的一致，这是他们接受道家思想影响的思想基础。

道家认为，人的自然本性是一种纯朴无邪的最完满的善，而仁义礼法等外在规范控制和压抑人的纯朴本性，"屈折礼乐，呴俞仁义"，不仅使人扭曲本性，"失其常然"（《庄子·骈拇》），更会造成"捐仁

---

① 参见〔美〕霍夫曼《马斯洛传——做人的权利》，许金声译，改革出版社1998年版，第107页。
② 参见〔美〕马斯洛《人性能达的境界》，林方译，云南人民出版社1987年版，第8—20页。

义者寡,而利仁义者众"(《庄子·徐无鬼》)的市侩行为和道德虚伪现象。《老子》反对为外物或世俗陈规束缚、迷惑而泯灭质朴本性,丧失"真我",主张保持和发展本真之性,追求"复归于朴"。《老子》第三十八章提出,纯朴而真实地立身处世才是实现了人生价值的大丈夫:"大丈夫处其厚,不居其薄;处其实,不居其华",如果一味追求外在的声名利禄和浮华享乐,不仅有损于社会和他人,更会自陷于患得患失、焦虑不安等负面心理之中。这些看法实质上隐含了避免过度社会化、倡导个性自由、保持发展个性等极富前瞻性的重要观点。

在人本主义心理学家那里,可以明显地看到道家上述思想的影响。马斯洛、罗杰斯均驳斥将人性解释为恶的动物性这一"西方文明已普遍相信"的观点之片面性。他们认为,人的本性是由自然演变而形成的人类所特有的"似本能"所决定的,而这一人类共同特性是中性的或者是好的,是"先于善和恶"的,如果压抑或否定这种本性则将引起疾病或阻碍人的成长。[①]

基于这一认识,马斯洛提出了与西方心理学家不同的人格理论和心理治疗理论,他既不同意斯金纳提出的以社会规范等外在力量控制、压抑人的生物本性来达到个人完善的主张,也不同意弗洛伊德提出的通过代表社会价值的"超我"对"本我"的压抑或实现升华来促进个人完善的主张,而是强调发现和保持人的内在本性对于发展人格的重要意义。在他看来,人应该合乎本性地生活,"摘下面具""没有任何做作",而心理治疗和自我治疗的首要途径是发现一个人的真实本性,[②]倡导"处世朴素单纯,保持一双真诚的眼睛"。[③] 马斯洛还注意到社会文化对人类本性的压抑,他认为,由于人们"适应社会上存在的文化,

---

[①] 参见〔美〕马斯洛《基本需要的类似本能性质》、〔美〕罗杰斯《我的人际关系哲学及其形成》,〔美〕马斯洛等著,林方主编《人的潜能和价值》,华夏出版社1987年版。

[②] 〔美〕马斯洛:《人性能达的境界》,第111—112页。

[③] 〔美〕爱德华·霍夫曼编:《洞察未来:马斯洛未发表过的文章》,许金声译,改革出版社1998年版,第145页。

这种出生时就赋予人们的潜能和基本特性被掩盖或被抑制而大多丧失了"。① 而罗杰斯的"以人为中心疗法"亦正是要让来访者接纳真实的自我，了解自我，以更大的勇气和开放的态度面对生活，成为自己，自我成长。②

从一定意义上说，这些主张颇似道家上述思想的现代翻版。不过，与道家过于注重个人修养的内在超越型模式不同，马斯洛等人肯定良好的环境对保持、发展本性的积极作用，故强调社会改革和教育改革的重要性并在现实中推动这种改革。还值得一提的是，晚年的马斯洛认识到了人本心理学原先简单地用生物机体或遗传天性解释人性以及"人性本善"的论述在概念上的模糊性，于去世前几周，他在《人性的精髓是什么》一文中指出，他并不认为人在本质上是善的，而是认为人性依环境的不同而表现出善或心理病态和丑恶行为。他强调，在良好条件下，人们渴望表现出利他、友善、诚实、仁慈等高级本性。马斯洛力图说明具体需要哪些良好条件，③ 从而纠正了人本心理学忽视社会环境和社会实践对现实人性形成和发展之重要意义的偏颇，这些当然是道家所无法企及的。

二、顺应自然之行为原则的影响

基于对人性的高度信赖以及对西方心理学界一味模仿自然科学而将人当成"物"来研究等弊病的深刻反思，人本心理学家吸收了道家顺应自然的原则。马斯洛主张以"道家的客观"来弥补传统科学的客观的不足。科学的客观来自于自然科学对物、对无生命研究对象的处理，在以人为对象的心理学研究中一味强调这种方法只能导致学科发

---

① 参见〔美〕马斯洛等著，林方主编《人的潜能和价值》，第199页。
② 参见汪新建《西方心理治疗范式的转换及其整合》，天津人民出版社2003年版，第186页。
③ 参见〔美〕爱德华·霍夫曼编《洞察未来：马斯洛未发表过的文章》，第83页。

展偏离正确的方向。而"道家的客观"则是基于对认识对象的关爱、宽容的态度,"赞许它的存在,欣赏它的本来面目,能使我们成为不打扰,不操纵,不干预的观察者",①改变实验科学一味强调"主动的操作、设计、安排和预先安排"的做法,转而重视"道家的了解事物的途径"。②这种顺应自然的立场,迥然不同于以往心理学将事实与价值、"是"与"应该"相分裂的方法,而是追求二者的合一,通过认识自己的特定本性("是")来达到伦理和价值的决定("应该"),这正与道家"贵真"的主张相吻合。道家反对刻意地以忠孝礼义等外在规范来束缚人,强调持守本真,如此,"事亲则孝慈,事君则忠贞"(《庄子·渔父》)。也就是说,持守本性("是")与达到伦理和价值的决定("应该")是统一的,发自内心、顺应本真的行为才真正具有道德价值。这就提出了如何协调社会规范与人的自然本性之间的矛盾这一具有普遍意义的问题。

道家顺应自然的原则被人本心理学家运用于心理治疗中。马斯洛主张,心理治疗的基本方法应该是"有帮助的任其自然,心理咨询家应该充当的理想角色是:承担责任的亲爱的兄长帮助弟弟进步,而不是'教导无知者'"。心理咨询不是告诉人应该做什么、如何做,它应是一种"道的"启示和启示后的帮助。"道的"意味着不干预,"任其自然"。③在罗杰斯的医疗活动中,也深深渗透着老子无为而治、"见素抱朴"等思想。他强调,《老子》"我无为而民自化"等话语乃是他"最喜欢的并总结了他很多更为深刻的信念"的箴言,④而他创立的"以人为中心疗法"正是上述道家智慧浇灌出来的成果。马斯洛、罗杰斯还分别将顺应自然等理念推广到教育领域,提出了"学习者中心"的

---

① 〔美〕马斯洛:《人性能达的境界》,第23页。
② 同上书,第20页。
③ 〔美〕马斯洛等著,林方主编:《自我实现及其超越》,华夏出版社1987年版,第266—267页。
④ 参见〔美〕罗杰斯《我的人际关系哲学及其形成》,〔美〕马斯洛等著,林方主编《人的潜能和价值》。

教育理论，主张学校教育的基本方法应是"有帮助的任其自然"，教师应以"道家的辅导者或老师"为楷模，[①] 从而有力地推动了美国的教育改革。

马斯洛还通过实证研究以证明上述理论的意义。通过对数十名自我实验者进行调查研究后，他发现这些达到人格发展高级阶段的杰出人物正是充分认识并能够顺应其自然真性之人，他们"是恬然自发、天然情真的人，他们比其他人更易于把握自己的真性"。[②] 这种理论与实证研究互补的方法，证实了道家顺应自然思想对人格发展的积极作用，有助于人们认同和接受这些理论，同时也为今天如何促使理论顺利地渗入现实生活提供了有益的启示。

这种理论与实践操作紧密结合的研究方法，又帮助马斯洛及时发现道家自然无为思想所可能产生的问题。在实践中，他看到了任其自然可能导致放任自流等负面结果。他说："放任自流与无组织状态能带来鼓舞人心的力量和自我实现的最佳环境；但我也看到了放任自流同样也能使个人的无能、缺乏才能和心理障碍等一切弱点暴露无遗。"[③] 这说明他对道家思想不是盲目地照搬，而是注意在实践中恰当地运用。

三、致虚守静之认知方式的影响

道家追求人与自然的相融相合，希图在人与万物冥合的体验中，体悟"道"这一世界的本质规律，实现物我两忘的逍遥境界。道家认为，既然人与天在本源上统一于"道"，人是宇宙的全息，故认识主体对自身的内省观照便可体认"大道"。因此，道家提出了与西方主客二分的认知途径判然有别的"静观""玄览"的直觉致思途径，要求主

---

① 〔美〕马斯洛：《人性能达的境界》，第 189 页。
② 〔美〕马斯洛：《超越性动机论：价值生命的生物基础》，〔美〕马斯洛等著，林方主编：《人的潜能和价值》，第 96 页。
③ 参见〔美〕弗兰克·戈布尔：《第三思潮：马斯洛心理学》第九章，上海译文出版社 2001 年版，第 96 页。

体"致虚极,守静笃""无知无欲",或"堕肢体,黜聪明,离形去知,同于大通",即收视返听,摆脱外物干扰,弱化意识控制,进入自然放松、无思无虑的虚静状态,以达到主体与客观世界的冥合,从而体悟大道。这是一种不受逻辑规则约束而在潜意识领域内发生的直接领悟事物本质的致思途径,是不同于西方的观察、实验和逻辑推导的另一种认识活动,它具有了悟性、突发性和意识的非可控性等特点。在这种思维方式中,人的思考焦点会由自我转移到外部的宇宙自然,最终获得天人合一、物我两忘的美好感受,从而淡化自我,消解一己私意带来的诸多烦恼,正所谓"及吾无身,吾有何患"(《老子》第十三章)。

人本心理学家对这种迥异于西方的认知方式十分推崇。罗杰斯在《我的人际关系哲学及其形成》一文中不仅引《老子》"致虚极,守静笃"等语以阐释他的心理治疗方法"非指导性"的一面,还认为只有保持内心安静,不去强求什么,才能认识事物的真相。马斯洛更是将道家"静观默察、缄口不言之能力"以及"善忍耐、守静笃"的方式称为"妙悟"的方法,进而称许"真正的道家之妙悟实为难能之举",推崇"把自己作为静观默察的沉思者""不事干扰,对于体验的接受"这一道家式认知方式的积极意义,即"在许多情况下这是一条通往更为可靠、更为真实的认知之路"。[①]

马斯洛不仅赞赏道家这种"掌握事物本质的方法",而且将其与他的高峰体验理论联系起来。他认为,在高峰体验中人会产生一种不同一般的认知,这时的体验好像是与宇宙融为一体。他特别指出:"我的这些发现与禅宗和道家哲学更吻合",他强调高峰体验都是以突如其来的方式发生的,当人们抱着道家那种听其自然的态度时,便处于最易于形成这种体验的精神状态,而这将"重新激发起对道家学说和禅宗

---

① 〔美〕马斯洛:《科学与科学家的心理》第十章《道家科学与控制科学》,邵威等译,北京大学出版社1989年版。

教义的兴趣。"① 当然,马斯洛对道家致虚守静、天人合一等"妙悟"方法还只是浅层次的理解,但他的上述说法的确反映出其高峰体验理论与道家认知方式的相通之处。这也同时启示我们:可以用一种浅显通俗的方式对道家致虚守静的心性修养方法进行现代诠释,以发掘其中关于开发潜能、调节心理的思想资源。

马斯洛对于自然亦有着道家式的体悟,这明显不同于西方的主客二分思维。他在《超越性动机论——价值生命的生物基础》一文中说:"人把自然领悟为真、善、美——有朝一日会被理解为个体自身存在和充分发挥潜能的一种方式,理解为安适自如的一种方式。"这实际上揭示了天人合一思维方式所具有的心理保健和心理治疗意义,这些认识明显有别于将人与自然对立的传统西方观念,而流露出一种人与天相和、亲近自然以怡情养性的道家情怀。

四、少私寡欲之生活信条的影响

在对道家思想的体悟以及其自身所经历的高峰经验的感受中,马斯洛等人本心理学家对人性问题提出了更为深刻的看法。不同于西方传统的以压抑、控制人的本能或自然本性为鹄的外在超越型理论,他提出了充满东方特色、以发现和舒展本性为宗旨的需要层次理论,其中的"超越性需要"更是具有道家思想的深刻烙印。在他看来,人有超越个体性的需求,这需求若得满足,个人及社会都将受惠;反之,将导致所谓的"终极态",变得极其空虚,缺乏意义感、焦虑不安。这进一步促使马斯洛发展其需要层次理论而更接近道家的人生境界。

从表面上看,道家主张清心寡欲,而马斯洛主张首先应满足人的生理需要,二者似乎相左,但如果进一步对其需要层次论作全面考察,就不难发现二者的一致性:都强调个体需要由低层向高层的发展。老

---

① 〔美〕马斯洛:《谈谈高峰体验》,〔美〕马斯洛等著,林方主编:《人的潜能和价值》,第373页。

庄倡导超越私欲、外身无己，又揭示出利他与利己的辩证统一关系，强调利他行为对于人格发展的意义："既以为人己愈有，既以予人己愈多。"(《老子》第八十一章）以马斯洛的需要层次理论来分析，为人、予人的行为满足了主体的归宿需要、自尊需要、自我实现的需要，因而使其精神振奋、人生充实。

处于物质匮乏、等级森严的传统社会，道家主张在维持基本生存需要的前提下，超越物质欲望而追求精神的升华。具言之，人们在物质生活方面应知止知足，不为物累，"不与物迁"(《庄子·德充符》)，不要为追逐物欲或名利地位而丧失人格，"丧己于物"(《庄子·缮性》)，不要沉迷于权势财富或声色狗马而损害宝贵的生命，避免为追求身外之物而泯灭了人生的真正价值。在道家看来，人生的真正幸福不在物质的充裕或地位的荣华，只有与大道或自然合一才是高层次的快乐，所谓"与天和者，谓之天乐"(《庄子·天道》)。道家的后继者嵇康发展了这些思想，他向往"以大和为乐"，将身心相和、天人相和这种高层次的精神和谐视为最大快乐，认为依赖外物无法得到真正的快乐，所谓"外物虽丰，哀亦备矣"。为避免"终身长愁"的心理失衡状态，嵇康希望摆脱对外物或感官享乐的贪恋，提升需要的层次，"以内乐外"（嵇康《答向子期难养生论》)，追求精神的满足。

根据多年的临床经验，马斯洛亦得出了与道家相似的结论：对金钱或权力的无度追求等病态需要不仅不会带来真正的快乐，反倒是导致神经症的重要原因；[①] 相反，对安全与爱、尊重这类需要的满足，则会使人健康。马斯洛虽肯定满足人的低层需要的合理性，但满足的目的却是为了促使高级需要出现。他指出"高级需要（爱的需要、尊重的需要、自我实现的需要）的满足能引起更深刻的幸福感、宁静感以及内心生活的丰富感"，这是因为"高级需要的追求与满足具有有益于公众和社会的效果。在一定程度上，需要越高级，就一定越少自私"，

---

① 参见〔美〕弗兰克·戈布尔《第三思潮：马斯洛心理学》，吕明、陈红雯译，上海译文出版社 1987 年版，第 84 页。

因此必将"导致更伟大、更坚强、以及更真实的个性"的形成。[①] 所以，他将帮助个人提高满足其基本需要的能力，以不断向高级需要发展，视为"所有心理治疗的最终目标"。[②]

到了晚年，马斯洛又发展了他那影响深远的需求层次论，在自我实现层次上增添了自我超越层次。其《超越性动机论——价值生命的生物基础》一文提出，"人有一更高及超越的本性，这是他的存在本质中的一部分""它是真我、自我认同、内在核心、特殊品类及圆满人性的一部分"，超越性需要的剥夺会酿成超越性病症即灵魂病。由此，被称为第三思潮的人本心理学发展为追求以宇宙为中心、超越自我及自我实现的超个人心理学。遗憾的是，这一新发展的重要意义至今仍被学术界忽视。其实，超个人心理学与道家思想有着极为深刻的联系，而这也使马斯洛的理论具有浓厚的道家色彩。从老子"道"的概念及人类道德是以"自然的道"为摹本的观点中，他看出了弥补人本主义狭隘性的途径：以自我超越或对存在价值的追求作为人生的最高理想。在《超越的种种意义》和《Z理论》这两篇标志其超越动机理论最后完成的作品中，他对自我超越型人格的特征有不少描述。据笔者考察，这些特征与道家思想的相合多达近二十处（篇幅所限，此不赘述）。要言之，确如马斯洛在《超越的种种意义》中所说，超越型人格"比自我实现者更多一些道家思想"。

由于马斯洛的需要层次理论建立在扬弃、整合西方生物进化论和各派心理学研究成果以及东方智慧的基础之上，所以更为系统、更具有普遍意义。另一方面，由于这一理论揭示了个体需要由低层向高层的递进过程，所以也更具有可操作性。反之，道家思想却缺乏层次的划分，操作起来有一定难度。但道家强调不为外物所累、独与天地精神相往来的自由追求，推崇宠辱不惊的人生态度，这又有助于个体

[①] 〔美〕马斯洛：《高级需要和低级需要》，〔美〕马斯洛等著，林方主编：《人的潜能和价值》，第202页。
[②] 同上书，第94页。

在非良好环境中进行养德调心，由低层需要上达高层需要，从而实现人生境界的升华，又是马斯洛所不及的。

五、几点启示

尽管人本心理学和超个人心理学的理论还有尚待完善之处，马斯洛、罗杰斯等人对道家思想的理解也未必完全准确，其对道家精义的了解相当有限，但中国古老的道家智慧被西方心理学家吸收借鉴并已在西方现代社会产生效用，这一文化现象却是意味深长的。从中我们可得到诸多启示：

第一，道家哲学乃至中国哲学具有超越时空的独特智慧和普适价值。除了从哲学史、思想史、伦理学、政治学等角度对其进行学术研究之外，我们还应从生活的层面探讨其中蕴涵的顺应自然、和谐有度、抱朴守真、慈爱宽容等思想智慧在心理保健、人格发展、精神超越等方面的功能和价值。从事中国哲学史和从事心理学、管理学、教育学等应用学科的研究者应当携手并肩，认真而谦虚地体悟和发掘这一可供人类共享的思想宝藏。人本心理学家在理论和实践方面的成功尝试已经向人们昭示：中国哲学具有融通东西文化并可以进行现代转换的可能性和现实性，对于人类的安身立命和文化发展具有重要的普适价值，中国人切不可妄自菲薄，全盘否定自己的传统文化，重演"抛却自家无尽藏，沿街托钵效贫儿"的悲剧。

第二，我们应在深刻了解自身文化的基础上吸收异质文化之长。人本心理学家超越了自身文化传统的限制，抛弃了西方文化中心论和文化霸权主义，以平等谦逊的态度、兼收并蓄的胸襟来理解和吸收非西方的文化资源，这是十分难得的。他们对道家的服膺和吸纳，乃是建立在深切了解西方文化和心理学发展的历史和现状，扬弃存在主义、现象学和纳金斯、弗洛伊德等人的理论基础上的。他们卓有成效的学习过程说明，能否有效吸收异质文化的精华，取决于对自身文化传统和现实状况的认识和把握,深刻地"知己"方能更清醒地"知彼""学彼",有针对性地取长补短。

第三,超越二歧式思维,整合多种学派和方法,特别是整合东西方文化不仅可能,而且是必要的。东西方文化虽然具有不同的价值理念和话语系统,各有其优长和缺陷,但仍然具有相互融会、相互补充的潜质和可能,而只有这样才能创造出更完美的新文化。能否将这种可能化为现实,将潜质发展成显态,关键在于作为文化创造主体的人自身能否采取兼收博纳的态度和方法。人本主义心理学家正是这样做的,他们从机械主义心理学盲目照搬自然科学的还原论方法而导致以"人"为研究对象的心理学偏离健康轨道的失误中认识到,必须超越非此即彼或排斥异己的二歧式思维,转而接受"整合一统的、协同一致的思维"。因此,他们努力整合多种学派和方法,吸收异质文化,坦言"道教、佛教以及两者在禅宗中的融合,对今日西方具有如此的重要性"。[1]人本主义心理学家在融通东西文化方面已进行了可贵实践,从而向世人展示了东西文化融会互补的灿烂曙光。

第四,不断改进和发展已有理论,有选择地吸收前人思想精华并加以现代诠释。人本心理学家不仅超越了西方流行的"各种关于原罪、人类堕落和本性邪恶的说法",而且突破了本学派原先只注重从生物学角度静态认识人性的偏颇立场。[2]他们认识到人性善恶与社会环境和文化密切联系,因而强调人性的动态发展。同时,针对1960年代美国社会自恋型文化现状以及人本思潮过度强调自我的个体性而导致自恋症、自我中心等弊端,马斯洛、罗杰斯等人深刻认识到了人本理论的缺陷,进而吸收道家等东方智慧对此予以修正,由人本心理学进一步开启了超个人心理学这一新方向。

另一方面,人本心理学家对道家思想的吸收又是经过改造或有选

---

[1] 〔美〕弗洛姆:《禅宗与精神分析》,辽宁教育出版社1988年版,第92、96页。
[2] 〔美〕爱德华·霍夫曼编:《洞察未来:马斯洛未发表过的文章》,第82页。

择的。马斯洛就强调应该"以一种'美国式的道家'为指导",[①]他在《谈谈高峰体验》一文中指出,一个人要想创造,要想进行深邃的思索和理论研究,要想保持良好的人际关系,就必须将道家顺应自然、不加控制、谦恭、信赖、松弛与坚定、顽强、固执、戒备、警惕、气盛、好胜这"两个不同方面的特点和能力恰当地结合在一起"。他对于道家的自然无为等思想也并非盲目崇拜或照搬,而是结合实践中出现的放任自流等弊病,指出其可能产生的问题。这种对外来文化所保持的清醒审慎态度无疑是明智的。

第五,注重理论与实践的互动。人本心理学家一方面充分认识到哲学理论对具体科学有指导和推动作用,而鄙薄哲学理论则会导致心理学日益陷入困境,所以他们强调哲学理论对心理学的指导。东西方的哲学智慧启迪他们开辟了心理学研究的新天地,他们将新的理论成果运用于心理咨询和心理治疗实践,促进了美国在教育领域和管理领域的改革。在重实用、轻理论乃至哲学无用论流行的当代社会,人本心理学家富有创造性的探索和实践难道不让人们振聋发聩吗?

---

① 〔美〕爱德华·霍夫曼编:《洞察未来:马斯洛未发表过的文章》,第95页。

《道德经》哲学思想的世界性意义剖析

辛红娟[*]

摘要: 作为中国哲学史上第一部具有完整哲学体系和辩证思想的著作，《道德经》以与先秦诸子学说迥然不同的姿态，对中华民族的性格、心态、思维都产生了巨大深远的影响。本文拟从《道德经》言说方式的开放性与思想意涵的时代兼容性切入，剖析道家哲学核心观念的世界性意义，并力图通过典型个案的分析，为中国经典和思想走出国门、参与世界文化对话提供具有可行性的理据。

关键词:《道德经》 思想意涵 世界性意义

　　为发掘中国传统文化的人类情怀、世界意义和当代价值，深化对中国文化域外传播的研究，我们首先要梳理近世以来西方对中国经典文化的译介历史，研究其中具有典范意义的文本或思想的现代化与世界化路径。明朝末年，西方与中国才开始真正意义上的文化接触与交流，其中一个极为重要的内容就是传统经典的传播。早期来华传教士积极研究儒家经典，从襄助传教的角度出发，认为儒家学说相对封闭，而老子学说尤其是《道德经》则具有独特神奇之处，因为这部书"只字不提中国的人物、事件、朝代、地域等，俨然突如其来，俨然超越

---

[*] 辛红娟，文学博士，宁波大学外国语学院教授、博士生导师，浙江翻译研究院执行院长。

时空",①具有极高的普适性。由此,传教士开始将目光转向道家经典,从而揭开了中西文明交往史上持续关注和译介《道德经》的序幕。在过去一个多世纪的时间里,《道德经》成为被译介最多的中国典籍,其发行量和翻译频率大大超过同为中国典籍的《论语》,其于英语世界的发行量仅次于《圣经》和《薄伽梵歌》。

综合河南省社科院丁巍的《老学典籍考》、芝加哥大学 2017 年博士学位论文②《美国经典〈道德经〉:文本、传统与翻译》(*The DaoDeJing as American Scripture: Text, Tradition and Translation*)文后的《道德经》英译目录,以及南开大学哲学系副教授、美国学者邰谧侠(Misha Tadd)最新整理的《老子》译本总目(2022),③通过对孔夫子旧书网、亚马逊图书网和中国国家图书馆中国国家数字图书馆进行文献联合检索,可知截至 2022 年 5 月,各类《道德经》英译本(全译本、节译本、改写本以及借《道德经》之名进行的创作本)共有六百零二种。由此可见,译介《道德经》、研究老子乃至道家哲学思想,已成为国际汉学界的方兴未艾的风尚。

一、《道德经》言说方式的开放性

作为哲学著作,《道德经》以"道"阐说宇宙人生和社会,辅以有、无、自然、无为、德等范畴,建构了一个内涵深刻的思想系统。整部《道德经》看似格言语录的碎片,或如王一川所言,该书宛如"掘自地下的远古彩陶残片那样,散发出丰富而含混的文体乃至文化信息,似在无言地述说该种文体特有的表达潜能及其极限。而当众多

---

① 辛红娟:《〈道德经〉在英语世界:文本行旅与世界想像》,上海译文出版社 2008 年版,第 357 页。
② Lucas Carmichael, "The *DaoDeJing* as American Scripture: Text, Tradition and Translation", 2017, pp.216–249.
③ Misha Tadd, "Global Laozegetics: A Study in Globalized Philosophy", *Journal of the History of Ideas*, 2022 (1): 88.

文体碎片竞相流光溢彩地传播各自信息时，这众多信息量就相互挤压或渗透成一片，时而成倍地衍生，时而又迅速地消解"，从某种意义上说，"每一种文体碎片都是一种意义生成源，它们共同构成丰富的意义'场'"。① 曾任美国国会图书馆亚洲部主任的恒慕义（A. W. Hummel）则说，"《道德经》写于人类的黎明，葆有黎明的清新，充满语言的急流"。②

老子试图通过超越或偏离常规语言的方式来讲述大道、阐说有无。在老子那里，"无"是一种作用和力量，一种"有"不可替代的作用和力量。在表现为"不在场"的"无"的背后，其实隐藏着巨大的"有"。相应于"道"的不可言说性以及"有"与"无"的吊诡性关系，理论框架的逻辑缺失、比比皆是的语言陷阱成为《道德经》文本的典型特征——各章之间并无明显逻辑关联，书中语言简洁到了语义模糊的地步。但恰恰是这些给读者造成严重障碍的文本特征，成就了《道德经》被频繁翻译、反复解读、不断重构的命运。

《道德经》第十一章："三十辐共一毂，当其无，有车之用。埏埴以为器，当其无，有器之用。凿户牖以为室，当其无，有室之用。"这里以车轮、陶器、房屋作喻，说明"无""有"相互依赖，"无"成就了"有"之为"有"，车轮、陶器、房屋之所以有它们的价值和作用，根本原因在于其同时具有"无"的一面。同样，《道德经》经典意义的构成正是由于该书在场的文本意义与不在场的隐含意义相互依赖，不在场的"隐现"的文本意义很大程度上使得《道德经》的思想就"像一个永不枯竭的井泉，满载宝藏，放下汲桶，唾手可得"（尼采语）。③

《道德经》语词凝练、言近旨远的文本特色，使其成为中国乃至世界哲学史上的奇葩和宝藏。英国汉学家翟林奈（Lionel Giles）说，《道德经》"的措辞极为模糊、简洁，从来都没有如此深邃的思想被包裹进

---

① 王一川：《杂语沟通》，湖北教育出版社 2000 年版，第 60—68 页。
② John C. H. Wu, *Tao Teh Ching*, Boston & London: Shambhala, 1990, p.I.
③ 转引自陈鼓应《老子今注今译》，商务印书馆 2004 年版，第 68 页。

如此狭小的空间。宇宙中散存着一些被称为'白矮星'的星体。它们常常体积很小，但拥有的原子重量相较于它们的体积来说则异常巨大，以至于这些星体表面的温度比太阳表面的温度都高得多。《道德经》堪称哲学文献中的'白矮星'：密度极高，且以白热程度散发着智慧之光"。① 如其所言，《道德经》语言结构简单，较少复杂的逻辑论证和推演表述，全书以独特的超结构的语言形式表现出独具特色的中国哲学思辨的特征，每一句话都蕴含着超过其表层意义的大量信息。书中词与词之间那种彼此限定的关系，不只是通常的表层意义上的限定关系，而是超越这种意义的思辨的关系。这种语言与思辨能力的结合，构成了《道德经》独特的言说方式，使书中的每一个词语在整体的相互联系中发挥着神奇的作用，表现出巨大的开放性潜能。

二、《道德经》思想意涵的现代相容性

古汉语较少使用人称代词和表示因果、转折、假设等逻辑关系的连词，甚至在判断句中也较少出现现代汉语判断句的标志词"是"。汉语的这种形散意粘、虚字发达的意合特点成就了老子天启式的谕说。其谕说看似什么也没说，实则却是在捕捉，或者更确切地说，是在流露。老子的话语，没有人物的强行介入，没有严密的逻辑论证，"只平铺直叙地说下去，一段段格言警句连缀在一起，像一串串珍珠，也像是旁白，随着岁月流逝，一句一句自顾自地说着，丝毫也不张扬"。②思想的影子似有还无，观念的踪迹可循可弃，在明白无误地展示的同时，又保留着秘而不宣的底蕴，使思想的言说具有令人无法抗拒的润泽作用。隐性的言说使圣人的教化富有暗示性的启发，对思想的激励

---

① Lionel Giles, "Foreword of *Tao Te Ching*", *Tao Te Ching*, translated by Ch'u Ta-kao, London: Unwin Paperbacks, 1982, pp.9–10.
② 〔法〕弗朗索瓦·于连：《圣人无意——或哲学的他者》，闫素伟译，商务印书馆2004年版，第34页。

看似轻微，却绵延不绝。恰如法国学者于连所说："我们无法阻挡它对我们的'浸润'作用。圣人的话对我们的思想没有造成逼迫之势，却渗透了我们的思想，溶化在我们的思想当中，'沐浴'并感染了我们的思想。……让人顺着同样的思路考虑其他的领域，其他更加广泛的，尚未发现的领域。"①

中国传统经典具有高度综合性，一部著作常包含哲学、历史、文学、语言、艺术等内容和思维方式，因而可被作为不同的理论资源运用于不同的语境中。可以说，人类所有的自我理解，都是在某个被理解的他物上实现的，并且包含着这个他物的统一性和同一性。后世的解读对于《道德经》原文来说是一种有益的"在的扩充"，②时间距离为积极的创造性理解提供了可能，使流传物以更加丰富充实的面貌展现，对《道德经》的理解亦如此。安乐哲、郝大维认为："《道德经》的规划就是要从我们每一个人当中最大限度地有所取益，而我们每个人都是一种独特经验的总集。"③《道德经》在西方世界拥有众多读者，他们层次不同、视角各异。但总体来看，西方世界对《道德经》的关注绝不仅是满足对他异民族文化的好奇心，而是希望利用中国古代的智慧解决西方当下的问题。

《道德经》文本言赡义丰、含宏万汇，每个词、每个意象都有无限的阐释空间，文本语义的含糊性使其于不同的语境下总会生出新的意义来，任何解读都只能将其某一方面的内容具体化，这使其成为各种思想得以附着的复数文本。历代解读者各自的思想观念潜在参与到对《道德经》的解读中，造就了绚丽多彩的"老学"文化景观：政治家看到治国方略；军事家看到用兵之道；企业家看到管理经验；养生家看到了道术……。这些迥然有别的看法并非《道德经》成书之时就固化于

---

① 〔法〕弗朗索瓦·于连：《圣人无意——或哲学的他者》，第38页。
② 〔德〕加达默尔：《真理与方法：哲学诠释学的基本特征》，洪汉鼎译，上海译文出版社2004年版，第5—6页。
③ 〔美〕安乐哲、郝大维：《〈道德经〉与关联性的宇宙论——一种诠释性的语脉》，《求是学刊》2003年第2期。

其中，而是后人按照自有的知识结构对《道德经》思想内涵的阐释与建构。

《道德经》巨大的诠释空间使其很容易与古今中外的其他思想结合，从而表现出较高的现代相容性和参与学术讨论的潜力。两千五百多年来，不同学者从《道德经》中汲取有利的教益，各成新说，形成了哲学老子、道德老子、政治老子、军事老子、养生老子、经济老子、美学老子、道教老子、文学老子、艺术老子、物理学老子等宏大的学术景观。不同时期的《道德经》注疏，都基于不同时代需要解决的理论和现实问题，在某种程度上反映了当时的时代精神。20世纪80年代以来，国外汉学研究与国内先秦诸子研究接轨，阐释视域愈加拓宽，对《道德经》的注解、释义和考证研究更是呈现出百家争鸣的欣欣向荣景象，各派学者都试图从《道德经》中寻找历久弥新的东方智慧，以促生新的学术增长点，回应时代的新挑战。

三、《道德经》核心概念的西方解读

自《道德经》问世以来，人们对它的解读极大丰富了道家哲学的思想内涵。总体而言，人们对道家哲学的理解已基本达成共识，普遍认为"老子是个朴素的自然主义者。他所关心的是如何消解人类社会的纷争，如何使人们生活幸福安宁。他所期望的是：人的行为能取法于'道'的自然性与自发性；政治权力不干涉人民的生活；消除战争的祸害；扬弃奢侈的生活；在上者引导人民返回真诚朴质的生活形态与心境"。[①]在全球化日益推进以及文化冲突、种族冲突不断的当下，越来越多的西方学者关注《道德经》，重视道家"无为""不争""尚和""贵生"等思想主张，他们结合各自的社会境遇赋予了道家思想以世界性的意义，这无疑可使道家更有效地参与人类文明的互鉴

---

① 陈鼓应：《老子今注今译》，第14页。

互惠。

1."无为""不争"

《道德经》原是写给统治者的政治宝鉴，老子希望他们实行雌柔的政策，无为而治，实现社会生活的和谐。"无为"概念在《道德经》中特别重要，其大旨是圣王在治国理政时应仿效水的柔顺不争、善利万物之德。吕锡琛说："除了从'道常无为'这一本体论的高度阐发'无为'的必然性之外，老子又从政治层面论证了'不可为'的道理。……将无为而治的原则应用于政治领域，提出了'圣人处无为之事'的主张。"[①] 在老子看来，真正的圣人总是能无为而治，恰如水无为却可以滋养万物成长。反之，那些"有为"即自视高明、耽于实际政务的统治者最终必将徒劳无功。

1988年，时任美国总统里根在国情咨文中引用《道德经》"治大国若烹小鲜"一句。此后，美国有八家出版公司争着出版英译《道德经》，哈珀·柯林斯（Harper Collins）出版公司最终以十三万美元购得史蒂芬·米歇尔（Stephen Mitchell）译稿的出版权。该书出版后，短短八年间总计发行五十五万余册，其版权费之高、发行量之大、影响之广泛，在《道德经》英译历史上皆极其罕见。该译本能在众多英译本中脱颖而出，很大程度上是由于译者米歇尔对老子的"无为""不争"等治理思想的深刻体认不仅迎合了赞助人的需求，更满足了经济滞涨时期人们希望从中汲取管理智慧、推动经济发展的心理。2011年，联合国秘书长的潘基文在就职演说中援引老子"天之道，利而不害；圣人之道，为而不争"的名言，表示将用道家"不争"的方式践行《联合国宪章》精神，与各国共同应对当今世界的挑战，求同存异、消除争端。

在上世纪末期英语世界的《道德经》研究与翻译热潮中，管理学

[①] 吕锡琛：《善政的追寻——道家治道及其践行研究》，人民出版社2014年版，第64—66页。

者约翰·海德的两部著作《领导之道:〈道德经〉的远古智慧》(*The Tao of Leadership: The Ancient Wisdom of the Tao Te Ching*,1985)和《领导之道：新时期的领导策略》(*The Tao of Leadership: Leadership Strategies for a New Age*,1986)颇受关注。其中,《领导之道》综合了《道德经》英译、阐释以及个案分析等内容,至今仍保持着每年重印一次的记录。《道德经》第五十七章:"我无为,而民自化;我好静,而民自正;我无事,而民自富;我无欲,而民自朴。"海德从现代管理角度出发,将这段话英译并取便阐释为:"英明的领导者会在团队中建立起一种清新而和谐的氛围,在此环境下团队以健康的方式自然运行。领导者沉默不言,团队依然有序运转;领导者不强制管理,团队依然发挥着自己的潜力;领导者无私奉献,团队成员也都尽心尽力。身教而非言传,才是好的领导。"①

在《道德经》中,水趋下、柔顺、善从,没有任何主动的支配性行为。第三十四章:"大道泛兮,其可左右。万物恃之以生而不辞,功成而不名有。衣养万物而不为主。常无欲,可名于小;万物归焉而不为主,可名为大。以其终不自为大,故能成其大。"第七十八章:"天下莫柔弱于水,而攻坚强者莫之能胜。"老子借此告诫统治者或希望求生存于乱世的人们,取得成功的方法十分简单:效仿水的德性。老子的"柔弱""不争","并不是一种自我放弃,并不是对于一切事、一切人的放弃,也不是逃离社会或遁入山林。他的'不争'的观念,乃是为了消除人类社会不平的争端而提出的"。② 对于老子的"以弱克刚"思想,约翰·海德解释说:"水是变动的,柔软的,但是水滴石穿。显而易见,变动、柔弱的东西能够战胜一切坚硬和顽强的东西。明智的领导明白'示弱'比'逞强'更有效果,'柔弱'能够化解强硬的抵抗。领导者无需与整个团队的力量对抗,他只需要懂得柔弱、包容、任其

---

① John Heider, *The Tao of Leadership: The Ancient Wisdom of the Tao Te Ching*, Atlatas: Humanics Publishing (now: Green Dragon Publishing Group), 1985, p.121.
② 陈鼓应:《老子今注今译》,第61页。

自然运行即可。领导者会承受很多的压力，如果他不懂得像水一样柔弱就会遭受挫折。领导者之所以成为领导，就在于掌握了'柔软'的能力。这体现了另外一个悖论：弱即是强。"①不争且屈顺于强力攻击，乃是生活、管理与战争中的最高策略。《道德经》第八章："上善若水。水善利万物而不争，……夫唯不争，故无尤。"事实上，"不争"与"无为"是同一品质的两个侧面。老子以"上善若水"形容上德之人，海德则将其作为优秀领导者的行为准则，将"上善若水"翻译为"英明的领导者像水一样"，从"水"之德中抽象出作为领导者应有的智慧。

《道德经》第五十六章："挫其锐，解其纷，和其光，同其尘，是谓玄同。"其中"玄同"是指"玄妙齐同的境界"。老子认为，只有通过"挫锐""解纷""和光""同尘"，才能达"玄同"之境，"消除个我的固蔽，化除一切的封闭隔阂，超越于世俗褊狭的人伦关系之局限，以开豁的心胸与无所偏的心境去待一切人物。"②就人类社会而言，"玄同"就是各国在承认多样性和差异性的基础上，秉持"各美其美"的精神，最终实现"美人之美""美美与共"、各国和平共处的最佳状态。

2."尚和""贵生"

中国文化自古就有"尚和"的传统，《道德经》亦如此。例如第四十二章："万物负阴而抱阳，冲气以为和"；第五十五章："知和曰常"。所谓"和"，"不是简单地凭借削弱分歧而有的'相异性'互相容忍；而更重要地，是一个创造性与丰富性结果——差异性被协调为导致出一种最佳状态"。③如何做到人与自身、人与自然、人与社会、人与其所处的宇宙万物的和谐相处？对此，道家提出了"摄生""贵生""自爱""长生久视"等主张。《道德经》第五十章："出生入死。生之徒，十有三；死之徒，十有三；人之生，动之于死地，亦十有三。

---

① John Heider, *The Tao of Leadership: The Ancient Wisdom of the Tao Te Ching*, p.155.
② 陈鼓应：《老子注译及评介》，中华书局1984年版，第283页。
③ 杨朝明：《孔子文化奖学术精粹丛书·安乐哲卷》，华夏出版社2015年版，第245—246页。

夫何故？以其生之厚。"也就是说，这是一个危险四伏的世界，生命随时会受到威胁，故应防患未然，方可"深根固柢，长生久视"。《道德经》第二十五章有"域中四大"之说，后世道教经典《老子想尔注》用"生"代替"人"，将"生"与"道""天""地"并列为"四大"，并认为"生"是"道的别体"，是道在天地间的具体显现，无生命即无大道。为消除人类过度盲目的占有冲动、缓和社会冲突，道家"尚和""贵生"的基本精神值得高度重视。

王力认为，"老子之非战，根于守柔。守柔，斯不争矣"，"老子斥争、非战，即战矣，亦唯为客而不为主，退尺而不进寸；有城可攻而不攻，有地可略而不略"。[①]20世纪初，第一次世界大战的爆发标志着西方理性主义和机器文明的深度危机。劫后余生，许多学者对西方文化进行了认真检讨。怀着对西方文明的失望，他们在东方文化特别是古老的中国智慧中寻找到了一种追求和谐、遵循宇宙规律的理想精神，认为只有这种向内用力、敛抑节制的文化才是解救欧洲危机的"良药"。

《道德经》第五十六章："兵者，不祥之器"；第八十章："虽有甲兵，无所陈之。……甘其食，美其服，乐其俗，安其居"。这种反对穷兵黩武、追求和平的思想引起了西方学者的强烈共鸣。例如，亚瑟·韦利（Arthur Waley）把《道德经》第四十六章"天下有道，却走马以粪；天下无道，戎马生于郊"一段译为：

> When there is Tao in the empire / The galloping steeds are turned back to fertilize the ground by their droppings. / When there is not Tao in the empire, / War horses will be reared even on the

---

① 王力：《老子研究》，上海书店1992年版（据商务印书馆1928年版影印），第91—94页。

sacred mounds below the city walls.①

春秋战国时期,"马"既是战力又是畜力,兼具战争与和平之义。"走马以粪",意即让战马退还到田间里施肥耕田。当统治者治国有道时,战乱就不会频繁发生,百姓就能安居乐业;"戎马生于郊",指牝马生驹犊于战地的郊野,意谓战乱不断,连怀胎的母马也用来作战。通过对比,老子表达了反战、厌战,向往和平生活的理想追求。韦利的翻译精确再现了《道德经》的初始意义,同时又表现出向往和平的美好愿望,在当时的西方社会引起轰动。

《道德经》第三十章:"以道佐人主者,不以兵强天下,其事好还。师之所处,荆棘生焉。大军之后,必有凶年。"这段话揭示了战争带来的严重后果。韦利将其译为:

> He who by Tao purposes to help a ruler of man/Will oppose all conquest by force of arms;/For such things are wont to rebound. Where armies are, thorns and brambles grow. The raising of a great host/Is followed by a year of dearth.②

这里用直译的方式将老子的用兵之道以及战争的后果传达出来。"oppose all conquest by force of arms",即"反对一切的武力征服"。在翻译"其事好还"时,韦利还对"rebound"一词做了特别解释:literally,"To be reversed". He who overcomes by violence will himself be overcome by violence. 通过解释性的翻译,韦利着意强调以武力征战的后果。同样,他在翻译"大军之后,必有凶年"一句时,对"dearth"也进行了解释:This does not only refer to direct destruction, but also to

---

① Arthur Waley, *The Library of Chinese Classics—Lao Zi*, Hunan People's Publishing House/Foreign Languages Press, 1999, p.99.
② Arthur Waley, *The Library of Chinese Classics—Lao Zi*. p.63.

the curse that war brings upon herds and crops by its intrinsic "balefulness". 韦利认为战争除了带来破坏，还造成了一些潜在的自然灾难。这些译文和解释直接反映了韦利对战争的厌恶、对和平的渴望。

上文提到的因里根的国情咨文而获得高额版权费的译者史蒂芬·米歇尔在译文前言中指出，《道德经》本质上是一部关于治国理政艺术的宏论，五千言处处流溢着老子对社会的深切关怀，彰显着社会和谐、身心和谐的精神。[①] 作为文学家和畅销书作家，米歇尔意识到了《道德经》这一智慧文本的语言魅力，为了将书中的和谐理念传达给英美读者，他对意味隽永的《道德经》文本采取变通的方式，把一些西方现代读者难以理解的涉及中国古代社会生活、生产的词汇变成日常生活中习见的物象。例如"天下有道，却走马以粪；天下无道，戎马生于郊"，米歇尔的译文是：When a country is in harmony with the Tao, factories make trucks and tractors, and when a country goes counter to the Tao, warheads are stockpiled outside the cities. 严格说来，要理解老子所说的"走马以粪""戎马生于郊"，读者需要对马背作战的古代生活进行譬喻性投射。为了便利现代读者接受，从而使道家智慧为现代生活提供智慧引导，米歇尔使用了现代工业社会才有的物象，如 factories, trucks, tractors, and cities 等，将思想的长镜头拉至人们生活的当下，使道家思想与现代化的城市、工厂、卡车、导弹等联系起来，描画了一幅二战后才有的城市生活场景，并借此表现出对安定有序的和谐社会的渴望。用词方面，米歇尔翻译"有道"时选用了"in harmony with the Tao"，而非"in accordance with""in line with"等同义词，意在营造一种具有道家意趣的和平宁静氛围。

又如，《道德经》第八十章："甘其食，美其服，安其居，乐其俗。邻国相望，鸡犬之声相闻，民至老死不相往来。"这是老子在古代农村社会生活情景的基础上，对小国寡民政治思想的描述。该章外

[①] Stephen Mitchell, *Tao Te Ching*, Harper Collins Publishers, 1988, p.vii.

译后在西方社会引起很大关注。米歇尔的译文是：People enjoy their food, /take pleasure in being with their families, /spend weekends working in their gardens, /delight in the doings of the neighborhood.① 译文显然将小国寡民的世外桃源生活转化为了英美人熟悉的日常场景。究其根由，这是米歇尔针对美国社会经济滞涨、人心浮躁、铺张浪费、离婚率高、人际关系淡漠等现象，对该章文本进行的趋向化改写，表达了他对和谐生活的向往：家人团聚，其乐融融，周末居家安静祥和，人们热心公益、互相关心。尤其是其中的"delight in the doings of the neighbourhood"一句，很容易在西方读者心中产生"爱邻如爱己"（"Love thy neighbour as thyself"）的互文联想效果。

类似这样的转换在米歇尔的译本中并不少见，他甚至还对思想过于古奥的某些章节进行内容上的趋向性阐释，以彰显和谐生活的弥足珍贵。例如《道德经》第五十九章："治人事天，莫若啬。夫唯啬，是谓早服；早服谓之重积德；重积德则无不克；无不克则莫知其极；莫知其极，可以有国；有国之母，可以长久。是谓深根固柢，长生久视之道。"这一章重在讲"啬"，讲治国养生之道，对于如何应对自然（天）则只字未提。为使美国读者更好地体认道家的治国养生理念，米歇尔将"夫唯啬"以下对于"啬"的阐发译为：The mark of a moderate man/ is freedom from his own ideas. / Tolerant like the sky, / all-pervading like sunlight, / firm like a mountain, / supple like a tree in the wind, / he has no destination in view/ and makes use of anything / life happens to bring his way. / Nothing is impossible for him. / Because he has let go, / he can care for the people's welfare/ as a mother cares for her child. 译文充盈着普世的和谐精神，这种精神不仅可以为治国养生提供智慧引导，也能使读者从中获得心灵的慰藉。此外，对于第六十八章关于"用人之道"和"克敌之道"的箴言"善卫士者不武，善战者不怒，善胜敌者

---

① Stephen Mitchell, *Tao Te Ching*, p.91.

不与，善用人者为之下"，米歇尔的译文是：The best athlete/wants his opponent at his best./The best general/enters the mind of his enemy./The best businessman/serves the communal good./The best leader/follows the will of the people. 显然，米歇尔同样对原文作了"普适化"的诠释，以期对生活于现代社会的人们有所启示。

人类的各种不同思想视域的交融是一个古老而现实的精神趋向。《道德经》作为道家学派最著名的经典，国际汉学界对它的译介和研究日益繁荣，且已呈现出研究者众多、成果丰硕、影响巨大的特点，所以这一领域被称为"汉学中的汉学"。西方对包括《道德经》在内的中国哲学经典的研究和诠释，实质上"是他们重新认识西方价值和生活方式的有用工具，为他们提供了超越西方价值的东西，提供了不仅是逃避而更是获得政治解放的道路"，这为西方世界"注入了一整套观念和方法，涉及到如个人成长、健康、心理以及生态等领域"。[①] 在国际社会谋求对话和交流的大背景下，从普世的角度剖析《道德经》的思想意涵及其世界性意义，不仅有助于构建中国文化的国际话语体系，也能促使我们更好地反观自身，从传统中寻求文化发展的内驱力，进而为古今对话、中西文明互鉴提供典范。

[①] J. J. 克拉克：《东方启蒙：东西方思想的遭遇》，于闽梅、曾祥波译，上海人民出版社 2011 年版，第 154—155 页。

编后记

老子是中国历史上第一位哲学家——范文澜先生称其为中国古代哲学家中"杰出的无与伦比的伟大哲学家",《老子》(《道德经》)一书则是中国思想史上第一部哲学著作。作为道家学派的立宗之作,《老子》思想深刻塑造了中国哲学乃至整个中国传统文化的内在品格和外在貌相。从中外思想交融互动的角度看,佛教传入中土之初端赖老子创立的道家哲学的"内应",如若没有以道家哲学思想诠释和阐发佛教义理为主的"格义佛教",寄心彼岸的佛教被讲求"实用理性"的中国社会和中国文化接纳的过程恐怕要困难许多。近代以来,以严复为代表的中国哲学家又试图通过诠释《老子》《庄子》等道家经典,以道家哲学为本土思想资源,去会通和接引西方的自由主义思想。从世界范围来看,《老子》在唐代就已"走出去",由玄奘将其译为梵文,是最早被译介到域外同时也是迄今在域外传播最广泛、影响最深远,为中国传统文化赢得了世界性声誉的古老经典。据美国学者邰谧侠(Misha Tadd)统计,迄今《老子》已有97种语言的2052种译本,其译本总数仅次于《圣经》。不仅译本繁多,《老子》《庄子》等道家经典及其超绝的思想在域外还得到了众多杰出哲学家(如尼采、海德格尔)、文学家(如托尔斯泰、博尔赫斯)、科学家(如汤川秀树)乃至政治家(如罗纳德·里根)的高度评价,甚至深刻影响了他们的思想和创作。这些事实都表明，《老子》以及老子创立的道家哲学具有超越时间和空间、超越民族和国家、超越学派和信仰的包容性、开放性、普适性。

撇开国外汉学学者的研究不论，国内学界对《老子》及其他道家经典在世界范围内的译介、传播和影响的研究虽然起步较晚，但近年来正呈现出日趋活跃之势。据我所知，目前华东师范大学、南开大学已设立专门的课题或建立学术机构，展开相关研究。《国际老学》辑刊即应此势而生。

为办好辑刊，2021年7月我们在中山大学哲学系（珠海）召开了编辑出版筹备会议，2022年3月又与西安外事学院达成合作意向，得到了该校黄藤校长的大力支持。此外，中山大学哲学系（珠海）还将成立"国际道家研究中心"，为《国际老学》辑刊今后的编辑出版工作提供可靠的学术平台。

毫无疑问，研究《老子》以及其他道家经典在域外的译介、传播和影响，有助于彰显和构建中国传统文化完整、真实的域外形象，改变人们长期持有的儒家是中国古典思想及其国际传播唯一"主角"的习见，从而推动中国经典、中国思想进一步走向世界。

最后，感谢陈鼓应、李中华、刘笑敢、王中江、曹峰、陈静、陈霞、黄藤先生担任本刊的学术顾问，感谢张丰乾、张谷、辛红娟三位副主编在组稿和校稿过程中付出的辛劳，感谢各位编委的鼎力支持，感谢著名书法家崔伟先生为本刊题写刊名！

邓联合
2022年7月29日夜
中山大学珠海校区荔园